Pater Don Demidoff

Der Dornenpriester
Straßenpriester, Rebell und Provokateur
Ein Leben für verlassene Kinder
gegen Staat und Kirche

557105 Iacobeni / Jakobsdorf Nr. 232
Romania

Pater Don Demidoff

Der Dornenpriester

Straßenpriester, Rebell und Provokateur

Ein Leben für verlassene Kinder
gegen Staat und Kirche

Der Dornenpriester
von Kommunisten und Kirchenfürsten
gejagt wie ein Ketzer,
von den Strassenkindern
geliebt wie ein Vater

Pater Don Demidoff: Der Dornenpriester; Straßenpriester,
Rebell und Provokateur
Ein Leben für verlassene Kinder gegen Staat und Kirche

© 2004 by Don Demidoff
Die Verwertung der Texte und Bilder, auch auszugsweise, ist ohne
Zustimmung der Edition des Herzens urheberrechtswidrig und strafbar.
Dies gilt für Vervielfältigungen, Übersetzungen, Mikroverfilmung
und für die Verarbeitung mit elektronischen Systemen.

2. Auflage März 2005

„Der Dornenpriester"
Deutsche Edition ISBN 973-0—03816-3
„Preotul cu coroana de spini"
Rumänische Edition ISBN 973-0-03815-5

557105 Iacobeni / Jakobsdorf Nr. 232 Romania

Es ist eine große Kunst,
ein gutes Buch zu schreiben.
Eine größere Kunst aber ist,
kein Buch zu schreiben.

Mit „60" versuch ich's trotzdem…
wegen meiner Kinder.

Der Dornenpriester

*Durch Erlebnispädagogik und Religion
Heilung der Seele...*

*Einige der Kinder im Casa Don Bosco...
Als sie kamen, konnten sie nicht mehr lachen und auch nicht mehr
weinen. Jetzt können sie wieder lachen...*

Für meine geliebten Kinder der Straße:

Adela Mioara, Adina Bianca, Adrian Constantin, Adrian Gheorghe, Adriana Ingrid, Alexandra I, Alexandra II, Alexandru I, Alexandru II, Alexandru Ioan, Alexandru Marian, Alin, Alin Ilie, Alina-Mirela, Amalia Elena, Ana Elisabetha, Ana Maria I, Ana Maria II, Anca-Petronela, Andi, Andrea, Andrei, Andrei Constantin, Andrei Ioan, Andrei Marian, Andreia, Anneliese, Anselmus, Augustin, Aurelian Ioan, Aurelian Vasilica, Axenia Ioana, Bella Florian, Bianca, Bianca Madelina, Bianca Roxana, Ciprian, Claudia Ovidiu, Codruta Rozalia, Constantin, Corina Daniela, Cornel Danut, Cornelis Lucian, Costel Ilie, Cristina Cosmina, Cristine, Daniel I, Daniel II, Daniel III, Daniel Laurentiu, Daniela I, Daniela II, Danut, Danut Ionel, David Arsenie, Denisa Ionana, Dumitru, Eduard, Eduard II, Efigenia, Elena, Elena Adina, Elena Alina, Elena Camelia, Elena Liliana, Emil, Erika, Eugen, Ewald Kristian, Fernando Nicolae, Florentina, Florica, Florin Adrian, Florin Emil, Florin Vasile, Gabriel, Gabriel Dumitru, Georg Erwin, George Alin, Georgeta Aura, Gheorghe, Gheorghe Bogdan, Gheorghe Cosmin, Gheorge Daniel, Gheorghe Marcel, Gheorghe Tibi, Gheorghita, Gica Florian, Helmut Michael, Hermine, Iacob Florin, Ibolya, Ileana Oara, Ilie I, Ilie II, Ilie III, Ilie Ciprian, Ilie Daniel, Ioan I, Ioan II, Ioan III, Ioan IV, Ioan V, Ioan Nicolae, Ioan Ratan, Ioana, Ioana Ramona, Iohan, Ion Laurentiu, Ionela, Istvan, Iulian I, Iulian II, Iulian Cosmin, Iuliana Sunita, Iulius Eugen, Lacramioara, Laurentiu Cosmin, Laurentiu Mihai, Lavinia, Levente, Liliana Maria, Liliana Monica, Liviu I, Liviu II, Liviu Marian, Lucian I, Lucian II, Lucian Constantin, Lucian Craciunel, Lucica, Lucretia Mihaela, Macrina, Magdalena Lenuta, Maria I, Maria II, Maria Alexandra, Maria Daniela, Maria Elisabeta, Maria

Georgeta, Maria Ionela, Maria Magdalena I, Maria Magdalena II, Mariana, Mariana Florina, Marin Aurel, Marius I, Marius II, Melania Claudia, Melinda, Michael, Mihai I, Mihai II, Mihail, Mirela Claudia, Moise Cosmin, Neculai, Nicolae I, Nicolae II, Nicolae III, Nicolae IV, Nicolae Catalin, Nicoleta, Nicoleta Adina, Nicoleta Ionela, Nicoleta Roxana, Onur, Ovidiu I, Ovidiu II, Paul Ioan, Petru I, Petru II, Radu, Radu Valentin, Rafael Ionut, Remus, Robert, Robert Iulian, Rodel Mihai, Rodica, Sebastian Nistor, Sergiu Ionel, Silvana Ildiko, Simona Mariana, Sorin, Stanca Alina, Stoian Adrian, Teodora Dorina, Titi Marian, Tuta, Udo Nicolaus, Valentin Florin, Vasile I, Vasile II, Vasile Nicolae, Vasilica I, Vasilica II, Vasilica Cristian, Veronica, Victor Marian, Viorel Iulian

und die unzählbaren namenlosen verstoßenen Niemandskinder, denen ich in Rumänien bettelnd am Autofenster, auf den Straßen, in den Kanälen, Betonruinen, in Ställen, auf Bahnhöfen, in Metrostationen und wo immer begegnete

. aber auch für meine geliebten rumänischen Söhne
Viorel und Sabin:

Viorel, der in meine Fußstapfen tritt und meine Nachfolge
angetreten hat,
Sabin, der mich in schweren Krankentagen umsorgt wie ein
eigenes Kind.

Grußwort

THE ORTHODOX CHURCH IN AMERICA
THE ROMANIAN ORTHODOX EPISCOPATE OF AMERICA
The Most Reverend NATHANIEL Popp, Archbishop
The Right Reverend IRINEU Duvlea, Auxiliary Bishop

August 2004

Selig die Barmherzigen,
denn sie werden Barmherzigkeit finden.
NT Matthäus 5,7

In Erfüllung des erlösenden Befehles unseres Herrn Jesus Christus bringen auch wir unseren Beitrag zum himmlischen Wirken, das Grundlage unserer christlichen Existenz ist. Gott arbeitet in dieser Welt durch seine fleißigen Diener und wird durch deren Leistungen verherrlicht. Sie geben dieser Welt reiche Früchte, als Zeichen unseres Glaubens und unserer Liebe zu den Menschen und zu Gott.

In der vorliegenden Arbeit stellt Pater Don Demidoff sein dreizehnjährige Wirken in Rumänien vor. Er ist der Gründer und Organisator mehrerer mildtätiger Organisationen, die besondere Früchte und Erfolge erbracht haben. In seinen Worten wird Gutes und weniger Gutes der 13 Jahre in Rumänien geschildert. Alle Worte empfing der Diener Gottes mit Liebe und mit Demut, Worte von Gott selbst, der wünscht, dass die, die IHM dienen, durch ihr Wirken ihren Glauben und ihre Liebe zu IHM verstärken.

Die christliche Tätigkeit, die Pater Don Demidoff in Rumänien ausübt, ist das Zeugnis der Wirklichkeit Gottes in der Welt. Wir brauchen solche Zentren und Institutionen, die die christliche Botschaft und die himmlischen Befehle vermitteln. Durch diese Arbeit erfüllen wir den Befehl der Liebe und der christlichen Aufopferung im Dienst der Mitmenschen. Wir können lieben, indem wir schenken, und so können wir als lebendige Zeugen des Allerheiligsten in der Welt wirken. Barmherzigkeit und Liebe sind zwei christliche Tugenden. Sie finden sich in diesem Werk, sie sind die Grundlage des unermüdlichen Wirkens von Pater Don Demidoff.

Ich kann auf eine besondere Zusammenarbeit mit dem Gründer dieses Werkes zurückblicken. Deshalb ehrt es mich, dass ich das Grußwort zu seinem Buch schreiben kann, das die Mühe und Opferbereitschaft der letzten 13 Jahre erkennen lässt. Wir sind Christen und liebende Geschwister, die Gott danken, dass wir in dieser Welt seine Befehle ausführen können und über die Jahre ein fortwährendes Lob Gottes sind.

Wir empfehlen sein Werk, in der die Botschaft der Liebe, der Ökumene und der Erfüllung der himmlischen Befehle konkret und beispielhaft vorgestellt wird. Es verleiht Führung und ist ein Beispiel für unser christliches Leben. Wir hoffen, dass jene, die dieses Buch lesen, die christliche Hingabe und Mildtätigkeit verstehen werden und erkennen, wie sie in einer modernen Welt realisiert werden kann.

Wird drücken Pater Don Demidoff unsere Wertschätzung aus und gratulieren ihm für seine Tätigkeit und seine Opferbereitschaft und dafür, dass er seinen Traum und die christliche

Berufung verwirklichen konnte. Wir wünschen Pater Don Demidoff viele Jahre fruchtbarer Tätigkeit des Dienens. Alles, was bis jetzt geleistet wurde, soll reiche Früchte bringen und sich vervielfachen zum Lob des Allmächtigen.

+

IRINEU
Bischof von Deaborn Heights
RUMÄNISCH-ORTHODOXER EPISCOPAT IN AMERIKA

*+ Irineu Duvlea,
der Bischof von Dearborn
Heights, USA*

Alles wird gut…   *Besuchen Sie uns…*

Vorwort

Als ich vor vielen Jahren vom karitativen Wirken von Pater Don in Rumänien hörte, versuchte ich mir vorzustellen, wie dieser Straßenpriester wohl aussehen würde. Vor meinen Augen tauchte eine bis auf die Knochen ausgezehrte, dürre Gestalt auf, die sich in aufopfernder Weise um das Wohlergehen der rumänischen Straßenkinder kümmerte.

Bald darauf bekam ich tatsächlich die Gelegenheit, diesen uneigennützigen Wohltäter persönlich kennen zu lernen. Die Begegnung »haute mich fast aus den Socken«. Anstelle eines hageren Seelenhirten stand da ein kugelrunder, dickbäuchiger Schwarzrock mit rosigem Gesicht, Halbglatzentonsur und jugendlich strahlenden Augen vor mir. In seinem schwarzen Talar, den er den Fußboden entlang schleppte, und mit seinem spaßigsprühenden Humor wirkte der Pater auf mich wie an einem fidelen und amüsanten Konzil.

Doch die frisch vergnügte Stimmung legte sich bald, als ich später den aufsehenerregenden Straßenpriester bei unzähligen karitativen Aktivitäten begleiten durfte. Die gemeinsame Diakonie für die verlassenen und verstoßenen Kinder Rumäniens führte uns in die Kanalisation von Bukarest, zu den heruntergekommenen Betonbunkern, in die Spitäler und Elendsviertel verschiedener Bezirke, wo die notleidenden Jugendlichen in erschreckenden Zuständen dahinvegetierten. Hier, in diesen jämmerlichen und erbarmungswürdigen Slums, präsentierte Pater Don sein wahres Gesicht. Unerschrocken, beherzt und wagemutig engagiert er sich ununterbrochen für das Wohl der notleidenden Kinder und setzt bei seinem jahrzehntelangen Einsatz seine Gesundheit aufs Spiel. Er ist der Anwalt dieser Niemandskinder und erhebt für sie seine

Stimme, selbst wenn seine selbstlosen, aufopfernden Bemühungen von den Behörden diskreditiert und maßlos behindert werden.

Oft schon habe ich mich gefragt, wie Pater Don all die vielen Schikanen und Rohheiten seitens der rumänischen Bürokratie verkraftet. Als elternloses Findelkind aus dem Zweiten Weltkrieg – seine russische Mutter starb bei der Geburt – weiß er selbst, wie ein Kind im Herzen empfindet, das verlassen von Mutter und Vater in Not und Elend aufwachsen muss. Dieses Verständnis ist das Fundament der Psychologie, welche sein Lehrmeister, der heilige Don Bosco aus Turin, ihm vorgelebt hat.

Die Nachfolge ist für ihn mit vielen Schmerzen und Enttäuschungen verbunden, was ihn als »Dornenpriester« auszeichnet. Sein Lebenswerk, das Kinderheim »Casa Don Bosco« von Cincu, macht ihn zum Engel vieler Niemandskinder und verdient unsere Anerkennung und Dankbarkeit.

Bruno Vonarburg[1]

---

[1] Bruno Vonarburg ist Naturarzt und Autor mehrerer Bücher zum Thema Homöotanik und Heilpflanzen. Sein Buch »Engel, Licht und Flügel« (ISBN 3905172267) ist ein wunderbares Buch für die Begegnung mit Engeln

Inhalt

DER WEG ZU IHM 17

    Der Engel 19

    Verletzungen 24

    Gott, nein danke 40

    Der verlorene Sohn 48

    Wieder er! 56

BESTIMMUNG 75

    Hauptbahnhof Bukarest 77

    Die Aufgabe 85

    Kinder des Wahnsinns 105

    Feinde 117

    Das 7. Jahr 132

    Die Wunder von Cincu 153

ARBEIT – LEID UND FREUDE 175

    Tagebuch einer Woche – Notizen von Dornen 177

    Pädagogik und Don Bosco 196

    Werdet wie die Kinder 220

    Brief an meine Kinder 231

    Brief an meine Kinder und an die Mitarbeiter 236

    Interview mit den Kindern von Cincu 243

    Ein Gespräch mit Aneta 249

KIRCHE 265

    Sieben Abende – eine Fantasie 267

    Der Metropolit 284

    Diese Kirche ist verloren! 290

    Warnungen der Rotkäppchen-Mafia – Eine Dokumentation 314

STAAT 341
   Rumänien – was für ein Land! 343
   Der Polefka-Brief 365
   Reaktionen 386

DAS WERK 405
   Die Stiftung heute 407
   Unsere Spender 425
   A Dieu – für den Fall 437

SPIRITUELLES 449
   Ich leih dir meine Flügel 451
   Der Rosarote Elefant. Ein pädagogisches Märchen. 456
   Eingebungen des heiligen Don Bosco – ein Draht zum Himmel? ..464

ANHANG 481
   Mein Lebenslauf 483
   Urlaub mal ganz anders – ein Reisebericht 486
   Wenn Sie helfen möchten 493

Der Weg zu IHM

**Engel sind nichts anderes
als die Idee Gottes**
Meister Eckhard

Der Engel

Es ging mir nicht gut. Ich fühlte mich mies. Jahrelang hatte ich mich selbst belogen, hatte mir eingeredet, ich bräuchte IHN nicht, ich käme ohne IHN zurecht. Aber ER hatte mich in Wahrheit nie verlassen. Gott war immer in mir.

Warum war ich ausgerechnet an diesem Ort gelandet? Ich ging einige Male in weitem Bogen um die Kapelle herum, ganz so, als wäre ich auf meinem Spaziergang eher zufällig hier angekommen, ohne festes Ziel. Ich belog mich, wie ich mich schon viele Jahre belogen hatte. Dabei kannte ich mein Ziel nur allzu gut. Ich sträubte mich, ich wollte es nicht zulassen. Aber immer näher kam ich dem Wallfahrtzentrum, hier in Kevelaer am Niederrhein. Wo sonst Omnibusse ihre menschliche Fracht ausluden und schwatzende, fotografierende Touristen umherliefen, war ich heute allein. Es war auch wirklich kein Wetter, um Beistand zu erflehen. Wieder lief ich mehrmals um den »Gnadenplatz« herum, immer noch voller Zweifel. Sie hatten hier ein Bild gefunden, das Wunder bewirken sollte. War das nicht blanker Unsinn? Verächtlich blickte ich auf diese Stätte der Marienverehrung herab. Und trotzdem zog mich etwas genau dort hin.

Ich wollte nicht. So schnell wollte ich meine Barriere nicht niederreißen lassen. Schließlich hatte ich zehn Jahre Kirche und Gott aus meinem Leben verbannt, gegen Gott gekämpft. War mein Kampf umsonst gewesen? Was waren diese Jahre wert?

Der Engel

»Wenn es Dich gibt, lass mich in Ruhe!«, sagte ich laut. »Ich will nicht mehr. Ich bin bedient. Ich hab genug hinter mir. Du hast mir genug Leid zugefügt. Ich bin ein Flüchtlingskind und habe keine wahren Eltern gehabt. Und trotzdem: Alles hatte ich für Dich weggeworfen, mich von allem getrennt. Mein Leben hatte ich Dir versprochen mit feierlichen Gelübden: ich wollte arm sein, ich wollte Dir gehorsam sein, ich wollte asketisch und keusch sein, ich wollte das Leiden Jesu Christi verinnerlichen und leben, bejahen und Dir allein folgen. Die Dornenkrone wurde mir bei der Profess[1] aufs Haupt gesetzt, das Gelübde der Nachfolge im Leiden Jesu. Aber wo warst Du?«

Doch meine Anklage stärkte mich nicht. Dabei wollte ich Stärke zeigen, vor mir und vor IHM. Doch meine Widerstandskraft wurde schwächer, immer schwächer. Ich drückte mich noch eine Weile vor der Kapelle herum, lief hin und her, auf und ab, als wollte ich Zeit schinden wie vor einem unangenehmen Termin. Plötzlich stand ich nur noch wenige Schritte vor dem Gnadenort. Die Doppeltür stand offen.

▶ **Ein Hurrikan zog mich hinein.**

Ich hatte das Gefühl, wie von einem mächtigen unwiderstehbaren Sog hineingezogen zu werden. Lautlosigkeit herrschte in der Kapelle. Ein paar Kerzen flackerten vor der Marien-Ikone. Meine Augen mussten sich erst an die Dunkelheit gewöhnen. Die Stille umfing und betäubte mich. Schwer, immer schwerer lastete der ganze Raum auf mir. Ich trug an mir selbst. Meine Kraft war dahin, ich gab nach. Ich ließ mich fallen und sank auf die Knie, ohne Sprache, ohne Gedanken. Ich sank einfach auf den Boden neben den Bänken.

---

[1] Gelübde

Der Engel

Körper und Geist brachen zusammen. Die Last der vergangenen Jahre schien von mir abzufallen wie ein Beton-Mantel. Ich weinte, ja winselte, ich begann zu flehen. Ich rief zu dem, den ich aus meinem Leben verbannt hatte. Vornüber gebeugt kauerte ich auf dem harten Stein-Boden wie der allerletzte Sünder im tiefen Dreck. Doch dieser Zusammenbruch war eine Erleichterung für mich. Ich fühlte, wie die Last von meiner Seele wich, wie ich frei wurde. Ich war angekommen, erlöst. Mein Gott...

»Pater, warum weinst du?«

Mir tippte jemand von hinten auf die Schulter, während ich am Boden verharrte. Wie lange hatte ich dort auf den Knien gelegen? Erschrocken drehte ich mich um. Ich sah hinauf. Über mich hatte sich ein Junge gebeugt. Er war vielleicht zwölf Jahre alt.

Die Wallfahrtskapelle in Kevelaer.

Was hatte er gesagt? Ich trug doch schon lange keine Ordenskleidung mehr. Ich war völlig normal angezogen, sah aus wie jeder andere. Niemand kannte mich hier, geschweige dass jemand wusste, dass ich einmal einem Orden angehört hatte.

Langsam kam ich wieder zu mir. Der Junge hatte mich in diesen grauen Tag zurückgeholt. Es traf mich wie ein Schlag, als ich begriff, dass er mich mit »Pater« angesprochen hatte. Ich sprang auf, wollte ihm folgen und ihn zur Rede stellen. Aber der Junge war fort. Ich stürzte zurück in die Kapelle, hier war er auch nicht. Nun lief ich hinaus, um das Gebäude herum – nichts! Ich war allein. Eine unwirkliche Situation. Ich war fassungslos und staunte noch immer über seine Worte. Was ging hier vor?

Wahrscheinlich war ich bloß etwas überspannt gewesen. Ich hatte eine furchtbare Zeit hinter mir. Diese psychischen Wechselbäder, hin- und hergerissen zwischen einem alten Leben, das ich so nicht weiterführen konnte, und einem neuen Leben, das ich noch nicht kannte und dem ich mich noch widersetzte. Ich konnte zunächst nichts Wunderbares in dieser Begegnung entdecken.

Heute weiß ich, dass dieser Junge ein Engel war. Ein Engel, der mir diese Botschaft überbringen sollte, ein Engel, von Gott gesandt, wie er schon oft in Menschengestalt Botschaften von Gott überbracht hatte. Ein Wesen, das aus der vierten in unsere Dimension hinab steigt und sich vor einem Menschen manifestiert.

Aber damals war dieser Gedanke für mich noch weit entfernt. Erscheinungen wie Teufel oder Engel, das waren Dinge, die ich lieber anderen Gemütern überließ.

Am nächsten Tag ging ich noch einmal in die Kapelle zur Marien-Ikone, zur »Consolatrix Afflictorum«, der Mutter der Betrübten. Ich dachte, vielleicht hast du eine Chance und triffst diesen Jungen wieder, vielleicht war es ja doch kein Engel, vielleicht, vielleicht. Aber dieses Mal betrat ich die Kapelle ohne Umwege, ohne Zögern.

Auf den Altar vor dem Marienbild legte ich einen Zettel aus Packpapier, den ich kurz vorher zuhause hastig beschrieben hatte:

Mein Gott, hörst Du mich?

Schreibe mich wie Kreide
an die Tür dieser Kirche,
verbrenne mich wie Weihrauch,
schmelze mich wie Gold,
zerrinne mich wie Wachs
wie die Kerzen... da vorn...

Wenn meine Stimme nicht mehr
mit der Orgel singt,
wenn ich weine und flehe,
wenn meine Hand um deine Nähe ringt,
wenn meine Schmerzen Blutzoll
für ein neues Leben sind,
dann bin ich still und versinke
und denke mehr und mehr
an die, die mit mir weinen
und ihre tiefen Wunden bringen...

> **Meistens belehrt erst der Verlust uns
> über den Wert der Dinge.**
> *Arthur Schopenhauer*

Verletzungen

Der Krieg war aus, das Elend blieb. Meine Mutter war aus dem Osten geflohen, ein langer, qualvoller Treck aus Russland über Berlin nach Eickelborn in Westfalen.

Das Leben beginnt meiner festen Überzeugung nach nicht erst nach der Geburt. Ich trage die russische Seele meiner Mutter in mir. Und ich habe im Mutterbauch ganz sicher alles mitbekommen von den Demütigungen auf der Flucht, der Angst meiner Mutter vor Tod und Vergewaltigung, dem täglichen Überlebenskampf, der körperlichen und seelischen Erschöpfung. Flucht ist für mich heute noch ein Stigma. Als ich ins Leben geworfen wurde, war ihr Leben zu Ende. Sie verließ mich, sie starb bei meiner Geburt. Ich habe sie nie kennen gelernt, es gibt kein Foto. Keine Verwandten. Auch das ein Stigma. Heute, 60 Jahre später, weiß ich, dass es keine Zufälle gibt, dass ich von Anfang an für meine Aufgabe in Rumänien vorherbestimmt war. Auch ein Stigma ist eine Bestimmung. Ich durchlebe das Stigma meiner Straßenkinder.

Erst mit 12, 13 Jahren erfuhr ich, dass ich »neue« Eltern hatte, dass es nicht meine leiblichen Eltern waren. Aber in Wahrheit hatte ich das schon viel früher gefühlt. Ich fühlte, dass das nicht mein wahres »Nest« war. Ich fühlte mich fremd.

Nachdem er die Angst erfuhr, hatte er nurmehr Angst vor der Angst.
Hans Arndt

Verletzungen

Nein, ich wurde nicht schlechter behandelt als die leiblichen Kinder dieser neuen Familie, aber *anders* als sie. Mir wurde alles gegeben, was in den kargen Jahren nach dem Krieg möglich war, aber *nur* das. Herzlichkeit und Liebe, Körperberührung habe ich nie erfahren. Alles war kalt, hohl, wie die Ruinen in unserer Straße. Als ich nach langem Bohren und widerspenstigem Verhalten endlich die Wahrheit erfuhr, hatte ich nur noch einen Wunsch: Abschied nehmen. Mit 18 verließ ich meine Eltern in Essen (man war damals erst mit 21 volljährig) und suchte Geborgenheit.

Mein Freund Pius und ich besuchten ein Spätberufenenseminar für Theologie in Bad Driburg. Wir waren beide nicht glücklich darüber, dass wir erst umständlich unser Abitur in ganzer Länge und Breite nachholen sollten, bevor wir in die praktische Seelsorgearbeit einsteigen durften. Sechs lange Jahre waren dafür angesetzt. Aber wir beide wollten sobald als möglich in unseren Beruf hinein.

Pius fiel auf, dass ich nicht glücklich war. Eines Tages kam er zu mir:

»Du, ich war in Holland«, berichtete er mir. »Ich hab dort einen Orden kennen gelernt, in dem können wir ohne Abitur mit fachspezifischer Reifezuerkennung studieren.«

Das war für mich *die* Nachricht. »Pius, da fahren wir sofort hin«, sagte ich ganz begeistert. »Dieser langatmige Quatsch hier! Wie viel paukt man eigentlich, was man nie im Leben braucht. Und dann soll ich auch noch in einer albernen Turnhose herumlaufen und Fußball spielen. Lass uns da mal hinfahren.« Und sehr positiv sprach der Direktor des Seminars, ein Prälat, auch nicht gerade über seine Spätberufenen: »Sekt haben sie gesoffen, die Säue, und Ringelsocken hatten sie an«, war seine Lieblingscharakterisierung, wobei das S von S̲ekt, S̲äue und Ringels̲ocken jeweils ein unnachahmliches, breites, sauerländisches Sch war.

Wir reisten nach Holland. Der Orden hatte ein Kloster im Süden Hollands, in einem kleinen Ort der Provinz Limburg: Maria Hoop. Als Deutsche wurde wir zunächst skeptisch empfangen und der Pförtner-Bruder, ein alter Mann empfing uns mit den Worten »Ik ben doof"[1]. Wir lachten schallend, denn wir verstanden das im deutschen Sinn, konnten wir doch kein Wort holländisch. Das wiederum war für den Bruder eine ungewöhnliche Begrüßung und wir durften eintreten. Die Ideen des Ordens, der vom heiligen Paul vom Kreuz gegen moralischen Verfall schon in seiner Zeit gegründet worden war, begeisterten mich. Hier konnte ich mein Leben umkrempeln. Eine Möglichkeit ein radikales Leben zu führen. Die Passionisten lebten neben den üblichen Gelübden ausgeprägt die »Passio Jesu Christi«. Die älteren Patres geißelten sich noch freitags und wollten das auch nach dem Konzil nicht aufgeben. Außerdem galt eine »gemixte Observanz«[2], also die Beschaulichkeit[3] neben der aktiven Seelsorgearbeit. Das bedeutete, dass wir einerseits strenge Gebetszeiten hatten, aber schon zu einem sehr frühen Zeitpunkt im Noviziat zu den Menschen hinaus fuhren und Seelsorge praktisch erlernten. Es zählte zur Strategie des Ordens, dass wir ins kalte Wasser geschmissen wurden. Und ich liebte kaltes Wasser.

> Es gibt auch ein zuspät. Es gibt kirchlich eine Tendenz, das Gericht Gottes abzuschaffen. Doch es bleibt nicht gleichgültig, was ich tue. Ich muss am Ende für meine Fehler gerade stehen. Aber Gottes Liebe und das Jüngste Gericht bleiben ein Gegensatz, den wir Menschen nicht auflösen können.
> Bischof Horst Hirschler

---

[1] holländisch: Ich bin taub.
[2] Ordensregel
[3] Kontemplation

Verletzungen

Das glücklichste Jahr meines Lebens ist noch heute für mich das erste Klosterjahr, das Noviziat, jene Zeit, in der man vorbereitet wird auf die Profess, auf die Gelübde. Man lebte unbehelligt von weltlichen Problemen, Geld- und Materialsucht. Ich sah noch alles als logische Folge dessen, was ich als meinen reinen, verinnerlichten Glauben empfand. Schon im Alter von sechs Jahren stieg ich auf einen Stuhl und predigte zu Hause. Ich wusste sehr früh: Ich will Priester werden. Für mich war die Kirche Mutter und Vater, Geborgenheit, Sehnsucht nach einer heilen Welt. Es war für mich eine ganz bewusste Entscheidung, die in einer scharfen Korrespondenz mit meinem Kaplan Josef Frantzen geprüft wurde.

Ach, dieser Kaplan. Er war ein ungewöhnlicher Priester. In sibirischer Gefangenschaft, erniedrigt und verkommen, machte er seinem Gott ein Gelübde. »Wenn Du mich hier heil rauskommen lässt, dann verspreche ich Dir, Priester zu werden.« Im Nachhinein muss ich sagen: Er war mein erster Don Bosco. Erdverbunden, deftige Sprache und Scherze, aber immer für seine Jugendlichen da. Er blieb ewig Kaplan, konnte wegen seiner Gradlinigkeit und Direktheit nicht Pfarrer werden. Als ich ihm beichtete, ich wolle Priester werden, wehrte er erschrocken ab. Er führte mir sehr genau und konkret die Konsequenzen der Entscheidung für das Priesteramt vor Augen, auch die Kämpfe der Einsamkeit eines zölibatären Priesters. Aber im Kloster wusste ich: Hier bin ich zu Hause. Es ging nicht darum, einem Verein beizutreten. Ich fühlte mich persönlich gerufen von Jesus Christus und war auf dem Weg in seine konkrete Nachfolge. Ich hatte den Wunsch, das Evangelium zu leben, in einer absoluten Bedingungslosigkeit.

Dieses Neue Testament, das für mich bis heute das edelste Manifest des wahren Kommunismus ist: Nimm dein Bündel, zieh

Verletzungen

deine Sandalen an, schau nicht zurück und geh hin, wo ich dich haben will. Diese Radikalität begeisterte mich.

Wir hatten keine Zweifler in unseren Reihen, denn alle waren Spätberufene im Noviziat. Alle waren getragen von der festen Überzeugung und dem nicht zu brechenden Willen. Wir haben einander ertragen können, auch die vielen senilen Patres, weil wir von dieser Spiritualität beseelt waren: Wir wollten unserem Ideal Jesus Christus immer näher kommen. Diese Begeisterung hatte uns alle ergriffen und wir schöpften eine große Genugtuung aus unserem neuen Leben.

Ich hatte große Freude an meiner Aufgabe, auch wenn ich schon bald vor Probleme gestellt wurde. Wie gesagt, begannen wir früh mit der Seelsorgearbeit, auch in der Jugendseelsorge. So begleitete ich eine Gruppe junger Mädchen nach Rothenburg ob der Tauber. Zwar wusste ich verbal, was der weibliche Zyklus ist. Ein Mädchen, ebenfalls nicht aufgeklärt, lag in ihrer Blutlache im Bett. Ich stand neben ihr und war konfus, ratlos, wer hatte mich denn schon wirklich aufgeklärt.

▶ **»Mathilde, hol die Hühner rein!«**

Mit einem Motorrad fuhr ich vom Kloster in die Pfarrgemeinden: Jugendarbeit, Seniorenbetreuung, Predigten. Im [1]Habit, mit Sturzhelm und ellenlangen, ledernen Motorradhandschuhen war das wohl schon damals ein seltsames Bild. Ich war jung und ich war schnell auf dem Motorrad. So passierte es einmal, dass ich zwei Hühner überfuhr. Das sprach sich natürlich schnell herum, und gab Stoff für viele Lachgeschichten bei der Landbevölkerung. Vor allem aber hieß es: »Ist

---

[1] Klosterkleid

heute Mittwoch? Dann fegt der Pater gleich durchs Dorf. Mathilde, hol die Hühner rein!«

Es ist so: Das erste Jahr im Kloster war mein glücklichstes Jahr, und wenn ich mein bisheriges Leben zurückschaue, war es überhaupt das glücklichste Jahr meines Lebens. Nun begannen die Kloster-Wanderjahre. »Nimm dein Bündel...«

Der Orden hatte keine eigene theologische Hochschule. Nachdem wir im benachbarten Trappistenkloster Lilbos im Schnellverfahren Latein gepaukt hatten, wurden wir nach Frankfurt an die Jesuitenhochschule St. Georgen beordert. Die Passionisten waren dort ebenfalls vertreten, sie betreuten eine Pfarrgemeinde. Das Studium bei den Jesuiten verlief sehr konzentriert und war straff organisiert und sehr anspruchsvoll. Die Disziplinen Rhetorik und Dialektik aber begeisterten mich in besonderer Weise, anderes langweilte mich ungemein. Ich war nie ein Theoretiker.

Gewiss: der theoretische Unterbau war wichtig. Aber mein Drang, an die »Front« zu kommen, beschäftigte mich pausenlos. Oder war es wieder das Mutter-Stigma, die Flucht, weiter, schneller, ans Ziel kommen? Ich scheute keine Belastung und keine Aufgabe. In Frankfurt arbeitete ich neben dem Studium im Frauengefängnis Preungesheim. Das war eine hochinteressante Aufgabe und für mich eine große Bereicherung für die spätere Seelsorge. Doch wie bei der ersten Mädchenjugendgruppe stellte ich immer wieder meine Unerfahrenheit, meine Naivität fest. Und ich war doch ein junger Mann, ein grünes Bürschchen im Priesterkleid, und hatte im Umfeld der inhaftierten Frauen manche ernste Konfrontation zu überstehen.

Wie sollte ich das erste Weihnachten hinter den Frauen-Mauern vergessen? Im Versammlungssaal des Gefängnisses, der auch als

Gottesdienstraum funktionierte, errichtete ich einen wohl drei Meter hohen Weihnachtsbaum. Die Frauen sollten sich freuen. Der Baum war voll geschmückt mit vielen Kugeln, Figuren, Lametta und natürlich echten Kerzen. Am Morgen des Gottesdienstes erstarrte ich vor dem Baum. Er war leer. Leer geplündert. Nicht eine Lamettafaser war mehr zu sehen. Die Frauen hatten sich des Schmuckes bemächtigt und jede hatte ein Teil in ihre Zelle mitgenommen.

Aus dem anfänglichen Erstarren ging ich bald über zu einem brüllenden Lachen. Die Küsterinnen, zwei Zwillingsschwestern, sie verbüßten einen Kindsmord, baten um Nachsicht, wollten doch die Frauen in ihren Zellen einen Hauch von Weihnachten haben. Ich schämte mich, dass ich daran nicht gedacht hatte.

Den Gottesdienst gestaltete ich mit einer Gruppe Waisenkinder, mit denen ich zuvor wochenlang in ihrem Heim Lieder und Weihnachtsszenen eingeübt hatte. Die Frauen weinten herzzerreißend, vor allem »meine« beiden Zwillingsschwestern. In der Predigt nannte ich dann eine statistische Zahl, nach der der Teufelskreislauf programmiert ist. Eine nicht unerhebliche Zahl inhaftierter Frauen kommt aus zerrüttenden Familien oder einem Waisenhaus. Eine Frau brach zusammen. Nach dem Gottesdienst besuchte ich sie auf ihrer Zelle. Sie weinte: »Sie haben mich furchtbar getroffen, denn ich komme aus dem gleichen Waisenhaus wie diese Kinder.« Ich nahm sie in meine Arme weinte mit ihr.

Natürlich gab es bei den Zellenbesuchen auch manchmal den Versuch der Frauen, in mir den Mann und nicht den zölibatären Priester zu sehen. Das schwarze Habit – eine andere Kleidung stand gar nicht zur Debatte – war aber eine gute Schutzmauer.

Verletzungen

Und das Habit wurde respektiert. Amerikanische Besatzungssoldaten gingen in die Knie und küssten den Saum der Soutane.

Es ist ein Armutszeugnis für die heutige Kirche, dass sich Priester und Ordensfrauen nicht mehr durch ihre Tracht bekennen. Regen wir uns auch deshalb auf, weil muslimische Frauen ihr Kopftuch tragen? Es ist natürlich viel bequemer, anonym zu bleiben und mit seinem Lebensstand nicht aufzufallen. Ich bin immer in meinem Habit geblieben und werde, wo auch immer, von fremden Menschen angesprochen, die einfach ein Gespräch suchen. Viele bleiben auf der Straße, gerade in Deutschland, stehen, drehen sich nach mir um. Wenn sie Hemmungen haben, mich anzusprechen, halte ich ein kleines Zettelchen bereit: »Es ist gut, dass Sie mich ansehen. Ich bin Pater Don. Welches Problem haben Sie?«

Einmal lief mir eine Frau in Kaufbeuren mehrere Straßen hinterher, bis sie mich schließlich einholte, sich vor mir aufbaute und feststellte: »Gibt's das überhaupt noch? Zu welchem Orden gehören Sie?«

Ich erwiderte, ich gehörte keinem Orden mehr an, ich sei unabhängiger katholischer Priester.

»Keinem Orden? Und dann dürfen Sie so frei herumlaufen?«

▶ **»Doktor Schiwago« habe ich mir fünf Mal heimlich angesehen.**

Im Kloster lebten wir unter strenger Aufsicht. Über alles mussten wir Rechenschaft ablegen und für alles mussten wir uns eine Genehmigung einholen. Das hatte man nicht verändert. Das galt insbesondere für die Einteilung unserer freien Zeit. Der holländische Prior war ein bescheidener Mann, auch was seine geistigen Kapazitäten betraf. Ich hielt mich immer

Ich sehe nicht ein, warum es schwieriger sein sollte, an die Auferstehung des Fleisches, an die Empfängnis der Jungfrau zu glauben, als an die Schöpfung.
Pascal

daran, besser gesagt: fast immer. Denn einen Kinofilm gab es, den musste ich einfach sehen. Und ich sah ihn mir insgesamt wohl fünf Mal an, selbstverständlich heimlich. Es war »Doktor Schiwago«.

Ich werde es nie vergessen, wie ich mich immer wieder ins Kino schlich. Ohne dass es mir bewusst war, brachte dieser Film die russische Seele in mir zum Schwingen. Ich ahnte wohl nicht einmal, was eine russische Seele ist. Heute verstehe ich, warum mich dieser Film so faszinierte. Denn ich weiß um meine russische Seite, die durch die russische Mystik, vor allem durch die wunderbaren orthodoxen Gesänge, in eine Transzendenz gerät und mir Meditationen ermöglicht, die mich glücklich machen. Seltsamerweise habe ich bis heute erst im vergangenen Jahr erstmalig wieder ein Kino besucht. Mit einigen meiner Kindern sah ich den Film Luther. »Hier steh ich, ich kann nicht anders«, sagte er vor der Inquisition. Ich war getroffen, betroffen. Wie oft in all den Jahren hatte ich diese Aussage gemacht.

Ich habe sehr viel gelernt und sehr viel erlebt in diesen Jahren. Aber dann traten Veränderungen ein, gegen die ich mich sträubte. Mit dem Konzil wurde die *römisch*-katholische Kirche von großen Umwälzungen ergriffen. Holland, das bis dahin in einem katholischen Dornröschchenschlaf lebte, wurde Vorreiter für unübersehbare Entwicklungen, an deren Ende europaweit massive Kirchenaustritte stehen. Es herrschte eine Unruhe, die mich natürlich auch erfasste. Vieles, was Jahrhunderte lang gegolten hatte und meinen Kinder- und Jugendglauben erfüllt hatte, wurde mit einem Mal in Frage gestellt. Nun sollte die Kirche mit der Zeit gehen. Für alles wurde eine Erklärung gesucht, alles Sein wurde zur chemischen Reaktion erklärt. Ich kannte aber kein Wort Jesu, dass Christen Abhängige des Zeitgeistes seien. Im Gegenteil: Wie sehr hat Jesus viele der damaligen Zeiterscheinungen gegeißelt.

Verletzungen

Die Bilderstürmerei in der Reformation war gar nichts gegen das, was ich in dieser Zeit in Holland erlebte. Die Lieblosigkeit, mit der man alte Patres zwang, ihr Klosterleben von heute auf morgen auf den Kopf zu stellen, der Egoismus, den man dann Selbstverwirklichung nannte, die Respektlosigkeit vor Liturgie und Kultgegenständen, der Ausverkauf von Kircheneinrichtungen. Beichtstühle und Kommunionbänke wurden an Diskotheken und Antikhändler verscherbelt. Das brachte nicht nur mich in eine ungewöhnliche Konfusion. Aber auch die Lehre, der Glaube selbst, wurde auf den Kopf gestellt, koste es, was es wolle. Bis heute stößt die Kirche die Menschen vor den Kopf. Wer nicht konform ist, wer nicht ihre Sprache spricht, ist unerwünscht. Die große Errungenschaft des II. Vatikanischen Konzils, Toleranz, wurde nie so sehr nach innen mit Füßen getreten, wie in der Jetzt-Zeit. Ich fürchtete, dass ich meinen Glauben verlieren würde, wenn ich mich nicht widersetzte.

▶ **Ich fürchtete, meinen naiven Kinderglauben zu verlieren.**

Ich bewahrte meinen naiven Kinderglauben und das bewusst, der nun mehr und mehr zum Gespött wurde, oder wie es modern war zu sagen: einer kritischen Analyse unterzogen wurde. »Das müssen wir mal hinterfragen«, eine Floskel, die nun zum Standardrepertoire gehörte, und wehe, wer das nicht beherrschte, wehe, wer sich durch seine eigene Sprache verriet.

Der Jesuit Professor Rupert Lay, Kosmologe, erklärte Gott und die Entstehung der Erde mit einer »Bläschen-Theorie«. Das hätten all die Nihilisten und Gottesleugner nicht besser gekonnt. Für mich war und ist Glaube schlicht und einfach eine Bauchsache. Denn glauben heißt nicht wissen. Und wo Bläschentheorien statt Tradition, Mystik und Nächstenliebe eingesetzt werden, laufen die

Besser glauben als grübeln.

Menschen in Scharen weg. Denn unsere Welt braucht die Kirche als Haus der Geborgenheit, als einen Ort, an dem man noch Sehnsüchte haben darf. Einen Gottesbeweis wird es sowieso nicht geben, aber muss man deshalb den Glauben zerstören?

Doch habe ich meinen Kosmologie-Professor auch in guter Erinnerung. Er war mein Beichtvater in St. Georgen. Die Beichte war jeweils eine Möglichkeit, seinen sinkenden Glauben zu beklagen, Fragen zu stellen. Professor Lay holte dann seine guten Zigarren hervor, und wenigstens gab es noch bei dieser Gelegenheit ein »Rauchopfer«. Ich lernte damals das genussvolle Zigarrenrauchen, bei dem ich bis heute geblieben bin. Meine Bedenken, ob es nicht ein Sakrileg sei, bei der Beichte zu rauchen, wurden in einem typisch jesuitischen Disput beendet:

»Mein Junge, sei nicht so naiv«, wurde mir beschieden, »natürlich darf man nicht beim Beten rauchen. Aber glaubst du, dass sich der liebe Gott nicht freut, wenn man beim Rauchen betet?«

Die Jesuiten tragen den Namen: Gesellschaft Jesu. So tröstete ich mich mit der Legende, als das Jesuskind in der Krippe das erste Mal die Augen öffnete. Rechts sah es einen Ochsen, links einen Esel. Und seufzend sagte es: »Das also ist die Gesellschaft Jesu.«

Das waren sie, diese jesuitischen Spitzfindigkeiten. Sie hatten für alles einer Erklärung. Aber es waren nicht meine Erklärungen. Das Studium nahm mir meinen Glauben, den ich nicht im Kopf, sondern im Herzen trug. Ich wechselte den Studienort zur theologischen Fakultät der Freien Universität Regensburg. Die Reife, Theologie zu studieren, war mir in Hessen zuerkannt worden.

Auch in Regensburg gab es ein Passionistenkloster. Doch war meine klösterliche Demut bald sehr geschmolzen. Immer häufiger legte ich mich mit meinem Oberen an. Ich war offen und tat meine Meinung kund, bat nicht mehr für jede persönliche Handlung um Erlaubnis, begann zu rebellieren und war als Rebell schon bald noch wenig geliebt. Außerdem gab es kaum noch ein konkretes Ordensleben. Ich vermisste die wahre brüderliche Gemeinschaft, alles funktionierte nur mechanisch. Man traf sich nur zwar zum Gebet und zum Essen, aber ansonsten war man sich fremd. Schließlich war der Obere des Klosters ja auch so verliebt in einen seiner Mitbrüder – er nannte seinen Pater »Flamingo« –, dass er die Realitäten wohl kaum wahrnahm. Aber warum wunderte ich mich eigentlich, denn ich war doch nicht das erste Mal in meinem Seminar- und Klosterleben mit dem Thema Homoerotik, Homophilie, Homosexualität konfrontiert worden.

▶ **Es sollte ein Konzil der Einheit werden. Es wurde ein Konzil der Spaltung.**

Auch Regensburg half mir also nicht weiter, denn mein Glaube war doch tiefer erschüttert, als ich zunächst begreifen konnte und wollte. Die »Erneuerungen« des Konzils trugen ihren Teil dazu bei. Zum Beispiel habe ich bis heute nicht begriffen, warum man diese wunderbare, alte Heilige Messe mit der lateinischen Sprache abgeschafft hat. In welche

Die katholische Kirche ist die hohe Schule für die Homophilie.
Udo J. Erlenhardt

Kirche man in der ganzen Welt auch kam, überall war es die gleiche Sprache, in der man mitbeten und mitsingen konnte. Wohin man auch kam, man war zuhause und man konnte in fremden Ländern seine Glaubensfamilie finden. Aber es ging ja nicht nur um die Sprache. Auch die theologische Bedeutung war plötzlich eine ganz andere. Man wollte den evangelischen Christen näher kommen. Aus der Heiligen Eucharistie wurde das Abendmahl. Warum hatten wir uns damals denn nicht alle gleich

Verletzungen

der Reformation angeschlossen? Und wo steht heute die Ökumene? Als ein katholischer Pfarrer auf dem Kirchentag zu Berlin am evangelischen Abendmahl teilnahm, wurde er sofort vom Amt suspendiert.

Ich liebe die alte Heilige Messe, meine Kinder lieben sie, und doch darf jeder, welcher Konfession und welchen Standes auch immer, die Heilige Kommunion empfangen. Die Einheit der Christen wird nie gelingen, wenn wir alles in einen Topf werfen, einmal umrühren und fertig ist eine neue Kirchensuppe. Einheit wird nur gelingen, wenn wir Christen einander respektieren, jeder mit seinem Stallgeruch und vor allem einander nicht ausschließen. Hat nicht auch jede Familie ihre Bräuche, ihre Eigenheiten? Muss man deshalb die Familien auflösen, eine Einheits-Familie schaffen?

Ich stehe nicht allein mit meiner Meinung, dass das Konzil durch Mächte gelenkt wurde, die gar nicht katholisch waren und eine ganz andere Kirche wollten. Ich gehe sogar so weit zu sagen, dass damals der Antichrist Einzug in den Vatikan hielt.

Die Katholiken wussten immer, woran sie waren, denn der katholische Glaube war immer ein Glaube der Tradition gewesen. Vielleicht war manches antiquiert und natürlich kann man sich nicht allem Neuen versagen. Wir müssen am Internet teilnehmen, und als Straßenpriester kann ich mir meine Arbeit ohne Handy gar nicht mehr vorstellen. Zöpfe, die absolut keinen Sinn haben, werden abgeschnitten. Aber plötzlich wurde alles umgeschmissen, und fortan sollte das, was gestern noch gültig war, nun nicht mehr gelten. Sprachen wir nicht immer auch vom Glauben der Väter? Man hat sich nicht einmal bemüht, einen zaghaften Übergang zu wählen. Letztlich wurde ein großer Kampf in der Kirche ausgelöst, der bis heute anhält. Es sollte ein Konzil der Einheit werden. Es wurde ein Konzil der Spaltung. Das Kind wurde mit dem Bade ausgeschüttet.

Warum ging man mit den Katholiken so rabiat um? Die meisten wollten doch am Alten festhalten, sie waren es gewohnt. So sprach das Konzil von der »neuen Toleranz« den anderen Konfessionen und Religionen gegenüber. Das war eine Lüge! Man wurde intoleranter denn je, vor allem innerhalb der Kirche. Die Messe, wie ich sie zelebriere, wurde verboten und ist es heute noch. Man muss in Rom ein Indult einholen, eine Erlaubnis für etwas, das immer gültig war. Ja, auf den Kopf gestellt wurde das Empfinden der Gläubigen. Hieß es nicht sogar im dogmatischen Konzil von Trient: Wer etwas hinzufügt oder weglässt, sei ausgeschlossen. Kann ein nichtdogmatisches Konzil die Dogmen ablösen?

Denkt die Kirche noch logisch in ihrem Taumel des Zeitgeistes? Für die alten Katholiken, auch für mich, war das Konzil ein Umsturz. Hatte man vorher die Heilige Kommunion kniend empfangen und auf die Zunge gelegt, aus Respekt vor dem Mysterium, wurden von heute auf morgen – keiner wurde gefragt! – die Kommunionbänke herausgerissen und die Kommunion wie bei den Protestanten in die Hand gelegt. Wie viel Missbrauch hat es seitdem mit den geweihten Hostien gegeben.

▶ **Wo keine Mysterien sind, hat es der Glaube schwer.**

Das hat viele Menschen abgestoßen, nicht nur mich. Das Mysterium der Heiligen Kommunion wurde bewusst entzaubert. Aber wo keine Mysterien sind, hat es der Glaube schwer. Unsere Welt ist technisiert und genügend entzaubert, musste man auch noch die Kirchen entzaubern? Ich glaube, das geht nicht. Denn das Ergebnis der Entzauberung ist »Unglaube«. Und Kälte haben die Menschen genug in ihrem Alltag.

Während meines Studiums in Regensburg wurde ich von meinem Orden nach Mainz geschickt. Ich sollte mich als Novize um Lehrlinge kümmern, die dort im Kolpingheim wohnten. Man gab mir ein altes Auto, in das ich meine Sachen und meine Bücher packte, und ich machte mich auf den Weg. Unvorsichtigerweise hatte ich die Illustrierte »Stern«, mit einer kaum bekleideten jungen Frau auf der Titelseite, offen im Wagen liegen. Das war natürlich ein gefundenes Fressen für die rauen Burschen, die sich um meinen Wagen gruppiert hatten, kaum dass ich dort eingetroffen war: ein Ordensmann und ein anzügliches Magazin. Ich wurde mit den entsprechenden Kommentaren und Pfiffen begrüßt. Ein Junge tat sich besonders hervor.

»So, jetzt pass mal auf«, forderte ich ihn auf, als er keine Ruhe gab, »bist du bereit für einen kleinen Ringkampf?«

Ich zog meine Soutane aus und schon waren wir umringt von den jungen Burschen. Damals stand ich in Saft und Kraft und das sah man.

»Okay, okay, Pater«, gab sich mein Herausforderer ohne Kampf geschlagen, »ist schon gut, war nicht so gemeint.«

»Nun gut«, antwortete ich ihm, »ich akzeptiere deine Kapitulation.« Ich wusste ja, wie man mit Jugendlichen umgeht. Schließlich hatte ich schon in einem Frauengefängnis meine Feuertaufe bestanden. »Aber ich akzeptiere sie nur, wenn du deine Freunde dazu bewegen kannst, innerhalb von fünf Minuten meine Sachen auf mein Zimmer zu bringen.«

Was bei der Jugend wie Grausamkeit aussieht, ist meistens Ehrlichkeit.
Jean Cocteau

Das war nun natürlich eine Ehrensache für die Lehrlinge. Ruckzuck war mein Zimmer eingeräumt – und ich hatte einen akzeptablen Einstand gegeben.

Verletzungen

Am Nachmittag des nächsten Tages kam mein Herausforderer vom Vortag zu mir. Alexander war sein Name.

»Pater, was kann ich für Sie tun?«

»Wie meinst du das?«, fragte ich ihn.

»Ich kann ganz gut schreiben, vielleicht kann ich Ihnen im Büro behilflich sein.«

Von diesem Tag an kam er jeden Nachmittag, wenn die Schule vorüber war, zu mir und half bei meiner Arbeit. Es gab in der Tat viel zu schreiben, denn ich musste im Bistum Mainz eine Reihe von Vorträgen halten. Es entwickelte sich eine regelrechte Freundschaft zwischen Alexander und mir. Aber nach knapp einem Jahr musste ich nach Regensburg zurück, um mein Studium fortzusetzen. Ich tat es mit wenig Elan, denn ich wollte viel lieber praktisch arbeiten, als Theorie studieren. Als mich Alexander im Kloster besuchte, hatte der Obere seine Gelegenheit, mich los zu werden. Er unterstellte mir *seine* homosexuelle Neigung, obwohl ich im Kloster eisern am Zölibat[1] festhielt.

Unter meiner Tür schob er einen kleinen Zettel hindurch: Sie verlassen das Kloster, und zwar sofort. Ein Wort, eine Nachfrage hatte er nicht für mich.

Und jetzt wollte ich nicht mehr. Ich ging. Ich war die ganze widerliche Klosterheuchelei satt.

---

[1] Ehelosigkeit

> Wohin du auch gehen magst,
> immer begegnest du Gott.
> Gott ist, was vor dir war.
> *André Gide*

Gott, nein danke.

Ich hatte der Kirche den Rücken zugedreht. Erst einmal wollte ich nur fort vom Kloster. Nun stand ich auf der Straße. Ich hatte kein Elternhaus, kein Zuhause, keine Bleibe. Meine ganze Habe: eine schwarze Kutte, ein dunkler Anzug, eine Zahnbürste und ein paar Mark in der Tasche. Denn im Kloster besaßen wir wirklich nichts. Wohin sollte ich gehen?

Ich liebte die Berge, dort war man dem Himmel am nächsten. Es zog mich nach Süddeutschland. Also machte ich mich auf in den Allgäu, nach Oberstdorf. Ich suchte Arbeit, ganz einfach nur Arbeit, und hatte schon alles in Oberstdorf abgeklappert. Ich war mir für keine Tätigkeit zu schade, genauso wenig wie ich mir heute zu schade bin, um für meine Kinder zu betteln. Aber in dieser Stadt war keine Arbeit zu finden und ich fuhr weiter nach Sonthofen.

▶ **»Kommst du aus dem Gefängnis oder aus dem Kloster?«**

Dort gab es ein kleines Warenhaus, in dem man alles bekam, von der Hose bis zum Schnürsenkel. Ich ging hinein und fragte, ob man Arbeit für mich hätte. Man führte mich zum Chef, Herrn Hager, der wie ein Patron hinter seinem Schreibtisch saß. Ich stand wie ein Häuflein Elend vor ihm. Herr Hager musterte mich von oben bis unten.

»Was willst du?« Er duzte mich einfach.

»Ich suche Arbeit«, antwortete ich.

Er sah mich noch eindringlicher an. »Also, mein lieber Freund, es gibt zwei Möglichkeiten: Entweder kommst du aus dem Gefängnis oder aus einem Kloster.«

»Nehmen Sie das Letzte«, bestätigte ich seine Vermutung, »damit liegen Sie ganz richtig.« Ich sah ja auch erbärmlich aus. Abgemagert. Ich hatte Hunger.

Ich bekam meine erste Stelle. Auch ein Zimmer wurde für mich bereit gestellt und ich richtete mich ein, so gut es eben ging.

Ich machte meine Arbeit gut. Für allerlei Hilfsdienste im Warenhaus wurde ich eingeteilt. Bald hatte mein Chef ein Faible für mich. Einmal lud er mich zu sich nach Hause ein.

»Sieh mal«, stellte er mich seiner Frau vor, »das ist der Mann, den wir aus dem Kloster haben. Guck mal, Frau, wie er immer noch rumläuft. Wir müssen ihm etwas anderes zum Anziehen geben.«

Er ging an seinen Kleiderschrank und zog einen teuren, wunderschönen Kamelhaarmantel hervor.

»So, probier mal«, forderte er mich auf.

Der Mantel passte wie angegossen. Ich stellte mich vor den Spiegel und besah mich von vorne, von links und von rechts.

»Herr Hager«, sagte ich nach einer Weile, »sind Sie mir sehr böse, wenn ich Ihnen etwas sage? Ich komm mir vor wie ein Clown. Ich kann das nicht tragen.«

Ich hätte den Mantel nach Hause mitnehmen und weghängen können. Aber das war ich nicht. So ein schönes Stück konnte ich nicht annehmen, wenn ich es nicht auch tragen wollte. Aber so weit war ich wohl doch noch nicht. Ich war ja meine Soutane gewohnt. Herr Hager nahm es mir nicht übel. Wir aßen zu Abend und haben bis in die Nacht hinein miteinander geredet.

Nach einigen Wochen kam Herr Hager zu mir: »Ich sehe, dass du fleißig bist und hier einen guten Einfluss hast. Ab heute bist du Kassenaufsicht.«

Mein erster Karriereschritt war getan. Es war nicht die Karriere, die ich mir gewünscht hatte. Zwar führte ich nun ein »weltliches« Leben, aber ich war doch in dieser Welt noch nicht angekommen. Nicht dass ich vorher weltfremd gewesen wäre, aber ich hatte doch einiges aufzuholen. Ich las viel. Ich las über Politik, über Naturwissenschaften, ich las über Psychologie und über Sexualität. Ich wollte alles wissen über das Leben außerhalb der Klostermauern. Und ich verkroch mich in meinem Mietzimmer.

Meine Arbeit bei Herrn Hager füllte mich nicht im Ansatz aus. Ich verdiente mein Geld, um zu essen und zu wohnen. Mehr nicht. Bald sah ich mich nach anderen Arbeitsmöglichkeiten um. Ich bewarb mich und bekam einen Job in Dortmund bei einer kleinen Kaufhauskette als Lehrlingsausbilder.

Doch das Stigma der Mutter-Flucht begann, mich zu beherrschen. Ich wechselte meine Arbeitsstellen und die Städte wie andere ihre Kleidung. Ich war Gastronom und Hoteldirektor, Lehrer und Verkaufstrainer, Journalist, Marketingmann und ich war Theatermacher. Und doch war ich auf der Flucht.

Wer Gott definiert, ist schon Atheist.
Oswald Spengler

Meine Wechselkarriere endete wieder einmal mit einer Radikal-Handlung. Ich verkaufte meine gesamte Habe auf dem Flohmarkt.

Ich mied die Kirche wie die Pest. Ich wollte mich bewusst gegen sie und damit gegen Gott stellen. Vielleicht fuhr ich auch gerade deshalb nach Rom, aber es waren nicht die Kirchen oder der

Vatikan, die mich interessierten. Ich ging nicht einmal in den Petersdom. Ich wollte nur das Leben in vollen Zügen kosten. Mein Zuhause wurde das Café de Paris auf der Via Veneto.

Ein halbes Jahr blieb ich in dieser Stadt, dann war mein Geld zu Ende. Ich hatte gut gelebt, ausgelebt, war nicht mehr an das Zölibat gebunden, aber das dolce vita konnte so nicht weitergehen. Ich war ruhelos und wollte etwas Neues anfangen. Also fuhr ich zurück nach Deutschland.

▶ **Was ich suchte, wusste ich selber nicht.**

Was genau ich suchte, wusste ich selber nicht. Ich fühlte die Flucht vor mir selbst. Aber wohin ich auch floh, ich nahm mich immer selber mit. Ich kämpfte, und wie ich kämpfte. Zehn Jahre lang. Gott war für mich ein Problem, eine ständige Auseinandersetzung, eine fortwährende Bedrückung. Ich verleugnete Gott, ich verspottete ihn. Und doch gab es diese ständige Versuchung, einmal ein heimliches Gebet zu sprechen.

Ein Ziel hatte ich nicht. Aber ich bin kein Pessimist, ich wollte leben. Zunächst musste ich festen Boden unter die Füße bekommen. Also meldete ich mich beim Arbeitsamt. Dort vermittelte man mir einen Job als Lehrer in einem Privatgymnasium in Westfalen. Doch in meiner Unruhe wechselte ich das Fach und ging zum Wienerwald-Konzern Ich hatte immer ein selbstbewusstes Auftreten. Es war leicht für mich, in die Unternehmenszentralen vorzudringen. So lernte ich den Konzernchef kennen. Friedrich Jahn hat mich sehr beeindruckt. Er war ein Mann des Volkes, sehr menschlich und bescheiden und ein Unternehmer, wie er im Buche stand. Auf ihn passte sicher der Slogan »Geld und Angst haben wir nie gekannt«. Er kannte jedes seiner 300 Lokale. Niemals betrat er seine Restaurants durch die Vordertür. Er kam immer von hinten durch die Küche herein. Vorher hatte er bereits die Mülltonnen untersucht. Dann holte er die weggeworfenen Hähnchen heraus, wohlgemerkt keine Essensreste, hielt sie dem Restaurantleiter unter die Nase und fragte:

»Daraus konntet ihr nichts mehr machen? Das taugt doch noch für ein Tagesgericht oder eine Suppe. Warum schmeißt ihr das weg?«

> **Sparsamkeit in allen Dingen ist die vernünftige Handlung eines rechtdenkenden Menschen.**
> Kant

»Du bist ein barocker Typ«, sagte er zu mir. »Ich mag barocke Typen. Deshalb mog i di.«

Damals war ich noch nicht so »umfangreich« wie heute. Sein Kompliment bezog sich auf die Art, wie ich mich gab, auf meine konservative Haltung, meine Art, zu reden, auf meine Autorität und mein Selbstbewusstsein, aber auch meinen Humor, den ich mir Gott sei Dank bis heute erhalten habe. Das mochte er. Bald bot er mir einen wichtigen Posten an.

Aber ich ging. Meine Flucht. Einige Zeit später wechselte ich zur Weinkrüger-Kette, eine Restaurantkette des BAT-Konzerns in Hamburg. In Düsseldorf wurde ich Restaurantleiter und machte der Zentrale Marketingvorschläge. Ich wurde prämiert und doch ging ich wieder. Mich interessierte die gehobene Hotellerie. Konsul Steigenberger war mein Glücksfall. Er sagte »Sie haben keine Ahnung von Hotels. Aber Sie tun gerade so, als wollten Sie Generaldirektor werden.«

»Ja, ich lerne sehr schnell«, gab ich ihm zur Antwort.

▶ **»Wer den Himmel verkauft, kann auch meine Betten verkaufen.«**

»Ich habe eine ganz andere Idee. Sie haben doch als Priester den Himmel verkauft. Sie haben den Menschen etwas Irrationales verkauft. Das ist doch eine hohe Verkaufskunst. Sie müssen ein Naturtalent sein, wenn die Leute Ihnen geglaubt haben.«

»Wie meinen Sie das?«

Gott, nein danke

»Wer den Himmel verkauft hat, kann auch meine Betten verkaufen.« Seine Idealbelegung lag bei 106 Prozent. Doch nach einem Jahr wurde ich wieder von meinem Fluchtstigma eingeholt. In Aachen gründete ich ein kleines Theater, genau gegenüber dem Stadttheater. Darauf hatte diese bürgerliche Stadt offenbar nur gewartet, denn das Theater wurde ein Bombenerfolg. Zu meinen Gästen zählten Brigitte Mira, Helen Vita, Evelyn Künnecke und Lou van Burg, Marianne Hoppe, die ich zu Talkshows einlud. Ich spielte sie stets gegeneinander aus, bis sie sich stritten – sehr zu meiner und des Auditoriums Freude. Ich bot politisches Kabarett, Varieté, Chansons und literarische Abende.

Aber man kann seinem Publikum nicht jeden Tag ein Highlight bieten. Einmal engagierte ich einen Folk-Sänger, der volkstümliche Weisen von sich gab – ein kompletter Reinfall. Meine Kapitalrücklage war nicht hoch genug, um den Wunsch des Publikums nach immer Neuem eine längere Zeit durchzuhalten. Ständig eine Travestieshow aus Paris zu präsentieren war nicht machbar. Das gaben die Umsätze nicht her und schließlich ging ich mit diesem Projekt baden. Pleite.

Aber das Theaterspielen lag mir, wenn es auch nicht immer auf einer Bühne stattfand. Meine Freunde (hatte ich wirklich welche?) und ich hatten manchen Unsinn im Kopf. Besonders kreativ waren wir, wenn es darum ging, andere Menschen auf die Schippe zu nehmen. Großes Vergnügen bereitete uns die Wette, ob es uns gelingen würde, bei wildfremden Menschen eine Tasse Kaffee zu bekommen. Also klingelten wir an einer beliebigen Haustür. Vor uns stand eine ältere Dame im Hauskittel. Wir hatten sie offenbar gerade beim Abwasch unterbrochen, denn sie trocknete sich ihre nassen Hände

Schauspieler sind die einzigen ehrenwerten Heuchler.
William Hazlitt

in ihrer Schürze ab. Wir seien ihre Großneffen aus dem Osten Deutschlands und sollten sie recht herzlich von der ganzen Verwandtschaft grüßen. Im folgenden Wortwechsel lösten sich Ungläubigkeit und Neugier unseres »Opfers« in rascher Folge ab. Oft war es nicht nur Theater, sondern auch eine psychologische Komödie. Dass sie, die überraschte Dame, uns nicht erkennen würde, wäre nun doch eine große Enttäuschung für uns, gaben wir zu verstehen.

»Aber nun kommen Sie doch erst mal herein«, wurden wir aufgefordert, und erhielten im weiteren Verlauf des Gespräches dann unsere Tasse Kaffee.

Und wieder: Ich habe viel gelernt in diesen Jahren. Wenn ich es mir überlege, handele ich heute oft noch so wie früher. Damals habe ich mich auf riskante geschäftliche Abenteuer eingelassen. Aber auch heute gehe ich manches Risiko ein (Friedrich Jahn lässt grüßen), bei dem jeder Kaufmann erst einmal eine fundierte Planung anmahnen würde. Aber im Gegensatz zu damals arbeite ich in Rumänien nicht für meine Tasche, sondern ich arbeite aus einem tiefen Glauben heraus. Damals habe ich Gott verleugnet, heute lebe ich mit IHM und in IHM. Und im Gegensatz zu früher geht alles gut. Immer wieder, denn ER gibt Kraft und Gnade, soviel wir brauchen.

Ich habe von meinen Niederlagen mehr gelernt, als von meinen Erfolgen.

▶ **Nicht ein einziges Jahr war vergebens.**

Damals hatte ich keinen Halt, kein Ziel, keine Ruhe. Ich war in keiner Stadt zuhause, hatte keine Familie und keine wirklichen Freunde. Oft habe ich mich gefragt, wozu meine rastlosen Wanderjahre einmal gut sein würden. Heute weiß ich es: es hatte einen Sinn. Ich habe gelernt für Rumänien! Jede meiner damaligen Etappen hilft mir heute, mich in Rumänien zu behaupten.

Zunächst einmal habe ich gelernt, nicht mehr wegzulaufen. Damals konnte ich es kaum ein Jahr lang an einem Ort aushalten, heute bleibe ich trotz größter Schwierigkeiten – wie ein Fels in der reißenden Strömung. Und ich habe gelernt, dass man Widerständen begegnen und sich ihnen stellen muss. Ich wurde auf der Flucht geformt. Ich kann alles gebrauchen, was ich damals gelernt habe, sei es Marketing, Management, Organisation oder Gastronomie, Pädagogik. Ich habe gelernt, mit den einfachsten Menschen ebenso zu sprechen und sie zu motivieren wie mit hochgestellten Persönlichkeiten.

Nicht eines meiner Jahre war vergebens. Ich danke Gott. Wem sonst?

Pater Don und seine Kinder mit neuen Mützen

> **Jeder Tritt in den Hintern
> ist ein Tritt nach vorn.**
> *Pater Don*

Der verlorene Sohn

Kevelaer ist ein Marienwallfahrtsort am Niederrhein. Ich wohnte hier, seitdem ich mein Restaurant-Café »Extra-Blatt« in Kleve eröffnet hatte. Aber anstatt mir dort auch eine Wohnung zu suchen, hatte mich die Vorsehung ins dreißig Kilometer entfernte Kevelaer verschlagen.

Nie hatte ich den Gnadenort noch irgendeine Kirche besucht. Über zehn Jahre lang war ich in keiner einzigen Kirche gewesen. Ich versuchte mit aller Gewalt, meinen Glauben loszuwerden. Ich hatte mich gegen Gott entschieden und wollte mich von IHM befreien – oder glaubte zumindest, mich von IHM befreien zu müssen. Selbst von Heiligen wird berichtet, dass sie in ihrem Leben den Wunsch hatten, sich von Gott zu befreien.

Das Café lief bombig. Fast vom ersten Tag an war es rappelvoll. Ich ging wieder völlig in meiner Arbeit auf. Und doch: In meiner kommerziellen Unerfahrenheit war ich als Selbständiger einem Brauerei-Knebelvertrag aufgesessen. Schulden. Steuern und Sozialabgaben konnte ich nicht mehr zahlen. Pleite. Flucht. Ich wurde krank. Und obwohl ich einen großen Zulauf an Gästen hatte, konnte ich das Café nicht halten. Ich arbeitete mich tot, aber unterm Strich blieb nicht genug übrig, um meinen Verpflichtungen nachzukommen.

Was war aus mir geworden in den vergangenen über zehn Jahren? Nichts hatte mich binden können. Es war wie eine Manie:

Ich wollte immer Neues lernen, immer mehr, immer schneller, immer waghalsiger. Zum Schluss wusste ich nicht mehr, wofür ich das Ganze tat. Wovor lief ich weg?

▶ **Hier nun endete meine zehnjährige Flucht.**

Mein Zusammenbruch in der Kapelle hatte mich tief aufgewühlt. Das war nichts Oberflächliches gewesen wie in all den Jahren zuvor, das traf mein Innerstes, das hatte meine Seele umgekrempelt. Ich wusste: Hier endete meine zehnjährige Flucht vor mir selbst. Es war ein Desaster, ich lag am Boden. Wen konnte ich um Hilfe bitten? Mir war ganz klar, dass diese Art zu Leben für mich vorbei war, dieses bourgeoise und leichtfertige Dasein. Es musste das Ende eines Lebensabschnittes sein. Ich war mit meiner Kraft am Ende und krank an mir geworden. Vielleicht würde hier mein Leben überhaupt enden? Ich war von klein auf ein hoffnungsloser, ja ein naiver Optimist. Nun spielte ich das erste Mal mit dem Gedanken, meinem Leben ein Ende zu bereiten. In mir war Dunkelheit, einen Horizont sah ich nicht. Ich erstickte an mir selbst. Ich kam aus diesem Tal nicht mehr heraus.

Aber so einfach aufgeben wollte ich nun auch wieder nicht. Ich begab mich in die Obhut eines Psychiaters in einer anderen Stadt, der mir empfohlen wurde. Mein letzter Anker? Nachdem ich ihm über drei Stunden lang erzählt hatte, ihm meine Ausweglosigkeit geschildert hatte, empfahl er mir ungerührt, erst einmal nach Hause zu gehen.

Nicht nur einen Tod gibt es. Der uns dahinrafft, ist nur der letzte.
Seneca

»Ihnen ist wohl nicht gut«, erregte ich mich. »Ich sitze hier vor Ihnen und rede mir den Mund fusselig, erzähle Ihnen, dass ich Schluss machen will, und Sie sagen mir, ich soll nach Hause gehen?«

Nachdem, was ich durchgemacht hatte, nach diesen Jahren voller Aussichtslosigkeit und schmerzhafter Einsamkeit, und nachdem ich mich durchgerungen hatte, einen Psychiater aufzusuchen, war mir sein oberflächlicher Rat ein Schlag ins Gesicht. Und ich hatte doch endlich Hilfe erwartet, zumindest die Aussicht, zu einem weiteren Gespräch wiederkommen zu dürfen. Ich hatte gehofft, dass mir wenigstens jemand zuhören würde und mir etwas zu sagen hätte. Aber nein, er schickte mich nach Hause.

Ich ärgerte mich maßlos über diesen Gesellen. Doch meine Ratlosigkeit fand schnell seine Antwort. Ich solle einmal Bilanz ziehen, empfahl er mir, die Bilanz meines bisherigen Lebens. »Natürlich kann ich einen guten Klienten aus Ihnen machen, wenn Sie denn zahlen können. Gehen Sie nach Hause und tun Sie, was ich Ihnen sage: Machen Sie eine Lebensbilanz. Sie haben übrigens Ihre Lösung bereits selber gefunden«, hatte er mir noch gesagt.

Heute glaube ich, dass ich nicht mit einem Psychiater, sondern mit einem menschgewordenen Engel gesprochen habe. Ich setzte mich hin, machte meine Bilanz und stellte fest: Genau das ist es! Du bist vor dir und – noch schlimmer – vor deiner Berufung weggelaufen. Du bist vor Gott weggelaufen, du hast die Todsünde der Todsünden begangen: Du hast Gott herausgefordert!

Und natürlich hatte ich auch mich selbst betrogen. Das ist wohl die unsinnigste Handlungsweise überhaupt. Keiner hörte mich, keiner sah mich, niemand war dabei, ich war mit mir und Gott allein. Warum musste ich mich dann selbst belügen?

Ich wusste, dass ich nur dann überleben würde, wenn ich zurückfand, mein Herz für meine wirkliche Ur-Berufung öffnen würde. Das hieß konkret: Ich wollte wieder Priester sein.

Ich kam wieder zur Ruhe in den nächsten Tagen. Auch wenn ich weiterhin sehr bewegt war, versuchte ich nicht, mein Erlebnis in der Kapelle zu interpretieren. Aber mir war klar und mein Entschluss stand fest, dass ich ins Priesteramt zurück wollte. Wie würde ich den richtigen Weg zurück zur Kirche finden? Diese Frage nahm mich nun vollständig ein.

Ich wandte mich an einen Pfarrer. Von ihm ließ ich mir erst einmal erklären, wie das Verfahren lief und was das Kirchenrecht in meinem Fall vorsah. Er erklärte mir, ich müsste einen »episcopus benevolens« finden, einen gutgewillten Bischof, der in Rom vermitteln würde. Eine Rückkehr ins Priesteramt war für mich also nur über Rom möglich. Der Pfarrer hatte auch gleich eine Idee. Er empfahl mir, mich beim Altbischof von Hildesheim, Heinrich Maria Janssen, vorzustellen und ihm meinen Wunsch vorzutragen. Dieser hätte als eremitierter Bischof wahrscheinlich Zeit, sich um mich zu kümmern.

Bischof Janssen empfing mich sehr warmherzig. Wir hielten in den nächsten Tagen mehrere »Sitzungen« ab. Bei der dritten Sitzung sagte mir der Bischof:

»Mein lieber Mitbruder, ich will es heute kurz machen. Ich habe diese ganze Sache im Gebet überarbeitet und überdacht. Sie haben in Rom keine Chance, ganz abgesehen davon, dass es so selten ist, dass ein Priester zurückkommt.« Und plötzlich war er nicht mehr der gütige Bischof und Vater. »Erstens sind Sie furchtbar retardiert, so zurück-geblieben. Zweitens sind Sie so dickköpfig, dass man mit Ihnen gar nicht reden kann, und stolz sind Sie, viel zu stolz. Und das Dritte: Sie haben das Konzil nicht begriffen oder wollen es nicht begreifen. Sie haben in der katholischen Kirche keine Chance mehr.«

Auf dem Weg zum Herrgott fressen dich die Heiligen.
Rumänisches Sprichwort

Der verlorene Sohn

Das nächste Unwetter hatte mich erreicht. Bischof Janssen wollte meinen Fall nicht weiter vorantreiben. Nachdem, was ich ihm alles ehrlich in einer Generalbeichte eröffnet hatte, war ich indiskutabel für ihn. Er verweigerte mir die Rückgabe meines Weihedokumentes, zerriss es wütend und erklärte:

»Ihre Weihe ist sowieso ungültig. Einer wie Sie kann gar nicht gültig geweiht worden sein.«

So gut also kannte er das Kirchenrecht doch nicht. Denn jedes erteilte Sakrament, auch die Priesterweihe, hat den »character indelebilis«, ist unauslöschbar.

Ich war abgefertigt, ich fuhr wie stumpf nach Hause. War Gott überhaupt in dieser Kirche präsent? Ich lag am Boden. Ich hatte mich doch wieder für diese Kirche entschieden, für diesen Apparat, dafür, vielleicht doch manches, was mir nicht gefiel, zu akzeptieren in dem Gedanken, ich selber sei ja auch nicht der Weisheit letzter Schluss. Nun war ich wie erschossen. Einen Rückweg zur *römischen* Kirche sollte es für mich nicht geben. Ich war maßlos enttäuscht, hatte ich doch immer geglaubt, die Kirche sei barmherzig. Und wie der verlorene Sohn zum Vater zurückkommt und aus diesem Grund ein Festmahl gehalten wird, so hatte ich erwartet, dass die *römisch*-katholische Kirche mich mit offenen Armen aufnehmen würde. Auf Grund der Verfassung und der inneren Gesetze der Kirche hatte ich nie nur den geringsten Zweifel daran, dass man sich dort über einen zurückgekehrten Priester freuen würde. Ich hatte mich kräftig geschnitten. Kannte die katholische Kirche das Evangelium nicht. War der liebe Gott überhaupt in dieser Kirche präsent?

Ich kann mich an die einzelnen Umstände nicht erinnern, oder war es wieder ein Engelsbote, aber wenige Tage später hatte ich ein Gespräch mit einem Niederländer, der mir von der Unabhängigen Katholischen Kirche in Holland[1] berichtete.

Davon hatte ich zuvor noch nie gehört. Aber jeder Tritt in den Hintern ist ein Tritt nach vorn. Ich wollte mich nicht entmutigen lassen und mein Eifer war durch diese Information wieder geweckt. Denn meine Entscheidung war gefallen und hatte sich nur noch verfestigt: Ich musste in meinen Beruf zurück. Ich hatte ein neues Ziel vor Augen und an diesem Ziel wollte ich ankommen. Vielleicht auf Umwegen und vielleicht auch mit Verspätung, aber dass ich mein Ziel erreichen würde, stellte ich nicht mehr in Frage.

Kevelaer liegt nahe der holländischen Grenze und so begann ich meine Recherchen über die Unabhängige Katholische Kirche, die Onafhankelijk Katholieke Kerk, in den Niederlanden. Ich erfuhr, dass sie beim Justizministerium in Den Haag eingetragen war – es handelte sich also nicht um eine Sekte – und deshalb auch eine Adresse haben musste.

Es war eine kleine Kirche mit fünf Priestern und einem Bischof, in der ich herzlich empfangen wurde. Die ICC hatte unter anderem eine Gemeinde in Amsterdam und ihr Bischof – Johan Vandenbosch – war in Kanada geweiht worden.

Man nahm mich mit offenen Armen auf. Mein Holländisch konnte ich schnell wieder auffrischen, ich hatte es noch nicht verlernt.

Bald fand eine Synode statt, in der beschlossen wurde, dass Pater Don Demidoff bei der ICC inkardiniert werden sollte. Mit

---

[1] Mit der Institution der katholischen Kirche verbinden die meisten Menschen nur die *römisch*-katholische Kirche. Neben der Independent Catholic Church ICC gibt es eine Reihe weiterer katholischer Kirchen, zum Beispiel die alt-katholische oder die greco-katholische Kirche.

einem Mal war alles ganz liebevoll, freundlich und einfach. Natürlich gab es, wie in jeder Gemeinschaft, auch hier Sonderlinge, die umso mehr auffielen, weil es eine kleine Gemeinde war. Aber ich war vom festen Willen beseelt, jetzt endlich als Priester zu arbeiten. Ich hatte nach einem Halt gesucht, nach einer Gruppe, und offenbar hatte ich gefunden, wonach ich mich immer gesehnt hatte. Vor allem aber hatte ich wieder ein »kirchliches Dach« über dem Kopf, denn jedermann gehört ja schließlich in eine Schublade...

▶ **Gott hatte mich wieder in sein Haus aufgenommen.**

Obwohl ich Gott so herausgefordert und damit die größte Sünde wider den Heiligen Geist begangen hatte, wandte ER mir sein Gesicht zu. Gott nahm mich, seinen verlorenen Sohn, wieder auf in sein Haus. Ich war überwältigt vor Freude. Ich fühlte mich wie jener Sohn, der sich einst mit seinem Vater überworfen hatte und ihn nun nach vielen Jahren in einem Brief bat, ihn wieder in sein Haus aufzunehmen.

Noch andere Schafe habe ich, die nicht aus diesem Gehege sind, auch diese muss ich führen und sie werden auf meine Stimme hören und es wird eine Herde sein.
NT Johannes 10,16

»Vater, ich traue mich nicht«, so schrieb der Sohn, »ohne deine Einwilligung zu kommen. Wenn du einverstanden bist, gib mir ein Zeichen und hänge doch bitte in den Apfelbaum vorm Haus ein weißes Tuch. Dann weiß ich, dass ich zurückkommen darf.«

Am vereinbarten Tag bat der Sohn seinen Freund, ihn mit seinem Motorrad hinzufahren. Kurz bevor sie zu dem Haus kamen, schloss er die Augen, weil er nicht wagte, hinzusehen. So fragte er den Freund:

»Und? Hängt dort ein weißes Tuch? Sag doch schon!«

Der verlorene Sohn

Erst nach einer Pause und etwas zögerlich antwortete der ihm: »Ein Tuch? Nein. Der ganze Garten, alle Bäume sind voller weißer Tücher.«

So kam ich mir vor. Gott hatte mir sein Gesicht wieder zugewandt. Ich hatte IHN so gedemütigt – wenn man Gott überhaupt demütigen kann, und nun nahm ER mich auf wunderbare Weise wieder an. Diese Kirche hatte für mich alle ihre weißen Tücher herausgehängt.

Doch das »Aber« folgte bald darauf in Amsterdam. »Aber ich sage dir, was du zu tun hast«, sagte die Stimme Gottes, »nicht du hast mich erwählt, sondern ich habe dich erwählt. Nicht du suchst dir aus, wozu du Lust hast. Nimm deine Sandalen und komm und folge mir bedingungslos.«

> **Frage den Herrgott nicht nach dem Weg in den Himmel. Er wird dir den schwierigsten zeigen.**
> Stanislaw Jerzy Lec

Ich war nie wieder in Kevelaer. Gott und die Heiligen und die Engel sind in mir und ich nehme sie mit an jeden Ort der Welt. Ich muss sie nicht woanders suchen. Deswegen ist Kevelaer für mich kein persönlicher Wallfahrtsort. Ich hatte nie die Sehnsucht, aus einem »Souvenirgedanken« noch einmal dort hinzufahren. Souvenirs sind doch Dinge für den Trödelmarkt.

Gott muss in uns sein, sonst können wir uns gar nicht mit IHM unterhalten. Es gibt eben keine »Telefonnummer« zu IHM. »Ihr Männer von Galiläa, was steht ihr hier und schaut ins Internet. Ich bin doch mitten unter euch.«

> Wenn du einen Engel erkennen willst,
> darfst du nicht zu sehr auf seine Flügel
> starren. Es könnte sein,
> dass eine Gans vor dir steht.
>
> *Pater Don*

Wieder er!

Mein neues Wirkungsfeld sollte die Kirche »Heilig Sakrament« in Amsterdam werden. Ich würde Bischof Johan Vandenbosch unterstehen und mit ihm im gleichen Haus wohnen. Johan war eine asketische Person, er lebte bescheiden und seiner Gesellschaft dienten mehr als vier Katzen. Sie saßen mit ihm gemeinsam zu Tisch. Nein, auf dem Tisch, und seine Haushälterin verzweifelte an ihm.

In der Independent Catholic Church der Niederlande war das Zölibat als besondere Lebensform gewürdigt, aber nicht vorgeschrieben, und Homosexuelle konnten Priester werden. Johan war schon ein sonderbarer Bischof, aber ein wirklicher freier katholischer Bischof. Eine Diskussion über Rom vermied er wie die Pest. Die Gemeinde hatte hohe Erwartungen an mich. Man erwartete durch meine Seelsorgearbeit, aber auch durch meine Rhetorik, ein deutliches Anwachsen der Amsterdamer Gemeinde.

Das war keine leichte Aufgabe, die man für mich vorgesehen hatte, denn Holland war schon auf dem Weg der Entchristlichung. Einige Kirchen waren bereits geschlossen und zu Diskotheken und Kaufhäusern umfunktioniert worden. Aber das Predigen in der mir eigenen Rhetorik gehört zu meinen großen Leidenschaften. Es befriedigt mich und macht mir Spaß, Menschen zu fassen und an mich zu binden. Die Faszination, die von dem Menschensohn Jesus ausgeht. Ich freute mich auf meine Aufgabe und war fest davon überzeugt, dass ich die Kirche voll bekommen würde, auch wenn bis dahin nur einige verlorene Persönchen im Gotteshaus gesessen hatten.

Das Datum wurde bestimmt, wann ich mich bei Bischof Johan Vandenbosch einzufinden hatte. Ich fuhr nach Deutschland zurück, um meinen Hausstand aufzulösen. Mit drei großen Koffern setzte ich mich in den Zug und fuhr nach Amsterdam. Ich war glücklich, denn nun ging mein großer Wunsch in Erfüllung, meiner Berufung zu folgen und als Priester in einer kleinen Gemeinde mitten in einer Weltstadt zu arbeiten. Mein neues Leben war gegründet, ich schwebte über den Wolken.

In Amsterdam angekommen, wuchtete ich mein schweres Gepäck durch die Bahnhofshalle. Ich stellte meine Koffer ab, fand einige Meter weiter unter einer Treppe ein Telefon, rief Bischof Johan an – in unserer kleinen Gemeinde waren wir alle per Du – und bat ihn, den Genever kalt zu stellen, denn in zehn Minuten würde ich bei ihm eintreffen. Johan freute sich sehr auf mein Kommen. Ich hatte gerade den Hörer wieder eingehängt, als mir von hinten jemand auf die Schulter tippte.

»Pater«, sagte ein Junge zu mir, »wenn Sie das Gepäck dort stehen lassen, finden Sie es gleich nicht wieder.«

▶ Da war er wieder, der Junge aus Kevelaer!

Ich erschrak über meine Leichtsinnigkeit. Man hatte mich gewarnt, dass in Amsterdam viele Straßendiebe unterwegs seien. Ich eilte mit dem Jungen zu meinen Koffern. Als ich mich bei ihm bedankte, sah ich in sein Gesicht.

Es war der Junge aus Kevelaer!

Wieder er!

Ich musste erst einmal tief Luft holen. Vor mir stand der Junge, der mich bereits in Kevelaer mit »Pater« angesprochen hatte. Bei meiner ersten Begegnung mit ihm hätte es sich vielleicht noch um eine Halluzination handeln können. Nun stand er vor mir, stand wirklich und wahrhaftig und ganz real im Bahnhof von Amsterdam neben mir und meinen Koffern. Und er blieb, diesmal ging er nicht fort. Er war keine Fata Morgana.

> **Glaube mir, in allem, was wir eine Versuchung, ein Leid oder eine Pflicht nennen, ist die Hand eines Engels im Spiel.**
> Fra Giovanni

Ich war fassungslos, ungläubig. Erlebte ich das wirklich? Dabei hatte diese Situation so gar nichts engelhaftes oder gar himmlisches. Und Flügel konnte ich erst recht nicht an ihm entdecken. Es war konkret, es war profan. Erst sehr viel später begriff ich, was mir widerfahren war. Ich setzte mich auf einen der Koffer und bat ihn, sich auf einen anderen Koffer zu mir zu setzen.

»Wir kennen uns, nicht wahr?«, fragte ich ihn. »Wir kennen uns aus Kevelaer, nicht wahr?«

»Ich kenne Kevelaer nicht«, erwiderte er. »Was ist Kevelaer?«

»Es ist ein Wallfahrtsort in Deutschland, und du hast mich dort in der Kapelle angesprochen. Komm, gib's zu!«

»Nein, ich kenne Kevelaer nicht.«

Ich war irritiert. Hatte ich vielleicht doch eine Sinnestäuschung? Aber nein, es war alles wirklich. Zwar wusste ich, dass ich mich nicht auf meinen Ortssinn verlassen konnte, ebenso wenig habe ich ein mathematisches Gedächtnis. Auch Namen kann ich mir nur schlecht merken. Aber Gesichter: Ich kann mich immer an Gesichter erinnern. Auf meinen Predigtreisen lerne ich Hunderte von Menschen kennen, und immer wieder erkenne ich Menschen, die ich Jahre zuvor schon einmal gesehen habe. Ich weiß nicht immer, wo das gewesen ist, aber wenn ich auf diese Menschen zugehe und darauf anspreche, bestätigen sie mir, dass sie tatsächlich schon einmal bei einer meiner Predigten waren.

Das Gesicht des Jungen aus Kevelaer hatte sich in mein Gedächtnis eingefressen und nicht mehr losgelassen. Und dieser Junge saß mir nun gegenüber, ich war ganz sicher. Aber warum leugnete er, mich zu kennen? Je länger ich mit ihm redete und je länger ich ihn ansah, desto klarer wurde mir: Das ist der Junge aus Kevelaer.

Mit seiner Antwort gab ich mich nicht zufrieden: »Du hast Pater gesagt, ist das wahr?«

»Ja, ja, ich habe Pater gesagt, weil du aussiehst wie ein Pater.«

Ich trug zwar einen dunklen Anzug, aber deswegen sah ich noch lange nicht wie ein Pater aus, dachte ich, und wer wusste in Amsterdam überhaupt noch, wie ein Pater aussieht. Gehörte ich nicht damals schon zu einer aussterbenden Rasse?

»Pater«, fragte er mich dann, »hast du einen Gulden fünfundsechzig für mich?«

»Warum nicht einen Gulden, warum nicht zwei? Warum willst du genau einen Gulden fünfundsechzig von mir haben?«

»Ich habe kein Geld, um mit der Tram nach Hause zu fahren. Das Ticket kostet genau so viel.«

Ein Engel, der die Tram benutzte? »Jetzt will ich dir mal was sagen, Bürschchen«, entgegnete ich aufgebracht. »Erstens behauptest du, du wärst mir nicht begegnet. Zweitens nennst du mich einen Pater, weil ich angeblich so aussehe. Drittens willst du von mir 1,65 Gulden für ein Straßenbahnticket. Und ich sage dir: Du lügst!«

Seine Augen wurden traurig, hilflos. Er sah mich an: »Pater, ich habe Hunger.«

»Okay, ich auch. Hol uns eine Tüte Poffertjes[1].« Ich gab ihm zwei Gulden. Er ging zur Poffertjes-Bude und ich sah ihm nach. Wir aßen die heißen Pfannkuchen und der Junge aß wie jemand, der wirklich Hunger hat. Er kaute nicht, er schlang sie hinunter.

»Komm, wir trinken noch eine Cola zusammen«, lud ich ihn ein. Ich fragte ihn aus und hoffte immer noch, ich würde ihn schon noch überführen. Vielleicht würde er sich doch noch offenbaren und mit der Wahrheit herausrücken. Vielleicht würde er doch seine Flügel nicht mehr verbergen können. Was sollte diese Begegnung? Warum war dieser Junge wieder zu mir getreten?

Es kam ganz anders. In unserem Gespräch offenbarte er, dass er ein Straßenkind war. Er hatte kein Zuhause, schlug sich mit Bettelei durch und er ging auf den Strich.

Ich war damals sehr naiv. »Gibt es denn noch mehr Jungen, die so wie du hier herumlaufen?«

»Was, noch mehr? Willst du die ganze Wahrheit sehen? Weißt du denn nichts über den Strich?«

»Wenig«, antwortete ich ihm wahrheitsgemäß, »darüber weiß ich wenig.« Natürlich wusste ich, dass es Straßenkinder gab. Das kannte ich aus Südamerika. Aber hier im Westen, hier in Amsterdam? Das Schicksal dieser Kinder war mir so fern. Was hatte ich damit zu tun? Warum sollte ich mich darum kümmern?

»Komm mit, ich zeig dir was.«

▶ **Sie ekelten mich an.**

Wir gaben meine Koffer bei der Gepäckbewahrung auf und gingen durch den ganzen Bahnhof hindurch, verließen ihn durch den Hintereingang, überquerten eine Straße und kamen zu den Gleisen, auf denen Güterwaggons standen. Mein Begleiter schob

---

[1] warme kleine Pfannkuchen

die Tür eines Waggons auf. Etwa 20 bis 25 Kinder hausten darin, Straßenkinder, Jungen und Mädchen, teilweise sehr heruntergekommen. Es stank. Sie empfingen mich mit Schimpfwörtern und besudelten mich mit furchtbaren Porno-Sprüchen und Grimassen. Einige der Kinder kopulierten vor meinen Augen.

Der Junge war nach wie vor bei mir. Er kletterte in den Güterwaggon und forderte mich auf, ihm zu folgen. Die Waggontür wurde geschlossen – und nun saß ich da. Das vulgäre Treiben ging weiter, die Kinder johlten und schimpften auf mich ein und wollten mich provozieren.

Ich sah sie mir an und sagte nichts. Es ekelte mich und ich überlegte, wie ich hier wieder herauskommen könnte. Dann rief der Junge in die Gruppe: »Hört mal zu.«

Mir war die ganze Situation widerlich, aber nun war ich einmal hier. »Wenn ihr mit mir sprechen wollt«, sagte ich, »könnt ihr das jetzt tun. Sonst gehe ich lieber. Denn ihr ekelt mich an.«

Dann erzählte der Junge, dass er mich im Bahnhof getroffen hätte, dass wir gegessen und getrunken hätten und ich ihm zugehört hätte. Mittlerweile waren die Kinder ruhiger geworden. Er erzählte weiter, dass ich von Straßenkindern in Amsterdam nichts wüsste und dass er mich mit zum Waggon genommen hätte: »Vielleicht kann er uns helfen!«

Nun waren die letzten Kinder verstummt. Das war eine sonderbare Stimmung in diesem Waggon, ich war ganz ergriffen. Meine Gedanken gingen zurück ins Frauengefängnis, zurück nach Kevelaer, zurück nach Mainz.

»Erzählt mir mehr von euch«, ermunterte ich sie. »Ich weiß nicht, ob es richtig ist, dass ihr auf der Straße lebt und ob das so sein muss. Ich kann das nicht verstehen. Aber ich will mehr darüber wissen.«

Wir saßen zusammen bis Mitternacht. Ich sah auf meine Uhr und bekam einen Schreck, denn mir fiel ein, dass ich ja mit meinem Bischof verabredet war. Eigentlich wollte ich wenige Minuten nach meiner Ankunft in Amsterdam bei ihm sein. Jetzt waren Stunden vergangen. Sicherlich machte er sich schon Sorgen. Ich hatte ein schlechtes Gewissen.

»Hallo, Johan«, rief ich meinen Bischof an, nachdem ich mich von den Kindern verabschiedet hatte, »bist du noch auf? Es ist etwas passiert.«

> **Seid Sand, nicht Öl im Getriebe der Zeit.**
> Günter Eich

Johan dachte natürlich an etwas ganz anderes: »Um Gottes willen, was ist geschehen? Ich sitze hier und mache mir Sorgen. Konntest du dich nicht melden?«

»Nein, Johan, ich konnte mich nicht melden, aber ich kann dir versichern, jetzt bin ich in zehn Minuten da.«

Johan empfing mich an der steilen Stiege seiner Haustür, weißer Bart, hagere Figur. Jetzt brauchte ich tatsächlich erst einmal einen Genever.

»Mensch, was ist denn passiert? Kannst du mal endlich reden?«

»Johan«, begann ich, »ich muss dir was sagen. Ich kann die Arbeit, die ihr für mich vorgesehen habt, nicht annehmen.«

▶ **»Wir müssen tun, was Gott will, und nicht, was uns Spaß macht.«**

»Was?« Johan war erstaunt. »Wir haben uns so gefreut auf dich, auf deine Kraft, auf deine Rhetorik, auf deine Talente.« Dann erzählte ich ihm, was mir im Bahnhof widerfahren war, was ich im Güterwaggon gesehen und warum ich mich verspätet hatte.

»Wenn wir das Evangelium wirklich leben wollen«, erklärte ich, »dann müssen wir das tun, was Gott will, und nicht das, was uns Spaß macht. Ich weiß nur eins: Gott hat mir diese Sache vor die Füße gelegt, brutal vor die Füße geworfen. Noch weiß ich nicht, welche Rolle dieser Junge spielt. Aber er hat mich zu den Kindern geführt, und das war seine Aufgabe. Ich habe mich geekelt und ich ekele mich immer noch, aber ich kann jetzt nicht so tun, als gäbe es diese Kinder nicht. Ich kann jetzt hier keine Predigten halten und dort verelenden die Kinder. Bitte Johan, versteh mich doch.«

Johan verstand nicht, was mich so bewegt hatte. Für ihn waren diese Straßenkinder so weit weg wie es für mich die Straßenkinder aus Südamerika gewesen waren.

»Ach, weißt du, du bist jetzt ein bisschen überdreht. Das kann ich auch gut begreifen. Jetzt trinken wir noch einen Genever und dann legst du dich ins Bett. Morgen bist du ausgeschlafen. Dann frühstücken wir gut miteinander, und dann besprechen wir, welche Aufgaben du übernimmst.«

»Gut, Johan, bitte segne mich, ich geh schlafen.« Aber ich fand keinen Schlaf, trotz des guten Genevers und des anstrengenden Tages. Kein Auge machte ich zu.

Johan begrüßte mich fröhlich am nächsten Morgen in seiner kleinen Hauskapelle. »Nun, es geht dir heute besser, nicht wahr?« Aber dann merkte er, dass ich wohl eine schlimme Nacht hatte. »Lag es am Bett?«

»Nein, Johan, die Wahrheit ist, es lag am Güterwaggon.«

Wir diskutierten lange an diesem Morgen. Johan merkte, dass es mir bitterernst war. Er sah mich durchdringend an und war traurig.

»Ich bitte dich, Johan«, sagte ich, »ich bitte die Synode und ich bitte euch, die Gemeinde, mich für diese Aufgabe freizustellen. Heute werde ich nicht in die Kirche gehen, sondern zum Bahnhof. Bitte verzeih mir.«

Die Erlebnisse des vorigen Tages widerten mich immer noch an. Gleichzeitig war es wie ein Tornado, in den ich mich mitten hinein begeben musste. Diese Aufgabe war mir von Gott bestimmt worden, etwas anderes konnte ich nicht machen. Ich wusste sehr wohl, dass ich mit meiner Entscheidung unserer kleinen Gemeinde, die mich doch so freundlich und hoffnungsvoll aufgenommen hatte, vor den Kopf stieß – und natürlich meinen Bischof.

Ich fand den Jungen nicht wieder, aber ich begegnete ihm in anderen Kindern zwischen den Gleisen und im Güterwaggon. Ich begann meine Arbeit ohne Auftrag, ohne irgendeinen Beschluss. Bald erfuhr ich von anderen Stellen, an denen die Straßenkinder von Amsterdam hausten. In Parks, auf Baustellen und in Metrostationen suchte ich die Kinder auf. Jede Gruppe hatte ihren Treffpunkt, die Strichjungen, die Drogenkinder, die Strichmädchen und die Kleinkriminellen, die ihre neuesten Tricks austauschten. Bald zeigten sie mir, wie man mit einer Haarnadel Telefonzellen plündert. Von einigen Stellen hatten mir die Kinder berichtet, zu anderen nahmen sie mich mit.

Mit einem Strichjungen vor »meiner Kathedrale«, dem Zentralbahnhof von Amsterdam.

Zunächst wurde ich als Sonderling und Störenfried angesehen und erhielt unflätige Spitznamen. Das alles berührte mich nicht. Meine Bestimmung stand deutlich vor mir. Hatte man sich nicht auch über den Menschensohn Jesus reichlich lustig gemacht, nicht zuletzt die Pharisäer, die jüdischen Priester? Hier war ganz klar der Wille Gottes. Gottes Wirken war für mich nicht im Vatikan, nicht beim Bischof und nicht bei irgendeinem anderen Pfarrer. Gottes Wirken war hier, life. Wie ein Vertrag, an den man sich zu halten hat, war es meine Aufgabe, mich um die Straßenkinder zu kümmern. Der Auftrag war für mich von Gott vorgesehen, und zwar »nicht dort, wo du dich rühmen kannst, sondern dort, wo du dich ekelst.« »Ich war nackt, ich hatte Hunger, ich war krank und ich war im Gefängnis – und ihr?«

Eine Systematik oder eine Strategie hatte ich mir nicht zurecht gelegt. Abermals: »Nimm deine Sandalen, schau nicht zurück, und gehe, wohin ich dich schicke. Was dich dort erwartet, das wirst du schon sehen.« Nach diesem Motto ließ ich mich in meine Aufgabe fallen. Ich war immer in meiner Soutane unterwegs. Für viele Kinder sah ich darin aus wie ein heiliger Narr, und sie machten sich über mich lustig.

Ich bin kein ängstlicher Mensch, auch wenn es Tage gab, an denen ich Angst hatte, und ich weiß, dass ich häufig naiv und blauäugig bin. Aber genauso blauäugig ließ ich mich auf diese mir bestimmte Aufgabe ein. Wie sollte ich auch eine Strategie für eine Aufgabe entwickeln, die ich überhaupt nicht kannte? Ich kenne das Evangelium, ich kenne die Theologie, ich habe etwas von Pädagogik mitbekommen, sogar Sexualpädagogik hatten wir bei den Jesuiten studiert. Ich hatte also eine ganze Menge theoretische Ahnung, aber was wusste ich von Straßenkindern, von Schmuddelkindern und kleinen Huren?

Um die Straßenkinder zu finden und mit ihnen ins Gespräch zu kommen, musste ich sie dort aufsuchen, wo sie sich trafen. Das waren oft einschlägige Kneipen und Bars, keine angenehmen Orte. Meistens setzte ich mich direkt an die Bar. Aber es gab auch eine spezielle Stricherkneipe, in der ich mich grundsätzlich mit dem Rücken an die Wand setzte. Ich war auf dem guten Wege, wenn ich Angst hatte. Mir war ganz klar: Ich könnte auch ein Messer in den Rücken bekommen von einem Zuhälter in dieser Stricherkneipe. Denn ich störte den Betrieb. Ich habe Strichjungen versteckt, die von ihren Zuhältern gesucht wurden. Sie fürchteten, zusammengeschlagen zu werden.

Dennoch war es für mich gelebtes Evangelium. Jesus Christus: »Vater, gib mir eine Chance. Wenn es eine Möglichkeit gibt, lass diesen Kelch an mir vorübergehen.« Mit anderen Worten: »Ich habe Angst.« Gottes Sohn hatte Angst. Und er bat seine Freunde, die Apostel: »Bleibt hier, wacht ein wenig mit mir.« Nur ein paar Meter entfernt kniete er sich hin im Garten Gethsemane, blickte zum Himmel und sagte: »Vater, wenn es dir möglich ist, verschone mich.« Er wusste, was ihm bevorstand, denn der Weg des Kreuzes endet mit dem qualvollen Tod. Er war zum Tode verurteilt, zum Kreuz. Und als er zurückkam, schliefen seine Freunde und schnarchten. Kann man sich die Angst und die Einsamkeit dieses Menschen vorstellen. Gottes Sohn!

In Amsterdam gibt es einen Rotlichtbezirk. Häuschen an Häuschen stehen hier die Etablissements, in deren Fenster sich die Damen anbieten. Auch dort ging ich hin, um Straßenkinder zu suchen. Während die Straßenkinder wechselten, sah ich hier immer die gleichen Frauen in den Fenstern. Als ich zum dritten oder vierten Mal in meiner Soutane durch den Bezirk ging, kannten mich bereits alle und sie winkten mir freundlich zu. Sie baten mich zu sich und sprachen mit mir. Die Gespräche waren ganz offen, niemand hegte Misstrauen gegen mich. Diese »Damen« wurden mir vertraut. Nachdem ich den Prostituierten erzählt hatte, dass ich Straßenkinder suchte, bekam ich Tipps von ihnen, wo ich hingehen sollte und wo ich gebraucht würde. Interessanterweise gelang es mir durch dieses Vorgehen, Vertrauen zu den Straßenkindern aufzubauen.

▶ **Ich wurde der »Priester des Rotlichtbezirkes«.**

Bis dahin hatte ich nie Kontakt zu Prostituierten gehabt. Während meines Noviziates im Kloster wäre es für mich völlig undenkbar gewesen, Gespräche mit Nutten zu suchen. Mit einem Mal hatte ich hier einen großen Bekanntheitsgrad. Ich kannte sonst niemanden in Amsterdam, auch aus diesem Grund wurde ich nun der »Priester des Rotlichtbezirkes«. In den einschlägigen Kneipen sprach sich schnell herum, dass es einen Priester gab, mit dem man reden konnte und der einem bei Problemen weiterhalf. Bald hatte ich die Rolle eines priesterlichen »Streetworkers«, der Anfang meiner »Karriere« als Straßenpriester. Ich vermittelte Übernachtungsmöglichkeiten, Essen, Arztbesuche und half beim Kontakt mit Behörden. Und ich betete mit ihnen. Ungewöhnliche Gebete: »... der du bei der Hure eingekehrt bist ...«

Am Hauptbahnhof trafen auch viele deutsche Kinder ein, die von zu Hause wegliefen, weil sie in der Drogenszene gelandet waren. Es kam häufiger vor, dass ich einige von ihnen in unsere kleine Gemeinschaft mitnahm. Wir kümmerten uns dann gemeinsam um sie und motivierten sie, durch uns wieder Kontakt mit ihren Eltern aufzunehmen. Ich hatte in Amsterdam ein Notrufsystem einrichten lassen. Von jeder Telefonzelle aus konnten sie mich kostenlos erreichen. Und immer wieder erzählte ich die Geschichte vom verlorenen Sohn und den weißen Tüchern im Garten vor dem Haus.

Die Fluktuation auf der Straße ist erheblich. Die Kinder verschwinden, wie sie gekommen sind – wohin, weiß kein Mensch. Ob ich einige von ihnen retten konnte, weiß ich nicht. Erfolgserlebnisse dieser Art wird ein Straßenpriester kaum erleben. Ein Erfolg war für mich, wenn die Kinder Zutrauen zu mir fassten, wenn sie wussten, dieser Priester meinte es ehrlich. Dieses Vertrauen musste ich mir erarbeiten. Ich kann mich noch gut an einen meiner ersten Tage im Hauptbahnhof erinnern.

»Na, du willst es sicherlich umsonst«, sprach mich ein Strichjunge an. Er glaubte, mein Priestergewand sei eine besonders perverse Masche. Es dauerte einige Zeit, bis es sich unter den Kindern verbreitet hatte, dass man mit »dem Mann mit dem langen, schwarzen Sack« sprechen und mir vertrauen konnte. Ich wertete es als Erfolg, wenn es hieß: »Pater, ik wil een praatje, kann ich mit dir reden?«

Dann gingen wir hinter die hohe Wand aus Schließfächern, setzten uns auf den Boden und ich hörte ihnen zu. Immer trug ich eine schmale Taschenstola bei mir, die ich mir im Gespräch umlegte. So war ich mir Gottes Beistand sicher.

»Weißt du«, sagte ich dann, »das Gespräch war eine Beichte. Und nun will ich dir etwas Wunderbares sagen: Der liebe Gott hat gehört, was du gesagt hast. ER ist ein Gott der Liebe und des Verzeihens. Und alles, was du gemacht hast, ist dir jetzt vergeben und alles was dir zugefügt wurde, sollst du vergessen, hörst du mich, Lisa?«

Hinter diesen Schließfächern habe ich – kraft meiner Vollmacht als Priester – die Absolution erteilt. Es waren bewegende Momente für mich. Die Kinder hatten nie gefragt, ob sie bei mir beichten könnten. Eine Beichte war vielen von ihnen fremd. Sie wollten immer nur mit mir sprechen und ich konnte eine Last von ihnen nehmen.

Einmal kam ich nach Hause und wurde von meiner kleinen Kommunität mit Schmunzeln und unverhohlener Heiterkeit empfangen.

»Pater, wo kommst du denn her?«, wurde ich süffisant befragt. »Wir wissen ja, dass du in allen möglichen Spelunken verkehrst. Aber wo warst du denn heute?«

Ich wusste erst nicht, was sie meinten. Dann sah ich, dass meine Soutane über und über mit Lippenstift und Make-up verschmiert war. Ein Mädchen, eine Hure, die sich bitterlich bei mir ausgeweint und ihr Gesicht an meine Soutane gepresst hatte, hatte ihre Spuren auf meiner Kleidung hinterlassen. Ihre ganze Fassade war im wahrsten Sinne des Wortes bei mir abgedruckt. »Pater, ich kann nicht mehr. Ich bin doch nur Abfall. Wer gibt mir noch eine Chance?« »Doch Lisa«, sagte ich, »Gott liebt dich, bei IHM hast du immer eine Chance, lass uns beten.« Meinen Freunden in der

Heilige Messe nach tridentinischem Ritus.

Kommunität erfror das Lachen im Gesicht und wir haben noch lange in der Nacht miteinander gebetet in unserer Kapelle in der Garage des Hauses, für Lisa und für alle, die mir ihre seelischen Schmerzen mitteilten.

Meine Kirche war nun mit meinem Engagement einverstanden. Auf der Synode wurde ich für die Arbeit mit den Straßenkindern freigestellt. Ein Gehalt bekam ich von meiner Kirche nicht. In der ICC hat jeder Priester durch seine Tätigkeit in der Gemeinde für seinen Unterhalt selbst zu sorgen. Wer beliebt ist, hat ein gutes Auskommen, wer weniger beliebt ist, wird in seiner Gemeinde kein Geld für seine Arbeit erhalten und muss sich eine Nebenbeschäftigung suchen. Wir hatten eine kleine religiöse Kommunität gegründet, eine religiöse Lebensgemeinschaft, deren Mitglieder tagsüber in ihrem Beruf arbeiteten und das verdiente Geld zusammenwarfen. Damit wurde auch meine Aufgabe ermöglicht. Da ich selbst kein Geld nach Hause brachte, war ich für die geistliche Betreuung zuständig, und dazu gehörte auch die leibliche Betreuung, die Küche. Langsam kamen Menschen aus dem ganzen Land in unsere kleine Garagen-Kapelle, und ich zelebrierte voller Dankbarkeit und Emotionen die alte Heilige Messe. Ein Indult brauchte ich nicht. Ich brauchte überhaupt keine Amtskirche mehr. Ich wurde zum Stachel für die Bischöfe.

Auf der Suche nach Geldquellen für meine Straßenarbeit holte mich meine Vergangenheit ein – auf eine sehr angenehme Weise. Als junger Mensch hatte ich bei C&A Brenninkmeyer meine Lehre gemacht. Nun sah ich ihn glänzen in den Grachten, den »Vatikan« von C&A in Amsterdam. Ohne lange zu überlegen, raffte ich meine Kutte und stieg die Treppe zum Haupteingang des großen Verwaltungsgebäudes hinauf.

Wieder er!

▶ »**Selbst der Heilige Vater kommt hier nicht durch.**«

»Eerwaarde (Ehrwürden), was kann ich für Sie tun«, fragte mich der Empfangschef in seiner gläsernen Kanzel.

Unbescheiden und keck erklärte ich: »Ich möchte Herrn Brenninkmeyer sprechen.«

Der Pförtner dachte wohl, ich machte einen Witz. Selbst der Heilige Vater, so bedeutete er mir, hätte wohl unangemeldet Schwierigkeiten mit diesem Wunsch, das Allerheiligste dieses Konzerns zu betreten.

»Nein, nein, ich möchte wirklich und persönlich Herrn Brenninkmeyer sprechen, und ich gehe hier nicht weg, bevor ich mit ihm sprechen kann.«

Der Empfangsherr überlegte sichtbar, ob er es mit einem Verrückten zu tun hätte oder ob ich tatsächlich etwas Wichtiges mit Herrn Brenninkmeyer zu besprechen hätte.

Dem Geld darf man nicht nachlaufen, man muss ihm entgegengehen.
Aristoteles Onassis

Auf jeden Fall muss er gespürt haben, dass ich keine einfache Nuss war, die er zu knacken hatte. Er telefonierte und telefonierte. Gestikulierte und jammerte. Ich schickte ein Stoßgebet zum Himmel: Lieber Gott, ich habe deinen Auftrag angenommen, jetzt bist du am Zug, schick einen deiner Engel.

»So, dann fahren Sie mal hoch in den fünften Stock«, ließ er mich wissen und zuckte mit den Schultern. »Man wird Sie dort in Empfang nehmen.«

Eine gut gekleidete Sekretärin, ein wichtiges Modepüppchen mit hohen Hacken, setzte mich in einen eleganten Salon. Nach wenigen Minuten erschien ein Direktor, der mich freundlich begrüßte. »Ja, Pater, was können wir denn für Sie tun? Sie sind ja ganz schön couragiert, dass Sie zu uns hochkommen, aber vielleicht können Sie auch mit mir Vorlieb nehmen, denn der liebe

Gott ist nicht zu sprechen«

»Ich weiß, Sie haben keine Zeit«, begann ich. »Deshalb fasse ich mich kurz und falle mit der Tür ins Haus. Ich brauche Geld.«

»Warum gehen Sie dann nicht zur Bank?«

»Die gibt mir nichts. Ich habe nämlich keine Sicherheiten und bekomme deshalb keinen Kredit. Und ein Gehalt habe ich nicht. Ich bin ein Priester ohne Gehalt. Habe ich noch fünf Minuten?«

> **Worte sind Luft. Aber die Luft wird zum Wind und der Wind macht die Schiffe segeln.**
> Arthur Koestler

»Ja«, antwortete der Direktor, »Sie haben noch fünf Minuten. Aber bitte wirklich nicht länger.«

»Dann möchte ich Ihnen eine kleine Geschichte erzählen. Sie sind verpflichtet, mir Geld zu geben.«

»Wat zegt U (was sagen Sie)? Jetzt wird's aber heiter.«

»Ja«, fuhr ich fort, »ich habe Ihnen nämlich einmal eine große Summe Geld erspart, die Sie in mich investieren wollten, um mich in Berlin auszubilden, damit ich Karriere bei C&A machen würde.«

»Nun machen Sie mich aber neugierig«, fasste der Direktor nach und wollte mehr wissen.

Ich erzählte ihm, dass ich bei der Firma Brenninkmeyer in Essen gelernt und man mir dort angeboten hatte, Karriere zu machen. In Berlin gab es ein Haus für so genannte Substituten, das – nomen est omen – von einem Jesuiten geleitet wurde. Nur wer begabt und katholisch war, konnte bei den Brenninkmeyers eine hohe Position erlangen. Durch meine Insider-Informationen wusste er gleich, dass meine Version stimmte, ohne dass ich ihm irgendwelche Dokumente vorgelegt hätte. Denn ich war auf dieses Gespräch ja gar nicht vorbereitet. Dann berichtete ich ihm von meiner Arbeit mit den Straßenkindern.

»Wie viel Geld wollen Sie haben?«

Ich war überrascht. Was sollte ich nun antworten?

»Sie werden sicher verstehen, dass ich Ihnen keine Zahlen nenne. Und sicher werden Sie vermuten, dass ich Sie wegen 50 Gulden nicht belästige. Aber nach oben sind Ihnen keine Grenzen gesetzt.«

> **Dankbarkeit ist das Gedächtnis des Herzens.**
> Jean Baptist Massieu

»Also gut, wie wäre es mit 5.000 Gulden?«

»Ja, Herr Direktor, bar auf den Tisch. Ich brauche sie noch heute.«

»Oh«, sagte er, »die Hauptkasse macht gleich zu«, griff zum Telefon und wies die Kasse an, noch einen Augenblick zu warten. Er schickte mich ein Stockwerk tiefer, ich erhielt meine 5.000 Gulden und verließ das Gebäude.

»Herr im Himmel«, dankte ich, »Du bist wirklich groß. Bitte gib mir immer nur Aufträge, die auch so von Erfolg gekrönt sind. Und bitte sag mir auch gleich, wo ich das nächste Geld herhole.«

Die Antwort ließ nicht lange auf sich warten. Ich besuchte einige Zeit später den Konkurrenten von C&A, eine holländische Warenhauskette, Vroom & Dreesman.

»Wie viel hat denn Brenninkmeyer gegeben?«, wurde ich dort gefragt. »5.000 Gulden.« »Gut, dann kriegen Sie von uns auch 5.000 Gulden.«

So einfach war es natürlich nicht immer und auch die Summen waren zumeist deutlich geringer. Aber der Anfang war gemacht. Ich blieb vier Jahre in Amsterdam.

Den Jungen aus Kevelaer und vom Bahnhof in Amsterdam habe ich nie wieder gesehen. Aber ich weiß, dass ich ihn wieder treffen werde, denn er ist ein Engel im Himmel, und wir werden zusammen über diese Geschichte herzlich lachen.

Wieder er!

Katholische Tradition und praktizierte Oecumene. Die Messdiener vom Casa Don Bosco und der evangelische Pfarrer Friedrich Preissler bei einem Gottesdienst in der Kapelle Maria Pace

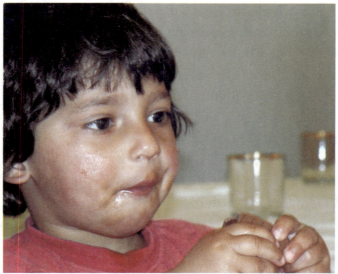

Elena, 4 Jahre. Im Alter von 2 Jahren auf einem Bahnhof zurückgelassen. Jetzt entdeckt sie die Welt...

Bestimmung

> Mut steht am Anfang des Handelns,
> Glück am Ende.
> *Demokrit*

Hauptbahnhof Bukarest

Ich war noch in Amsterdam und kümmerte mich um die »zwerfjeugd«, die »herumtreibende Jugend«, wie es dort so schön heißt – und damit auch gleich den Schuldvorwurf an die Kinder selbst richtet –, als ich einen Fernsehbericht über Rumänien in »Spiegel-TV« sah. Der Film berichtete über die unvorstellbaren Zustände unter den Kindern am Nordbahnhof »Gara de Nord« in Bukarest. Ich war empört und entsetzt – weniger über das, was ich gesehen hatte, sondern vielmehr über die Art der Berichterstattung. Ich rief die Redakteurin Claudia Bissinger an und gab ihr deutlich zu verstehen, dass ich ihren Bericht für vollkommen unanständig hielt. Ihr sei es wohl allein um Sensationsmache gegangen.

»Ich bin seit mehreren Jahren bei den Straßenkindern in Amsterdam«, klärte ich sie auf. »Da gibt es sehr viel Elend. Was Sie gezeigt haben, glaube ich Ihnen nicht.«

Sie blieb ganz ruhig und gelassen: »Pater, dann empfehle ich Ihnen doch, nach Bukarest zu fahren. Sehen Sie sich das an. Ich bitte Sie nur um eins: Wenn Sie zurückkommen, rufen Sie mich bitte an.«

> **Der Weg zum Himmel führt am Tränenkreuz vorbei.**
> aus England

Mein Vorwurf ließ sie offenbar völlig ungerührt. Sollte doch etwas an der Geschichte dran sein? Ich würde nach Bukarest fahren, so viel stand fest.

»Pater«, fuhr Frau Bissinger fort, »ich gebe Ihnen vorsichtshalber mal drei Telefonnummern mit. Vielleicht brauchen Sie die ja. Ich darf Ihnen nicht sagen,. wem diese Nummern gehören. Aber sollten Sie dort in Schwierigkeiten geraten, wird man Ihnen damit sicher weiterhelfen. Und sagen Sie niemandem, von wem Sie diese Nummern haben.«

▶ **Es war viel schlimmer, als sie es gezeigt hatten.**

Gemeinsam mit Maaike, meiner Mitarbeiterin aus Amsterdam, fuhren wir in einem alten Lada nach Rumänien. Was wusste ich schon von Rumänien. Es war alles viel schlimmer, als ich es im Fernsehen gesehen hatte. Wir haben uns nicht besonders vorbereitet, sind einfach losgefahren. Weder meine Begleiterin noch ich sprachen rumänisch. Wir fuhren ohne Vorsätze und hatten uns keine Gedanken darüber gemacht, wie lange wir bleiben würden. Es war, als wäre ich wieder einmal von einem Engel der vierten Dimension nach Rumänien getrieben worden.

**Marius,
ein Kind aus Cincu**

»Im Winter schliefen wir auf Rohren in den Kanälen, in Dreck und Abwasser. Ratten und Würmer liefen über unseren Bauch, es stank eklig. Einmal hat mich ein Taxifahrer so zusammengeschlagen, dass mir der Unterkiefer brach. Auch wir prügelten uns untereinander mit Steinen, Stöcken und Eisenstangen, vor allem, wenn wir keine ›Medizin‹ hatten. So nannten wir die Droge.«

Nie zuvor war ich in einem kommunistischen Land gewesen. Ich hatte keine Ahnung, wusste von nichts. Vor allem aber wusste ich noch nicht, was eine kranke Indoktrination bedeutet.

Wir machten keine Umwege, sondern fuhren gleich zum Nordbahnhof. Kaum waren wir aus dem Wagen gestiegen, hatten wir Trauben von Straßenkindern um uns herum. Sie sprachen uns mit »Tati und Mami« an und suchten sofort Körperkontakt. Sie klebten an uns. Wir fingen uns sofort Flöhe und Läuse ein. Ich wollte die Kinder abschütteln, sie loswerden. Am liebsten hätte ich mich gegen sie gewehrt. Wieder dieser Ekel wie in den ersten Amsterdam-Tagen. Die ganze Situation war mir von Anfang an unangenehm. Zwischen den ganzen Menschen sah ich nur Kinder: Kinder in Lumpen auf den Bänken, Kinder unter den Bänken,

Ein Straßenjunge in Bukarest steigt in die Kanalisation.

Kinder, die auf den Gleisen saßen, Kinder, die auf den Bahnsteigen bettelten, Kinder, die aus Kanälen krochen.

Die Schließfächer an der Rückseite des Bahnhofs waren alle in marodem Zustand, es sah aus wie auf einem Schrottplatz. Als ich näher kam, sah ich, dass kleine Kinder in diesen Schließfächern hausten. Auch die Mülltonnen in der Nähe waren »bewohnt«. Die Kinder schliefen im Müll. Mich überkam unendlicher Ekel, ich fühlte mich unwohl. Ich fragte mich schon gar nicht mehr, warum diesen Kindern nicht geholfen wurde. Mir wurde übel, wenn ich in die Gesichter der Drogenkinder sah, die an ihren Klebstofftüten schnüffelten. Man konnte an den entstellten Fratzen erkennen, dass ihre Gehirne zerfressen waren. Sie lallten und fassten mich an. Und nun, da es Abend wurde, krochen sie alle heraus aus der stinkenden Kanalisation. Ich hatte vorher von einem Jungen gehört, der in der Gesellschaft der Hunde des Bahnhofsviertels aufgewachsen war und nun mit ihnen lebte. Von ihnen hatte er gelernt, dass man beißt. Nun wusste ich, dass diese Geschichte stimmte.

Ich war ja schon einiges gewohnt, aber das hier war zu viel für mich. »Maaike«, rief ich meiner Begleiterin zu, »schnell weg hier. Ich kann das nicht. Ich kann das nicht sehen. Ich kann das nicht riechen und ich kann sie nicht anfassen.«

Was ich erlebte, übertraf meine schlimmsten Erwartungen. Die Kinder in Amsterdam waren allein oder in kleinen Gruppen unterwegs, in Bukarest hatten wir ganze Horden um uns herum. Vor allem fiel mir auf, dass die rumänischen Kinder völlig »unorganisiert« waren. Die Kinder in Amsterdam suchten sich meistens so etwas wie eine »Zielbeschäftigung«, indem sie auf äußerst geschickte Weise die Telefonzellen ausraubten, ohne sie zu beschädigen, oder indem sie ihre Körper anboten – einige schon im Alter von acht Jahren. Aber sie waren viel sauberer als diese Kinder vom Nordbahnhof. Gegen das, was ich gerade gesehen hatte, lebten die Straßenkinder in Amsterdam geradezu fürstlich auf der Straße. Aber diese Massen an Kindern, die in Bukarest herumlungerten, die Rudel, in denen sie stahlen, alte Leute überfielen und dann schnell fortliefen, darauf war ich nicht vorbereitet. Ich wollte nur noch ins Hotel und mich waschen, stundenlang waschen.

Natürlich fuhren wir am nächsten Morgen wieder zum Bahnhof. Aufgeben kam für mich nicht mehr in Frage. Auf dem Vorplatz standen die LKWs mehrerer Hilfsorganisationen. Sie waren gerade angekommen und von Hunderten Straßenkindern umlagert. Die Mitarbeiter warfen die Hilfsgüter von der Ladefläche einfach in die Menge hinab: Zelte, Matratzen, Decken, Lebensmittel. Die Kinder stürzten sich darauf und schlugen sich um die besten Stücke. Wer warf das Beste vom Wagen? Es war wie

Aurolac, die Drogé der Straßenkinder in Rumänien

ein Wettbewerb der Hilfsorganisationen, einfach demütigend. Es war widerlich.

Wir machten uns, anders als diese »Helfer«, die Mühe, die Kinder mit ihren Beutestücke zu verfolgen. Sie zogen damit hinter den Bahnhof. Dort wurden sie schon erwartet von den Dealern, die ihnen die Sachen für ein paar lumpige Lei abkauften, die die Kinder dann wieder in Aurolac[1] umsetzten. Das war die Wahrheit! Hier blieben die Spenden aus dem Westen...

---

[1] eine Mischung aus Aluminiumstaub mit Farbstoffen, Chemikalien, Lösungsmitteln und Terpentin; wird in eine Plastiktüte gegeben, an der dann geschnüffelt wird; greift das zentrale Nervensystem an.

> **Ihr müsst die Kinder lieben, wenn ihr sie erziehen wollt.**
> Pestalozzi

Und das war es, was die Hilfsorganisationen tatsächlich leisteten und sich im Angesicht dieser Aussätzigen einen Konkurrenzkampf lieferten. Ich war zu keinem klaren Gedanken fähig, ich war fassungslos. Wie war es möglich, dass man mit kleinen Menschen so umging? »Wir müssen etwas tun!«, sagte ich zu Maaike. Aber mehr noch zu mir selbst: *Du* musst etwas tun.

Ich musste mich auf die Seite dieser Kinder stellen. Mir war in wenigen Stunden klar geworden, dass ich auf Grund meiner eigenen Stigmatisierung einer der wenigen Menschen war, der diese Kinder begriff. Von nun an ging es nicht mehr um Freude, die man empfindet, wenn man anderen Menschen geben und ihnen dadurch helfen kann. Es war beileibe keine heroische Berufung, die auf mich wartete.

Maaike und ich besprachen unsere Möglichkeiten. Unsere erste Idee war, von Amsterdam aus Hilfe für die Kinder in Rumänien zu organisieren. Aber schnell verwarfen wir diese Version. Es würde uns genauso gehen wie den Hilfsorganisationen am Nordbahnhof. Unsere Hilfe wäre keine Hilfe für die Kinder.

▶ **Wie bequem ich es doch in Amsterdam hatte.**

Wir fuhren erst einmal nach Amsterdam zurück. Aufgewühlt diskutierten wir einige Nächte durch, in denen ich mir darüber klar werden wollte, ob ich mir die neue Aufgabe zumuten sollte. Ich war ja nicht mehr der Jüngste, immerhin schon 47. In Amsterdam lebte ich in sauberen, geregelten Verhältnissen. Ich hatte eine Krankenversicherung und im Winter eine wohlige Heizung. Von meiner Wohnung aus besuchte ich die Kinder in »meiner Kathedrale«, dem Hauptbahnhof von Amsterdam. Ich war nicht allein, sondern geborgen in meiner kleinen

Gemeinschaft in Lelystadt. Sie halfen den Kindern, die ich vom Bahnhof mitbrachte – oft deutsche Kinder, die in Deutschland etwas ausgefressen hatten und nicht zurück wollten, zurück konnten.

In Holland war eine Gemeinschaft für mich da. Ich hatte eine anständige Bleibe und ging zu meinen Kindern wie zur Arbeit. Es waren fast immer einzelne Kinder, mit denen ich zu tun hatte. Wenn es mir nicht gut ging, blieb ich zu Hause. Niemand machte mir Vorschriften. Erst heute weiß ich, wie bequem ich es in Amsterdam hatte. Damals glaubte ich doch tatsächlich, ich würde große Opfer bringen.

Auf jeden Fall aber war mir klar, dass ich in Rumänien erst einmal auf mich allein gestellt sein würde. Ich würde mit Massen von stinkenden, verlausten Kindern konfrontiert sein und würde mich nicht einfach zurückziehen können, wann es mir passte. Aber mein Entschluss stand fest: Nun, da ich von den Kindern in Rumänien wusste, konnte ich in Amsterdam nicht weiterleben. Und trotzdem war es ausgesprochen schmerzhaft für mich.

Es gab noch ein Versprechen, das ich einlösen musste. Ich rief Frau Bissinger an und entschuldigte mich bei ihr: »Es ist ja noch viel schlimmer als das, was Sie im Fernsehen gezeigt haben.«

»Was haben Sie nun vor, Pater?«

»Ich habe beschlossen, hinzugehen.«

»Bravo«, sagte sie. »Wenn Sie Hilfe brauchen, ich helfe.«

Sie hielt Wort. Claudia Bissinger schickte die ersten Hilfstransporte, ja ganze Konvois zu mir. Ich brauchte keine Propaganda zu machen, sie hatte fabelhafte Beziehungen. Und ich konnte starten.

Hauptbahnhof Bukarest

Bukarest: Ein Straßenjunge hat in einer Mülltonne eine Banane gefunden und isst sie gierig

> Wen der liebe Gott einmal bei der Arbeit
> erwischt hat, dem schickt er laufend neue.
> *Sprichwort*

Die Aufgabe

Von Amsterdam aus hatten wir eine Anzeige in einer Zeitung der Siebenbürger Sachsen aufgegeben, dass wir ein Haus auf dem Lande suchten. Allerdings war mir klar, dass die Eigentumsfrage nach dem Sturz Ceauşescus noch nicht geklärt war.

Es würde wenig Sinn machen, ein Haus für Straßenkinder in der Szene selbst, in Bukarest, zu eröffnen, das wusste ich. Aus pädagogischen Gründen war eine größere räumliche Distanz der Kinder zur Hauptstadt notwendig. Die Anzeige war ein voller Erfolg, denn wir erhielten eine Flut von Angeboten durch Siebenbürger Sachsen, die damals wie in einem Exodus das Land verließen. Leider waren die meisten Sachsenhäuser für uns nicht geeignet, denn sie bestanden in der Regel aus einem großen Stall und kleinen Wohnräumen und einer so genannten Sommerküche. Zwar hatte ich keine detaillierte Vorstellung von einem Haus für die Kinder, aber es sollte groß genug sein, um mehrere von ihnen aufzunehmen. Ich dachte an etwa zwanzig Kinder.

Ich ging ganz pragmatisch an die Sache heran, ohne mir große konzeptionelle Überlegungen zu machen. Damals konnte man für wenig Geld ein Taxi mieten, was ich auch tat. Die Straßenverhältnisse in Rumänien waren katastrophal. Unzählige Schlaglöcher machten jede Fahrt zu einem Abenteuer. Besonders große Schlaglöcher wurden nicht etwa aufgefüllt, sondern sie waren mit einem dicken Ast markiert, der aufrecht aus dem Loch emporragte. Übrigens gibt es das heute noch. Bei Dunkelheit zu fahren, war wegen der unbeleuchteten Pferdefuhrwerke schon gefährlich genug. Nun passierte es, dass man nicht nur in tiefe Schlaglöcher hineinfuhr, sondern sich außerdem Äste im Auspuff einfing.

Die irrsinnigsten Gebäude bot man mir an. Wenigstens lernte ich auf diese Weise das Land kennen. Und Siebenbürgen mit seiner Landschaft und seinen ursprünglichen Ortschaften sah herrlich aus. Ich war in ein vergangenes Jahrhundert versetzt. Es entsprach fast genau meiner kindlichen Vorstellung, die ich hatte, als ich meine Berufung zum Priester spürte: eine kleine Kirche, umgeben von niedrigen Dörfern in einer sanfthügeligen Landschaft – und ich als Pfarrer, der jeden im Dorf kennt. Es war eigentlich genau das, was ich seinerzeit gewollt hatte. Wie konnte nur in dieser friedlichen Natur so viel Leid wohnen?

Bisweilen werde ich gefragt, warum wir uns ausgerechnet in Cincu (Großschenk) niederließen. Nicht selten schwingt dann ein Argwohn in der Frage mit, besonders wenn sie von Rumänen an mich gerichtet wird. Denn Cincu liegt direkt am Rande des größten militärischen Übungsgeländes Rumäniens. Aber es war reiner Zufall, oder besser: Vor-sehung. Auf jeden Fall fanden wir dort das am besten geeignete und größte Haus. Es bot die Ausbaumöglichkeiten, die wir für die Stiftung brauchten Es war das Haus eines ehemaligen Pelzgerbers, dessen Tochter, die das Haus geerbt hatte, in Sibiu (Hermannstadt) lebte. Es war bereits sichtbar ver-fallen, fast eine Ruine. Frau Wolf, die Besitzerin, verlangte 10.000 Dollar, wir einigten uns auf 10.000 Mark. Vermutlich hätte ich es sogar noch günstiger bekommen, aber ich wollte nicht lange

Wer die Kapitalisten vernichten will, muss ihre Währung zerstören.
Lenin

Die Aufgabe

feilschen und hatte ja auch gar keine Vorstellung, was hier ein Haus kostete. Schließlich wartete ja eine Aufgabe auf mich.

Der Kaufvertrag sollte nun abgeschlossen werden. Die Hauseigentümerin und ich fuhren nach Făgăraș (Fogarasch) ins Staatsnotariat. So hatte ich mir die wahre Form des Kommunismus vorgestellt: ein langer Gang, voll mit Menschen, die alle stanken und sich schubsten – ich war in einer Szene des Films »Doktor Schiwago«. Wir mussten uns unseren Weg durch diese Menschenmasse bahnen, das Zimmer unserer Notarin war ganz am Ende des Ganges. So raufte ich mich zum Ende des Ganges durch, denn Platz machen wollte niemand.

Wenigstens hatten wir die »Gnade«, persönlich empfangen zu werden. Vor mir saß Mariana Sabadus, die Chefin des Staatsnotariates. Sie sprach deutsch, hörte sich an, was ich wollte, sah mich erstaunt an und sagte:

▶ **»Kaufen können Sie hier nichts.«**

»Aber Pater, wissen Sie denn nicht, dass man in Rumänien keine Grundstücke und keine Häuser kaufen kann? Wussten Sie das nicht? Dumnezeule (Gott), sind Sie naiv.«

»Nein«, sagte ich ahnungslos, »das weiß ich nicht. Warum kann ich denn nichts kaufen? Sie hatten doch eine Revolution.«

»Ja, aber es ist doch alles Staat hier. Da hat noch niemand daran gedacht, andere Gesetze zu schaffen.«

In diesem Moment erinnerte ich mich an die Telefonnummern, die Frau Bissinger mir mitgegeben hatte.

»Frau Notarin«, antwortete ich ihr und gab mich ganz verbindlich, »ich bin in zwei Tagen wieder da. Werden Sie mich dann empfangen?«

Die Aufgabe

»O ja, jederzeit gerne, wann immer Sie wollen. Wir können dann einen Kaffee zusammen trinken. Aber kaufen können Sie hier nichts.«

Als wir uns wieder durch die Menschen hindurch gekämpft hatten und vor dem Gebäude standen, fragte mich Frau Wolf, was ich denn nun tun wolle. Sie sah schon ihre Felle davonschwimmen. Wer kam schon aus dem Ausland, um ein verfallenes Haus zu kaufen.

»Seien Sie sicher,« reagierte ich leicht verärgert, »ich kaufe Ihre Klitsche!«

Vor dem Gebäude des Staatsnotariats wartete schon mein »Chauffeur« und Übersetzer Nicu auf mich. Er war Theologiestudent aus Sibiu, und ich hatte ihn kennen gelernt, als er für ein Wachunternehmen mit einer Pistole im Halfter vor einer Bank stand. Er fiel mir durch seine besondere Höflichkeit auf und wir kamen ins Gespräch. Ich erzählte ihm, dass ich einen Übersetzer bräuchte. Da er in seinem Nebenjob nicht viel verdiente und sich eine Woche freinehmen konnte, sagte er zu. Er ging zum Bankschalter, gab dort seine Waffe ab und zog mit mir los.

Bescheidenheit ist immer falsche Bescheidenheit.
Jules Renard

»Wir fahren sofort nach Bukarest«, entschied ich nun.

In Bukarest angekommen fuhren wir die erstbeste Telefonzelle an. Erwartungsvoll zog ich den Zettel mit den drei Telefonnummern hervor. Das ganze Procedere um diese Nummern war ja etwas undurchsichtig. Ich wusste gar nicht, wer am anderen Ende der Leitung sein würde. Und sicher wartete man dort auch nicht gerade auf meinen Anruf. Was wollte ich denn überhaupt vom Angerufenen? Ich sprach nicht einmal rumänisch. Auf jeden Fall nahm ich mir vor, dem anderen nicht preiszugeben, von wem ich

Die Aufgabe

seine Nummer hätte, aber ihn dennoch um einen Termin zu bitten – und zwar möglichst noch heute.

Ich gab meinem Übersetzer die erste Telefonnummer und erklärte ihm, ich bräuchte dort einen Termin und zwar sofort. Er ging telefonieren. Nach einigen Minuten kam er aufgeregt wieder: »Du meine Güte, konnten Sie mir das denn nicht vorher sagen? Das war die Sozialministerin von Rumänien!«

»Das ist ja wunderbar«, beruhigte ich ihn. »Hoch hängen! Wir müssen die ganze Sache hoch hängen.« Unser Anwalt Dr. Roland Giebenrath – ich nenne ihn freundschaftlich »Fliegendraht« – hätte jetzt in seiner ihm eigenen Ironie ausgerufen: »Ich bin begeistert!«

Ich könne sofort kommen, hatte mein Begleiter als Antwort erhalten. Von wem er die Nummer habe, wurde er noch gefragt. Das dürfe er nicht sagen, hatte er verabredungsgemäß erklärt. Aber genau das war offenbar der Schlüssel für die Kommunisten: diese Geheimnistuerei.

Wir fuhren zum Sozialministerium, einem schrecklichen, grauen Kasten. Ich hatte kaum eine Minute im Vorzimmer gewartet, als mir die Ministerin entgegenkam, umhüllt von einem Pelzmantel, denn die Räume waren kaum beheizt: Silvia Pasti, eine blutjunge Ministerin. Sie wollte als Erstes wissen, wer mir ihre Nummer gegeben hatte.

»Frau Ministerin, Sie werden begreifen, dass das diskret bleibt. Wir reden nicht darüber, nicht wahr? Aber ich weiß, Sie werden mir helfen, Frau Ministerin.«

Sie bot mir Platz an und ich erklärte meinen Wunsch, ein Haus in Rumänien kaufen zu wollen. Sie hörte sich alles an und fragte dann:

»Ja, aber warum will die Notarin Ihnen denn nicht das Haus verkaufen?«

Die Aufgabe

»Das ist ja meine Frage, Frau Ministerin.«

Dann drückte sie unter dem Schreibtisch auf einen Knopf und schmiss – wie in einem Hollywoodfilm – theatralisch ihren Pelz zurück auf den Sitz. Tip, tip, tip kam die Sekretärin hinein, whis, whis, whis flüsterten beide miteinander, tip, tip, tip rauschte die Sekretärin wieder hinaus.

»Ob wir jetzt verhaftet werden?«, fragte ich meinen Übersetzer. Alles war so geheimnisvoll, unwirklich. Vermutlich würden wir gleich wegen Amtsmissbrauchs abgeführt, weil wir uns auf diese Weise in das Ministerium eingeschlichen hatten. Und Nicu, meinem Begleiter, war erst recht nicht wohl zumute.

Die Ministerin sprach nicht mehr mit uns. Sie nahm wieder in ihrem Sessel Platz, legte sich ihren Pelz um die Schultern und musterte uns. Sie sah uns an, ich sah den Übersetzer an, der Übersetzer sah uns beide an. Schweigen. Peinliches Schweigen. Ich war darauf gefasst, dass gleich die Tür aufgehen würde, zwei bewaffnete Uniformierte kämen herein und würden uns mitnehmen. Niemand sagte auch nur ein Wort. Offenbar warteten wir. Nur worauf?

Endlich: Die Tür ging auf, die Sekretärin kam wieder herein und übergab der Ministerin einen kleinen Zettel. Diese unterschrieb das Papier, knallte einen Stempel drauf, steckte es in einen Umschlag und klebte das Kuvert zu, dann nochmals der Stempel. Denn nur Stempel machen in Rumänien Dokumente wichtig.

»Bitte schön. Ich wünsche Ihnen eine gute Reise, drum bun!«

Paul, Laurentius und Mihai, drei Kinder aus Cincu

Sie hätten wahrscheinlich nur noch wenige Tage gelebt, wenn mich nicht die Nachbarn aus dem Betonblock gerufen hätten. Sie riefen mich aber nicht etwa, weil die Kinder vor Hunger schrien, sondern weil der ätzende Gestank, der aus der Wohnung kam, die Nachbarn auf die Palme brachte.

Ihre Arme waren dünn wie meine Finger. Ihr vierter Bruder lag bereits tot in einer Ecke.

Die Aufgabe

Als wir wieder draußen waren, sagte ich zu Nicu: »Können wir den Umschlag jetzt mal aufmachen?«

»Neiiin«, rief er, »da ist doch ein Stempel hinten drauf! Außerdem ist das Kuvert zugeklebt, das können wir doch nicht machen. Um Gottes willen.«

»Ach, ich mach das jetzt auf. Wir können es ja wieder zukleben.«

»Nein, nein!«, heulte er auf und riss die Hände nach oben. »Ich will doch nicht verhaftet werden!«

Angst. Ihm saß die Angst im Nacken. Nun ja, ich wollte diesen Menschen nicht in Bedrängnis bringen, und das erste Mal erfuhr ich von der fundamentalen Angst der rumänischen Seele, die so sehr geknechtet worden war. Später gab es noch unzählige Erfahrungen dieser Art. Wenn ich seine Angst auch nicht teilen konnte, respektierte ich ihn doch und der Umschlag blieb unversehrt. Wir fuhren wieder zurück nach Făgăraș zur Notarin. Frau Wolf fing uns ab.

»Nun nehmen Sie einen Umschlag und tun Sie Geld hinein«, rief Sie mir nervös zu. Meine erste Erfahrung mit der Korruption. Aber nicht mit mir. Ich verweigerte das Schmiergeld, auch in den folgenden Jahren. Von meinem Besuch in Bukarest erzählte ich ihr nichts, auch nichts davon, dass ich einen anderen Briefumschlag in der Tasche hatte.

»Ach, da sind Sie ja wieder«, freute sich die Notarin.

»Ich habe Ihnen ja versprochen, dass ich in zwei Tagen wieder hier sein würde«, erwiderte ich. »Ich habe Ihnen einen Umschlag mitgebracht.«

Hastig öffnete sie den Brief von Ministerin Pasti. »Ja, aber was soll ich denn damit?«

Die Aufgabe

Was hatte die schlaue Ministerin gemacht? Sie hatte viele nichtssagende, aber wohltuende Begrüßungsformeln verwandt, um der Notarin gebührend zu schmeicheln. Dann hatte sie den Brief in einem knappen Satz enden lassen:

Von der ersten Stunde an dabei: der designierte
Nachfolger Viorel mit Frau Dana und Sohn Andrei,
Somit wird die Stiftung in rumänische Hände übergehen

Die Aufgabe

Warum verkaufen Sie denn dem Pater nicht das Haus?
Mit freundlichen Grüßen,
Silvia Pasti, Sozialministerin

Die Notarin war durch das Schreiben so konfus, dass sie ihren Vorgesetzten in Bukarest im Justizministerium anrief.

»Hören Sie, ich habe hier einen Brief von der Sozialministerin und vor mir steht ein deutscher Priester, der ein Haus kaufen möchte für Straßenkinder, und in dem Brief steht nur die Frage: Warum verkaufen Sie ihm denn nicht das Haus? Was soll ich nun machen?«

Der Oberstaatsnotar war sicher ein gebildeter Mann. Er fragte die Notarin: »Und? Warum verkaufen Sie ihm denn nicht das Haus?« Das waren typische Antworten nach der so genannten »Revolution«. Alles war unsicher, alles war ungewiss, niemand wollte eine verbindliche Entscheidung treffen.

Sie knallte den Hörer auf und rief: »Zum Kuckuck noch mal, wir haben doch Gesetze in diesem Land! Aber jetzt verkaufe ich Ihnen das Haus, allerdings ohne Grund, und wir machen den notariellen Vertrag.« Frau Wolf, die Hausverkäuferin, sackte erleichtert in sich zusammen.

Auf den Namen der holländischen Stiftung kaufte ich nun das Haus, und damit hatten wir unser erstes Haus, besser: eine baufällige Ruine, für unsere Straßenkinder.

Kaum hatte sich in Cincu herumgesprochen, dass ein Pater das Haus für Straßenkinder erworben hatte, standen die ersten vier Kinder vor der Tür. Das Haus war noch überhaupt nicht vorbereitet für die Unterbringung von Kindern. Ich musste einige Male nach Holland zurück, hatte noch eine Predigtreise in der Schweiz zu absolvieren und musste die Finanzen für meine neue

Die Aufgabe

Aufgabe in Rumänien regeln. Außerdem wollte ich in meiner holländischen Gemeinschaft, die sich so liebevoll um mich gekümmert hatte, kein Trümmerfeld hinterlassen.

Aber ich wollte die Kinder in Cincu nicht wieder auf die Straße schicken. Also engagierte ich eine deutschsprachige Sächsin. Tillitante, so wurde sie gerufen, war schon steinalt. Ich bat sie, gegen einen Obolus auf das Haus aufzupassen, den Kindern den Umgang mit dem Besen beizubringen und ihnen etwas zu essen zu machen.

»Tillitante, ich muss jetzt nach Holland zurück. Ich bin in zwei Wochen wieder hier. Machen Sie's gut. Ade.«

Ich fuhr los und Tillitante winkte mir noch lange mit ihrem Besen hinterher. Im nächsten Dorf merkte ich, dass ich etwas Wichtiges vergessen hatte. Ich fuhr zurück, stieg aus dem Wagen, Tillitante sah mich und »Haaaa!« schrie sie auf, die Augen weit geöffnet.

»Was ist geschehen, Tillitante?«

Cincu, ein malerisches Sachsendorf.

Die Aufgabe

▶ **Tillitante schrie, als hätte sie ein Gespenst gesehen.**

»Sind Sie's wirklich?«, keuchte sie und musste sich erst einmal setzen. Es war, als hätte sie ein Gespenst gesehen. Tillitante hatte fest geglaubt, sie würde mich nie wieder sehen. Der Hauskauf sei sicherlich nur ein Trick gewesen, niemals würde ich zurückkommen – und zehn Minuten später stand ich wieder vor ihr. Es war ja auch unbegreiflich, dass die deutschsprachigen Sachsen massiv auswanderten und ein Deutscher kam. Es dauerte eine Weile, bis sie begriff, dass es mir ernst mit dem Haus und den Straßenkindern war.

Als ich nach zwei Wochen wieder in Cincu eintraf, waren zwei Kinder weggelaufen. Ein Junge hatte Tillitante angeboten, einen Stuhl auf ihrem Kopf zu zertrümmern. Tillitante war sichtlich überfordert und böse mit mir, weil ich ihr solche Kinder aufgehalst hatte. Vielleicht hat sie dieses Erlebnis zusätzlich angespornt, Rumänien zu verlassen. Jedenfalls wanderte auch sie kurze Zeit später nach Deutschland aus.

Das Casa Don Bosco 1991

Die Aufgabe

▶ **Alle wollten Arbeit haben, aber keiner wollte arbeiten.**

Ich war voller Energie zurückgekehrt, mit mir Maaike und eine Krankenschwester aus Süddeutschland. Die anderen Freunde unserer Kommunität hatten mich zum Abschied nach Cincu begleitet. In einem ausgemusterten Bus der Groninger Stadtwerke hatte ich meine Habseligkeiten nach Rumänien befördert. Ein einziger Ofen funktionierte noch in diesem verfallenen Haus. So breiteten wir Matratzen auf dem Boden aus. Es war die erste Nacht. Natürlich konnte ich vor Aufregung nicht schlafen, stellte mich aber schlafend. So hörte ich, wie einer meiner Freunde zum anderen flüsterte: »Ich glaube, er ist verrückt geworden, er scheckt gar nicht, was ihn hier erwartet.« Ich grinste.

Ich engagierte die ersten Männer aus dem Dorf, denn das Haus musste renoviert werden. Das Dach musste abgedichtet und Fenster mussten erneuert werden. Baumaterial war nur schwer zu

Das Casa Don Bosco heute

Die Aufgabe

finden. Verlässliche Arbeitskräfte zu bekommen, war gar nicht so leicht. Zwar wollten alle Arbeit haben, aber niemand wollte arbeiten. Außerdem bekam ich es unvermittelt mit einem anderen Feind zu tun, dem Rachiu, einem Teufelsschnaps, aus Pflaumen gebrannt. Jedes Haus brannte Rachiu. Man konnte sich gut mit ihm wärmen (im ersten Winter hatten wir minus 37 Grad) und die fehlenden Lebensmittel ersetzen. Meistens gab es sowieso nur Speck, und der verdaute sich eben sehr gut mit dieser »Medizin«.

Doch die Arbeitsmoral und -kraft war und ist natürlich gleich null. Das Klo auf dem Hof lief bereits über. Gott sei Dank hatte ich bereits ein Porzellanklo aus Holland mitgebracht. Einige Abflussrohre sollten in den Garten gelegt werden, denn heute noch gibt es keine Kanalisation in Cincu. Ich hatte einen eiligen Termin und fragte meine Leute, ob sie die Toilette installieren könnten. Eine riesige Schnapsfahne wehte mir das Wort »sigur« (sicher) entgegen. Als ich zurückkam, wusste ich nicht, ob ich lachen oder weinen sollte. Man hatte das WC bis zum Deckelrand einbetoniert. Jetzt begriff ich, wo ich gelandet war.

Bukarest war weit weg. Dass es auch hier, mitten auf dem Land, bettelnde Kinder gab, die verwahrlost und ohne Eltern in irgendwelchen Hütten vegetierten, war sicherlich bekannt, aber kein Thema in Dorf. Dass aber ein Deutscher kam, um ein Haus zu kaufen, während Tausende wegliefen und das Land verließen, das war ein Thema, das war suspekt! Als ich dann doch wiederkam und blieb, waren die Dorfbewohner ratlos. Man hat mich nicht willkommen geheißen, es gab keine Zustimmung, es gab nur Fassungslosigkeit und unglaubliches Misstrauen, das einige Jahre anhalten sollte. Es wurde auch nicht über mich diskutiert. Die Rumänen diskutieren nicht – bis heute nicht, wohl aber wurden

reichlich Gerüchte verbreitet. Schließlich gab es gleich vier Punkte, weshalb ich ihnen suspekt sein musste:
- Einer kam, während alle gingen. Der ist sicherlich weggelaufen, der hat was zu verbergen.
- Was wollte ausgerechnet ein Ausländer in Rumänien? Und in diesem gottverlassenen Dorf? Schließlich war ihnen über vierzig Jahre lang erzählt worden, dass aus dem Ausland nur Böses kam, vor dem sie ihre Grenzen schließen mussten, und das Land war wirklich unglaublich abgeschottet.
- Die rumänischen Priester sind orthodox und waren zu Kommunisten geformt worden. Viele kollaborierten mit dem Geheimdienst Securitate. Katholische Priester hatte man eingesperrt, gefoltert und ermordet. Einem katholischen Bischof hatte man das Skelett so zerbrochen, dass seine Knochenreste in einem Schuhkarton das Gefängnis verließen. Was wollte ein katholischer Priester in diesem orthodoxen Land? Und außerdem er hatte kaum das Benehmen eines orthodoxen Priesters, er war nicht verheiratet wie sie, faselte etwas von Zölibat, sprach über das Evangelium, als wäre es eine Alltagsgeschichte, trank keinen Rachiu, dafür raucht er...
- Hütet euch vor Menschen, die vorgeben, Gutes tun zu wollen und die behaupten, nicht davon zu profitieren! Sie verstecken sich hinter einem Paravent. Bis heute gibt es den Journalisten Marius Stoianovici – sein Vater war ein hohes Tier bei der Securitate –, der mich immer noch verfolgt. Er will es nicht wahrhaben, dass tatsächlich jemand kommt, »nur« um zu helfen. Vermutlich will er mich gar nicht schlecht machen: Er ist aber besessen von der Idee, dass Pater Don ein ganz raffinierter Betrüger ist. Und schließlich findet er ja auch seit Jahren

Die Aufgabe

Unterstützung an allerhöchster Stelle: beim *römisch*-katholischen Erzbischof von Bukarest, Ioan Robu.

Außerdem ließ ich mich nichtsahnend in dem Ort nieder, der an das größte Militärübungsgelände Rumäniens grenzte, an den »Poligon«. Cincu war ein verbotenes Dorf und ich wusste von nichts. Heute sind mir diese Punkte klar. Ich musste ihnen suspekt sein. Aber damals kannte ich die rumänische Mentalität noch nicht.

Die erste Konfrontation gab es ausgerechnet mit dem Dorfpolizisten. Er bot sich an, auf das Haus aufzupassen. Aber er versuchte nur, sich an uns zu bereichern. Mit ihm hatten wir später noch größere Ausein-andersetzungen. Bald war in den rumänischen Zeitungen zu lesen: Angeblicher Priester, Spion, Terrorist mit Pistole unter der Soutane, Händler für Kinderorgane und viele Schauermärchen mehr.

> **Die schönste Antwort auf Verleumdung ist, dass man sie stillschweigend verachtet.**
> Engel

Keine Schwierigkeiten hatte ich mit den Kindern und Jugendlichen des Dorfes. Mir fällt es leicht, auf Menschen, besonders auf Jugendliche, zuzugehen. Es war im ersten Winter, wir hatten eine Bärenkälte und nur einen Ofen, da standen die Jugendlichen dick vermummt am Dorfbrunnen und ließen die berühmte Schnapsflasche herumgehen. Sie rissen ihre Zoten und lachten und amüsierten sich. Ich ging zu ihnen hinaus und die Gespräche verstummten. Ob sie mal etwas Platz machen könnten, ich wollte gern dazwischen. Und wo denn gerade die Flasche sei, ich wollte auch mal einen Schluck nehmen. Ich trank gegen meinen Willen einen Schluck und das Eis war gebrochen. Dann bat ich sie, ins Haus, ins Warme zu kommen.

Und sie kamen tatsächlich. Es wurde ein wunderbarer Abend inmitten der Farbeimer und Baumaterialien, die überall

Die Aufgabe

herumstanden. Eine unglaubliche Atmosphäre, in der sich langsam ein Vertrauen aufbaute. Ich konnte auf meine Art vom Evangelium sprechen. Das Evangelium ist etwas ganz Hautnahes, über das man keine frommen Sprüche machen muss. So hatten sie noch nie von der Bibel gehört. Aus diesem ersten Abend entstand dann eine Gesprächsgruppe, die sich zwei Jahre lang einmal in der Woche traf. Es waren hauptsächlich jugendliche Siebenbürger Sachsen. Die rumänischen Jugendlichen ließen es sich übersetzen.

Bald danach waren die Siebenbürger Sachsen aus Cincu (Großschenk) fortgezogen. Bis zu diesem Zeitpunkt hatte mich der orthodoxe Pope in Ruhe gelassen. Solange ich mich um die evangelischen Jugendlichen der Siebenbürger Sachsen kümmerte, konnte er nicht allzu viel sagen. Nun aber, wo die Gesprächsgruppe nur noch aus rumänischen Jugendlichen bestand, fing er massiv seinen Kampf gegen Pater Don an. Diesen Nebenkriegsschauplatz wollte ich mir nicht leisten. Schließlich war ich gekommen, um den rumänischen Straßenkindern zu helfen. Deshalb war ich hier, darum hatte ich mich zu kümmern. Es wäre schön gewesen, wenn ich quasi nebenher auch etwas für die Jugendlichen im Dorf hätte tun können.

Immer mehr Menschen aus der Umgebung kamen zu uns. Nicht, um zu arbeiten, sondern weil wir unseren Second-Hand-Shop mit gebrauchter Kleidung eröffneten. Was ich anfangs geplant hatte, um den Menschen zu Kleidung zu verhelfen, lief bald so gut, dass wir unsere Arbeiter davon bezahlen konnten. Denn wir verschenkten unsere Kleidung nicht, sondern nahmen einen – wenn auch geringen – Beitrag.

Unser Kleiderladen brachte bald Probleme ganz anderer Art mit sich. Aus dem ganzen Land kamen die Menschen nun zu uns, um bei uns günstige Kleidung zu kaufen. Schon in der Nacht bildeten sich lange Schlangen vor unserem Geschäft. Die Menschen machten Feuer auf der Straße, um sich zu wärmen. Schnell tauchte ein gewiefter Zeitgenosse auf, der Zettel mit Wartenummern verteilte – gegen Bezahlung, versteht sich. Morgens warteten Hunderte von Menschen darauf, eingelassen zu werden. Da es bereits die ersten Rangeleien um die besten Stücke gab, überlegten wir schon, ob wir Absperrgitter aufstellen sollten, um die Menschen in geordneten Reihen an den Laden heranzuführen.

Langsam wurde nun auch das Dorf nervös. Letztlich war unser Laden zwar ein Ärgernis, aber auch ein wirtschaftlicher Erfolg für die Gemeinde, von dem unsere Arbeiter profitierten. Neben dem Geschäft in Cincu eröffneten wir vier weitere Kleiderstuben in Transsilvanien. In Făgăraş hatten die Bewohner sich vorgenommen, unseren Laden zu stürmen. Sie befürchteten, dass nur für zwei Tage Ware vorhanden sei. Wir mussten Polizei anfordern, um unseren Laden zu schützen. Bald machten wir aus dem Geschäft in Făgăraş einen Selbstbedienungsladen. Das war völlig ungewohnt für die meisten Menschen in einem Land, in dem die Ware oft durch Diebstahl »eingekauft« wurde. Wir gestalteten die Geschäfte fast professionell (meine Ausbildung bei C&A ließ grüßen), aber kostengünstig. Es gab eine Tür, durch die man den Laden betrat, und eine, durch die man ihn an der Kasse vorbei wieder verließ. Ein Polizist kontrollierte die Taschen. Mit den daraus gewonnenen Geldern konnten wir unsere Stiftung aufbauen, denn Spender hatten wir zu dieser Zeit kaum. Ich konnte unsere Kinder ernähren.

Hilfe zur Selbsthilfe: Gebt ihnen Angeln, keine Fische

Unsere Läden liefen so lange gut, bis Geschäftsleute die kommerziellen Möglichkeiten erkannten. Außerdem waren bald

Die Aufgabe

die großen Hilfsorganisationen vor Ort, die die Altkleider säckeweise an Händler verkauften. Und während wir mit unserem Geschäft zunächst allein in Făgăraş waren, gab es mit einem Mal dreißig Second-Hand-Läden in dieser Kleinstadt. Einige dieser Läden verkauften ihre Kleidung kiloweise, während wir unsere Ware gewaschen, gebügelt, ausgebessert, auf Bügel gehängt hatten. Eine Näherin hatte dadurch bei uns Arbeit gefunden.

Dieser Konkurrenz waren wir auf Dauer nicht gewachsen. Wir mussten vier Geschäfte schließen, nur unser Laden in Cincu besteht bis zum heutigen Tag. Außerdem war ich ja nach Rumänien gegangen, nicht um eine Ladenkette aufzubauen, sondern um den Kindern zu helfen.

Und die Kinder kamen. Ich brauchte gar nicht bis nach Bukarest zu fahren. In den umliegenden Dörfern und Städten gab es genügend Straßenkinder. Diese Zustände sind für den Normal-Europäer nicht zu verstehen. Die Anonymität einer Großstadt macht es vielleicht leichter, sein Kind zurückzulassen oder auf die Straße zu schicken. Aber wie kann das in einem Dorf passieren, wo doch jeder jeden kennen sollte? Die Eltern hauen einfach ab, wenn das Kind in der Schule ist oder im Krankenhaus liegt. Manchmal gehen die Eltern gemeinsam, manchmal nur der Vater oder die Mutter. Dann gibt es einen neuen Partner und es werden neue Kinder in die Welt gesetzt.

Man kann nicht allen helfen, sagt der Engherzige, und hilft keinem.
Ebner-Eschenbach

▶ Sie kennen keine Scham

Es ist eine der schlimmsten Erfahrungen, die ich in Rumänien machen musste: Viele Menschen kennen keine Scham. Sie wissen nicht, was Scham ist. Sie lügen, sie stehlen, sie werfen ihre Kinder weg, bis heute. Sie konnten kein Gefühl dafür entwickeln, dass es falsch oder gar böse sein könnte, was sie tun. Sie betrinken sich

Die Aufgabe

derart, dass sie ihre Kinder nicht ernähren und erziehen können. Sie stehlen wie die Raben und nennen das »komplettieren«. Die Straßenkinder kommen aus allen Bevölkerungsgruppen. Es sind nicht etwa nur die Zigeuner – so jedenfalls ein gern erzähltes Vorurteil –, die achtlos mit ihren Kindern umgehen und sie verkaufen. Unsere Kinder kommen auch aus rumänischen Familien und aus Familien der Siebenbürger Sachsen.

Ruckzuck war unser Haus voll, bevor überhaupt die notwendige Infrastruktur fertig war. Wir hatten noch nicht einmal genügend Betten, wir waren mitten in den Baumaßnahmen. Aber sofort war die Gesundheitsbehörde bei uns und bemängelte, dass wir Kinder auf einer Baustelle aufnehmen würden, anstatt sich zu freuen und den **Ich verlegte meinen Wohnsitz von Sodom (Holland) nach Gomorrha (Rumänien)** »Verrückten« zu unterstützen, der sich nun endlich um diese Kinder kümmerte. Von der ersten Stunde an warf man mir Knüppel zwischen die Beine.

Ganz schnell hatten wir vierzig Kinder bei uns. Sie standen einfach vor der Tür, die Polizei hatte uns gerufen oder wir waren von Dorfbewohnern informiert worden. Die Kinder kamen zu uns ohne irgendein Dokument, ohne Einweisungspapiere[1].

▶ **Einem Kind, das in Not ist, muss sofort geholfen werden.**

Was ich in den folgenden Jahren an Kinderleid sehen musste, kann ich bis heute nicht beschreiben. Viele Kinder wussten nicht, wie sie heißen oder wie alt sie sind. Es zählte also auch zu meinen Aufgaben, die Aufnahme der Kinder und die Kinder selbst zu

---

[1] Erst 1997 wurden Gesetze eingeführt, die es verboten, Kinder ohne staatliche Bewilligung aufzunehmen, wie es in Europa üblich ist.

Die Aufgabe

legalisieren. Heute beschäftigt unsere Stiftung eine so genannte Sozialassistentin, die nachforscht, woher die Straßenkinder kommen. Zu jedem Kind gibt es ein Dossier. Der Verbleib jedes Kindes muss heute jährlich neu genehmigt werden, damit es nicht wieder passiert, dass Kinder in Heimen »vergessen« werden. Eigentlich eine gute Sache, die zur Zeit allerdings sehr übertrieben wird.

Viele Kinder kommen in einer aussichtslosen Situation. Ich müsste es mit der Mutter oder allein zur Kinderschutz-Kommission schicken, die nur einmal pro Woche tagt. Aber wenn es keine Mutter kennt? Das lehne ich ab und breche damit die Gesetze, denn einem Kind, das in Not ist, kann nicht erst in einer Woche geholfen werden. Ich kann zu einem Kind nicht sagen: »Komm morgen wieder«, wenn es heute erbärmlichen Hunger hat. Dann bleibt es bis zum nächsten Termin bei uns, und die Sozialassistentin – oder in heiklen Fällen ich selbst – stellen das Kind der Kommission vor mit der Bitte, es bei uns einzuweisen.

Nicht alles, was ich in Rumänien tat, ist zuvor ausgiebig geplant worden. Vieles habe ich aus dem Bauch heraus entschieden. In diesem Land, das sich im Umbruch befindet, sind weniger Dinge vorhersehbar und planbar als in gefestigten Staaten. Ich handle nach der Devise: Es sind die Fantasten, die die Welt verändern, nicht die Erbsenzähler.

> Wer einem dieser Kleinen etwas zuleide
> tut, der soll mit einem Mühlstein in der
> tiefsten Stelle des Meeres versenkt werden.
>
> NT, Matthäus 18,6

Kinder des Wahnsinns

Der irrsinnige Diktator Ceauşescu stahl sie aus Häusern und von Feldern, sperrte sie in Kasernen ein, die eher Tierställen glichen, machte sie roh und menschenverachtend. Er dressierte sie, um als Erwachsene als Häscher für die Securitate zu funktionieren. Noch heute nennt man sie die »Jungs mit den blauen Augen«. Andere Kinder sperrte er gesund in Psychiatrien ein, wo sie nackt in ihren Betten, angekettet ohne jede Würde, dahinvegetierten. Er schaffte sich eine Blutbank an, auf der Babys reihenweise das Blut abgezapft und ihm, dem blutrünstigen Diktator, in die Venen fusioniert wurde. Er versprach sich davon ein ewiges Leben. Die Babys aber beförderte man in den Wahnsinn, denn mit dem Blut entnahm man ihnen den notwendigen Sauerstoff.

All das kann in diesem unwirklichen Land morgen wieder passieren, denn dieses Land ist auch in Wahrheit bis heute nicht frei. Und die Rumänen werden bis zur Selbstverleugnung gefügige Europäer sein.

Nach der so genannten »Revolution« sind sie verlassen, verstoßen, weggejagt, vergewaltigt, getreten und geschlagen, verlaust und verdreckt, krank und unterernährt, gedemütigt, die Niemandskinder. Oft kennen sie nicht einmal ihren Namen, geschweige denn den Tag ihrer Geburt. Sie können nicht mehr lachen und nicht mehr weinen, sie kennen keine Schule und keinen Arzt, sie vertrauen keinem und keiner vertraut ihnen. Sie leben vom Stehlen, Betteln und Lügen, hauptsächlich aber vom Betteln, von ihren eigenen Eltern zum Betteln dressiert. Sie kennen keine Zuneigung und erst recht keine Liebe, und von Gott wissen sie nur, dass man ihn beeindruckt, wenn man möglichst viele Kreuzzeichen schlägt.

Und geht es ihnen im Jahr 2004 besser? Die europäischen Kommissionen üben Druck auf Rumänien aus. Denn Rumänien hat immer noch zu viele Heime, etwa 600. Aber Rumänien ist nicht reif für Europa und schon gar nicht für diesen Druck. Die neuen »Jugendschutzkommissionen« und die »Nationale Agentur für Kinderschutz in Bukarest« haben sich dieses Drucks ganz einfach entledigt. Sie verordneten ein Gesetz der »Re-Integration«. Kinder werden mit Gewalt aus den Heimen entfernt und zu ihren Verwandten bis zum vierten Grad »re-integriert«. Wenn doch schon die eigenen Eltern ihre Kinder nicht ernähren können, wie sollen sich dann Verwandte verantwortlich fühlen? Die Kinder landen zurück auf der Straße. Denn die Statistik, die Brüssel gemeldet werden muss, zählt nur die Heimkinder, nicht die Straßenkinder und auch nicht die verlassenen Kinder in den Krankenhäusern.

Wer wie ich an die Ministerin für nationalen Kinderschutz, Gabriele Coman, appelliert, diese Praktik einzustellen, wird mit nationalen Untersuchungskommissionen schikaniert. Falsche Berichte werden angefertigt, und passend zum neuen System wird die jährliche Verlängerung verweigert, ein Privatheim

Vasile, ein Kind aus Cincu

Er hatte Angst, nach einer Nacht auf der Straße am nächsten Morgen nicht mehr aufzuwachen. Aber Vasile hatte Fantasie. Pausenlos fuhr er mit Zügen durch das Land, und da er höflich war, wurde er geduldet und bekam sogar zu essen. Und er konnte sicher schlafen.

weiterzuführen. Die Ministerin zwang ich mit Gerichtsentscheid, die Verlängerung zu erteilen. Meine Strafanzeige aber gegen sie wegen Amtsmissbrauch wird nicht verfolgt. Die Akte wandert seit zwei Jahren von Staatsanwaltschaft zu Staatsanwaltschaft. Auch das ist und bleibt System, denn einen Minister anzuzeigen ist immer noch eine unvorstellbare Frechheit.

▶ **Ich werde mich weiter einmischen.**

In Brüssel gelangte ich mühsam in das Büro des Osteuropa-Direktors Pascqarelli. Der Italiener gab mir zehn Minuten. Seine Antwort: »Mischen Sie sich nicht ein«.

Ich werde mich weiter einmischen. Ich werde im Interesse der Kinder, die keine Lobby haben, weiter protestieren und rebellieren. Ich werde weiterhin ungewöhnliche Wege suchen, um diesen Kindern zu helfen. Denn eine Veränderung kann nur herbeigeführt werden, wenn man intelligent gegen die Regeln dieser korrupten Gesellschaft verstößt.

Der irrsinnige Diktator Ceauşescu

Die Staatssekretärin der Nationalen Agentur für Kinder»un«schutz, Gabriele Coman, ließ mich schikanieren.

Die staatlichen Kinderheime sind noch immer verschlossen. Wer als Fremder eines dieser Häuser besichtigen will, braucht eine persönliche Bewilligung der Ministerin. Für die Europa-Funktionäre und die Prominenten wurden Vorzeigeheime eingerichtet. Die Berichterstatterin für Rumänien beim Europäischen Parlament, die Engländerin Emma Baronin Nicholson, protestiert zwar von Brüssel aus wegen der anhaltenden Zustände. Doch wenn sie im Lande ist, gibt es ein freundschaftliches Tête-à-Tête mit dem Präsidenten Iliescu und dem Ministerpräsidenten Nastase und dann ist alles nur noch halb so schlimm. In einem Heim in Bukarest gibt es jetzt sogar einen Profikoch.

Und doch bleiben die Augen der Kinder hohl und traurig. Sie sind eingesperrt. Die Häuser sind umgeben von drei Meter hohen Eisenzäunen, undurchsichtig. Ein Wachbeamter führt einen Schlagstock bei sich und ein Polizist hat ein Büro im Eingangsbereich. Ein Kind sagte mir: Pater, ich bin katholisch, ich möchte beichten. Seine Beichte über das Innenleben des Heimes ließ mich schaudern. Er war auch gar nicht katholisch, aber er brauchte ein Ventil.

Die bisherige Berichterstatterin für Rumänien beim Europäischen Parlament, Emma Baronin Nicholson, antwortet nicht.

In vielen Schreiben habe ich bei der Baronin protestiert und ihr angeboten, einmal mit ihr durchs Land zu reisen. Ich will ihr die Wahrheit zeigen. Mehr als 500 Freunde unseres Hauses schickten ihr einen Protest. Niemand bekam von der vom Volk gewählten Abgeordneten eine Antwort. Ich auch nicht.

In meinem Haus in Bukarest verlangen Kinder Einlass, die aus Staatsheimen geflüchtet sind. Die Polizei holt sie wieder heraus und ich erhalte Strafanzeigen wegen unerlaubter Kinderaufnahme. Ärzte flehen mich an, Kinder, die oft mehr als acht Jahre im Krankenhaus liegengelassen, zurückgelassen wurden, aufzunehmen. Die Ministerin hat ihre Spitzel und die Kinder werden sehr schnell zurückgeholt.

In Wahrheit haben wir in Rumänien eine neue Diktatur: Europa. Sicher: Auch die Rumänen wollen dringend in Europa integriert sein. Aber sie wissen gar nicht, was ihnen diese Integration bringt. Rumänien war nie frei. Angefangen mit den Erfahrungen des »Tausendjährigen Osmanischen Reiches« über die »austroungarische Okkupation«, dann über 45 Jahre Ceauşescu und jetzt die europäische Großmanns-Sucht.

Klar, die Rumänen interessiert es nicht, wenn das Großkapital die Produktionsstätten in Industrieländern schließt, es interessiert nicht, wenn die Menschen dort arbeitslos werden, weil man hier die Menschen mit einem Monatslohn von 100 Euro abspeisen kann. Aber für einen Arbeitsplatz mit einem Lohn von 100 Euro lohnt es sich, Europäer zu werden?! Ach, ihr Rumänen, lasst die Steine der Daker, eurer Urahnen, sprechen

Nein, nein, in Europa werden wir alle Ausländer sein, auch die West-Europäer. Denn die Europa-Spezialisten, die Konstrukteure der globalen Welt, der Ein-Welt-Regierung, wollen Rumänien kassieren. Das Kapital braucht neue Expansionen, auf Teufel komm raus. Früher wurde das mit Kriegen versucht, heute geht das viel intelligenter.

Staatliches Kinderheim in Bukarest. Der Zaun ist drei Meter hoch.

Europa hat Hunger auf dieses Rumänien. Militärischstrategisch, die Ressourcen im Boden müssen gestohlen werden, die riesigen, unbebauten Agrarflächen mit ihren fetten, fruchtbaren Böden, die billige Arbeitskraft der geschundenen Menschen. Ich fürchte mich, wenn dann die Tourismus-Industrie hier einfällt in diese unberührten harmonischen Landschaften betoniert, den ursprünglichen Lebensraum dieser Natur vergewaltigt. Denn der wirklichen Natur ist es eigen, sich zu verbergen. Hier, wo man noch verweilen, alles vergessen kann, wird das kommende Kapital auch das auffressen. Und was wird aus diesen wunderbaren Klöstern werden, teilweise Kulturdenkmäler, Oasen der Heiligkeit? Immer noch gibt es viele Berufungen hier, doch die Diktatur des Kapitals wird auch das zerstören.

Ich leide mit dir, du armes Rumänien, nicht nur mit deinen Kindern.

Je näher wir an das Jahr der Aufnahme Rumäniens in Europa, das Jahr 2007, rücken, klingen mir zu viele Komplimente von Brüssel hierher: Rumänien habe gute Fortschritte gemacht, alles wird gut. Die Wahrheit aber ist eine andere. Mit Gewalt werden konform zu den europäischen Gesetzen die Gesetze hier verändert, haufenweise neue Gesetze durchgepaukt, aber im wirklichen Leben sieht das ganz anders aus. Niemand hat hier die Kraft und den Atem, das Leben so rasant zu verändern.

> **Die eifrigsten Reformer haben lernen müssen, dass sie sich jeglicher Macht berauben, wenn sie den schwerfälligen Massen zu weit voraneilen.**
> Thomas Woodrow Wilson

Könnte man diesem Land, das nie frei war, nicht erst einmal eine Pause verschaffen, eine Pause, um zu sich selbst zu finden? Hat nicht jeder Rekonvaleszent das Recht auf eine Auszeit? Hat nicht dieses Land auch eine eigene Tradition, die jetzt wieder unterdrückt, einfach weggewischt wird? Wenn man den Schutt der verdammten Ideologie von den Seelen der einfachen Menschen wegräumt, könnte Europa hier profitieren von wunderbaren Menschen am Tor zum Balkan. Ihre Warmherzigkeit, ihre Gastfreundschaft, ihre Geduld, auch ihre Leidensfähigkeit. Aber erst muss der Schutt einmal weg. Und dafür braucht man Zeit. Die neuen Evangelien: Drogen, Porno, Großkapitalismus, McDonald's, Coca Cola und Regenbogenjournalismus bringen nur neuen Schutt, neues Gift. Das wollen die Rumänen nämlich gar nicht. Ein tief religiöses Land, verwurzelt in der Orthodoxie, will nichts anderes als Frieden und die Rückkehr zu sich selbst. Lasst Rumänien Zeit. Lasst diesen Menschen Zeit. Die Geschichte lehrt uns mehr als jede Ideologie.

In Rumänien im Jahr 2004 ...
- gibt es jetzt Internet, aber auf dem Lande an einen Telefonanschluss ohne Bakschisch zu kommen, ist unmöglich.
- gibt es jetzt freien Telefonverkehr, aber wer an einem Tag mehr als 1 Million Lei (25 €) vertelefoniert, dem wird ohne Ankündigung die Leitung gesperrt.
- gibt es jetzt Demokratie, aber die Mehrheit des Volkes kennt weder die Gesetze noch seine Rechte.
- gibt es jetzt wenigstens einige gut ausgestattete Kinderheime mit einem neuen Etikett (Platzierungszentrum), aber die Kinder sind immer noch eingesperrt.
- hat jetzt jedes Heimkind Recht auf ein eigenes Bett und einen eigenen Schrank, soll seinen eigenen Geburtstag wissen, aber pädagogische Modelle werden immer noch abgewiesen.
- gibt es jetzt freien Postverkehr, wer aber mehr als 50 Briefmarken auf einmal kauft, ist verdächtig und braucht ein so

genanntes »Delegationspapier« mit Namen und Stempel des Käufers und Angabe des Zweckes der Quantität.
- kann man jetzt fast alles kaufen, aber nur eine kleine Oberschicht hat das Geld dazu. Auf dem Lande leben Rumänen und Zigeuner immer noch in windigen Verschlägen und können sich täglich nur eine Knochensuppe leisten.
- hat man jetzt moderne Läden, aber die Bürokratie erschlägt nicht nur den einfachen Bürger. Wer eine Quittung über seinen Einkauf verlangt, muss nicht nur seinen Namen und seine Adresse angeben, sondern auch die Nummer seines Personalausweises und die Nummer des Autos, mit dem die Ware (auch wenn es nur eine Margarine ist) abgeholt wird, braucht man viele Papiere und Dokumente zum Überleben. Fast alles kann man kaufen, auch Schulnoten und Universitätsdiplome.
- gibt es jetzt mondäne Villen und 5-Sterne-Hotels, doch die Mehrheit des Volkes geht immer noch im Hof auf das Klo.
- gibt es jetzt Luxusautos, doch auf dem Land ist immer noch nur das Pferdefuhrwerk die Möglichkeit, sich fortzubewegen. Und Verkehrsregeln, na ja...

Diese Liste ließe sich noch unermesslich ausdehnen. Wie gesagt, wir sprechen über das Jahr 2004, drei Jahre vor dem geplanten Eintritt in die Europäische Union.

Europa, bleib noch draußen!

Was ich dir wünsche, du Rumänienheimat,
Ruhm der weiten Erde,
Land du meiner Liebe,
sprich, was wünsch ich dir?
Groß bist du gewesen,
größer wachs und werde...

Der rumänische Poet Mihai Eminescu

Und vergiss deine Kinder nicht....

Don Demidoff

Der Poet Mihai Eminescu (1850 – 1889)

Immer mehr Jugendliche ...

Immer mehr Jugendliche, vor allem Kinder,
reißen aus Heimen und Elternhäusern aus.
Immer mehr Kinder und Jugendliche werden von ihren
eigenen Eltern vor die Tür gesetzt.
Immer mehr Kinder werden misshandelt,
meistens von ihren eigenen Eltern.
Immer mehr Jugendliche, auch Kinder, Jungen und Mädchen,
verdienen sich ihren Unterhalt auf dem Strich.
Immer mehr Jugendliche, bereits Neugeborene, sind aidskrank.
Immer mehr Jugendliche sind drogenabhängig,
auch Babys von drogenabhängigen Müttern.
Immer mehr Jugendliche
werden in die Kriminalität und Illegalität getrieben.
Immer weniger Jugendliche erhalten eine ihren Talenten
angemessene Ausbildung und nach der Ausbildung
eine menschenwürdige Arbeit.
Immer mehr Jugendliche haben kein Dach über dem Kopf.
Immer mehr Jugendliche werden von Scharlatanen
und Sekten missbraucht.
Immer mehr Jugendliche flüchten in eine Scheinwelt oder
vergöttern wertlose Idole.
Immer mehr Jugendliche misstrauen ihren Mitmenschen
von Grund auf.
Immer mehr Jugendliche werden gewalttätig und aggressiv.
Immer weniger Jugendliche finden einen Ausweg
aus ihrer Sinnkrise.
Immer mehr Jugendliche und Kinder sind verhaltensgestört.
Immer mehr Kinder und Jugendliche ziehen sich in sich selbst
zurück.

Kinder des Wahnsinns

Immer mehr Jugendliche und Kinder werden der Natur entfremdet.
Immer mehr Jugendliche töten, sich selbst und andere.
Immer mehr Jugendliche verweigern sich dem Staat.
Immer mehr Jugendliche verachten die Kirchen.

Und doch suchen immer mehr Jugendliche GOTT.

Pater Don:
gebt Kindern und Jugendliche eine Chance,
raubt ihnen nicht ihre Zukunft.

> Wo der liebe Gott seine Kathedrale baut,
> baut der Teufel immer seine Kapelle daneben.
> *Sprichwort*

Feinde

Ich beobachte an mir selber, dass ich nicht abstumpfe, dass ich keine Angst habe. Auch das macht mich suspekt: Alle haben Angst bis heute, warum *der* nicht? Schon bald erkannte ich in Rumänien, dass es immer um Angst geht: die, die Angst haben, und die wenigen, die Angst machen. Dabei hätte ich bei den Schikanen, die man mir auferlegt und den zahlreichen Morddrohungen und Mordversuchen allen Grund dazu.

Aber es wird nichts zur Routine, ich kann mich an Ungerechtigkeit und Kinderelend nicht gewöhnen. So erkannte ich bald, dass es sehr nützlich ist, wenn man manchmal zu denen gehört, die Angst machen. Nämlich immer dann, wenn Autoritätspersonen über mich oder meine Kinder herfielen. Ja, denen machte ich Angst, und das waren sie überhaupt nicht gewohnt. Oft gebrauchte ich die Formel von Don Bosco: Ich hoffe, dass der liebe Gott Ihnen nichts zustoßen läßt. So entstand bald die Fama: Der hat einen ganz Großen hinter sich, den werden wir nicht los. Doch dieses Leben kostet sehr viel Kraft, und mit den Jahren wurde ich kranker und kraftloser, aber auch immer sensibler und emotionaler. Ich versuche, es nicht zu zeigen, aber das gelingt mir nicht immer. Nie habe ich in meinem Leben so viel erbrochen und so viel geweint, letzteres in meinem stillen Kämmerchen.

Hinzu kommt, dass ich immer abwägen muss zwischen den Interessen für ein einzelnes Kind und den Interessen der Stiftung und der übrigen Kinder, zwischen dem Schutz eines individuellen Kindes und dem Schutz der Gemeinschaft. Außerdem bin ich Beichtvater für Kinder und Angestellte und gleichzeitig Arbeitgeber. Dabei gibt es oft heftige Gewissenskonflikte. Darf ich das, was ich in einer Beichte als Priester erfahre, auch als Arbeitgeber wissen? Und erst recht die Konflikte mit und wegen Kindern. Einmal wurde ich von der Polizei unter Mordverdacht abgeholt. Gott sei Dank war eine Gruppe deutscher Pfadfinder zu Besuch in unserem Haus und beobachtete das. Denn der Weg zur Kommandantur ins 80 Kilometer gelegene Brașov (Kronstadt) wurde zu einer Tagesreise. Unterwegs wartete ein zweites, verdunkeltes Auto an einer Kreuzung, in das ich umsteigen musste. Ich musste mich zwischen vier Polizisten mit Karabinern klemmen. Dann ging die Fahrt durch Felder und Wälder, scheinbar ziellos. Als die Pfadfinder ihre Verfolgung nicht aufgeben wollten, wurden sie mit vorgezogenen Gewehren zur Umkehr gezwungen. Sie flüchteten panikartig und schrieen aus dem fahrenden Auto: Wir melden das sofort der deutschen Botschaft. Wahrscheinlich war das meine Rettung.

Dennoch es war eine bedrückende Situation. Ich holte meinen Rosenkranz, den ich bis heute bei mir trage, aus der Soutane und betete halblaut: Der Du zum Tode verurteilt wurdest... der Du am Kreuz gestorben bist.... der Du von den Toten auferstanden bist.... der Du mir jetzt Kraft gibst... der Du stärker bist als alle Waffen, aller Polizisten dieser Welt...

Einer der Polizisten wurde merklich nervös, viel nervöser als ich war, und fragte, was das sei, das ich da in der Hand hielte. Ich sagte, es sei ein Rosenkranz. Was denn ein Rosenkranz sei. Ich antwortete wie von einem Engel eingegeben: Der Rosenkranz ist eine

Feinde

Kette, eine Kette, die mich hier in Ihrem Auto mit dem Himmel verbindet...«

Spät nachts erst kam ich in der Kommandantur in Braşov an.

»Pater, wir wissen ja, dass Sie das Kind nicht ermordet haben. Aber wo halten Sie es denn versteckt?«

Man stelle sich vor: Ich war beschuldigt worden, ein Kind umgebracht zu haben.

»Das sage ich Ihnen nicht«, antwortete ich beim Verhör.

»Das ist gut so«, meinte der Polizeikommandant. »Dann bringen wir Sie noch heute Nacht über die Grenze. Und Sie werden Rumänien nie wieder betreten. Es reicht uns jetzt mit Ihnen und Ihren Tiraden. Sie glauben, dass Sie so stark sind. Sie sind ein Nichts.«

▶ **Was war mein Versprechen nun noch wert?**

Nun musste ich abwägen. Vierzig Kinder hatte ich bereits im Haus. Jedem Kind hatte ich versprochen, ich würde es beschützen, es müsste nicht wieder zurück in die furchtbaren Zustände, aus denen es geflohen war. Die Kinder lernten diese Sicherheit und sie wurde ein wichtiger Aspekt und Erfolg meiner Pädagogik. Auch dem Kind, das jetzt gesucht wurde, hatte ich dieses Versprechen gegeben. Nie wieder müsse es sich fürchten, nie wieder würde es zurück in den Dreck, in die Hundehütte, nie wieder würde ich es zurückgeben in die Situation, aus der ich es befreit hatte. Was war mein Versprechen jetzt noch wert? Um vierzig Kinder zu schützen, musste ich dieses eine preisgeben – eine entsetzliche Qual für mich.

Jedes Versprechen ist eine Schuld.
Afrikanisches Sprichwort

Noch in der gleichen Nacht fuhr die Polizei mit mir zum Versteck. Ich hatte es bei unserer Notarin in Făgăraş untergebracht.

Feinde

Das Kind wurde aus dem tiefen Schlaf gerissen. Es reagierte völlig hysterisch, denn ich hatte mein Versprechen gebrochen.

Jahre später traf ich »meinen« Polizisten wieder, der mich damals abgeführt hatte. Er war nicht mehr im Polizeidienst. Er offenbarte mir die schreckliche Wahrheit. Man hatte den Auftrag, mich zu erledigen. In einem Waldstück sollte man mir sagen, Sie sind frei, gehen Sie. Dann sollte man mir von hinten in den Rücken schießen – wegen »Fluchtversuches«.

Es folgten noch viele Attacken auf mein Leben und meine Gesundheit. Meine Geschichte wurde der von Don Bosco immer ähnlicher. Erschreckend ähnlich.

Lucica und Viorel, zwei Kinder aus Cincu

Beide saßen nackt vor einer Lehmhütte. Die Eltern hatten sie dort zurückgelassen. Die Kinder aßen in ihrer Verzweiflung von einem Hundekothaufen vor ihnen. Bis heute haben sie sich von ihren Infektionen noch nicht ganz erholt.

Die Kinder, die uns wieder entrissen wurden, sind in elende Verhältnisse zurückgekommen. Nicht ein Kind, das bei uns war, durfte wieder zur Schule gehen. Einige sind verkauft worden. Aus diesem Grund kämpfe ich vor dem Europäischen Gerichtshof in Straßburg gegen das Re-Integrations-Gesetz. Es ist inhuman und quält die Kinder.

Rumänien hat durch die Berichte über die Straßenkinder international einen schlechten Ruf bekommen. Heute versucht man von Seiten des Staates, gegen Bezahlung Pflegefamilien für diese Kinder zu finden. Aber kaum wurde dieses Modell eingeführt, gab es die ersten Schreckensmeldungen von Kindern, die man im Keller oder in tristen Betonblocks eingesperrt fand, nur um an das Geld zu kommen. Wie soll denn ein Land, das seine eigenen Kinder nicht zu schätzen weiß, fremde Kinder in fremden

Feinde

Familien großziehen? Dann »vergaß« man, den »Sozial-Eltern« ihr Geld zu zahlen, vom Leid der Aids-Kinder gar nicht zu sprechen. In so einem Land müssen sich die Bewohner natürlich fragen: Wie kommt es, dass ein Priester so ein weites Herz für diese Kinder hat? Es ist ihnen vollkommen fremd.

Mitarbeiter der Zollfahndung kamen, um mich zu fragen, wo denn der Transport für mich geblieben sei. Sie wüssten von einer großen Lieferung, die ich allerdings noch nicht beim Zoll deklariert hätte. Ihnen sei bekannt geworden, dass LKWs in Cincu angekommen wären. Wo die Ware geblieben sei, wollte man von mir wissen. Ich wusste von diesem Transport nichts. Weder war er mir angekündigt worden noch hatte ich selber irgend etwas zu einem Transport beigetragen. Das erklärte ich auch den Zollbeamten. Diese ließen sich aber nicht von ihrer Meinung abbringen und unterstellten mir, ich würde diese Fracht am Zoll vorbeiführen wollen. Ich konnte ja auch nichts belegen, weil es gar nichts zu belegen gab.

Schließlich wurde mir das Verhör zu bunt. »Wissen Sie«, vertraute ich dem leitenden Beamten an, als wolle ich mein Vergehen nun endlich zugeben, »ich will es Ihnen doch verraten. Sie sind mir sympathisch, deswegen werde ich Ihnen sagen, was wir mit dem Transport gemacht haben.«

Ich bat den Beamten näher zu mir heran. Na endlich, jetzt haben wir ihn, schienen seine Augen zu sagen, und der persönliche Triumph und die Genugtuung, den falschen Priester überführt zu haben, war deutlich in seinem Gesicht zu lesen. Gespannt wartete er auf mein Geständnis.

> Die Bürokratie ist ein gigantischer Mechanismus, der von Zwergen bedient wird.
> Balzac

»Wir haben«, fing ich an, »auf dem Marktplatz in Cincu ein Riesenloch gegraben und ihn dort hinein getan. Wenn Sie ihn suchen und dort graben, werden Sie ihn finden.«

Rasch verdunkelte sich die Miene des Zollbeamten und ich wurde ohne weitere Höflichkeitsfloskeln aus diesem Verhör entlassen.

▶ **Ich bin bei Behörden unbeliebt, weil man weiß, dass ich nicht zu kaufen bin.**

Neben den Zollbehörden hatten es vor allem die Finanzbeamten auf mich und die Stiftung abgesehen. Stiftungen haben kein eigenes Einkommen. Deshalb zahlen sie keine Steuern. Das ist nicht nur in Rumänien so. Aber es gefällt nicht jedem. Und ich gefalle auch nicht jedem. Ich bin bei den rumänischen Behörden wenig geliebt, weil man weiß, dass ich nicht zu kaufen bin und vor allem, dass ich niemanden kaufe.

Stiftungen werden in Rumänien ganz besonders intensiv kontrolliert. Unsere Gründung ist dabei nicht die einzige, die unter besonderer Beobachtung des Finanzministeriums steht. Auch andere Stiftungen bekommen hin und wieder Ärger mit der Aufsichtsbehörde. Dabei spielen wohl weniger tatsächliche Verdachtsmomente auf Unregelmäßigkeiten eine Rolle. Es ist vielmehr der Argwohn gegenüber jenen Institutionen, die sich uneigennützig der Nächstenliebe widmen. Das gilt umso mehr für jene Stiftungen, die Kontakte zum Ausland pflegen und dessen Vorsitzender ein Ausländer ist. Immer wieder wird vermutet, dass der Stiftungszweck die Geldwäsche ist. Wo das nicht nachweisbar ist, werden Betrugsvorwürfe konstruiert. Mit unserer Stiftung beschäftigten sich immerhin drei Kommissare, jeder mit einem Mitarbeiterstab ausgerüstet.

Feinde

Obwohl unsere Stiftung nicht profitorientiert arbeitet, sondern gemeinnützig ist, versuchen die Finanzbehörden immer wieder, fiktive Steuerforderungen durchzusetzen. Sogar wurde der Versuch unternommen, die Spenden zu versteuern. Die Stiftung Casa Don Bosco war die erste, die juristisch gegen die ungerechtfertigten Forderungen der Behörden vorging und durch alle Instanzen Recht bekam. Der Finanzminister musste ungerechtfertigt bezahlte Gelder zurückzahlen. Doch da konnten wir lange drauf warten. Unsere Vorreiterrolle sprach sich schnell herum, und andere Organisationen, die ähnliche Probleme mit den Finanzbehörden hatten, kamen, um sich Rat zu holen. Dann wurde sogar aufgrund unseres Gerichtssieges ein Gesetz zugunsten der humanitären Stiftungen geändert.

Dabei war es nicht nur Unwissenheit auf Seiten der Finanzbehörden, die sie gegen uns – und besonders gegen mich – vorgehen ließ. Die Beamten benahmen sich sehr herablassend und unhöflich, diktatorisch.

»Der Stift ist in unserer Hand, Herr Priester«, sagte ein Beamter zu mir mit einer klirrenden Betonung auf dem Wort Priester: »Nun tanzen Sie mal.«

»Sie können mir keine Angst machen!«, schrie ich ihn an, riss ihm den Kuli aus der Hand und warf ihn aus dem Haus. Er hatte Angst und stürzte geradezu die Treppe herunter.

Nachdem ich den Prozess gewonnen hatte, gaben die Finanzbehörden einige Jahre Ruhe. Aber leider nicht endgültig. Die letzte Untersuchung wurde erst im Jahr 2003 abgeschlossen. Meine Buchhalterin und Viorel mussten nach Alba Iulia (Karlsburg) zur Finanzpolizei, ausgerüstet mit allen Akten und dem Computer. Die Verhöre wurden peinlich und ich bei meinen Mitarbeitern durch die Polizei immer mehr belastet. Dabei durfte

Viorel nicht mit unserer Buchhalterin sprechen. Aber auch bei dieser Untersuchung konnte mir und der Stiftung kein fehlerhaftes Verhalten nachgewiesen werden, war doch die gesamte Buchführung erst kurz zuvor von einem Staatsexperten geprüft worden. Einzig die Tatsache, dass ich den Wagen der Stiftung auch für Privatfahrten einsetzte, wurde bemängelt. Aber ich besitze nun einmal kein eigenes Fahrzeug, und wenn ich für die Stiftung tätig bin – und das bin ich eigentlich immer –, nutze ich natürlich das Auto.

▶ **Meine eigene Bank hatte mich angezeigt.**

Interessanterweise war die Anzeige, die diese letzte Untersuchung ausgelöst, nicht aus Rumänien gekommen. Meine eigene Hausbank, die Postbank in Deutschland, hatte mich wegen des Verdachts auf Geldwäsche angezeigt! Die eigene Bank, die seit 15 Jahren an dem Konto und damit an den Spenden verdient! Die Hintermänner waren wieder einmal Mittelsleute der deutschen *römisch*-katholischen Bischofskonferenz. Interpol wurde eingeschaltet und die rumänischen Polizisten, Abteilung für »Organisierte Kriminalität«. Hätten sie doch zu gerne der deutschen Polizei Material gegen diesen Demidoff übergeben. Daraus wurde wieder einmal nichts, und die Staatsanwaltschaft Essen stellte das Verfahren wegen Untreue und Betrug im März 2003 lakonisch ein. Ein Entschädigung oder ein Wort der Entschuldigung für alles, was mir während der Untersuchung zugefügt wurde, gab es natürlich nicht.

Immer wieder gab es Schikanen gegen mich oder gegen die Stiftung. So wollte ich mit einigen Kindern und Mitarbeitern von Rumänien nach Deutschland reisen. Alle Papiere wurden vorher aktualisiert, fehlende Dokumente der Jugendschutzbehörde beschafft. Als wir an die Grenze kamen, wollte man uns nicht ausreisen lassen. Die Kinder wurden aus dem Auto geholt und in einen Raum geführt, wo sie sich entkleiden mussten. Die Beamten wollten wissen, ob an den Körpern der Kinder Spuren von Misshandlungen zu finden wären und forderten die Kinder auf, ihren Priester zu belasten, sie würden von ihm geschlagen. Auch suchte man nach Narben, wo ihnen bei früheren Besuchen in Deutschland möglicherweise Organe entnommen worden wären. Die Kinder zeigten Charakter und ließen sich nicht beeindrucken, Falschaussagen zu machen. Das reizte die Grenzer noch mehr und sie wollten die Kinder nicht ausreisen lassen. Aus der Reise nach Deutschland wurde somit nichts. Bei einer anderen Ausreise mit Kindern, wieder waren alle Dokumente komplett, wurde uns erklärt, die Dokumente seien ungültig. Doch könne man verhandeln. Viorel kam mit der Nachricht zurück, die Ausreise koste 400 Euro. Nun begriff ich auch, wie die rumänischen Kinder-Klau-Banden, die in Hamburg, München und ganz Europa ihr Unwesen treiben, das Land verlassen konnten.

Eines nachts wurden Viorel und die Kinder aus dem Schlaf gerissen. Ich befand mich auf einer Auslands-Bettelreise. In einem der Kinderhäuser war Feuer ausgebrochen! Als die Mitarbeiter kamen, um zu helfen, stand bereits das ganze Haus in hohen Flammen. Es war jenes Haus, das Jakob Dietiker, unserem größten Mäzen und Sponsor, gewidmet ist. Auch die anderen Häuser waren in Gefahr. Die Angst war groß, dass den Kindern etwas zugestoßen war. Denn schließlich waren es die Schlafzimmer der Kinder, die lichterloh brannten. Aber glücklicherweise konnten alle Kinder rechtzeitig evakuiert werden. Sie wurden in der Kapelle untergebracht. Sie hatten bereits geschlafen und waren nun natürlich sehr aufgeregt und verstört. Die Erzieher holten Matratzen, auf denen die Kinder die Nacht verbrachten.

Die Feuerwehr erschien erst, als bereits alles abgebrannt war. In unserem Dorf gibt es keine Feuerwehr. Auch die Polizei war da, konnte aber nichts Ungewöhnliches feststellen. Es war uns zunächst nicht klar, was die Ursache des Brandes gewesen sein konnte. Dann erzählten drei größere Jungen, dass sie kurz vor dem Brand Männer hatten weglaufen sehen. Aber dieser Hinweis brachte uns nicht weiter. Bis heute ist der Brand nicht aufgeklärt. Aber die Hauptsache war ja auch, dass kein Kind zu Schaden gekommen war. Es war eines der Wunder von Cincu.

Nicht das Wehklagen über den Verlust des Hauses und einige Habseligkeiten der Kinder bestimmte die Diskussion am nächsten Tag. Vielmehr haben alle Mitarbeiter und Kinder überlegt, wie sie helfen könnten, um den Schaden zu beseitigen. Vor allem sollte ich bei meiner Rückkehr nicht sehen, wie schlimm es wirklich war. Man hat sich gegenseitig getröstet und dann kräftig mit angepackt. Das erste Mal verspürte ich Zeichen von Solidarität. Ich schluckte. Die Kinder rückten zusammen, damit jene, deren Zimmer zerstört waren, ein Bett im Haus hatten. Jakob Dietiker gab eine kräftige Spritze und das nach ihm benannte Haus entstand neu, und was vorher aus Holz gewesen war, wurde nun aus Stein gebaut.

Seit dieser Zeit wird Viorel, mein designierter Nachfolger – er stand einst selbst heruntergekommen und verhungert vor unserem Tor –, von Albträumen geplagt. Manchmal schreckt er in der Nacht hoch und schreit schweißgebadet »Feuer«. Die Kinder haben den Brand seelisch gut verkraftet. Bei ihnen sind keine Ängste zurückgeblieben.

Ich werde wohl in Rumänien sterben und ich glaube nicht, dass es auf natürliche Weise sein wird. Als vor einigen Jahren ein Abt in Nordafrika umgebracht wurde, befand sich auch die Verfolgung gegen mich auf ihrem Höhepunkt. Der damalige Generalkonsul

Feinde

Breth, ein feiner Mensch, der ein Freund von mir wurde und mir durch manche schwierige Situation half, begleitete mich in seinem Wagen bei heiklen Auseinandersetzungen mit Behörden. Mit Chauffeur und Standarte fuhr ich mit ihm bei den Behörden vor und ich fühlte mich sicher und gut.

Ich wurde von fast allen Seiten bekämpft, vom Bürgermeister, vom Schuldirektor, vom Popen[1], vom Kreis und sogar vom Parlament. Das ist vorbei. Man staune: Eines morgens wurde ich in meiner Ahnungslosigkeit zur Primaria (Bürgermeisteramt) gerufen. Ich bereitete mich auf eine neue Auseinandersetzung vor. Unvermittelt erklärte mir der Bürgermeister, ab sofort wäre ich Ehrenbürger dieses Dorfes. Es gab eine Urkunde, Leberwurstbrote und den berüchtigten Rachiu. So bin ich jetzt also Rumäne, Sachse und Zigeuner. Und doch bin ich nach wie vor der Gleiche, ich habe mich nicht verändert. Das sage ich ihnen immer, wenn ich auf die alten Feindschaften angesprochen werde. Nur eines mache ich anders als früher: Ich kann heute manchmal schweigen, wo ich früher aufgebraust bin. Vielleicht bin ich ein wenig ruhiger geworden, aber sicher nicht diplomatischer. Wenn ich aufbrausen will, denke ich an das Leid dieser Menschen. Doch meine Prinzipien sind geblieben.

Erst vor wenigen Jahren habe ich zusammen mit dem Bürgermeister, seinem Sekretär, dem Kommandanten, dem Schuldirektor und anderen Menschen, mit denen ich fast täglich zu tun habe und mit denen ich mich nicht selten auseinander setzen muss, eine

---

[1] Wie in anderen totalitären Staaten gab es auch in Rumänien so genannte »Dossar-Priester«, also Menschen, die zu Priestern gemacht wurden. Der Pfarrer in Cincu beispielsweise war früher Eisenbieger. Eine Kirchenmaus verfügt vermutlich über mehr Intellekt. Seine Regimetreue wurde mit diesem Amt belohnt, das er nach Strich und Faden ausnutzte. Die Beichtgeheimnisse gab er sofort an die Securitate weiter.

Reise durch fünf europäische Länder gemacht. Ich wollte damit die Arbeit der Stiftung auf eine breitere Grundlage stellen. Eine ganze Reihe von offiziellen Empfängen fand auf dieser Reise statt. Nie zuvor war jemand meiner Begleiter im Westen gewesen.

»Pater, langsam begreife ich«, sagte mir der Bürgermeister unterwegs, »was Sie für Opfer gebracht haben, um bei uns zu arbeiten. Ich hatte ja keine Ahnung, wie gut es den Menschen bei Ihnen geht«

Es fielen mir die Schuppen von den Augen. Hätte ich diese Reise zehn Jahre früher gemacht, hätte ich mir manchen Kampf ersparen können. Sie konnten ja gar nicht wissen, von welchem Leben ich sprach.

Die Deutsche Katholische Bischofskonferenz protestierte mit Verleumdungen bei n-tv gegen meinen Fernsehauftritt in der Talk-Sendung »Bei Schweizer« 1996.

Feinde

In der niederländischen TV-Sendung »Berg je voor Berg« (Versteck dich vor Berg; Name des Moderators) lasse ich mich von einem Lügendetektor testen, der bei amerikanischen Gerichten angewendet wird. Die Auswertung erfolgte während der Sendung durch Gerichtspsychologen. Moderator Berg: »Sie haben die Wahrheit gesagt, Sie sind geweihter katholischer Priester. Wenn es mir gestattet ist«, sagte er, »möchte ich hinzufügen, dass Sie ein sehr ungewöhnlicher Priester sind.«

Feinde

Bei einer Gegendarstellung live im rumänischen Fernsehen. Die erste Gegendarstellung im rumänischen Fernsehen überhaupt.

TVR, das rumänische Fernsehen, interviewt mich im Casa Don Bosco.

Das ZDF berichtet über meine Arbeit in Rumänien.

In der Sendung »Buna Dimineata« berichtet das Fernsehen eine Woche lang jeden Morgen 10 Minuten aus dem Casa Don Bosco.

> Fortschritt ist nur möglich, wenn man intelligent gegen die Regeln verstößt.
> *Boleslaw Barlog*

Das 7. Jahr

Aufzeichnungen eines Straßenpriesters
1998

Sieben Jahre Konfrontation in Rumänien, sieben Jahre Bangen um die Existenz eines unabhängigen Heimes für Straßenkinder

Wenn es wahr ist, dass nach den biblischen sieben mageren Jahren sieben fette Jahre folgen, dann sehen die Kinder von Cincu und deren geistlicher Vater endlich besseren Zeiten entgegen, denn die ersten sieben Jahre, mager genug, gehen dem Ende entgegen. Doch die Realitäten im 7. Jahr des Bestehens der Stiftung und des Zuhauses für Straßenkinder in Cincu sind immer noch die der vergangenen Jahre. Oder geht es nur noch einmal um ein letztes kraftvolles Aufbäumen gegen unsere »Ideologie« des Verstandes und der Religion? Ein billiger Trost: Nicht nur unserer Stiftung ist es so ergangen. Viele andere private Hilfsorganisationen wurden vergrault, haben aufgegeben oder sind im Begriff, aufzugeben.

Der Präsident des Kreistages

Aufbäumen und Widerstände gegen unsere Stiftung, die sich vor allem in einer Person manifestieren: Adrian Taropa, Präsident des Kreistages, durch die Macht der Bauernpartei in diese Funktion gedrückt. Die Bauernpartei, das neue Sammelbecken der kommunistischen Funktionäre. Taropa war Ingenieur in einer Kiesgrube und ist kaum geeignet für diese Funktion. Aber das war in kommunistischen Zeiten noch nie relevant. Taropa ist von Hass erfüllt, wenn er nur den Namen Cincu oder Pater Don vernimmt. Seine Anstrengungen, die Stiftung zu zerstören, sind krankhaft, massiv, illegal und ohne Ende. Er will seine Macht zeigen, verbreitet eine ungeheure Verleumdungskampagne in den lokalen, nationalen und internationalen Medien. Er bedient sich gegen Demidoff einer gefälschten Geheimdienstakte des nationalen Sicherheitsdienstes »SRI«, die Nachfolgeorganisation der gefürchteten »Securitate«. In seinem nicht zu bremsenden Hass verbündet er sich sogar mit seinem politischen Gegner, dem Präfekten von Braşov, Ioan Opris. Inzwischen bekämpfen sich beide vor den Gerichten.

Der Präfekt

Der Präfekt besucht das Casa Don Bosco, natürlich ohne Anmeldung, äußert sich vor Kindern und Angestellten vor Ort lobend und sogar »beeindruckt« von diesem Haus, fährt in sein Amt und dreht den Spieß um. Eine der typischen Methoden der kommunistischen Nomenklatur. Angst verbreiten, Unsicherheit schaffen. In der orthodoxen Karwoche, der Heiligen Woche 1997, schickt er alle erdenklichen Kontrollorgane, von der Steuerfahndung, über Zollfahndung und Sicherheitsdienst in unser Haus. Sie rücken alle an einem Tag gleichzeitig an. In den vergangenen sieben Jahren waren wir es eigentlich gewohnt, fast wöchentlich oder täglich kontrolliert zu werden. Doch die Demonstration der kommunistischen Macht im neunten Jahr nach der »Revolution« war neu. 14 Kontrolleure der verschiedensten

Behörden und Staatsorgane stellten unser Haus eine Woche lang auf den Kopf, die Finanzbehörden sogar einen ganzen Monat, eine Stiftung, die in den vergangenen sieben Jahren gründlichst von eben diesen Behörden kontrolliert wurde. In Wirklichkeit ist es der Hass gegen das Christentum. Sicher war es kein Zufall, dass das in der Heiligen Woche geschah und in dieser Woche selbst das Allerheiligste Sakrament des Altars aus dem Tabernakel verschwand.

Die Aktion war absolut unrechtmäßig, ohne gerichtliche Verfügungen, denn schon zu diesem Zeitpunkt lagen die Gerichtsurteile des Obersten Gerichtshofes von Bukarest vor, nach denen der Stiftung letztinstanzlich bescheinigt wurde, dass die erhobenen Steuerforderungen auf Spenden und Hilfsgüter unrechtmäßig seien[1]. Der Staat wollte auf Spenden und Erlöse aus dem Verkauf von Second-Hand-Kleidung Steuern in Höhe von etwa 250.000 DM einkassieren.

Private Kinderheime schließen?

Der Machtkampf zwischen den Regierungsstellen und den mittleren Führungsebenen auf Kreisebene, vor allem zwischen den Parteien, ist unvorstellbar, lähmt die Entwicklung des Landes und geht auf Kosten der gewöhnlichen Menschen. Die Regierung wechselt zu oft. Es ist gerade so, als ob jeder der Macht- und Geldhungrigen auch einmal, wenn auch nur für kurze Zeit, an die »Töpfe« will. In den ersten fünf Jahren der Tätigkeit wurde im Parlament diskutiert, ob Demidoff aus dem Land entfernt werden soll, »weil er das Volk beleidigt habe«. Im siebten Jahr schickt der Senatspräsident der Stiftung erstmalig ein Dankesschreiben der Anerkennung. Gleichzeitig will man auf Kreisebene das Haus der

---

[1] Urteile Curtea Suprema 952/13.10.1997 und 872/19.12.1995

Kinder zerstören. Das hat vor allem den Grund, dass die viel zu vielen Staatskinderheime (die nach dem neuen Gesetz in wenigen Minuten wieder genehmigt wurden), gegen die privaten Heime sehr blass aussehen und die Pädagogik der Stiftung die Verantwortlichen für Lüge, Diebstahl und Korruption im Lande bloßstellt.

Damit das Heim zerstört werden kann, bedient man sich des örtlichen Bürgermeisters und seiner Ratsherren, die fast alle Entscheidungen im »Fall Don Bosco« weisungsgebunden und unter erheblichem Alkoholeinfluss treffen.

Im 7. Jahr wird der Stiftung und damit den rumänischen Kindern immer noch der Anschluss an das örtliche Gasnetz verweigert. Die Kinder des Casa Don Bosco, so verkündet der Bürgermeister (Bica, vorher ein ungelernter Fernseh-»reparateur«) im nationalen Fernsehen, »verpesten die Luft«.

Codruta, ein Kind aus Cincu

Leblos hing sie an ihrem Vater, der seit einer Woche apathisch im Dorf auf- und ablief. Die Mutter hatte sich erhängt. Er gab mir sein Kind – und sein letztes Stück trockenes Brot, sein einziges Hab und Gut. Ohne ein weiteres Wort ging er fort.

Codruta brauchte vier Monate, bis sie zum ersten Mal wieder lächelte.

Die Stiftung belegt inzwischen mehrere Häuser, zwei davon sind gemietet von der Gemeinde, zwei Häuser befinden sich außerhalb von Cincu in anderen Dörfern. Nachdem die zwei gemieteten Häuser mit hohem Aufwand von der Stiftung restauriert und renoviert wurden, kommt der Beschluss des Rates von Cincu, die Häuser in kurzer Frist zu räumen und zu übergeben. Die Gemeinde bricht die Mietverträge und will die Stiftung ganz im Stil der kommunistischen »Nationalisierung« einfach an die Luft setzen. Die Stiftung schaltet abermals den Curtea Suprema ein, der den Ratsbeschluss aufhebt und den Prozess vom zuständigen Gericht Braşov nach Buzău verlegt, damit die Objektivität gewahrt bleibt. Eine Expertise des nationalen Gutachterausschusses stellt fest, dass der Wert der Investitionen tatsächlich der angegebenen Summe entspricht und die Stiftung bei Zugrundelegung des aktuellen Mietzinses mindestens weitere 68 Jahre mietfrei die Häuser benutzen kann. Diese Expertisen aber kosten, wie bereits im Fall der Steuerklagen, sehr viel Geld. Geld, das für Zwecke der Entwicklung der Kinder und der Menschen besser eingesetzt wäre.

Prozesse

Die Stiftung ist seit 1992 gezwungen, ständig Prozesse zu führen, damit die Straßenkinder ihr Haus behalten können. Elf Prozesse sind inzwischen zugunsten der Stiftung entschieden, fünf verbliebene werden hoffentlich im »7. Jahr« abgeschlossen. In weiteren Prozessen war der Leiter der Stiftung persönlich verklagt. Drei Jahre lang wurde Demidoff von der Staatsanwaltschaft von Făgăraş (die alten Seilschaften bleiben unter einer Decke) mit einem konstruierten Strafverfahren überzogen. Nachdem man ihn durch den manipulierten Autounfall nicht liquidieren konnte, wurden zwei Strafverfahren gegen ihn konstruiert. Auch der Dorfschuldirektor und die Posthalterin reichten Klagen wegen »Verleumdung« ein. Auch das ist eine Realität im neunten Jahr der Post-»Revolution«. Die Lüge soll selbst mittels falscher Strafverfahren zementiert werden.

Der Leiter der Stiftung wurde in allen Fällen freigesprochen. Wenn Korruption und Unrecht im Land bis auf höchste Regierungsebenen ständig ansteigen (jeden Tag berichten die Medien von einem neuen Skandal mit unglaublichen Ausmaßen), so bemüht sich doch die Gerichtsbarkeit um Unabhängigkeit und Objektivität. Ein neues, positives, wichtiges Zeichen.

Am 25. 5. 1998 setzte das Gericht ein ebensolches Zeichen. Ein Journalist der Tageszeitung »Buna Ziua Braşov« (Guten Tag Braşov) wird nach mehrjähriger Prozessdauer zu einem Schmerzensgeld von 10 Millionen Lei (etwa 1.100 Euro), zahlbar an Don Demidoff, verurteilt. Er hatte nach eigener Aussage einfach von einer anderen Zeitung abgeschrieben. Die Höhe des Schmerzensgeldes ist für rumänische Verhältnisse ungemein hoch und entspricht dem Jahresgehalt eines Journalisten.

Taropa und immer wieder Taropa

Nicht nur in den Tageszeitungen wird immer wieder über die verschiedensten Attacken des Herrn Taropa berichtet. Er reist ins Ausland (in Deutschland hat er angeblich viele Freunde), berichtet dort von dem unerwünschten Don Demidoff, kehrt dann zurück und berichtet der inländischen Presse, er habe im Ausland bestätigt bekommen, dass Demidoff ein »internationaler Betrüger« sei. Er ignoriert sämtliche Gerichtsurteile, auch die klaren Ergebnisse der Untersuchungen Interpols in vier Ländern, die durch Verleumdungen initiiert wurden. Das gehört nun einmal zu einem ehemaligen Parteisekretär, die immer auch Mitglied der Securitate waren. Die Stiftung hat Taropa wegen seiner unsäglichen Verleumdungen verklagt. Der Curtea Suprema hat auch diesen Prozess zugunsten der Objektivität von Braşov nach Cimpina verwiesen. Taropa erscheint nicht zum Prozesstermin. Er ist in Brüssel. Die Richterin erlässt seine polizeiliche Vorführung. Seit April 1998 haben sich die Auseinandersetzungen der politischen Kräfte auf Kreisebene so zugespitzt, dass Taropa um sein politisches Überleben kämpft.

Das 7. Jahr

Die Dorfbewohner

Demidoff kam 1991 nach Cincu. Er war einer der ersten Fremden in diesem Dorf, das unter dem Diktator besonders scharf abgeriegelt war, weil es an das größte rumänische Militärübungsgelände grenzt. Damals glaubten die Bewohner von Cincu den Autoritäten alle Greuelmärchen, die über den unliebsamen Ausländer verbreitet wurden: »Spion, Terrorist mit Pistole unter der Soutane, Händler in Kinderorganen und Adoptionsgeschäften«. 1998 behauptet der Bürgermeister von Cincu immer noch, die Bürger von Cincu seien »fest entschlossen, Demidoff aus dem Dorf zu evakuieren«. Doch die Wahrheit ist wieder einmal eine andere. Die Dorfbewohner haben die Machenschaften der Autoritäten erkannt. In einer Enquete, die die Stiftung im Dorf initiiert, sagen 95 von 100 Befragten:
- Sie wehren sich dagegen, dass das Dorf mit weiteren Bars überzogen wird.
- Sie sind nicht einverstanden, dass der Rat die gemieteten Häuser zurückfordert
- Sie sehen keinen Grund, dass Don Demidoff das Dorf verlassen soll und dass er ein »gefährlicher Fremder« sei.

»Blick« muss zahlen und widerrufen

Die Schweizer Boulevard-Zeitung »Blick« wehrt sich mit allen erdenklichen Mitteln gegen die Verleumdungsklage von Demidoff (»Falscher Pater erschwindelt Ihr Spendengeld«; »Das Heim in Cincu existiert nicht«). Sie wehrt sich drei Jahre durch alle Instanzen und beruft sich auf den *römisch*-katholischen Erzbischof von Bukarest, Ioan Robu, der die Zeitung mit diesen Informationen versorgt hatte. »Ein Bischof lüge nicht«, war die Verteidigungsstrategie. Wohl waren die Richter auch irritiert und stellten fest, »dass der Journalist bei seinen Recherchen davon ausgehen konnte, Demidoff sei kein richtiger Pater«, ... ein Erzbischof lügt doch nicht!? Doch »Blick« hätten besser recherchieren müssen und musste widerrufen, und zwar in gleicher Größe und Aufmachung des Verleumdungsartikels, sowie ein Bußgeld von 3.000 Franken und 5.000 Franken Genugtuung an Demidoff zahlen. Dank an den hervorragenden Anwalt in Zürich, Dr. Ruedi Lang.

Aufgeben?

Die Hasstiraden der politisch Verantwortlichen und die ständigen Schikanen haben die Gesundheit von Demidoff arg mitgenommen. Schließlich wurde ihm auch die Verlängerung des Aufenthaltsvisums verweigert und der Pass entzogen. Begründung: »Verwicklung in Strafverfahren und unerwünschte Person«. Demidoff ist nun illegal im Land und sieht sich gesundheitlich nicht mehr in der Lage, weiter verantwortlich für die Kinder zu arbeiten und zu kämpfen. Am 12. Dezember 1996 bringt er die 110 Kinder zur Präfektur und will sie dort dem Kreisratspräsidenten Taropa übergeben. Die Medien stürzen sich auf den heranfahrenden Bus. Taropa (abermals) sagt zynisch zu Demidoff, er solle die Kinder nur dalassen, man würde sie abends dorthin jagen, wo sie herkämen: auf die Straße. In den Armen hielten die Betreuer auch die Kleinkinder.

Taropa nannte das Auftreten der Stiftung eine »Mineriade« (nach dem gewalttätigen Auftreten der Minenarbeiter aus den Kohlegruben; Iliescu hatte sie nach Bukarest gerufen, damit sie dort Menschen und Sachen kurz und klein schlugen). Doch die Kinder des Casa Don Bosco zogen mit großer Disziplin in die Präfektur ein, einige Tränen in den Augen, die größeren still betend (Zeuge: der damalige Generalkonsul Ralf Breth aus Sibiu).

Das 7. Jahr

Demidoff ging noch an zwei Krücken als Folge des manipulierten Autounfalls vom 6. Juni 1995.

Sich vor dem Zynismus des Taropa ekelnd, nahm er seine Krücken und führte die Kinder total erschöpft nach Cincu zurück.

> **Ich denke nicht daran, zu kapitulieren, ich zwinge meine Feinde, mich zu besiegen.**
> Stanislaw Jerzy Lec

Durch Einschaltung des deutschen Generalkonsulates wurde ihm später im Kreis Sibiu ein weiteres Visum erteilt. Jedes Visum jedoch wird immer nur für ein halbes Jahr erteilt – auch nach sieben Jahren Aufenthalt im Lande –, weil Rumänien immer noch kein Ausländergesetz hat. Die Konfrontation mit Taropa entschärft sich auch nicht, als der deutsche Bundestagsabgeordnete Dr. Helmut Lippelt (Die Grünen) eigens anreist, um zu vermitteln.

Häuser abreißen

Die Stiftung soll die Häuser, die später auf dem stiftungseigenen Grundstück gebaut wurden, abreißen. Taropa (abermals) schickt der Stiftung durch das Gericht einen Strafbefehl in Höhe von 20 Millionen Lei (2.000 Euro) mit der weiteren Maßgabe, die »unerlaubten Bauten« auf dem Grundstück abzureißen. Die Stiftung hatte selbstverständlich alle Bauanträge gestellt, diese aber landeten im Papierkorb des Bürgermeisters. Rumänien weiß seiner verlassenen Kinder nicht Herr zu werden und verlangt den Abriss eines erprobten Heimes. Ein weiterer Zynismus.

Europäische Kommission

Während nun den Kindern von Cincu ihr glückliches Zuhause wieder genommen werden soll und ihre Häuser abgerissen werden sollen, beantragt Taropa (abermals) bei der europäischen Kommissionen erhebliche finanzielle Mittel für Projekte für

Straßenkinder. Die Mittel werden bewilligt. Demidoff und das Sekretariat Deutschland der Stiftung berichten dem Hohen Kommissar Hans van den Broek über diese haltlosen Zustände. Gleichzeitig unternimmt Demidoff eine Reise zum flandrischen Ministerpräsidenten in Brüssel, dessen Freundschaft sich Taropa wähnt. Kommissar Hans von den Broek teilt der Stiftung durch sein Kabinettsmitglied Rutger Wissels mit, dass er die ständige Delegation der EG in Bukarest angewiesen habe, die Vorgänge »sorgfältigst« zu untersuchen.

Der inzwischen zurückgetretene erste Berater des Präsidenten Emil Constantinescu, Prof. Dr. Nicolai Constantinescu, besuchte die Stiftung und erklärte Demidoff unter Zeugen, dass in der Zeit des Präsidenten Iliescu die Mittel der internationalen Fonds für die Straßenkinder weder bei den betroffenen Kindern noch in deren Heimen angekommen seien. Ob sich das jetzt ändert, wagt die Stiftung aufgrund der siebenjährigen Erfahrung zu bezweifeln.

»Ich komme von Zuhause.«

Auch neun Jahre nach der »Revolution« ändern sich nicht die balkanischen beziehungsweise orientalischen Gebräuche im Lande. Wer bei den Behörden schneller etwas erreichen will, bedient sich des Codewortes »ich komme von Zuhause«. Das bedeutet kleine oder große Geschenke – im ganzen Land die Voraussetzung für eine »gute Zusammenarbeit«. Wer nicht schmiert in diesem Land, hat kaum eine Chance, an sein Ziel zu kommen. Weil Demidoff das aber immer abgelehnt hat, schon im Interesse einer veränderten Erziehung an den Kindern, wurde der Spieß einfach umgedreht und er der Korruption verdächtigt. Abermals Taropa: »Demidoff hat seinen Schutzherrn auf höchster Ebene gekauft«. Taropa wird das in einer Verleumdungsklage zu beweisen haben.

Das 7. Jahr

Wer nicht »von Zuhause kommt«

Ein klassisches Beispiel der Schikane, wenn man nicht »schmiert«, ist der LKW der Stiftung. Weil immer weniger Hilfstransporte aus Westeuropa nach Rumänien kommen und dies hauptsächlich an den Transportrealitäten scheitert, hat die Stiftung einen eigenen LKW in Deutschland gekauft. Seit Dezember 1997 versucht die Stiftung, diesen LKW ordnungsgemäß und ohne »Zuhause« anzumelden. Im Mai 1998 aber ist der LKW immer noch nicht eingeschrieben. Es werden ständig neue Hürden aufgebaut: Mal ist der Zentralcomputer in Bukarest wochenlang ausgefallen, mal beschäftigt die Stiftung keinen eigenen Ingenieur, der für das Fahrzeug verantwortlich zeichnet usw. Inzwischen verfallen im westlichen Ausland Tonnen von Hilfsgütern – auch Lebensmittel – schon allein deshalb, weil Lagerplatz teuer und schwer zu finden ist. Gleichzeitig wird die Versorgung der Kinder von Cincu immer schwieriger in einem Land, das gegen Inflation, Arbeitslosigkeit und ökonomische Schwierigkeiten kämpft. Die monatlichen Kosten beispielsweise für Strom, Telefon, Benzin steigen ständig und ohne Ankündigung einer Preiserhöhung ins Uferlose. Die Stiftung bezahlt für ihre Häuser inzwischen allein an Stromkosten monatlich 2.000 Euro. Ein Rätsel, wie das weitergehen soll.

Gesetz zum Schutz der Kinder

Im Herbst 1997 erlässt die Regierung des Ministerpräsidenten Ciorbea (inzwischen gestürzt) ein neues Gesetz zum Schutz der Kinder. Man will vor den Augen des Auslandes sein schlechtes Images vor allem wegen der über 100.000 verlassenen Kinder (festgestellt durch eine seriöse französische Enquete) loswerden. Die Verantwortlichkeit für diese Kinder wird von Regierungsebene auf die Kreisebenen verlagert.

Das 7. Jahr

Nach siebenjährigem Bestehen verfallen deshalb die ministeriellen Genehmigungen für das Casa Don Bosco, und die Stiftung ist gezwungen, ein Genehmigungsverfahren bei der Behörde zu eröffnen, dessen Präsident Adrian Taropa ist. Die Stiftung wird aufgefordert, einen Antrag einzureichen, der mit den nötigen Unterlagen und Anlagen schließlich ein Volumen von 300 Seiten umfasst, und das in zehnfacher Ausfertigung, so dass der Präfektur ein Antrag mit 3.000 Blatt Papier übergeben werden muss. Für die Erstellung bleiben der Stiftung genau 14 Tage Zeit! Man rechnet damit, dass die Stiftung das nicht fertig bringt, um dann behaupten zu können, der Antrag sei nicht fristgerecht eingereicht worden. Nach zwei stundenlangen Sitzungen der Jugendschutzkommission geht es immer wieder nur um die Person des Stifters, nicht aber um die betroffenen Kinder. Die staatlichen Heime des Kreises wurden natürlich in Windeseile wieder genehmigt.

Der Hintergrund des neuen Gesetzes ist die irreale Idee, rumänische Familien zu finden, die Straßenkinder oder Copii abandonati (verlassene Kinder) adoptieren oder in Pflege nehmen. Eine aberwitzige, irreale Vorstellung in einem Land, deren Eltern ihre eigenen Kinder vielfach nicht unterhalten oder gar in die Schule schicken können. Die Ausführungsbestimmungen des Kreises Brașov sind überdimensional bürokratisch und im Endeffekt gegen die Straßenkinder gerichtet. Auch der rumänische Gewerkschaftsbund für das Erziehungswesen hat dieses Gesetz kritisiert.

Für die Kinder von Cincu bleibt das siebenjährige Drama, ob sie weiter in ihrem Zuhause bleiben können und ob die Spenden für die Stiftung verloren sind. Nachdem bereits dem Vorsitzenden das Visum verweigert wurde, trifft dies nun auch aktuell unseren pädagogischen Mitarbeiter, Wolfgang M. aus Halle. Ein Omen dafür, dass die Stiftung nicht genehmigt wird? Während für die Erstellung des 3.000 Seiten-Antrages ganze 14 Tage Zeit blieben, bleibt die Kommission ihre Antwort (wie üblich) schuldig.

Sozialassistentin

Das neue Gesetz »zum Schutz der Kinder« (Demidoff: »zum Unschutz«), macht den Institutionen, die Kinder »internieren«, die Auflage, eine eigene Sozialassistentin einzustellen, obwohl dies die wirkliche Aufgabe der Jugendschutzkommission der Kreisbehörde wäre. Demidoff hat sieben Jahre ohne »Enquete« die Kinder aus ihren elenden Situationen geborgen oder ins Haus aufgenommen, wenn keine Enquete mehr zu machen war, weil es kein Zuhause mehr gab. Die Stiftung hat diesem Gesetz entsprochen und mit Wirkung vom 1. Mai 1998 eine Sozialassistentin eingestellt. Natürlich bezahlt der Kreis diese Assistentin nicht. Eine neue finanzielle Bürde für die Stiftung.

Schule für Straßenkinder

Die siebenjährige Erfahrung mit den Kindern von Cincu hat deutlich gemacht, dass der Besuch einer Regelschule für sie schwer ist. Straßenkinder sind überhaupt nur schwer zu motivieren, eine Schule zu besuchen. Ihre Fähigkeiten und Fantasien liegen überwiegend in manuellen Bereichen. Alle Widerstände und Versuche, die Stiftung zu eliminieren, haben den Gründer und Leiter nicht daran gehindert, im festen Glauben in die Allmacht Gottes die Stiftung weiter auszubauen und eine eigene Schule mit acht Klassen für die Kinder zu eröffnen.

Im ehemaligen großen Schulgebäude der fast ausgeloschenen sächsischen Gemeinde blüht nun wieder Schulleben. Für jede Klasse ein eigener Raum, ein Lehrerzimmer, sanitäre Anlagen und die Zahnarztpraxis sind hier untergebracht. Für den Ausbau und die Renovierung der oberen Etage fehlen die Mittel. Demidoff hat den Raum der ersten Klasse mit vielen Wolken an Decke und Wänden ausmalen lassen – in Erinnerung an seine eigene Schulzeit und die ständige Ermahnung seiner Lehrer, »nicht immer mit den Gedanken in den Wolken zu verweilen«. Neben der Schule befindet sich das Tiergehege (2 Pferde, 4 Esel, 6 Schafe), für das die Kinder abwechselnd Verantwortung tragen, und ein Spielplatz mit einem feuerroten Spielmobil. Für die Kinder wurde ein spezielles didaktisches Konzept entwickelt. Beispielsweise dauert eine Unterrichtsstunde wegen oft mangelnder Konzentrationsfähigkeit nur 20 Minuten, so dass während der gesamten Unterrichtszeit Raum ist für Ablenkung und physisches Tun.

Der Nachfolger

Viorel, seit 1991 in der Stiftung, Rumäne und designierter Nachfolger des Paters, macht seiner Berufung alle Ehre. Seine erste eigene Realisierung ist der Anfang einer landwirtschaftlichen Abteilung. Er hat einen Schweinestall gebaut mit nebenliegender Metzgerei. Während die ersten 25 Schweine schon die Reste der Mahlzeiten vertilgen, wird bereits der Hühnerstall für etwa 100 Hühner unter der Leitung von Viorel realisiert. In der Ortschaft Veseud besitzt die Stiftung ein Haus mit viel Land, so dass dort Milch von Kühen erwirtschaftet werden soll.

In der Zeit der Inflation und ständiger ökonomischer Krisen, in einer Zeit, in der immer mehr das Interesse, Rumänien zu helfen, verflacht, wird der Ausbau eines landwirtschaftlichen Betriebes für die vielen Kinder zu einer Überlebensfrage.

Predigt

In der Fastenzeit 1998 unternahm Demidoff wieder eine ausgedehnte Predigtreise durch West-, Ost- und Süddeutschland. 22 Predigten und Vorträge in fünf Wochen. Die Wahrheit über die steigende Zahl der Straßenkinder und vor allem deren Ursachen, nämlich der Werteverfall der Gesellschaft, schmerzt oft. Gleichzeitig ist eine solche Reise eine gute Gelegenheit, um für Spenden für die verlassenen Kinder zu bitten. Natürlich wird Demidoff nicht mehr in katholische Kirchen eingeladen. Als »Independent-Priester« ist er dort »persona non grata«. Dafür öffnen sich immer mehr evangelische Kirchen seiner Wahrheit. Die Deutsche Bischofskonferenz der *römisch*-katholischen Kirche, die Demidoff seit mehr als zehn Jahren verfolgt, sorgte für reichlich Werbung an jedem Ort, an dem Demidoff sprach oder predigte. In vorauseilenden Faxen, jeweils an den katholischen Ortspfarrer, wurde mit alten Verleumdungen gewarnt.

Die evangelischen Pfarrer ließen sich nicht davon beeindrucken. Die Presse in Ostdeutschland berichtete mit großen Berichten über diesen Einsatz. Anders in Neuravensburg. Im katholischen Schwabenland wurde die Veranstalterin Tage vor dem Vortrag unter Druck gesetzt, anonym bedroht. »So, der falsche Pater ist da«, schrieb die »Schwäbische Zeitung« auf einer halben Seite, wissentlich jene Verleumdungen wiederholend, für die »Blick« in der Schweiz bereits verurteilt war. Der Versuch, den Verleumdungen mittels Gegendarstellung durch eine Einstweilige Verfügung entgegenzuwirken, scheitert an der Kameraderie im katholischen Ländle. Die Frist für die Einstweilige Verfügung ließ man einfach bei Gericht verstreichen und erklärte dann in einer mündlichen Verhandlung, dass die Gegendarstellung nicht formgerecht sei. Die Stiftung hatte in dieser Angelegenheit bewusst eine »Profi-Kanzlei« in München engagiert.

Deutsche Welle

Im Dezember 1998 war Demidoff Gast der Deutschen Welle in Berlin. Am gleichen Tag berichteten die Medien über die rumänische »Kinderklau-Bande«. In dem Interview über die Arbeit in Rumänien fragte der Redakteur, warum sich Demidoff für Rumänien entschieden habe. Er antwortete: »Ich habe mich nicht für Rumänien entschieden, sondern für diese Kinder.« Das Interview[1] wurde in 40 Sprachen übersetzt und in über 40 Ländern ausgestrahlt.

Blumen

Am 2. Juni 1998 überkommt Demidoff der Anflug eines Wohlgefühls auf dem Markt von Medias. Fremde Menschen, hauptsächlich Frauen und Kinder, haben den Pater aus dem Fernsehen erkannt und bringen ihm einzelne Blumen, die teuer geworden sind in Rumänien. Es kommen so viele, dass die einzelnen Blumen zu einem großen Strauß werden.

Ein wunderbarer, bunter Strauß, wie man ihn im Okzident niemals in einem Blumenladen zusammenstellen würde. Aber es ist der Strauß der Zuneigung. Der Strauß der rumänischen Menschen vom Markt in Medias.

Immer kamen Menschen, um den Pater anzubetteln, wo er auch war. Niemals bekam er etwas geschenkt. Nicht eine Geste. Pater Don schluckte. Er konnte nicht einmal »Danke schön« sagen, so überwältigt war er von dieser Geste. Eine Blume von den Ärmsten.

---

[1] CD wird auf Anforderung zugeschickt.

Ein Geschenk wie Gold. Niemals in den vergangenen sieben Jahren gab es ein Wort des Dankes, außer in dem Schreiben von Senatspräsident Petre Roman und natürlich von den Freunden der Stiftung. Aber die Menschen in Rumänien? Blumen von fremden Menschen auf einem Markt? Ist das das Ende der sieben mageren und der Anfang der sieben fetten Jahre?

Gebe Gott, dass die Kinder von Cincu ihr Zuhause behalten.

Geld aus Europa

Rumänien macht alle Anstrengungen, um an die europäischen Töpfe zu gelangen. Es will Mitglied der Europäischen Union werden. Will Rumänien das wirklich? Viele private Spender haben in den vergangenen sieben Jahren das Casa Don Bosco mit Geld, Hilfsgütern, Gebeten und Opfern aufgebaut. Sie haben Demidoff vertraut, trotz der europaweiten Verleumdungskampagne. Diese Leistung will man zerstören, weil sie eine werteorientierte Pädagogik vermittelt, weil sie unbequem ist und Machenschaften und Korruption entlarvt. »Wie sollen sich denn diese weltfremd erzogenen Kinder einmal in Rumänien behaupten?«, fragen die Unbelehrbaren im Lande. Aber gleichzeitig wird von den europäischen Kommissionen Geld gefordert und erhalten, wie auch aus den Fonds des flämischen Ministerpräsidenten. Aber wird das Geld wirklich so eingesetzt, dass es den Straßenkindern dient, dass sie eine Zukunft haben? Oder werden nur neue Sozialarbeitsplätze geschaffen, von denen die Kinder gar nichts haben?

Der damalige Präsident Rumäniens, Emil Constantinescu, hat in Rumänien auch ein Heim für verlassene Kinder errichtet. Das Heim wird von seinem Sohn geleitet und finanziert aus den europäischen Fonds und vom Etat des flämischen Ministerpräsidenten.

Das 7. Jahr

Warum erhält die Stiftung Casa Don Bosco, seit sieben Jahren im Einsatz an der Front, auf der Straße, nicht wenigstens moralischen Beistand von den europäischen Kommissionen, die so großzügig mit dem Geld ihrer Bürger umgehen, die auch direkt das Casa Don Bosco am Leben erhalten haben. Die privaten Initiativen werden für die Alt- und Neokommunisten Freiwild bleiben, wenn nicht wenigstens ein moralischer Schutz aus Brüssel kommt und die Vergabe der Gelder an den Staat Rumänien davon abhängig gemacht wird, dass die Arbeit der privaten Heime akzeptiert, ja mehr noch, mit ihnen zusammengearbeitet wird.

Zeichen der Hoffnung

Nachdem dieser Bericht bereits abgeschlossen schien, gehen die Ereignisse im siebten Jahr weiter. Verdichten sich jetzt wirklich die Anzeichen, dass die »sieben mageren Jahre« ein vorläufiges Ende finden? Will man den Kindern von Cincu jetzt Frieden gönnen und ihrem geistlichen Vater Frieden anbieten?

Der Direktor der Schule in Cincu, der über fünf Jahre gegen Demidoff agierte und auch mit zwei Prozessen überzog, erklärt plötzlich vor Gericht, »dass er seinen Prozess zurückziehe, Demidoff ein guter Mensch sei und ihm sein christlicher Glaube dies gebiete«. Unzählige Reisen, Nervenverschleiß, Kostenaufgebote sind damit vom Tisch gefegt. Demidoff reicht dem Schuldirektor auf dem Gerichtsflur in Bukarest die Hand und bezeugt ihm seinen Respekt. Eine schreckliche Feindschaft ist damit beendet. Eine Woche danach besucht der Schuldirektor Demidoff und man vereinbart eine zukünftige Zusammenarbeit zum Wohl der rumänischen Kinder.

Im Verleumdungsprozess Taropa versucht dieser mit allen möglichen Tricks, den Prozess hinauszuschieben oder sogar hinter den Kulissen die Richter zu beeinflussen. Würde Taropa diesen Prozess verlieren, bedeutete dies das Ende seiner politischen Karriere. In einer Gerichtsverhandlung fährt der Richter den Verteidiger Taropas öffentlich an und verwahrt sich gegen die Versuche, ihn hinter den Kulissen zu beeinflussen und Druck auszuüben. Demidoff wird aufgefordert, alle Zusammenhänge dem Gericht zu schildern. Richter und Staatsanwalt hören betroffen zu und unterbrechen nicht. Sie haben auch keine Fragen mehr an den Kläger Demidoff. Der prozessuale Weg geht damit seinem Ende entgegen. Die Verurteilung des Kreispräsidenten wird sichtbar. Der Anwalt Taropas bittet um ein baldiges »Friedensgespräch«, nachdem man auch die Anwältin der Stiftung nicht mit Versprechungen und Angeboten »über den Tisch ziehen« und die Stiftung ausschalten konnte.

Einen Tag später findet im Präsidentenpalast Cotroceni die Berufung und Vorstellung der neuen Richter für den Obersten Gerichtshof statt. Rumäniens Präsident, Emil Constantinescu, ermahnt die Richter, unabhängig zu sein und den Menschen zu ihrem Recht zu verhelfen. »Dort, wo Korruption und Rechtsmissbrauch nur mit symbolischen Strafen belegt werden, entstehen Chaos und Anarchie«, so der Präsident des Landes. Demidoff sieht und hört die Rede im Fernsehen und schließt seinen Bericht »Das 7. Jahr« ab. Hoffentlich nicht nur sieben »fette« Jahre für die Kinder von Cincu, hoffentlich auch sieben »fette« Jahre für die so sehr gedemütigten Menschen in Rumänien.

Nachtrag:

Die Hoffnung war eine falsche Hoffnung. Im Jahr 2004 geht es den Menschen immer noch schlecht. Mehr als die Hälfte leben unterhalb der Armutsgrenze. Aber die Kinder im Casa Don Bosco

Das 7. Jahr

sind gewachsen und reifer geworden. Viele wachsen über das Niveau ihrer Erzieher hinaus und sind wunderbare Menschen geworden.

Zum Beispiel Alexandru:

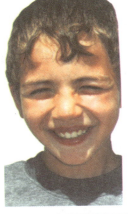

Wie er kam mit 2 Jahren bis heute mit 15 Jahren

Das 7. Jahr

Oder fürchtest du dich?

*Wer hilft denn heute noch denen,
denen keiner über den Weg traut?*

*Geh' doch mal mit mir
in die Gosse, in die Kanalisation
und reich denen deine Hand,
die schmutzig sind,
deren Verhalten Anstoß erregt.*

*Kannst du dir vorstellen,
wegen denen
verdächtigt,
beschimpft,
persönlich diskriminiert zu werden,
weil du zu ihnen hältst,
zu denen, die niemand achtet.*

*Wer hindert dich eigentlich,
auch so selbstlos zu sein,
dein eigenes Wohl
nur im Einsatz für andere zu sehen.*

Nur weil es chic ist, Egoist zu sein?

Oder fürchtest du dich vor der Dornenzeit?

> Alles in der Welt ist merkwürdig und
> wunderbar für ein paar wohlgeöffnete Augen.
>
> *José Ortega y Gasset*

Die Wunder von Cincu

Es bleibt jedem überlassen, an Wunder zu glauben oder nicht. Es sind ja auch nicht alle Menschen gleich. Dem einen ist dieses gegeben, dem anderen jenes. Ein Mensch hat auf diesem Gebiet seine Interessen, ein anderer auf jenem, und innerhalb der eigenen Vorlieben erlebt jeder Mensch Dinge, die dem anderen verschlossen bleiben. Ob andere Menschen an meine Erlebnisse glauben, ist mir völlig gleichgültig. Doch bin ich der Meinung, dass ich dem Leser dieses Buches – über das oberflächliche Erleben hinaus – etwas zumuten darf. Und letztlich habe ich einen langen Weg gebraucht, um dort anzukommen, wo ich heute bin. Und ich habe bis zu meinem 60. Lebensjahr damit gewartet, dieses Buch zu schreiben. Ich weiß nicht wer es gesagt hat: Es ist schwer, ein gutes Buch zu schreiben, noch schwerer ist es, kein Buch zu schreiben.

Nicht zufällig, denke ich, dass gerade in Transsilvanien, dem Land Draculas, der Teufel wesentlich präsenter ist als in anderen Gegenden der Welt. Doch Dracula hieß in Wirklichkeit Fürst Vlad Tepes, und er saugte nicht den Menschen das Blut aus den Adern, sondern ließ sie pfählen. Schon damals stahlen die Menschen wie die Raben. Unter seiner Herrschaft, so sagt man, konnte man Gold auf der Straße liegen lassen. Allein der unsägliche Aberglaube, der sich bis heute im Handeln und Verhalten der Menschen erhalten hat, versetzt mich immer wieder in Erstaunen.

Leider schürt die orthodoxe Kirche diesen Aberglauben noch. Eine Frau, die ihren Zyklus hat, darf eine Kirche nicht betreten. Bestimmt neunzig Prozent der Bevölkerung machen gleich mehrere Kreuzzeichen, wenn es donnert und blitzt. Eine Zigeunerin hatte vom Friedhof schwarze Erde geholt und vor dem Pfarrhaus sieben kleine Häuflein postiert und dann ihre Verwünschungsformeln heruntergebetet. Marcela, meine Haushälterin bebte vor Schrecken und meinte, nun würde mich Schreckliches überkommen. Ich nahm sie an die Hand und ließ mir den Unsinn zeigen. Ich sagte, dreh dich ein wenig um, ich bepinkele jetzt diesen Spuk. Sie warf sich zu Boden und erwartete das Ende der Welt. Doch es geschah nichts, nicht einmal ein leises Donnern. Diese Geschichte half dem ganzen Dorf. Marcela ließ sich den traditionellen, langen, schwarzen Zopf abschneiden und begann, eine moderne Frau zu werden.

> **Der Aberglaube gemeiner Leute rührt von ihrem frühen und allzu eifrigen Unterricht in der Religion her.**
> Lichtenberg

An einem Vormittag sehe ich zufällig neben meinem Wagen die Direktorin unserer Bank vorbeilaufen. Ich drehe das Fenster herunter, um sie freundlich zu grüßen. Sie schaut mich entsetzt an, macht einen Haken und flüchtet wie von einer Tarantel gestochen. Was war passiert? Ich kannte den Aberglauben der Menschen nicht: Wenn ihnen vormittags ein Pope (Priester) begegnet, bedeutet das Unglück. Man stelle sich vor: eine Bankdirektorin!

Wer am Sonntag den Gottesdienst besuchen will, darf – selbst in der Ehe – in der Nacht zuvor keinen Sex haben. Wenn ein Haus verflucht ist, muss der Pope kommen und das Haus neu segnen.

Als ich nach Rumänien kam und mich mit diesem Aberglauben auseinandersetzen musste, passierten aber doch die seltsamsten

Die Wunder von Cincu

Dinge. Ich fragte mich selbst, ob ich schon an Alzheimer litt oder nahe am Wahnsinn sei. Mit Sicherheit hat das auch mit den Anfechtungen zu tun, denen ich anfangs ausgesetzt war. Aber je länger ich hier lebe und mich immer noch eines wachen Verstandes erfreue, wird mir klar, dass Satan – man kann auch sagen: der oder das fleischgewordene Böse – eine absolute Realität ist. Ich scheue mich, alle meine Erfahrungen in dieser Hinsicht in diesem Buch aufzuzählen, weil man vielleicht sagen könnte: Na ja, der Pater ist ein wenig überspannt. Und doch gibt es Ereignisse, die unheimlich sind.

Bevor ich nach Rumänien kam, habe ich viele Dinge abgelehnt, die für mich bis dahin nicht existent waren. Dazu zählte auch der Exorzismus, die offizielle kirchliche Teufelsaustreibung. Ich wurde sehr schnell damit konfrontiert.

Man rief mich in das Dorf Toarcla. Eigentlich sollte ich das Haus segnen, wie es bei den Orthodoxen Brauch ist. Vor dem Dorfhaus aber saß ein Mädchen, etwa sechs Jahre alt, das – ich kann es nur so beschreiben – »satanisch« lachte. Es lachte unaufhörlich, nicht wie ein Kind, sondern mit einer schmutzigen, hämisch klingenden Stimme. Es lachte so hysterisch und so laut, wie nur ein Verrückter hätte lachen können. Wie konnten diese kleinen Lungen so einen Geräuschpegel entwickeln? Das Gesicht des Kindes sah dabei ganz normal aus, ohne fratzenhafte Grimasse, die zu diesem Lachen gepasst hätte. Ich hatte schon viele entstellte Kinder gesehen, aber über dieses Kind erschrak ich.

Als wir ins Haus gingen, wurde das Lachen des Mädchens immer unerträglicher. Es klang immer gemeiner, immer niederträchtiger, immer vulgärer. Ich war irritiert, denn diese Stimme passte nicht zu einem Kind.

Ich stürzte hinaus, um mich zu beruhigen und um mich zu

sammeln. War ich noch klar im Kopf? Wovon war ich gerade Zeuge geworden?

Ich habe nicht die offiziellen kirchlichen Formeln[1] angewendet, aber das erste Mal in meinem Leben habe ich – mit meinen Worten – den Exorzismus gebetet. »Ich befehle dir, Satan, aus diesem Kind zu weichen.« Immer wieder machte ich bedachtsam das Kreuzzeichen, betete und sagte: »Satan, weiche aus diesem Kind! Ich befehle dir, weiche aus diesem Kind!« Je länger ich betete, desto ruhiger wurde das Mädchen. Die Intensität des Lachens und die Bösartigkeit in der Stimme ließen immer mehr nach. Ich war tief ins Gebet versunken, bis das Kind schließlich verstummte. Ich sah auf – und es lächelte mich an. Diesen Moment werde ich nie vergessen, nie.

Ich erlebe bis zum heutigen Tag immer wieder Dinge, die mich zur hundertprozentigen Überzeugung gebracht haben, dass der Böse sich materialisiert. Der Böse kommt nicht mit zwei Hörnern und einem langen Schwanz. Er benutzt Menschen. Mein fester Glaube – und meine eigene Erfahrung! – lassen mich davon ausgehen, dass es Engel gibt, die sich für eine Zeit in einen Menschenkörper verwandeln, um Assistenten für bestimmte Aufträge zu sein. Ähnliches gilt für den Bösen. Er schleicht sich in Menschen ein und besetzt sie, um sie gezielt gegen andere Menschen arbeiten zu lassen.

▶ **Litt ich an Alzheimer oder wurde ich wahnsinnig?**

Aber auch unsichtbar besitzt er materielle Kräfte. Ich erlebte es selbst in Cincu. Dokumente, die ich seit dreizehn Jahren immer an

---

[1] Mit der Teufelsaustreibung ist sehr viel Missbrauch betrieben worden. Die römisch-katholische Kirche hat deshalb verfügt, dass in jedem Bistum nur jeweils ein Priester bestimmt ist und das Recht hat, den Exorzismus zu betreiben.

Die Wunder von Cincu

ein und demselben Platz verwahre, sind mit einem Mal fort. Nicht alle zusammen, sondern Stück für Stück. Ich suche mich dann wund und fange an, an mir selbst zu zweifeln. Ich habe meine Papiere dann in den Tresor in meinem Schlafzimmer eingeschlossen – und die Dokumente verschwanden weiterhin.

Dann waren meine Schlüssel weg. Morgens fand ich meine Schlüssel nicht wieder. Bis hierhin ist das völlig alltäglich, es passiert jedem Menschen mindestens einmal im Jahr. Bei mir wiederholte es sich Morgen für Morgen. Es war ein ganz normales Schlüsselbund, nicht außergewöhnlich groß und nicht verschwindend klein. Jeden Morgen suchte ich die Schlüssel, denn sie lagen nicht, wo ich sie am Abend zuvor hingelegt hatte. Ich glaubte fest, dass ich meinem Verstand nicht mehr trauen konnte. Der Ge-danke an mein Schlüsselbund begleitete mich den ganzen Tag. Ich erzählte niemandem davon, denn ich fürchtete, dass ich mich lächerlich machen würde. Nun konzentrierte ich mich am Abend und sagte zu mir selber: Mein lieber Don Demidoff, jetzt legst du die Schlüssel genau hier auf den Sims dieses Ofens in meinem Schlafzimmer auf die Ecke links.

Der Unterschied zwischen mir und einem Verrückten besteht darin, dass ich nicht verrückt bin.
Salvador Dali

Am nächsten Morgen war mein Schlüsselbund weg.

Wurde ich wahnsinnig? Vielleicht stand ich nachts auf, ohne wach zu werden, und legte die Schlüssel an eine andere Stelle? Nun wollte ich es genau wissen. Ich schloss mich ein, legte einen Zettel auf meinen Schreibtisch, auf dem ich mir notierte, wohin ich den Schlüssel am Abend gelegt hatte. Ich schrieb: Der Schlüssel liegt auf dem Sims des Ofens in meinem Schlafzimmer auf der Ecke links.

Der Zettel lag da. Der Schlüssel war weg.

Die Wunder von Cincu

Das mag jeder werten, wie er will. Ich weiß: Mein Erlebnis hört sich für die allermeisten Menschen unglaubwürdig an. Und ich weiß, dass ich dadurch meine eigene Glaubwürdigkeit aufs Spiel setze. Aber es ist mir passiert. Ich bin überzeugt: Es ist die Macht des Bösen, der materielle Kräfte entwickelt. Ich sollte wohl verrückt werden.

Vielleicht habe ich ja besonders viele und lebhafte Halluzinationen. Auch Don Bosco und der Pfarrer von Ars erlebten abenteuerliche und unglaubliche Dinge. Nachts ging in ihrem Schlafzimmer der Schrank spazieren oder rollte ihr Bett hin und her. Ist es so, dass Menschen, die sich radikal bemühen, eine konkrete Nachfolge Christi anzutreten, besonders versucht sind und häufiger Halluzinationen haben? Aber gerade deswegen hatte ich mir ja diesen Zettel geschrieben. Ich denke an die Geschichte in der Wüste und die Versuchung Jesu durch den leibhaftigen Teufel.

Ich weiß nicht, ob der Boden in Transsilvanien, dem Land des Dracula-Märchens, besonders gedüngt ist für solche Erscheinungen. Die Menschen in dieser Gegend berichten ja aus allen Zeiten von sonderbaren Geschehnissen. Ich glaube, es sind noch mehr Märchen darunter. In Rumänien laufen die verschiedensten Kulturen des Balkans, des Orients und Europas zusammen. Orthodoxie, Fundamentalismus und ein tief verwurzelter Aberglaube vermischen sich miteinander. Was aber ist mit mir geschehen? Ich halte mich für einen ganz normalen Menschen, der mit beiden Beinen im Leben steht. Ich bin nicht ängstlich und habe eine klare Sprache. Und trotzdem weiß ich heute, dass das Böse

---

Catalin, ein Kind aus Cincu

Catalin lebte viele Jahre auf der Straße. Er musste wie seine Eltern Flaschen und Zeitungen sammeln, aber zu essen bekam er kaum. Denn das Geld ging für den Alkohol der Eltern drauf. Er freundete sich mit streunenden Hunden an. Sie wurden für ihn zur Familie, sie adoptierten ihn.

Die Wunder von Cincu

Kräfte entwickeln kann, die Menschen wie mich aus der Fassung bringen sollen.

Aber ich habe nicht nur die Taten des Bösen in Transsilvanien erlebt. Vor allem wurde ich Zeuge des Wirkens Gottes – der Wunder von Cincu.

Der Karfreitag ist nicht nur für die evangelischen Christen ein besonderer Tag: der Tag des Kreuzes, des Todes Jesu Christi. Wir begehen ihn in Cincu mit einer besonders emotionalen Liturgie, in der die ganze Dramatik des Kreuzweges und des Todes Jesu deutlich wird. In dieser Liturgie legt sich der Priester der Länge nach vor den Altar, als Zeichen der Demut und Ausdruck der Trauer vor dem, was geschehen ist. Mit ihm legen sich die Messdiener links und rechts vor den Altar. Dann verlöscht das Licht, jedes Kind hat ein flackerndes Kerzlein in der Hand und es erklingt die wunderschöne Taizé-Litanei »Bleibet hier und wachet mit mir«.

An diesem fast mystischen Karfreitag wurden wir alle von einer großen Feierlichkeit getragen. Ich weiß nicht, wie es geschah, aber ich war gefangen in diesem erhabenen Mo-ment, in dem wir vor dem Altar lagen. Die Kinder summten und sangen die Melodie mit und versetzten mich und die ganze Kapelle in eine andere Welt. Der Hauch einer Ahnung der vierten Dimension. Ich geriet in Trance. Es war, als löste ich mich aus meinem Körper. Ich schwebte über mir, ich war entrückt. Ich sah mich von oben dort unten auf dem Boden vor dem Altar liegen, ich sah die Messdiener neben mir, ich sah die Kinder in der Kapelle, die Mitarbeiter, die Gläubigen. Die Kinder begriffen nicht, was geschah, aber sie fühlten, da passiert etwas Sonderbares.

Dann dachten sie, ich sei gestorben.

> **Das Wunder ist nicht ein Widerspruch zu den Naturgesetzen, sondern ein Widerspruch zu dem, was wir von diesen Gesetzen wissen.**
> Augustinus

Die Wunder von Cincu

So sah ich von oben, wie sich alle Kinder nach und nach neben mich auf den Boden legten. Einige begannen leise zu weinen, andere drückten sich ganz fest an mich, andere legten ihre Hand auf mich. Deutlich und klar lag dieser feierlichen Moment unter mir. Nichts störte, nichts lenkte ab, ich war schwerelos, war frei. Wie nah meine Kinder bei mir waren! Vollkommenes Glück, nicht von dieser Welt. Fantasien? Halluzinationen?

Ich weiß nicht, wie lange dieser Zustand anhielt. Dann sah ich von oben den Arzt unseres Hauses an mich herantreten und sah, wie er mir einen Tritt gegen die Schuhsohlen gab. Den spürte ich dann aber auch. Der kühle Boden der Kapelle holte mich in diese Welt zurück. Auch der Arzt wollte feststellen, ob ich überhaupt noch lebte.

Was war passiert? Ohne dass irgend jemand den Kindern einen Anstoß gegeben hätte, war eines nach dem anderen – in einer unglaublichen Stille und Würde – mit einem Kerzlein in der Hand in den Altarbereich gekommen und hatte sich zu mir auf den Boden gelegt. Ich spürte es nicht, ich sah es von oben.

Als ich wieder zu mir kam und mich umsah, lagen die Kinder immer noch neben mir. Sie weinten immer noch, denn auch sie

Der Altar in unserer Kapelle in Cincu.

hatten geglaubt, ich hätte sie verlassen. Aber auch ihr Weinen war wie ein leiser Gesang, angenehm, gar nicht traurig, fast beruhigend.

Niemals hätte ich gedacht, dass mir so etwas widerfahren könnte. Hätte mir früher jemand sein Erlebnis dieser Art geschildert, so wie ich es jetzt erlebt hatte, hätte ich ihm geantwortet: »Bleib ganz ruhig sitzen. Ich ruf mal eben einen Rettungswagen der Psychiatrie.«

▶ **Meine Gebete sind kurz, kernig – und doch sehr ernst.**

Meine Erlebnisse führe ich darauf zurück, dass ich eine spirituelle Neigung und Sehnsucht zum Himmel, zur vierten Dimension, habe. Nicht langatmige Gebete können mir diese Nähe bringen. Dafür habe ich nur selten Zeit. Meine Gebete sind kurz, oft heftig und kernig, vor allem sind sie sehr ernst und deutlich. Ich bete intensiv und glaube fest daran, dass wir uns dieser vierten Dimension nähern können, wenn wir es nur ernsthaft versuchen. Wir können sie nicht erfassen, aber wir können uns ihr nähern.

Die Bevölkerung der Provinz Moldawien innerhalb Rumäniens ist vorwiegend katholisch. Deshalb entschloss ich mich, dort eine Stellenausschreibung zu schalten. Wir suchten Erzieherinnen. Nachdem wir bisher orthodoxe Frauen beschäftigt hatten, wollte ich es nun einmal mit katholischen Mädchen versuchen. Wir erhielten etwa dreißig Bewerbungen und ich fuhr nach Moldawien, um die Vorstellungsgespräche vor Ort zu führen.

Unter den Bewerberinnen war eine junge Frau, deren Gesicht völlig entstellt war. Es war – ich kann es nicht anders beschreiben – eine Fratze, die mich tief erschrecken ließ, denn darauf war ich bei der Vielzahl junger Frauen, die sich vorstellten, nicht vorbereitet. Das Mädchen war furchtbar bei einem Autounfall verletzt worden. Der Wagen ihres Vaters war auf einen Lastwagen aufgefahren, der

Blick vom Altar in die Kapelle.

Eisenstangen geladen hatte. Nachdem sie mir dies erklärt und sich dann fachlich angeboten hatte, entstand eine kurze Pause.

Ich suchte Worte: »Ich sage Ihnen ganz offen«, unterbrach ich die Stille, »was Ihnen widerfahren ist, ist ganz furchtbar. Ich will den lieben Gott bitten, dass er Ihnen auch einen Weg zeigt. Und ich weiß, dass wir einen guten Gott haben. Aber bei den Kindern können Sie nicht arbeiten. Sie hätten keine Chance, Sie hätten keine Autorität. Und wir können keine Pädagogik aus Mitleid machen. Verstehen Sie das?«

Sie sah sehr traurig aus, als sie ging. Ich bat die nächste Kandidatin herein.

Nachdem sich alle Bewerberinnen vorgestellt hatten, klopfte es an die Tür. Es war das entstellte Mädchen.

»Pater, darf ich Sie noch einmal stören?«

Ich bat sie herein.

Die Wunder von Cincu

»Wissen Sie, Pater«, begann sie, »wie viele Vorstellungsgespräche ich schon geführt habe? Sie sind der Erste, der es mir direkt ins Gesicht gesagt hat. Aber ein Nein bekomme ich überall. Sie sind doch Priester. Bitte geben Sie mir eine Chance. Es muss ja nicht als Erzieherin sein.«

Ich überlegte kurz. »Ich kann Ihnen heute keine Zusage machen. Aber ich verspreche Ihnen, dass ich darüber nachdenken werde. Bitte rufen Sie mich in einer Woche an, dann sage ich Ihnen mein ehrliches Ergebnis.«

Der Tag kam, an dem sie mich anrief. Ich spürte, wie aufgeregt sie war.

»Ich hatte Ihnen schon erklärt«, antwortete ich auf ihre Frage, »dass ich Sie nicht als Erzieherin einstellen kann. Trotzdem möchte ich Ihnen eine Stelle anbieten, damit Sie nicht glauben, Sie wären eine Ausgestoßene. Und ich möchte Sie nicht verstecken. Ich benötige Sie an unserer Rezeption. Trauen Sie sich das zu?«

»Oh, Pater, was soll ich Ihnen sagen? Ich komme morgen!«

Sie gewöhnte sich schnell ein und machte ihre Arbeit gut.

Es kam Karfreitag, und wie immer an diesem besonderen Feiertag wurde das Sakrament, die konsekrierten Hostien, in unsere Nebenkapelle verbracht. Der Altar ist entkleidet, der Tabernakel ist leer und steht offen. Jesus ist tot. An dieser Zeremonie nahm auch das Mädchen aus Moldawien teil.

Am nächsten Tag, dem Karsamstag, wird der Altar gesäubert und neu eingedeckt. Diese liturgische Feier in einem kleinen, privaten Rahmen nehme ich gemeinsam mit den Messdienern vor. Niemand sonst ist anwesend. Dann holen wir das Sakrament aus der Nebenkapelle und legen es mit Gebeten in den Tabernakel zurück.

So sollte es auch an diesem Karsamstag sein. Ich freue mich immer besonders auf diese Zeremonie. Aber als ich die Nebenkapelle betrat, traf es mich wie ein Schlag:

Das Sakrament war fort!

Unvorstellbar. Die Entwendung des Sakraments ist für mich unvorstellbar! Sofort schossen mir Bilder von Hostienräubern und schwarzen Messen durch den Kopf. Das Sakrament war fort, das höchste Geheimnis, das traditionelle Katholiken haben, das Zentrum im Zelt Gottes, die Bundeslade bei den Juden des Moses. Nie war etwas in dieser Kapelle geschändet oder daraus gestohlen worden, keine noch so kleine Kerze. Nun stand ich wie versteinert, unfähig, mich zu rühren, mich umzudrehen oder hinzusetzen. Ich war vollkommen fassungslos, konnte keinen klaren Gedanken aufbringen, war wie gelähmt. Viorel wurde gerufen. Er hakte mich ein und brachte mich auf mein Zimmer. Ich war kurz vor dem Zusammenbruch. Viorel sah mich besorgt an.

»Ich glaube, das ist das Zeichen des Himmels, dass ich jetzt aufhören soll«, sagte ich zu ihm, nachdem ich mich ein wenig gefasst hatte. »Alles stehlen sie, alles. Sie haben keinen Respekt, nicht einmal vor Heiligtümern.«

Nur zu oft hatte ich gehört, dass Kirchen aller Konfessionen geplündert worden waren. Ich war stolz darauf gewesen, dass so etwas in unserer Kapelle nicht vorgekommen war. Dabei standen die Türen zur Kapelle Tag und Nacht offen, um Straßenkindern einen Zufluchtsort zu bieten, wenn sie am nächsten Morgen mit mir sprechen wollten. So vieles an menschlichen Tragödien und Hoffnungen hatte in dieser Kapelle stattgefunden, dass es sich ein Außenstehender nur schwer vorzustellen vermag. Aber nun war unsere Kapelle beschmutzt, war dieser heilige Raum missbraucht worden. Ich war überzeugt, dass irgendein billiger, respektloser

Mensch die goldene Pyxus mit dem Sakrament gestohlen hatte. Aber mit ihr hatte er das Sakrament, die konsekrierten Hostien, gestohlen.

Hinzu kam, dass für diesen Karsamstag – nach alter, römischer Liturgie – das Osterfeuer in der Nacht vorgesehen war. Dieses Fest war immer für das ganze Dorf ein Erlebnis. Der neue Bürgermeister hatte allerdings das Osterfeuer untersagt und angekündigt, dass er nötigenfalls zusammen mit seinen elf »Ratsherren« kommen und das Feuer löschen würde. Das traute ich ihm durchaus zu, denn er war ein rabiater, gewissenloser Geselle, der seinerzeit einen Gasanschluss an unserem Haus verweigerte mit der Begründung, die Kinder von Bosco verpesteten die Luft.

▶ **Irdische Instanzen jagen mir keine Angst ein.**

Wer mich kennt, weiß aber, dass mir diese irdischen Instanzen keine Angst einjagen können. »Dann machen wir es natürlich ohne seine Genehmigung«, sagte ich zu Viorel. »Ich habe doch vor diesem Mann keine Angst. Die Engel des Himmels werden uns schützen. Es ist eine heilige Handlung.«

Nun war das Sakrament verschwunden. Ob der Bürgermeister wirklich so weit gehen würde? »Viorel, dies ist das Ende.« Er sah mich weinen. Dornen drückten sich in meine Seele, denn ich hatte mir immer eingebildet, dass sie es bei mir nicht wagen würden. Jedem Menschen zeige ich, dass ich nicht fromme, leere Sprüche fabriziere, sondern meinen Glauben lebe, und ich war sicher, bei mir würden sie das Sakrament nicht anrühren. Ich war überheblich gewesen.

Das hatte mich sehr mitgenommen und ich legte mich ins Bett, meine Beine versagten. Ich war zu nichts mehr fähig. Vorher rief ich Viorel zu mir und bat ihn, als Zeichen der Trauer eine schwarze Fahne aus dem Fenster zu hängen. Ja, eine ungeheure Traurigkeit, eine abgrundtiefe Leere hatte mich erfasst.

Ich war ein wenig zur Ruhe gekommen, als Viorel wieder zu mir trat.

»Pater, du musst jetzt aufstehen. Ich bitte dich darum. Du musst sehen, was auf dem Marktplatz passiert.«

Mit zittrigen Knien ging ich auf den Balkon, der vom ersten Stock unseres Stiftungsgebäudes einen freien Blick über den Marktplatz bietet. Unglaublich: Ich habe meine eigene Totenfeier gesehen!

Eine Menschenmasse stand unter dem Balkon. Menschen, wohin ich sah, der ganze Marktplatz war übervoll. Hunderte Menschen, bis hinein in die Straßen standen sie. Wie ein Feuer hatte sich die Nachricht ausgebreitet: Bosco (so nennen sie mich im Dorf) ist tot. Sie standen da und schwiegen. Trotz aller Anfeindungen und aller Nachstellungen, trotz aller Verdächtigungen, Bösartigkeiten und Gemeinheiten, nun standen sie alle um unser Haus herum, erschüttert von der Nachricht meines Todes. Sie hatten die schwarze Fahne missverstanden.

Dann kam der Kommissar aus Făgăraş. Viorel hatte ihn gerufen. Er hatte damals an der Reise durch Europa teilgenommen. Ich erzählte ihm, was mit dem Sakrament passiert war.

▶ »Sie haben viel mehr Freunde, als Sie denken.«

»Für mich sind zwei Varianten denkbar«, sagte der Polizeibeamte, nachdem er sich alles angehört hatte. »Entweder wurde es gestohlen, um Ihnen und Ihrer Arbeit zu schaden, oder jemand aus dem Umfeld des Bürgermeisters will heute das Osterfeuer verhindern. Über den ersten Punkt kann ich nicht mit Ihnen reden, weil ich keine Ahnung davon habe. Ich weiß nicht, was das für Sie bedeutet. Ich bin kein gläubiger Mensch. Ich war Kommunist und

Die Wunder von Cincu

bleibe es. Ich weiß nur, dass Sie viel mehr Freunde im Land haben und in meiner Stadt Făgăraș, viel mehr, als Sie denken. Vielleicht wissen Sie das nicht, aber ich sage Ihnen, das ist so. Darum möchte ich Sie bitten: Machen Sie heute Nacht ihre Liturgie. Enttäuschen Sie die Menschen nicht. Meine Männer sind da, genug Polizisten. Wir bleiben im Hintergrund. Es sind genug da, machen Sie sich keine Sorgen. Keiner wird mit einem Eimer Wasser bis zum Feuer gelangen.« Und in der Tat zeigte er auf einen abseits stehenden Mannschaftswagen.

»Herr Kommissar«, bedankte ich mich, »das tut mir gut. Ich danke Ihnen aus ganzem Herzen. Ein einziges Mal ein Wort des Zuspruches, ein Wort der Ermunterung. Aber ich kann nicht. Ich lebe unter diesem Druck, dass das Sakrament geschändet wurde. Ich kann wirklich nicht.«

Tatsächlich saß ich wie angeklebt in meinem Sessel. Und obwohl ich von Hause aus ein Kämpfer bin, war ich kaum in der Lage, mich zu rühren. Ich legte mich wieder ins Bett. Die Kinder beteten allein. Die Feier fand ohne mich statt. Ein Osterfeuer gab es an diesem Abend nicht.

Ich hatte eine schlechte Nacht hinter mir, als ich am Morgen des Ostersonntags wach wurde. Ich mochte nicht aufstehen. Zwei Dinge waren mir laufend durch den Kopf gegangen: die Schändung des Sakraments und der Verdacht, dass diese Ideologie und diese Menschen vor gar nichts Respekt hatten. Was sollte ich noch hier? Pack deine Koffer, sagte ich zu mir selbst.

Zwei meiner Mitarbeiter kamen zu mir ans Bett, ein Fahrer und eine Küchenfrau.

»Pater, wir haben gebetet, wir haben überlegt. Wir sehen, dass du so schrecklich leidest. Wir möchten dir etwas vorschlagen. In einem Nachbardorf gibt es eine Hellseherin, zu der wir jetzt fahren möchten. Sie soll uns einen Rat geben. Sie ist eine christliche Hellseherin, vielleicht weiß sie, was mit dem Sakrament geschehen ist.«

▶ »**Ich verbiete euch, dort hin zu gehen. Das ist Spuk.**«

»Nein«, entgegnete ich, »ich verbiete euch, dort hin zu gehen. Das ist Spuk. Unser Glaube hat mit Spuk nichts zu tun. Wollt ihr diese Geschichte jetzt noch ins Lächerliche ziehen, indem ihr zu einer Quacksalberin geht?«

Sehr überzeugend kann mein Einwand nicht gewesen sein. Natürlich gingen die beiden doch zur Hellseherin. Nach einigen Stunden standen sie wieder in meinem Zimmer.

»Pater, bitte steh jetzt auf. Wir müssen dir etwas sagen.« Ich setzte mich auf die Bettkante. »Wir waren doch bei dieser Frau.«

Beide mussten schwere Schelte über sich ergehen lassen. Aber neugierig war ich nun doch. »Sie hat ein Glas Wasser genommen«, fuhr der Fahrer fort, »und hat über diesem Glas gebetet, das Kreuzzeichen gemacht und wieder gebetet. Dann hat sie uns aufgefordert, in das Glas hinein zu sehen. Wen wir darin sehen würden, wollte sie wissen, aber wir haben nur uns selbst gesehen. Das sei auch richtig, das sei nur ein Test gewesen. Dann begann sie, wieder zu beten, wohl eine halbe Stunde lang. Dann sollten wir wieder in das Glas sehen. Nun würden wir das Gesicht des Diebes sehen.«

»Und?« Es war unheimlich, was sie berichteten.

»Einer nach dem anderen haben wir in das Glas gesehen. Wir sahen beide das gleiche Gesicht. Die Fratze der Moldawierin! Es war ganz schrecklich. Aber dann fing die Hellseherin wieder an, zu beten. Noch einmal sollten wir in das Glas sehen, dann wüssten wir, wo wir das Sakrament finden würden.«

Nun wurde mir die Sache doch zu bunt. »Ihr seid komplett verrückt«, schrie ich sie an.

»Pater, wir beschwören dich: Nimm das ernst!«

Sie hatten die Pyxus dort gefunden, wo ihnen geweissagt wurde, unter der Küchentreppe. Sie kamen zurück und baten mich, das Sakrament zu holen. Ich konnte nicht. Ich gab ihnen meine Stola, in die sie es einwickelten und zu mir brachten. Die goldene Hostiendose hatte nicht einen Kratzer, keine Hostie fehlte, keine Hostie war versehrt. Ich betete.

Dann zog ich mich an, wir verließen mein Zimmer und gingen zur Rezeption. Dort trafen wir auf die entstellte Frau.

»Was haben Sie mit dem Sakrament gemacht?« Ich ließ es darauf ankommen und sprach die junge Frau direkt an.

Was dann geschah, werde ich nicht vergessen. Es ist so unglaublich wie manches andere, was ich hier schildere. Das Gesicht dieses Mädchens, das schon schrecklich genug aussah, wurde schmerzverzerrt und verzog sich vollends zur Groteske. Sie sah furchtbar aus. Und dann – obwohl alle Fenster und Türen geschlossen waren – fegte ein Windzug durch den 20 Meter langen Korridor der oberen Etage, ein Windzug wie ein Orkan. Wir hielten uns aneinander fest, meine Soutane hob sich wie der Rock von Marilyn Monroe. Nun brach das Mädchen in ein teuflisches, höhnisches Gelächter aus, rannte an uns vorbei, stürmte die Treppe hinab – und war fort.

> Die schönste List des Teufels ist es, uns zu überzeugen, dass es ihn gar nicht gibt.
> Baudelair

Wir haben sie nie wieder gesehen, nachdem sie immerhin einige Monate bei uns gewesen war, mit den Besuchern freundlich umging und sogar mit den Kindern gespielt und gesungen hatte.

Damit hatte ich nicht gerechnet. Ich war sprachlos und konnte kaum fassen, was ich soeben erlebt hatte. Ich brauchte lange Zeit, um das alles zu verarbeiten. Wohlgemerkt, für diese Geschichte gibt es Zeugen.

▶ **Ist in Transsilvanien die Nahtstelle zwischen Hölle und Erde besonders dünn?**

Liegt es an mir, dass derartige Ereignisse um mich herum geschehen? Ist es diese besondere Gegend in Rumänien? Ist die Nahtstelle zwischen Hölle und Erde hier besonders dünn? Seit Jahrhunderten werden ungewöhnliche Geschichten und Erlebnisse aus Siebenbürgen berichtet. So recht mag ich nicht daran glauben, aber eine Erklärung dafür habe ich auch nicht. Ich weiß nicht, welche Welten oder welche Dimensionen sich hier treffen. Ich weiß nur, dass es sich bei meinen Erlebnissen nicht um Legenden oder historische Spukgeschichten handelt, sondern diese Dinge hatten ganz direkt und persönlich mit mir zu tun. Ich habe sie erlebt.

Mit der Hellseherin habe ich nie gesprochen. Bis heute ist mir dieses ganze Ereignis unheimlich.

Diese Sache ging gut aus. Es gibt aber auch die ganz schrecklichen Geschichten, die mich verzweifeln lassen. Eines Tages wurde ich wieder nach Toarcla, gerufen. Ein Kind würde dort liegen, furchtbar zugerichtet. Die Bewohner des Dorfes wussten nicht, ob es noch lebte. Ein Arzt würde vermutlich erst in Stunden kommen. Deshalb wandten sie sich an mich, vielleicht auch in der unbestimmten Hoffnung, ein Priester könne noch ein Wunder bewirken. Man lernt sehr schnell, diese einfachen Gemüter zu begreifen. Aber man wusste ja auch, dass ich kommen würde, sobald ein Kind in Not war.

Ich bin einiges gewohnt, seitdem ich in Rumänien lebe. Noch nie habe ich nach Verkehrsunfällen so viele Leichen oder Sterbende neben der Straße liegen sehen wie in diesem Land. Denn es dauert eine geraume Zeit, bis ein Kranken- oder Leichenwagen zur Stelle

Die Wunder von Cincu

ist. Ich habe immer eine kleine Taschenstola bei mir, denn häufig steige ich bei einem Verkehrsunfall aus und spreche die Sterbegebete. In Westeuropa musste ich dies nie tun.

Als wir Toarcla erreichten, lag das kleine Wesen in einem Straßengraben. Niemand hatte Anstalten gemacht, es dort herauszunehmen. Was ich dann sah, übertraf wieder einmal mein Fassungsvermögen. Vor mir lag ein Baby, in einem Graben, nur notdürftig in schmutzige Lumpen gehüllt, das offenbar von herumstreunenden Hunden an den Fingern, im Gesicht und an den Ohren angefressen war. Woher das Kind kam, konnte niemand beantworten – es ist bis heute ungeklärt.

Das kleine Geschöpf blutete aus allen Wunden. Es war durch die Verletzungen furchtbar entstellt – so etwas hatte ich noch nie in meinem Leben gesehen. Ich kniete mich neben das Kind und weinte und flehte zum Himmel.

»Lieber Gott, Du hast so viele Wunder gewirkt, auch Tote wieder zum Leben erweckt. Mach jetzt noch mal eins und lass dieses Kind leben. Ich flehe Dich an.«

Unter der Treppe, die von der Küche im Casa Don Bosco in den Hof führt,

Und ich dachte daran, dass ich als kleiner Junge so gern eine Schwester mit dem Namen Katharina gehabt hätte. Das schoss mir jetzt durch den Kopf. Ich nannte sie also Katharina und betete laut:

▶ »**Lieber Gott, mach ein Wunder und lass sie leben!**«

»Mach noch *ein* Wunder, ich verspreche Dir, ich nehme Katharina auf. Mach nur ein Wunder und lass sie leben. Vielleicht kannst Du doch all meine Opfer, Entbehrungen und Schmerzen verrechnen, lass sie leben.« Doch Katharina war tot.

In Cincu erzählte ich meinen Kindern davon.

»Wie kann der liebe Gott das zulassen?«, wollten sie wissen. »Wie ist das möglich, dass ein kleines Kind von Hunden angefressen wird?«

Die Antwort fiel selbst mir sehr, sehr schwer. »Dieser Zustand ist nur vorübergehend. Der liebe Gott holt kleine Engel, und dieses Kind ist ein kleiner Engel. Es ist sofort in den Himmel gegangen, ohne Umwege.«

Warum musste dieses Kind sterben? Hierin steckt die uralte Frage nach der Gerechtigkeit Gottes. Nicht alles, was der Mensch als ungerecht empfindet, ist gottgewollt. Gottgewollt ist auch sicher nicht der Tod des Kindes. Aber Gott lässt zu, das ist ein riesengroßer Unterschied. Gott lässt zu, nicht alles, aber er lässt sehr viel zu. Wenn ich an Katharina denke – und ich denke häufig an sie –, summe ich das Lied der Liedermacherin Bettina Wegner: Sind so kleine Finger, darf man nicht drauf schlagen, die zerbrechen dann...

▶ **Warum musste ich erst einen großen Umweg machen?**

Warum musste ich erst einen großen Umweg machen, bevor ich zu meiner wahren Bestimmung kam? Gott liebt. Und das sage ich immer wieder meinen Kindern: Es gibt nur eine wahre Liebe, das

Die Wunder von Cincu

ist die Liebe Gottes. Eine andere wahre Liebe gibt es nicht. Wenn wir Menschen lieben, ist es immer egoistisch. Ein Mensch, der vorgibt, den anderen zu lieben, will den anderen besitzen. Die größte Liebe Gottes besteht darin – das habe ich in meinem Leben erfahren –, dass ER loslässt. Dass ER uns, im Gegensatz zu uns Menschen, den freien Willen lässt, selbst den freien Willen, sich gegen IHN zu entscheiden, wie ich es tat. Für mich ist das das Unglaublichste an der Liebe Gottes. ER lässt los. Ich hatte mich gegen Gott entschieden, aber was ist daraus geworden? Gott hat es zugelassen, und – im Gegensatz zum Apparat Kirche – durfte ich zu IHM zurückkommen. Ein weiterer Aspekt der großen Liebe Gottes.

Es ist sicher, dass das Kind aus Toarcla in den Himmel kommt. Trotzdem werde ich nie verstehen, dass ein unschuldiges Menschenleben in einem Graben landet und von Hunden so zugerichtet werden kann. Und doch ist das alles in diesem Land möglich. Wie der kleiner Junge, der mich am Bahnhof in Bukarest gebissen hat. Er wuchs mit Hunden auf der Straße auf, er wusste es nicht besser. Wie die Eltern, die ihr Kind aus dem fahrenden Wagen hinaus warfen. Wie die Mutter, die mich mit ihrem Kind um 500 Euro erpressen wollte: Wenn ich nicht zahlen würde, würde sie mich anzeigen und verbreiten, ich hätte ihr Kind getötet.

▶ **Solche Dinge sind nur in diesem verrohten Land möglich.**

Das ist nur möglich in einem Land, das bewusst verroht wurde. Dabei hat dieses Land einmal in hoher Blüte gestanden. In Timișoara (Temeschwar) gab es die erste Straßenbeleuchtung in Europa und es gibt viele andere Beispiele. Die Diktatur hat die Menschen willenlos gemacht und die Familie zerstört. Ceaușescu wollte über ein großes Volk herrschen. Deswegen gab es für jedes

Kind eine ordentliche Prämie.

Aber ich erlebe auch viele wunderbare Dinge, jeden Tag. Ein Wunder ist auch, dass in den vergangenen dreizehn Jahren nicht eines unserer Kind zu Tode oder nur zu größerem Schaden gekommen ist. Im Gegensatz zu den staatlichen Kinderheimen mit ihren vergitterten Fenstern und hohen Mauern sperren wir unsere Kinder nämlich nicht ein. Tür und Tor sind tagsüber immer offen, und dementsprechend ist unter den Kindern ein ständiges Kommen und Gehen, sie rennen auf die Straße hinaus und gleich wieder herein. Es ist nichts passiert. Wenn wir in den Anfangsjahren von staatlichen Kontrollen heimgesucht wurden, war immer die erste Frage: »Wie viele Kinder sind in Ihrem Haus gestorben?«

> **Die Aufgabe der Pädagogik ist nicht, das Kind zu formen, sondern ihm zu erlauben, sich zu offenbaren.**
> Maria Montessori

Nebenbei bemerkt: Auch in dieser Hinsicht lernt der Staat nicht etwa von uns, sondern wir werden wegen unserer christlichen Erziehungsmethoden verdächtigt. Welch ein landesweiter Skandal war es 1991, als ich Jungen und Mädchen zusammen aufnahm, kleine Kinder und große Kinder. Das Wort von der Koedukation war natürlich bei den Kommunisten verpönt. Welch eine Hysterie entstand, als man feststellte, dass die Erzieher und Mitarbeiter zusammen mit den Kindern essen!

Noch heute will man uns zwingen, den Kindern das Essen in abgewogenen Portionen zu erteilen. Die Grammzahl jeder Speise ist festgelegt. Weil wir Schüsseln auf den Tisch stellen, aus denen sich die Kinder selber bedienen und sie auch nicht zwingen, etwas zu essen, was sie nicht essen wollen, muss das Heim geschlossen werden? Ach, ich könnte die Liste der ewigen Indoktrination, dieser Lächerlichkeiten, beliebig fortsetzen.

Arbeit – Leid und Freude

Gott wird abwischen alle Tränen, aber Straßenkinder und Straßenpriester haben keine Tränen mehr.

Tagebuch einer Woche - Notizen von Dornen

Montag

- Aufstehen um sieben Uhr. 274 Blutzucker. Ich spritze Insulin.
- Eine Frau, 34 Jahre, sie sieht aus wie 54, wartet seit sechs Uhr vor meiner Tür. Ihr Mann ist vor zwei Monaten gestorben. Sie lebt mit 11 Kindern in einem zerfallenen Haus mit Lehmboden, ohne Einkommen. Sie will in der Kreisstadt Sibiu ihre Rentenansprüche von 10 € monatlich geltend machen, hat aber kein Fahrgeld, weint, hat Hunger. Ich helfe...
- Eine Scheibe Brot beim Ankleiden der Soutane, Kaffee, Kreuzzeichen. Das Morgengebet fällt aus.
- Erzieher kommen mit ihren Problemen. Die Polizei des Dorfes bittet um ein Auto.
- Zwei Kinder wollen beichten, weigern sich, in die Schule zu gehen, dicke Probleme.
- Zwei Stunden Religion in der Staatsschule. Der orthodoxe Theologe will meinen Unterricht kontrollieren. Die Schüler der siebten und achten Klasse wollten unbedingt meinen Unterricht.
- Lange Zeit bin ich vom Schuldirektor in Cincu angefeindet worden. Seit einigen Jahren haben wir uns arrangiert und arbeiten nun miteinander und zum Wohle der Kinder des Dorfes und der eigenen Kinder. Manchmal muss man halt in seinen hohen Anforderungen zurückstecken. Wir sind nun mal keine Eliteschule.

- Angelus. Mittagessen mit den Kindern. Gelegenheit zum Gebet mit ihnen.
- Es geschehen noch Zeichen und Wunder – jedenfalls werden sie angekündigt. Heute erhielt ich die Nachricht, dass ich nun – 15 Jahre nach der »Revolution« – bald damit rechnen kann, einen Telefonanschluss im Haus der Stille in Iacobeni (Jakobsdorf) zu bekommen. Angekündigt. Doch daraus wird nichts. Ich habe mich zu früh gefreut. Es heißt, ich hätte nur einen »einfachen« Antrag gestellt: Bakschisch fehlte.
- Eine andere Nachricht ist überhaupt nicht erfreulich. In den Amtsblättern der *römisch*-katholischen Kirche ist zum wiederholten Mal die Warnung abgedruckt, für das Casa Don Bosco nicht zu spenden. Demidoff sei ein falscher Priester. Natürlich steht das auch im Internet. Diese Dornengeschichte ist ohne Ende.
- Dann versagt auch noch die Technik. Ein Computerspezialist muss kommen, weil unser Drucker nicht mehr funktioniert. Und das ausgerechnet heute, wo ich die Briefe an unsere Spender ausdrucken wollte.
- Viele Monate ist verhandelt worden, heute soll er endlich besiegelt werden: Der Nutzungsvertrag über die Kirche in Iacobeni (Jakobsdorf). Herr Martini kommt ursprünglich aus Jakobsdorf. Er hat mit großem Einsatz zu der Vereinbarung zwischen der Eigentümerin der Kirche, der evangelischen Kirche in Siebenbürgen, und mir als dem Bewohner des ehemaligen Pastorates von Jakobsdorf beigetragen.
- Die Auffassungen über die Nutzung der Kirche waren allerdings sehr unterschiedlich. Deshalb zogen sich die Verhandlungen hin. Auf der einen Seite verfiel die Kirche zusehends, da sie seit zehn Jahren nicht mehr für den

Gottesdienst genutzt wird. Andererseits hatte die evangelische Kirche für die notwendige Restaurierung kein Geld. Viele Kirchen verfallen in diesem Land. Ich habe dann angeboten, die Kirche mit unseren eigenen Leuten instand zu bringen.
- Solange die Vertragspapiere erstellt wurden, saßen wir in einem Besprechungszimmer. Der Dechant der Kirche, unser Verhandlungspartner, hatte den Raum verlassen. Meinem Begleiter und mir gegenüber saß nun ein freundlicher Herr. Er sollte, wie es hieß, uns die Zeit vertreiben. Das tat er auch. Er erzählte uns, dass er Lehrer am deutschen Gymnasium in Sibiu sei. 180 Euro würde er monatlich verdienen. Schon oft wurde er von seinen ehemaligen Schülern, die heute alle in Deutschland leben, zu einem Klassentreffen eingeladen. Aber um die Anreise und das Hotel bezahlen zu können, müsste er mehrere Monate arbeiten. Deswegen wurde daraus bislang nichts.

Die trotzige Kirchenburg von Iacobeni (Jakobsdorf)

- Wir plauderten ganz nett, bis unser Verhandlungspartner mit den überarbeiteten Verträgen wieder zu uns stieß. Wir setzten uns an einen der Besprechungstische. Demonstrativ nahm der freundliche Plauderer nun zusammen mit dem Liegenschaftsverwalter auf der gegenüberliegenden Seite des Tisches Platz. Offenbar bezog er gleichzeitig damit Stellung. Denn wie sich nun herausstellte, war dieser Herr durchaus nicht unser »Pausenclown« gewesen. Nun hieß es plötzlich, er sei Mitglied einer Bezirkskommission, die grundsätzlich überhaupt erst einmal gefragt werden müsse, bevor Verträge dieser Art unterzeichnet werden könnten.
- Selbst in kirchlichen Kreisen fehlt es wohl an der Offenheit einem engagierten Priester gegenüber, der ein Gebäude vor dem Verfall retten will. Ein Verhandlungsgebaren, das auf mich befremdlich wirkt.

Dienstag

- Kontrolle vom Gesundheitsamt. Es fehlen Essensproben der letzten Woche.
- Ein Kind gibt mir ein selbstgemaltes Kreuz mit Herz.
- Die Post bringt wieder 39 Briefe, wann soll ich antworten? Darunter zwei Drohbriefe (»...unter Hitler hat man diese Zigeuner vergast, was wollen Sie dort?«), ein Brief voller Beleidigungen (»...wer so fett ist wie Sie, kann doch nicht bei armen Menschen arbeiten...«) und sechs Bettelbriefe aus dem ganzen Land (»...mir ist mein Haus abgebrannt...«, »...ich brauche Geld für eine Operation...«, »ich habe das 12. Kind bekommen und kein Brot...« usw.)
- Die Jugendschutzdirektion Braşov ruft an: »Wir haben sieben Kinder, Geschwister, kein Heim nimmt sie, können Sie

wenigstens zwei bis drei nehmen?« Ich denke an Mutter Theresa und sage wie sie: »Nicht zwei, bringen Sie mir alle sieben«. Telefon aufgelegt. Herr, schick Geld.

- Marcella, der Mutter von Sabin, geht es heute nicht gut. Sie trank Wasser aus der Leitung, obwohl ich sie eindringlich davor gewarnt habe. Sie führt in Iacobeni den Haushalt, ist herzensgut, aber versteht manche Dinge beim besten Willen nicht. Zum Beispiel kippt sie immer wieder alle möglichen Abfälle in den Ausguss und muss diesen dann mit Gewalt wieder von Verstopfung befreien. Das ist ihr bestimmt schon zwanzig Mal passiert. Dafür hat sie etwas vielleicht viel Wichtigeres getan. Sie schmückte im Sommer die Fenster ihres eigenen Haus mit Blumen. Das hat hier noch niemand gemacht. Und siehe da: Schon fanden sich die ersten Nachahmer im Dorf. Es sind noch zarte Pflänzchen, die da sprießen, aber sie wachsen gegen die Gleichgültigkeit der Menschen und gegen die Tristesse. Die Häuser der Stiftung lasse ich in einem freundlichen, sonnigen Gelb streichen. Auch das findet Nachahmer und die Häuser verlieren ihre Traurigkeit und den Mief der Diktatur.

Pater Don:
kocht selbst zwischendurch für seine Kinder...

Tagebuch einer Woche – Notizen von Dornen

Mittwoch

- Abfahrt nach Bukarest in unsere Filiale, Haus St. Michael. Die meisten Kinder holen sich ihr Kreuzzeichen auf die Stirn, möchten alle mitfahren, winken... Sie sehen mich inzwischen nicht mehr täglich.
- Meine treue Buchhalterin Minodora (sieben Jahre in der Stiftung) kommt rasch ans Auto und gibt mir die neuesten Zahlen. Nach rasanten Preissteigerungen bei Strom, Gas und Lebensmitteln kostet ein Kind in dieser Inflation jetzt monatlich 403 €. Ich erschrecke, aber es ist wahr. Der Staat zahlt € 12,85 monatlich pro Kind...
- 4 ½ Stunden Fahrt nach Bukarest. Viorel, mein treuer Adlatus und designierter Nachfolger (10 Jahre in der Stiftung) fährt mich. Ich lese einen neuen Stapel Briefe und bete den Rosenkranz – gleichzeitig. An jeder Ampel bettelnde Mütter mit ihren Kindern auf dem Arm und streunende Kinder. Ich halte kleine Scheine (2.000 Lei = 5 Cent) im Bündel bereit. Aber auch das fehlt anschließend in der Buchhaltung, denn Straßenkinder geben keine Quittung.
- Halt zwischendurch in Braşov (Kronstadt). Eine Sterbende wartet auf mich. Suche den Block, die Etage, die Scara (Treppe), das Apartment. Der Lift geht natürlich nicht. Schimpfe mich deftig mit meiner Behinderung in die sechste Etage hinauf... Die Frau hat Leberkrebs. Ich bete mit ihr. Sie will leben... Herr, hilf.
- Weiterfahrt. Ein Lastwagen ist umgestürzt, auf der Straße liegt ein Toter. Ich lasse anhalten, hole meine Taschenstola heraus, knie mich neben ihn, bete. Die Polizei will mich verjagen, schimpft, flucht. Schnee, Glatteis, Eiseskälte, 29 Grad minus. Ein Hundewinter.

- Kurzstopp in Sinaia. Ein orthodoxes Kloster. Stille. Luft anhalten. Meine Seele atmet für einen Augenblick. Vor dem Portal warten wieder Bettler, Alte und Invaliden und Teppichhändler.
- Ein Hund läuft vors Auto. Vollbremsung. Kreuzzeichen, denn die Knie zittern.
- Das hätte nicht passieren dürfen. Eine Sozialassistentin-Anwärterin unserer Stiftung hat heute einen großen Fehler gemacht. Sie hat den Aufenthaltsort der kleinen Catalina verraten. Völlig vereinsamt war die vierjährige Catalina vor acht Monaten in einem Krankenhaus in Bukarest »abgegeben« worden – unter falschem Namen, deshalb konnten die Eltern nicht ausfindig gemacht werden. Das kleine Mädchen war krank, schmutzig und verlaust. Wie sich herausstellte, leidet Catalina an Diabetes. Vor einer Woche rief der Arzt des Krankenhauses bei mir an und bat mich, Catalina in Cincu aufzunehmen. Im Krankenhaus könne sich niemand um sie kümmern, sie hätte schon den »Krankenhausvirus« und müsse unter Menschen. Auch sei die medikamentöse Versorgung nicht immer gewährleistet. Ihre Mutter habe sie nur ein einziges Mal in der ganzen Zeit besucht. Ihr Kind solle im Krankenhaus bleiben.
- Ich nahm sie auf. Sie hatte lange Haare, die völlig mit Läusenestern durchsetzt waren. Also mussten wir ihr erst einmal die Haare abschneiden. Sie wurde neu eingekleidet und sieht heute, nach einer Woche in unserem Haus, wieder ganz gepflegt aus.
- Die Kinder haben sie schnell angenommen. Langsam beginnt Catalina wieder, ihre Fühler nach der Außenwelt auszustrecken. Sie lernt gerade, wie sie selber Blutwertmessungen durchführt

und sich Insulin spritzt. Das tut jedes Mal weh, aber das kleine Zigeunermädchen ist tapfer. Und nachdem sie die ersten Tage überhaupt nicht gesprochen hat, taut sie nun langsam auf. Gestern hat sie das erste Mal gelacht.
- Und heute hat ihre Mutter angerufen. Sie wolle ihre Tochter zurück haben oder man müsse ihr eine finanzielle Entschädigung zahlen. So läuft das hier in Rumänien! Die Sozialassistentin war so unbedarft, der Mutter zu erklären, dass Catalina sich zur Zeit in Iacobeni aufhält. Nun steht zu befürchten, dass die ganze Familie aus Bukarest anreisen und das kleine Mädchen mit Gewalt holen wird. Viele Zigeuner genießen in dieser Hinsicht einen zweifelhaften Ruf. Catalina kommt aus einem berüchtigten Viertel in Bukarest, der Vater gilt als gewalttätig. Sicher geht es ihnen nicht um Catalina. Es geht ums Geld.
- Als Catalina am Abend ihren Blutzucker misst, zeigt das Gerät einen Wert von 468 an. Das ist lebensgefährlich, nicht nur für ein Kind.

Donnerstag

- Kein Auge zugetan im Haus St. Michael. Die Probleme erschlagen einen. Der Nachbar hält mitten zwischen den Betonblocks einen Hahn. Der erste Schrei um drei Uhr nachts. So pervers kann nur ein Hahn in einem Betonblock schreien.
- Am Morgen der zwölfte Anruf auf dem Handy. Wer hat das bloß erfunden? Andererseits: Ich bitte meinen Freund Reiner Gränz um 2.000 €, sonst wird das Gas abgestellt. Reiner hilft immer...
- Die Mafia hat wieder versucht, sich unseres Hauses in der Straße Trifoi (Kleeblatt) zu bemächtigen. Fünfmal wurde das

Haus ohne unser Wissen illegal verkauft mit Hilfe einer korrupten Notarin. Ein Polizist gehört auch zu dieser korrupten Bande. Der Security-Dienst »Argus« (monatlich 250 Dollar) musste einschreiten.
- Wir finden ein Kind unter einer Haustreppe (Bogdan, 9 Jahre) und nehmen es mit, obwohl das verboten ist.
- Papierkrieg beginnt. Unsägliche Bürokratie, weil wir helfen. Fühle Wut in mir.

Freitag

- Gehe mit Viorel und Lucian, dem Leiter von St. Michael, zu den Kanalschächten, in denen Kinder hausen. Mir wird schlecht von dem beißenden Gestank, versuche vor den Kindern fröhlich zu bleiben, lache mit ihnen. Grauenhafte Schicksale. Klammere mich abermals an meinen Rosenkranz in der Soutane: »...der Du unter dem schweren Kreuz gefallen bist...«. Die Kanalkinder zeigen mir, dass die Stadt jetzt die Kanaldeckel verschweißt. Andere Hilfe gibt man ihnen nicht. Ich weiß nicht, was ich ihnen sagen soll. Wo sind all die Euro-Millionen aus Brüssel? »Ja, Herr, der Du abermals gefallen bist...«. Werde wieder in Brüssel vorstellig werden.
- Rückfahrt nach Cincu. Wir kaufen eine Plastik-Mahlzeit bei McDonald's, Hamburger und Pommes frites. Bogdan, das neue Kind, redet und redet... Seine erbärmliche Geschichte dreimal, viermal. Er wird noch viel zu verarbeiten haben.

Tagebuch einer Woche – Notizen von Dornen

Die Zufahrt zur mittelalterlichen Kirchenburg in Iacobeni (Jakobsdorf). Links dahinter grenzt das »Haus der Stille« an.

- Ich bin den ganzen Tag über angespannt. Nicht nur wegen Catalina. Heute habe ich eine schwere Entscheidung zu treffen. Fünf Kinder sind es, ein Mädchen und vier Jungen, die immer und immer wieder für große Unruhe im Heim sorgen. Sie halten sich nicht an die Regeln des Hauses, sie bestehlen und schlagen andere Kinder und belügen die Erzieherinnen. Was soll ich mit einem Mädchen machen, das sich nicht an Gemeinschaftsaufgaben beteiligen will, das sich weigert, die geringsten Tätigkeiten zu übernehmen und das schon mehrfach bestraft worden ist? Die gegenseitige Assistenz und Hilfe gehört zu den Grundregeln unserer Pädagogik. Soll ich sie in den Dreck, aus dem sie kam, zurückschicken? Ihre zwei Jahre jüngere Schwester wird ständig vom Onkel, von Nachbarn und vom eigenen Großvater missbraucht. Die Familie wohnt in einem Haus ohne Fenster und Türen, denn die haben sie in der

Wohnung verbrannt, um es für einige Stunden warm zu haben. Wer einen Vorgeschmack auf die Hölle sucht, kann hier fündig werden.

Samstag

- Mit Strafen, mit Ermahnungen und guten Worten haben unsere Mitarbeiter und ich über viele Monate versucht, auf die Störenfriede einzuwirken – ohne Erfolg. Die Pädagogik unserer Stiftung kommt manchmal an ihre Grenzen. In diesen Momenten muss ich mir eingestehen: Ich kann nicht alle Seelen retten. Schließlich trage ich die Verantwortung für mehr als fünfzig Kinder im Heim und betreue Hunderte draußen. Damit viele Kinder eine Chance haben, müssen wir uns von wenigen nicht Erziehbaren trennen.

    > Man kann in Kinder nichts hineinprügeln, aber vieles herausstreicheln.
    > Astrid Lindgren

- Aber eine letzte Chance haben alle noch einmal bekommen. Ich habe sie einer eindringlichen Befragung unterzogen und mich nicht gescheut, laut und drastisch zu werden. Eine Erzieherin und Viorel waren auch dabei, damit die Kinder nicht denken, es gäbe unterschiedliche Meinungen zu ihrem Verhalten. Tränen sind reichlich geflossen und versprochen haben sie – wieder einmal – viel. Ob sie es halten?

- Ich liebe meine Kinder, aber genau in diesen Punkt bin ich verletzlich. Diese fünf Kinder haben mich verletzt. Die Entschuldigung des Mädchens war nicht ehrlich. Sie hat wohl über einiges nachgedacht, aber sicher ist ihr – vielleicht auch durch Dritte – deutlich geworden, wie die Alternative für sie außerhalb der Stiftung aussieht. Aber sie hat nicht aus innerer Einsicht gehandelt, hat den Sinn der Stiftung und die Chance,

die sie erhalten hat, nicht wirklich verstanden. Damit hat sie mich verletzt. Das gehört zu meinem Dornenleben.
- Mein Blutzuckerspiegel steht heute Morgen bei 482. Als der Wert vor einigen Wochen die Marke von 500 überschritten hatte, fiel ich für mehrere Tage ins Koma. Auch der Blutdruck ist viel zu hoch. Mir geht es schlecht. Am liebsten möchte ich mich wieder ins Bett legen. Aber heute steht eine wichtige Besprechung in Cincu auf dem Plan. Eine neue Sozialarbeiterin hat heute ihren ersten Arbeitstag.
- Am Nachmittag muss ich zu einem Prozess nach Sibiu. Ich muss mich mit einer Frau auseinandersetzen, der ich vor längerer Zeit geholfen habe. Damals war diese Frau zu mir gekommen, weil sie sich verschuldet hatte und ihre Miete nicht mehr bezahlen konnte. Sie sollte nun ihr Haus verlassen und verkaufen, um die Schulden zu bezahlen. Die Frau ist Trinkerin und kann auch deshalb nicht gut mit Geld umgehen. Sie hoffte, ich würde ihr Geld geben, damit sie ihre Schulden begleichen könnte.
- Auf diese einfache Lösung, die auf Dauer sicherlich keine Hilfe gewesen wäre, wollte ich mich nicht einlassen. Ich schlug ihr etwas anderes vor. Ich bot ihr an, das Haus zu ersteigern und ihre Schulden zu begleichen. Sie sollte dann weiter darin wohnen, als Gegenleistung dafür aber das Haus in Schuss halten. Die Frau willigte ein und so geschah es.
- Einige Wochen hielt sie sich an unsere Vereinbarung. Dann begann sie, Steine aus einer Mauer herauszubrechen und diese zu verkaufen. Den Zaun riss sie ein und verkaufte das Holz. Außerdem ließ sie das Haus mehr und mehr verwahrlosen. In einem Zimmer lagen unzählige Kleidungsstücke, die sie aus unserer Kleiderkammer erhalten hatte. Anstatt sie zu waschen, hatte sie diese nach Gebrauch einfach auf den Fußboden

geworfen und sich neue Stücke geholt. Mehrere Versuche, die Frau zur Vernunft zu bringen, schlugen fehl. Mehr noch: Sie beschimpfte mich und verbreitete Lügen über mich im Dorf.
- Der Prozess hat sich über ein Jahr hingezogen. Heute habe ich den Prozess gewonnen. Ganz wohl fühle ich mich dabei nicht, denn nun wird die Frau ihr Haus endgültig verlassen müssen. Ich bin geheilt. Auf so eine Vereinbarung werde ich mich sicher nie wieder einlassen.
- Ich habe Catalina in unser Haus St. Michael nach Bukarest fahren lassen. Sollte die Familie hier nach Iacobeni kommen, wird sie Catalina nicht finden. Hoffentlich geschieht der Kleinen nichts.
- Der Vater von Catalina hat noch einmal angerufen. Er wollte wissen, wann er endlich sein Kind zurück bekommt. Eine unverhohlene Drohung. Heute Vormittag hat bereits der Krankenhausarzt angerufen, auf dessen Station Catalina acht Jahre verbracht hatte. Die ganze Zigeunerfamilie war bei ihm aufgetaucht und hatte ihn bedroht. So etwas darf ich in Cincu vor den Kindern nicht zulassen. Aber es gibt keine rechtlich zulässige Methode, den kleinen Menschen vor der eigenen Familie zu schützen.

Sonntag

- Blutzucker über 400. Habe kein Insulin mehr.
- Das Maß ist voll. Seit ich in Iacobeni lebe, versuche ich, dem Betreiber einer illegalen Dorfkneipe verständlich zu machen, dass er keinen Alkohol an die Kinder im Dorf ausschenken soll. Außerdem geben die betrunkenen Erwachsenen auf seinem für Kinder offenen Gelände nicht gerade ein Vorbild für die Dorfjugend ab. Die »Kneipe«, das ist ein verwahrloster Rohbau,

an den ein dreckiger Innenhof grenzt. Trotzdem wird sie gut frequentiert, und ein besonderer Spaß scheint es für die Erwachsenen zu sein, die Kinder mit Alkohol abzufüllen und tanzen zu lassen.
- Vergeblich habe ich mich an den Bürgermeister und den Polizeichef des Dorfes gewandt und darum gebeten, dass wenigstens die Kinder keinen Zutritt mehr zu diesem »Etablissement« erhalten. Stattdessen wird die Kneipe weiter ausgebaut, und wie zum Hohn wummert nun noch Discomusik durchs Dorf.
- Heute waren offizielle Vertreter des Kreises in Iacobeni und haben die illegale Kneipe geschlossen. Dass ich mir damit keine Freunde mache, liegt auf der Hand. Und nach zwei Tagen war der Alkoholtempel dann auch wieder offen.
- Mein kleiner Hund wird »Piffi« gerufen. Ich mag keine Menschennamen für Hunde. Am liebsten liegt er mitten auf meinen Füßen. Wenn ich im Gottesdienst auf einem Stuhl sitze, macht Piffi es sich unter meiner Soutane gemütlich. Sobald ich auch nur einige Schritte mache, springt Piffi aufgeregt zwischen meinen Beinen umher. Dann kommt es gelegentlich vor, dass ich auf Piffi drauftrete. Das quittiert er dann mit einem lauten Jaulen. Aber selbst diese schmerzhaften Erlebnisse halten ihn nicht davon ab, weiterhin um mich herumzuspringen.
- Jeden Sonntag ist es das gleiche Spiel. Wir wollen zur Heiligen Messe nach Cincu fahren und Piffi springt unaufgefordert in den Wagen. Dass er nicht immer dabei sein soll, will er nicht verstehen. Es ist schon vorgekommen, dass Piffi die ganzen zwei Kilometer bis zum Ortsausgang neben dem Wagen herläuft.

- Ich freue mich auf die Heilige Messe. Eine gute halbe Stunde fahren wir von Iacobeni nach Cincu. Anders als in westlichen Ländern (»schon wieder in die Kirche«) freuen sich unsere Kinder. Die Kinder sind sehr musisch und sehr religiös. Die heilige Messe zelebriere ich nach der alten tridentinischen Liturgie, die nach dem Konzil von der *römisch*-katholischen Kirche untersagt wurde. Natürlich haben wir auch orthodoxe Elemente einfließen lassen, denn die Kinder sollen ihrer Mutterkirche nicht fremd werden. Orthodox getaufte Kinder bleiben selbstverständlich orthodox, evangelische Kinder evangelisch.

> **Lucian und Marian, zwei Kinder aus Cincu**
>
> Beide sind Zigeunerjungen. Seit Tagen hatten sie nichts gegessen. Wir stellten ihnen eine Suppe hin, aber sie waren skeptisch wegen der heißen Dämpfe. Und obwohl sie hungrig waren, trauten sie sich nicht, zu essen. Warmes Essen kannten sie nicht.

- Die Vorbereitung der Messe ist für mich ein wichtiger Teil dieser Zeremonie. Ich lebe viele priesterliche Dinge nach der alten Tradition – und bin trotzdem weltaufgeschlossen. Was heute kein Priester mehr praktiziert: Beim Ankleiden der Messgewänder gibt es für jedes Kleidungsteil ein eigenes Gebet: Schultertuch, Albe, Cingulum, Stola und Meßgewand. Es sind wunderschöne, alte Texte. Wenn ich mir das Cingulum umschnüre, heißt es: »Umgürte mich mit dem Gürtel der Reinheit und mache mich rein.« Ich frage mich oft: Warum wurde diese Tradition einfach weggeworfen? Ich erlebe zu viele Priester, die in den Gottesdienst hineinstürzen und ihn wie eine Geschäftshandlung absolvieren. Es ist modern, ein fröhliches Hallo an den Anfang der sakralen Handlung zu setzen und ein »Allerseits Guten Morgen« und »Wie geht es Ihnen«? Wer so

seinen Gottesdienst beginnt, hat von einem sakralen Gottesdienst nicht die geringste Ahnung.
- Die Kinder erwarten mich schon, einige im Gewand des Messdieners. Die Gemeinde ist pünktlich und wartet schweigend in der Kapelle – unvorstellbar für rumänische Verhältnisse. Es ist wirklich jedes Mal eine große Feier. Trotz der vorgegebenen Liturgie wirkt nichts abgespult, sondern immer wieder neu bewegend. Mich ergreift immer wieder der heilige Ernst, die Aufmerksamkeit und die Hingabe, mit der die Menschen, die Kinder, auch die Kleinen, dem Gottesdienst folgen. Und welcher Besucher aus dem Westen ist nicht auch ergriffen von den wunderbaren, mehrstimmigen Liedern der Kinder. In der Predigt spreche ich sehr offen über Themen im Dorf, in der Welt, über die vergangene qualvolle Diktatur, auch über gefährliche neue Ein-flüsse des Westens: Geldsucht, Drogen, Pornographie und Treu-losigkeit. So etwas waren sie lange nicht gewohnt und es ist hier heute noch ungewöhnlich.

> **Drei Dinge machen einen Theologen: die Meditation, das Gebet und die Anfechtung.**
> Martin Luther

- In meinen zwei Stunden am Altar darf ich dann auch Priester sein, nicht nur Manager und Organisator, nicht nur Sozialarbeiter und Geldbeschaffer. Ob Außenstehende meine Liturgie verstehen, ist überhaupt nicht mein Problem. Meine Kinder aber begreifen alles. So habe ich oft während der Konsekration[1] wiederholt Situationen erlebt, die ich kaum beschreiben kann oder will. Eine »heilige Rührung« nimmt von mir und meinen Kindern Besitz. Es ist eben nicht nur eine andere Liturgie, nicht nur das alte Latein, die Muttersprache auch der Rumänen, es ist

---

[1] liturgische Weihe, zum Beispiel die Verwandlung von Brot und Wein beim Abendmahl.

vor allem auch eine vollkommen andere Theologie als die des Neo-Katholizismus. Dies sind meine größten Glücksmomente. Hier bin ich Priester, jetzt darf ich Priester sein.
- Sonntagabend: Der Leiter unseres Hauses St. Michael in Bukarest ruft mich aufgeregt an. Durch eine weitere Indiskretion hat die Familie der kleinen Catalina erfahren, dass sie in Bukarest ist. Mehrere Männer haben sich gewaltsam Zutritt zum Stiftungshaus verschafft und Catalina mitgenommen. Unser Sicherheitsdienst, den wir seit drei Jahren in Bukarest beschäftigen müssen, kam zu spät.
- Wenn die Familie ihr kein Insulin beschaffen kann, wird sie vermutlich nicht mehr lange leben. Ich kann nur beten für dieses Kind. Mehr kann ich jetzt nicht tun.

Bukarest: ein Moloch aus Beton

Kannst du dir vorstellen,
was es heißt,
jungen Leuten zu helfen,
denen keiner über den Weg traut?

Nehmen wir an,
JEMAND würde heutzutage
»in die Gosse gehen«,
um sich mit all denen zu solidarisieren,
deren Verhalten
Anstoß erregt.

Nehmen wir an,
JEMAND ließe es sich gefallen,
verdächtigt,
beschimpft,
persönlich diskriminiert zu werden,
weil er zu jenen hält,
die niemand achtet.

Nehmen wir an,
JEMAND wäre so selbstlos,
sein eigenes Wohl
nur im Einsatz für andere zu sehen.

Nehmen wir an,
JEMAND käme auf die Idee,
in all dem Elend
bei all dem Ärger
auch noch fröhlich zu sein.

Das wäre
erstens alles nicht auszudenken
und wir würden zweitens den Kopf schütteln
und ihn drittens für verrückt erklären

Don Bosco
war in seiner Zeit dieser JEMAND,
ob wir uns das ausdenken oder nicht,
ob wir den Kopf schütteln oder nicht,
ob wir ihn für verrückt erklären oder nicht.

> Ein Priester, der aus der Reihe tanzt, um armen Jungen zu helfen, macht bestimmt nicht alles richtig. Aber er macht auch nichts falsch.
> *Don Bosco*

Pädagogik und Don Bosco

Ab und zu fahre ich mit meinen Kindern auch zu McDonald's. Nicht gern und nicht oft, aber ich tue es. Die Kinder müssen wissen, wie die Welt aussieht und was in ihr vor sich geht. Schließlich haben wir keine Käfighaltung in Cincu, sondern wollen unsere Kinder zu freien und selbstbewussten Menschen erziehen, die wissen, in welcher Zeit sie leben. Ich glaube, wir sind das einzige Heim in Rumänien, das ohne verschlossene Türen und vergitterte Fenster auskommt. Auch wollen wir dem rumänischen Staat einmal tüchtige Staatsbürger schenken, statt asoziale Wesen.

Schon während meiner Zeit in Amsterdam habe ich nach pädagogischen Vorbildern gesucht. Ich wollte meine Arbeit mit den Straßenkindern gut und im Sinne der Kinder zielführend beginnen, hatte aber keine Erfahrung darin. Bei meiner Suche stieß ich zunächst auf Makarenko, den russischen Pädagogen, auf Pestalozzi, Philipp Neri, Waldorf, selbst Summerhill streifte ich. Aber das waren pädagogische Modelle, die ich für meine Arbeit nicht verwenden konnte. Schließlich stieß ich auf Don Bosco (1815 – 1888, Turin). Er hatte nun wirklich mit Straßenkindern gearbeitet, wenn auch zu einer anderen Zeit an einem anderen Ort. Und doch gibt es Parallelen: Die industrielle Revolution in Italien, der Kirchenkampf und die Verachtung des Klerus, die ungeheure

Armut, die unzähligen Kinder, die auf der Straße landeten, alles ist auch Rumänien im Jahr 2004. Aber seine »Pädagogik des

Der heilige Don Bosco (1815-1888)

Herzens«, das war es, wonach ich gesucht hatte. Mir ging eine pädagogische Welt auf.

Der kleine Giovanni Bosco hatte ein schwieriges Elternhaus. Der Vater starb früh, und Giovanni erhielt einen Stiefvater und mit ihm einen Stiefbruder, die ihm das Leben zur Qual machten. Seine Mutter hielt aber sehr zu ihm.

Zunächst einmal war Giovanni ein einfacher Hirtenjunge. Schon im Alter von vier Jahren musste er auf dem Hof kräftig mit anpacken. Seine Mutter konnte zwar nicht lesen, aber sie verstand es, ihm die Heilige Schrift nahe zu bringen. Bald fiel sein schauspielerisches Talent und mehr noch sein ausgezeichnetes Gedächtnis auf. Er war noch keine neun Jahre alt, da wusste er bereits, dass er Priester werden und sich »verlassener Kinder annehmen« wollte. Latein lernte er bei einem Pfarrer und als Student tat er sich sehr schwer. Doch diesen Weg beschritt er trotz vieler Hindernisse. Don Bosco fing zunächst völlig allein an. In einer Scheune begann er seine Arbeit mit den Straßenkindern von Turin.

Doch die Kirche und die Präfektur fanden seine Arbeit verdächtig. Er wurde in seinen eigenen Reihen verfolgt und angefeindet. Trotzdem blieb er der *römisch-katholischen* Kirche treu, denn er hatte das Glück, den Papst zu seinem Freund zu gewinnen. Als ihm sein Bischof verbot, weiterhin das Sakrament der Beichte zu erteilen, fuhr er schnurstracks nach Rom.

Don Bosco war Heiliger und doch Mensch durch und durch. Auch ich bin Mensch durch und durch, aber kein Heiliger. Don Bosco wurde wegen seines Engagements für die Kinder für verrückt erklärt. Der Staat witterte in ihm einen Konterrevolutionär, der verwahrloste Kinder um sich sammelt und für seine Zwecke missbraucht. (Natürlich wurde mir das in Rumänien auch unterstellt). Man wollte ihn in eine Irrenanstalt einsperren. Er wurde mit Spott überzogen und überstand zahlreiche Attentate.

> **Don Bosco nahm einem Sterbenden die Beichte ab.** Der bekannte, dass er seit Jahrzehnten nicht mehr gebeichtet habe. **Nachdem Don Bosco die Absolution erteilt hatte, sagte er:** »Das macht 100 Lire«.
> **Der Sterbende protestierte und sagte:** »Ich denke, eine Beichte ist kostenlos.«
> »Ach«, erwiderte Don Bosco, »**wenn Sie das wussten, warum haben Sie dann nicht schon früher gebeichtet.**«

Pädagogik und Don Bosco

Der Bischof von Turin forderte Don Bosco auf, seine Diözese zu verlassen. Don Bosco verließ auch tatsächlich die Diözese, aber nur, wie er sagte, um wiederzukommen. Papst Pius IX. hatte natürlich schon von dem störrischen Priester gehört. Aber ihm gefiel, was Don Bosco machte. Im weiteren Verlauf unterstützte er ihn sogar bei der Gründung eines eigenen Ordens, der »Salesianischen Gesellschaft[1]«, die sein Werk nach seinem Tod weiterführen sollte. Bei einer Abstimmung, in der sich gleich viele Kardinäle für und gegen die Gründung des Ordens aussprachen, gab der Papst seine Stimme für Don Bosco. Denn es ist so, dass sich ein Orden dem rechtlichen Zuständigkeitsbereich des Bischofs entzieht. Deshalb war diese Abstimmung, in der der Papst sich für Don Bosco aussprach, für den italienischen Priester ein unbeschreiblicher Erfolg.

In seinem Internat waren 150 Jungen untergebracht und in den von ihm gegründeten Lehrwerkstätten wurden ständig etwa 500

Don Bosco wurde zu seiner Zeit verhöhnt und verspottet.

---

[1] benannt nach Franz von Sales, dem zu Ehren Don Bosco eine Kirche erbaute.

Jungen ausgebildet. 1888 starb Don Bosco absolut entkräftet, ausgelaugt, und bereits 1934 wurde er heilig gesprochen, zur Ehre der Altäre erhoben.

Als ich in Rumänien anfing, gründete ich die Stiftung auf den Namen Don Boscos, denn er war mit seiner Pädagogik unser Patron. Die Salesianer, der Orden der *römisch*-katholischen Kirche aber witterten darin Feindschaft, Betrug. Sie eröffneten ihren Kampf gegen mich. Sie erstatteten Strafanzeige beim Untersuchungsrichteramt St. Gallen in der Schweiz, das wiederum Interpol einschaltete.

Die Bewohner in Cincu nannten mich bald »Bosco«, weil sie dachten, ich hätte der Stiftung meinen Namen gegeben. Irgendwann muss auch der einfachste Mensch im Dorf mitbekommen haben, dass ich nicht Don Bosco, sondern Don Demidoff heiße. Aber nach wie vor werde ich »Bosco« gerufen. Irgendwann gab ich es auf, mich dagegen zu wehren und bat den Heiligen im Himmel um Nachsicht.

▶ **Was Don Bosco widerfahren ist, widerfährt auch mir.**

Die Ereignisse in meinem Leben werden tatsächlich denen Don Boscos immer ähnlicher. Das ist nicht in jedem Fall eine angenehme Feststellung. Man hatte versucht, Don Bosco zu vergiften. Mir hat man ebenfalls Gift in den Wein gemischt, einmal bei einer Hochzeit, und zum zweiten Mal im Dorf Toarcla in einer Scheune, in der ich anfangs am Sonntag eine zweite Heilige Messe für die Zigeuner zelebrierte. Ich bekam Magenkrämpfe, wie ich sie nie zuvor erlebt hatte, und musste die Messe abbrechen. Viorel sorgte dafür, dass eine Analyse vorgenommen wurde. Und tatsächlich: In meinem Urin wurde Gift nachgewiesen. Aber im Gegensatz zu mir hat Don Bosco stets geahnt, wenn ihm Gift vorgesetzt wurde. Einem seiner »Gastgeber« hat er deshalb in voller Wut das Glas aus der Hand geschlagen und ist gegangen. Denn Don Bosco war cholerisch – wie ich. Und er war ein großer Kämpfer. Einmal zog er seine Soutane aus, um einem Minister Schläge anzudrohen. Übrigens hat das cholerische Temperament durchaus seine Vorteile, auch wenn es für die, die es ertragen müssen, oft qualvoll ist. Aber wenn ich sofort alles herauskotze, muss ich nichts in mich hineinfressen und ich bin nicht nachtragend. Die Widerwärtigkeiten meiner Arbeit hier konnte ich nur verkraften, weil ich cholerisch bin – und weil ich oft gekotzt habe

Don Bosco musste Schikanen über Schikanen erleiden, durch die Amtskirche als auch durch den Staat. Weil die Kinder der frühindustriellen Gesellschaft ausgebeutet wurden und Don Bosco sich vor die Kinder und damit gegen Staat und Industrie stellte, zog er Verfolgungen und Beleidigungen auf sich. Damals gab es zudem eine bedrohliche »Pfaffenfeindlichkeit«, unter der Don Bosco zu leiden hatte.

Viele Ereignisse im Leben Don Boscos wiederholen sich ständig bei mir. Ich kokettiere nicht damit, ich will es aber auch nicht verschweigen. Es ist ja auch schwer genug, wenn man kein Heiliger ist. Und dies sind keine Ereignisse, die ich selber produziere, sondern die auf mich zukommen, in die ich schlicht und einfach hineingestellt werde. Ein gutes Beispiel hierfür ist unsere Kapelle in Cincu. Als mein Mitbruder im Herrn, Pater Freddie Staelens – im Gegensatz zu mir Salesianer[1], der heute im Kongo arbeitet, das erste Mal bei mir in Rumänien zu Besuch war, stand er fassungslos und wie vom Donner gerührt vor unserer Kapelle. Er setzte sich mit mir in eine Ecke der Kapelle und fragte mich:

»Wann warst du in Turin?«

»Nein«, antwortete ich, »ich war noch nie in Turin.«

»Aber du hast Bilder gesehen von der Pinardi-Kapelle?« Er sprach von der ersten Kapelle, die Don Bosco gebaut hatte.

»Nein, Freddie, ich war noch nie dort und habe auch kein Foto davon gesehen.«

▶ **Wir hatten die Kapelle von Don Bosco, ohne es zu wissen, nachgebaut.**

Was hatte meinen Freund so bewegt? Die Kapelle, die ich eingerichtet habe, gleicht der Pinardi-Kapelle bis ins Detail. Dabei habe ich diese Kapelle nicht einmal gebaut. Sie war vorher einmal ein Gefängnis und danach eine ordinäre Kneipe gewesen. Aber unser Umbau, der Altar, die Seitentüren, die gesamte Konstruktion

---

[1] Ich sage ihm immer ironisch: »Du bist ein echter Salesianer.«

glich der Kapelle Don Boscos. Je nach unseren Möglichkeiten war die Kapelle Stück für Stück erweitert worden, und ohne dass wir von unserem Vorbild wussten, entstand die Kopie der Kapelle in Turin mitten in Rumänien.

Aus den Erfahrungen, die Don Bosco mit seinen Straßenkindern machte, hat er pädagogische Grundsätze erarbeitet, nach denen auch unsere Stiftung arbeitet. Natürlich gibt es Unterschiede. Wie gesagt, bin ich kein Heiliger. Die unglaubliche übermenschliche Geduld und Liebe, die Don Bosco seinen Jungen gegenüber zeigte, kann ich im täglichen Umgang mit meinen Kindern oft nicht nachvollziehen. Ich bin nur ein Mensch und außerdem Choleriker. Zweitens stehen die Kinder heute, im Gegensatz zu den Kindern zur Zeit Don Boscos, unter ganz anderen Einflüssen. Man kann sie nicht mit den gleichen Mitteln begeistern, wie mein Vorbild sie einsetzte. Drittens hat Don Bosco zunächst keine Mädchen aufgenommen, sondern sich allein um Jungen gekümmert. Später gründete er dann eine Schwestern-Kongregation, die sich den Mädchen widmete.

In einem koedukativen Kinderheim spielt natürlich auch Sexualität eine Rolle. Wir vermeiden sexuelle Übergriffe, weil wir den Familiengedanken von klein auf fördern.

Für die Kinder heißt das, dass sie sich alle als Geschwister betrachten, und unter Geschwistern gibt es keine Sexualität. Bisher ist diese Regel immer eingehalten worden. Aber wir leben nicht allein auf der Welt. Unsere älteren

Aus der Schulzeit sind mir nur die Bildungslücken in Erinnerung geblieben.
Oskar Kokoschka

Mädchen haben natürlich die Neigung, sich Kleidung auszusuchen, die ihre Figur betont. Auch der Wunsch nach Schminke und Nagellack wird geäußert. Beides ist bei uns nicht erlaubt.

Der Eingang zur Kapelle „Maria Pace" in Cincu. Früher war hier eine üble Kneipe, jetzt ein Heiligtum, ausgemalt mit dem Kreuzweg Jesu Christi

Daran müssen sich im Übrigen unsere Mitarbeiterinnen auch halten. Denn ich habe die Fürsorgepflicht meinen Kindern gegenüber, und ich versuche sie davon zu überzeugen, dass sie dafür noch viel Zeit haben werden. Bewahrt euch jetzt eure Kindheit. Gerade unsere Mädchen sind sehr frühreif. Bei den Zigeunern (sie nennen sich selber so) werden Mädchen oft schon mit 12 oder 14 Jahren verheiratet und werden Mutter. Ich habe nicht vor, auch noch die Kinder meiner Kinder im Heim zu versorgen!

Auch wenn es nicht immer leicht zu realisieren ist, werden unsere Kinder, je älter sie werden, in kleineren Zimmern untergebracht. Während die kleinen Kinder die Nacht im Schlafsaal verbringen, wohnen die älteren Kinder zu viert oder zu zweit auf einem Zimmer. Die persönlichen Bedürfnisse der Kinder wachsen schließlich mit dem Alter. Die Anforderungen an sie nehmen ebenso zu, ob bei uns in der Stiftung oder in der Schule, wie bei Kindern, die in einem Elternhaus aufwachsen, auch.

Pädagogik und Don Bosco

▶ **Religion ist auch ein Mittel der Pädagogik.**

Die religiöse Erziehung bildet das Fundament der Stiftungsarbeit. Ansonsten wäre eine sinnvolle pädagogische Arbeit bei den bestehenden Strukturen in Rumänien kaum möglich. Religion dient uns natürlich zunächst als Transportmittel für den Glauben, für die Kirche und für den Gottesdienst. Im täglichen Umgang ist Religion für uns aber auch ein Element der Pädagogik im Sinne von Organisation und festen Tagesabläufen, Regeln und Bräuchen. Religion segmentiert unseren Tages- und Wochenverlauf und bietet den Kindern dadurch Orientierung und Halt. Die Kinder, die in ihrem bisherigen Leben nur absolute Bindungslosigkeit und grenzenlose Freiheit, die schon zur Droge wurde, lebten, bekommen bei uns bald durch die Zuverlässigkeit des Tagesablaufes einen festen Halt. Diesen Halt lernen sie bald sehr schätzen.

Zeitweilig gebe ich auch Religionsunterricht – als katholischer Priester in einer orthodoxen Staatsschule mit Genehmigung des Schulinspektorates. Es hatte sich nämlich unter den Jugendlichen herumgesprochen, dass der Pater sehr ernst sein kann, aber auch, dass er Witze und Grimassen macht, dass er ein ernsthaftes Anliegen auf heitere Weise vermittelt und dass sein Unterricht spannend ist und ganz

> **Mein häufigstes Gebet: Herr, schenke mir Geduld. Aber wenn es geht: Bitte sofort!**
> Pater Don

von der Methode des immer noch praktizierten sturen Auswendiglernens abweicht. Die Kinder selber, beein-druckt durch die Schilderungen unserer Kinder, die »Boscoleti« genannt werden, haben vom Direktor diesen Unterricht geradezu erzwungen.

Wir haben uns die »Pädagogik des Herzens« von Don Bosco zu Eigen gemacht. Don Bosco spricht von der Liebe und der »Geneigtheit«. Über das Sentiment – über das Herz – erreichen wir die Kinder. Hinzu kommt die »Assistenz«, zum einen die der Erzieher und Priester, zum anderen die gegenseitige Unterstützung der Kinder untereinander, vornehmlich die Unterstützung der kleinen durch die großen.

Grundsätzlich geht die Pädagogik Don Boscos davon aus, dass in jedem Kind ein Kern steckt, der für das Gute zugänglich ist. Das Problem sah Don Bosco darin, diese Stelle zu entdecken. Und das ist in der Tat oft ein langwieriger, manchmal gar schmerzhafter Prozess.

Es ist eine Erfahrung, die ich jeden Tag mache. Zunächst einmal ist große Geduld erforderlich, um das Kind zu erreichen, das Kind zu gewinnen. Ich muss herausfinden, wo die sensible – auch die verletzliche – Stelle jedes Kindes ist, jene Stelle, an der sich das Kind öffnet. Gerade bei Straßenkindern sind diese Zugangspunkte verschüttet. Die Kinder sind stumpf. Sie können nicht mehr lachen und auch nicht mehr weinen. Umso wichtiger ist es, diese Stelle zu entdecken, dadurch das Vertrauen des Kindes zu gewinnen und für die folgende pädagogische Arbeit und das Leben in unserer großen Familie zu öffnen.

Neben dem Kinderheim in Cincu hat unsere Stiftung das ehemalige Pastorat in Iacobeni (Jakobsdorf) vom evangelischen Bischof erhalten und zum »Haus der Stille« ausgebaut. Hier habe ich eine Möglichkeit, die ich in Cincu nicht habe, nämlich die intensive Betreuung einzelner Kinder. Ich nehme dann meistens zwei bis drei Kinder für einige Tage aus dem allgemeinen Betrieb heraus, einmal als Belohnung und zum anderen, um ihre Verschlossenheit aufzuweichen. Während die Kinder mich für diese Zeit auch auf meinen Reisen begleiten, kann ich mich ihnen sehr viel intensiver beschäftigen und rund um die Uhr zuwenden, was mir sonst im täglichen Ablauf unmöglich wäre.

Pädagogik und Don Bosco

Ich muss den Kindern immer wieder vermitteln, dass ich sie alle gleich gern habe. Das gilt insbesondere für jene, die ich häufiger etwas schärfer herannehmen muss, weil sie wieder irgend etwas ausgefressen haben. Es ist ein ganz wichtiger Punkt meiner Arbeit, dass ich grundsätzlich keinen Unterschied zwischen ihnen mache, und das haben sie vor allem schätzen gelernt.

Don Bosco war ein einfacher Priester. Er war kein Intellektueller und hatte zunächst keine fundierten pädagogischen Kenntnisse. Er hatte eine einfache, manchmal deftige Sprache, was ich sehr an ihm mag. Seine Erziehung hat er über das Herz gelenkt. Bei allem, was er geschrieben und gedacht hat, hat er zuerst sein Herz befragt. Erst seine Nachfolger haben über die Grundsätze der Pädagogik Don Boscos geschrieben, er selbst hat kein Lehrbuch über seine Arbeit herausgebracht. Und doch: Ich habe viel von Don Bosco gelernt. Selbst heute noch bitte ich ihn um Rat.

Unsere Pädagogik ist offen wie unser Haus. Wir haben keine Berührungsängste, auch nicht mit Besuchern. Vor allem sind unsere Besucher, die zuvor staatliche Kinderheime gesehen haben, darüber erstaunt, wie offen und frei unsere Kinder mit ihnen umgehen. Auch ist der gemeinschaftliche Gedanke bei unseren Kindern sehr weit entwickelt. Nicht das »Helfen müssen« steht im Vordergrund, sondern das »Helfen dürfen«. Es gibt sogar hin und wieder Tränen, wenn ein Kind beim Geschirrspülen nicht mithelfen darf. Für die meisten Kinder ist es eine Ehrensache, wenn sie anderen Kindern helfen. Ich weiß natürlich sehr gut, dass wir keine wirkliche Familie sind und keine echte Familie ersetzen können. Aber alle geben sich Mühe, um diesem Ideal nahe zu kommen. Wir versuchen ganz bewusst, die Familie zu imitieren mit ihren Grundregeln und der gegenseitigen Assistenz, der Übernahme von Verantwortung und der Gewaltfreiheit. Anders als in der Schule werden unsere Kinder mit dem Vornamen angeredet. Auch der Pater, auch die Erzieher und Helfer.

Don Bosco im Klartext:

- Flösst der Jugend Vertrauen ein.
- Schart sie um euch.
- Nehmt euch des Lebens dieser verlassenen Kinder an.
- Wartet eine Verfehlung nicht ab, sondern kommt ihr zuvor.
- Nie soll eine Strafe demütigen.
- Kein Zorn! Auch kein gerechter!
- Lasst der Freiheit einen breiten Raum.
- Disziplin ist ein Mittel, kein Ziel.
- Ohne Freude geht nichts. Man braucht sie in der Schule und in der Kirche.
- Beten ist Freude!
- Heitert sie auf, um sie froh zu stimmen.
- Ohne Zuneigung kein Vertrauen, ohne Vertrauen keine Erziehung.
- Das ist das höchste Prinzip der Erziehung: Willst du, dass man dir gehorche, sorge dafür, dass man dich liebt.

Pädagogik und Don Bosco

Durch den Familiengedanken finden neue Kinder relativ schnell den Zugang in die Gemeinschaft. Als ich mit unseren beiden letzten »Neuzugängen« abends aus Bukarest zurückkam, warteten schon die größeren Kinder auf uns. Sie umarmten die Neulinge spontan. Die Kinder wissen, dass keine Konkurrenz kommt, sondern es kommen neue Kinder, mit denen man lachen und fröhlich sein kann. Es ist wunderbar, dass wir dies mit unserer Arbeit geschafft haben.

Jedes Kind ab acht Jahren hat eine kleine Aufgabe und übernimmt damit Verantwortung in der Gemeinschaft. Auf der Straße gab es keine Verantwortung, darum war auch alles egal. Ob in einem Raum abends das Licht gelöscht und die Tür verschlossen werden muss, ob der Gottesdienst vorbereitet werden soll oder die Glocke geläutet wird, jedes Kind hat seinen

Ob ich losfahren will, ob ich ankomme, stets bin ich von meinen Kindern umringt.

Zuständigkeitsbereich. Die Aufgaben werden in einem Plan festgehalten und regelmäßig kontrolliert. Mit dem Alter der Kinder nehmen auch deren Aufgaben zu.

▶ **Ich bin ein stolzer »Vater« meiner Kinder.**

Meine größte Freude ist es, wenn ich sehe, wie »meine« Kinder erwachsen werden. Ana ist heute 18 Jahre alt. Sie stammt aus Toarcla, einem der schlimmsten Dörfer, die ich kenne. Sie wuchs zunächst in erbärmlichen Verhältnissen auf, bevor sie als kleines Mädchen zu uns kam. In ihrem Alter ist ein Schulbesuch in Cincu nicht länger möglich. Deshalb fragte ich sie, was sie nun machen wolle.

»Willst du bei uns bleiben?«, fragte ich sie zuerst.

»Ja, Pater, auf jeden Fall.«

»Gut. Was willst du denn machen? Willst du bei uns Erzieherin lernen? Du erhältst ab sofort zwei Millionen Lei.« (50 €)

»Wenn es möglich ist, Pater«, antwortete sie, »dann möchte ich gern aufs Gymnasium in Făgăraș.«

Jetzt besucht sie das Gymnasium. Das ist doch fabelhaft. Zwar kostet es mich viel Geld, sie jeden Tag ins dreißig Kilometer entfernte Făgăraș zu bringen und wieder abholen zu lassen. Aber ich unterstütze sie gern, weil ich spüre, dass sie mit festem Willen an ihrer Zukunft arbeitet. Und sie benötigt auch Mut dazu, denn sie ist älter als der Klassendurchschnitt ihres Jahrgangs. Dass unsere Kinder diese Entwicklung nehmen, ist auch eines der vielen Wunder von Cincu.

Jeder Mitarbeiter weiß, was er zu tun hat. Die Aufgaben und Pflichten sind genau festgelegt, von der Reinigungskraft über die Köchin bis zur Erzieherin. Jeder neue Mitarbeiter bekommt seine Stellenbeschreibung schriftlich, und wenn irgendwelche

Verpflichtungen nicht eingehalten werden, bitte ich diejenige oder denjenigen, sich das noch einmal nach Feierabend durchzulesen. Ungehalten werde ich erst dann, wenn drei Mal der gleiche Fehler gemacht wird, weil man es nicht lesen will. Manche Erzieherinnen kommen zu uns, weil sie – ganz naiv – einfach den Wunsch haben, den Kindern zu helfen. Dann müssen sie von einem auf den anderen Tag begreifen, dass das so einfach nicht ist, dass es Regeln gibt und Methoden, und dass es nicht genügt, mit den Kindern zu spielen.

Gut ausgebildete und engagierte Erzieher zu bekommen, ist in Rumänien sehr schwer. Auf dem Land ist es fast unmöglich. Zu groß ist das Gefälle zwischen den Städten und dem Land. Wir müssen daher mit jenen Menschen vorlieb nehmen, die aus der Umgebung kommen. Und so kommt es, dass unsere älteren Kinder zum Teil schon über das Niveau der Erzieher hinaus gewachsen sind. Manchmal muss sich dann ein Erzieher gefallen lassen, von einem Kind auf die Regeln aufmerksam gemacht zu werden. Unsere Kinder haben zu kommunizieren gelernt, sie wissen, dass wir uns einander mitteilen. Die Erzieher sind noch im alten System verhaftet, Offenheit ist ihnen suspekt, ein Feedback gibt es nur selten.

▶ **In staatlichen Heimen werden Kinder heute noch ans Bett gekettet.**

Die Pädagogik wirkt selbst in die Bauweise unserer Häuser hinein. Wir achten beim Ausbau unserer Gebäude vor allem auch darauf, dass alles sehr stabil gebaut sein muss. Schließlich sollen Kinder darin wohnen und toben dürfen. Das zählt für mich zur »präventiven Pädagogik«. Ein Waschbecken muss zum Beispiel so fest angebracht sein, dass es durch die Kinder, die ständig an irgend etwas rütteln, nicht aus der Halterung gerissen wird. In staatlichen Heimen werden Kinder heute noch ans Bett gekettet, wenn sie das Personal »stören«.

Wir verfolgen ein anderes System, um unsere Kinder auf ihr Leben vorzubereiten. Wie in der Gesellschaft üblich wird bei uns Gutes belohnt und Schlechtes bestraft. Die Offenlegung ist Teil unserer Pädagogik. Dafür verwenden wir Punktetabellen, die für jeden sichtbar im Speisesaal angebracht sind. Wir praktizieren damit die Werte- und Leistungsgesellschaft, denn Leistung stellt einen Wert in unserer Gesellschaft dar. Für gute Leistungen gibt es einen grünen Punkt, schlechte Leistungen werden mit einem roten Punkt versehen. Wenn die Tabellen voll sind, wird eine Zwischenbilanz gezogen. Die roten Punkte werden mit den grünen Punkten verrechnet. Wer hundert grüne Punkte gesammelt hat, bekommt ein Fahrrad. Wer zu viele rote Punkte auf seinem Konto hat, ist gewarnt. Er muss mit Sanktionen – bis hin zum Ausschluss aus unserer Gemeinschaft – rechnen.

Der Schuldirektor ist Mitglied im Vorstand unserer Stiftung. Er versteht nach anfänglicher Feindschaft nun die Pädagogik, die wir unseren Kindern gegenüber anwenden. Trotzdem ist die Dorfschule weit davon entfernt, eine moderne Erziehung sicherzustellen. So wurde aus Lehrermangel eine bereits pensionierte Lehrerin reaktiviert, die schon unter Ceauşescu tätig war. Sie prügelt doch tatsächlich noch mit dem Rohrstock auf die Kinder ein.

Der Stoff, der in der Dorfschule vermittelt wird, ist aus meiner Sicht fragwürdig. Im Deutschunterricht beispielsweise müssen die Kinder Goethe auswendig lernen. Dabei bin ich sicher, dass die Lehrerin selbst nicht versteht, was ihre Kinder lernen sollen. Überhaupt ist der Ballast des Stoffes unzumutbar. Meine Kinder, die ich sehr langsam und sehr behutsam an einen geregelten

Schulbesuch gewöhnen musste, haben es vielfach sehr schwer. Außerdem lernen meine Kinder die übelsten Schimpfwörter in der

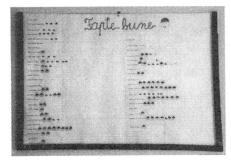 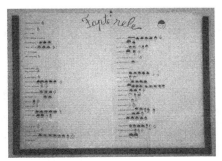

Die Tafeln mit den roten (rechts) und grünen Punkten geben jedem Kind Auskunft über sein Verhalten, über schlechte und besonders gute Leistungen.

Schule. »Să o futi pe Măta – fick deine Mutter«, so etwas lernen schon die Kleinsten und plappern es mit Vergnügen.

Wir wollten es nicht hinnehmen, dass unsere Kinder es mit zwei pädagogischen Systemen zu tun haben, dem der staatlichen Schule und dem unseres Hauses. Da mir das »pädagogische« Modell, das die Dorfschule in Cincu anwendet, nicht gefiel, beschlossen wird, eine eigene Schule einzurichten. Wir hatten bereits ein Gebäude dafür vorgesehen und Klassenräume eingerichtet. Acht Klassen fanden darin Platz. Als wir begannen, diese Idee umzusetzen, forderten wir damit natürlich die Schulverwaltung heraus. Kurzerhand wurde uns der Schulbetrieb vom Staat untersagt.

Heute nutzen wir die Räume für die medizinische Betreuung unserer Kinder. Da uns die Einrichtung einer Zahnarztpraxis gestiftet wurde, können wir auch in diesem Punkt die Versorgung unserer Kinder sicherstellen. In festen Abständen kommt ein Zahnarztteam aus Deutschland zu uns. Aber auch die Kinder des Dorfes profitieren von dem Einsatz der deutschen Zahnärzte.

> **Vasile,
> ein Kind aus Cincu**
>
> Aus dem staatlichen Kinderheim riss er aus. Er verkaufte seinen abgemagerten Körper an Homosexuelle.
>
> Laufend muss er sich den Mund mit Wasser ausspülen. Der Oralverkehr, zu dem er gezwungen wurde, hat ihn so mit Ekel angefüllt, dass es bis zum Ende seiner Tage reichen wird.

Ich möchte meine Kinder nicht zu lebensfremden Menschen erziehen. Auch wenn ich weltweit präsente Firmen wie McDonald's, Metro und andere verurteile und wegen der mir unheimlichen Globalisierung ablehne, weil sie ihre Mitarbeiter – darunter viele Jugendliche – ausbeuten, gehe ich doch ab und zu mit meinen Kindern dort essen und kaufe dort ein. Ich will nämlich noch etwas anderes deutlich machen: Auch wenn ich zu einer unbekannten katholischen Kirche gehöre, vertrete ich keine Sekte. Ich bin kein Verrückter, kein Fanatiker, der seine Kinder vor der Welt wegschließt. Tradition und Gegenwart sind zwei wichtige Säulen. Gerade in Rumänien, wo man den Menschen mit Gewalt ihre Tradition und auch schönen Bräuche geraubt hat. Warum sollen meine Kinder Jahr um Jahr warten, bis sich bei ihnen ein Mythos um ein Frikadellenbrötchen aufbaut? Sie sollen doch frei in der Gesellschaft aufwachsen, in der sie sich später behaupten müssen. Und dazu zählt auch der Um-gang mit Geld. Selbstverständlich bekommen meine Kinder Taschengeld. Wenn oft genug kein Geld da ist, warten sie, ohne zu murren, übrigens auch die Mitarbeiter nehmen das geduldig hin. Bewundernswert.

Während in Deutschland die Menschen verzweifeln, weil der Kündigungsschutz gestrichen und die Gehälter gekürzt werden sollen, ist man hier dankbar für ein Gehalt von 100 Euro.

Pädagogik und Don Bosco

▶ Weltfremd sollen meine Kinder nicht sein.

Meine Pädagogik basiert auf Wertevorstellungen, die ich auch durchsetze. Davon lasse ich mich nicht abbringen, denn ich bin der festen Überzeugung, dass wir wieder Werte brauchen – oder wenigstens einige bewahren sollten. Aber weltfremd dürfen meine Kinder nicht sein, sonst haben sie später keine Chance, sich ihre eigene Existenz zu sichern.

Über mich und meine Erziehung wurde sogar im rumänischen Parlament diskutiert. Über diesen verrückten, gefährlichen, ausländischen Priester und seine merkwürdigen Erziehungsmethoden. Ein Abgeordneter tobte sogar:

> Um meine Kinder für Gott zu gewinnen, gehe ich bis zur Verwegenheit.
> Don Bosco

»Was will denn dieser Priester in unserem Land? Er sagt, die Kinder dürfen nicht lügen. Er sagt, sie dürfen nicht stehlen. Er sagt, sie dürfen nicht schlagen. Was für ein Fantast! Hat dieser Mann jemals etwas von der rumänischen Realität gehört? Wo bringt der seine Kinder hin? Wo werden diese Kinder landen, wenn sie einmal aus diesem Heim kommen? Wie können sich diese Kinder in der rumänischen Wirklichkeit behaupten, wenn sie gelernt haben, sie dürfen nicht lügen, nicht stehlen und nicht schlagen? In einer Wirklichkeit, in der nur gestohlen und gelogen wird bis zum höchsten Staatspräsidenten?«

Was soll ich meinen Kindern dazu sagen? Ich habe mich geirrt? Stehlt mal schön, lügt ruhig weiter? Vergesst alles, was ich euch erzählt habe?

Armer Abgeordneter.

Mein liebes Kind,

*eines Tages standest du vor meiner Tür,
du hast dich nicht angemeldet,
weil du keine Möglichkeit hattest, dich anzumelden.
Du warst einfach da.*

*Ich nahm dich auf, ich fragte nicht,
warum du auf der Straße bist, ich fragte nicht,
bist du ein Junge oder ein Mädchen,
ich fragte nicht, woher kommst du
und zu welcher Kirche gehörst du.*

*Ich fragte dich nur:
Kennst du deinen Namen?
Hast du Hunger?
Hast du Schmerzen?*

*Jetzt geht es dir gut. Wir wissen deinen Namen
und wissen, woher du kommst.*

Jetzt wünsche ich dir dies alles:
Respekt

Wahrhaftigkeit
Fairness
Verantwortungsbewusstsein

Mitgefühl

Dankbarkeit
Freundschaft
Friedfertigkeit
Streben nach persönlicher Reife

Die Fähigkeit, an Gott zu glauben.

Pädagogik und Don Bosco

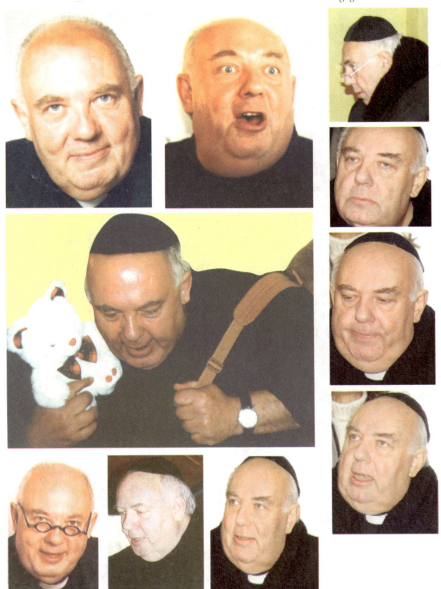

... wenn ich meine Kinder zum Lachen bringe, erreiche ich damit mehr, als durch 1.000 Predigten oder noch so raffinierte Erziehungs-Tricks...

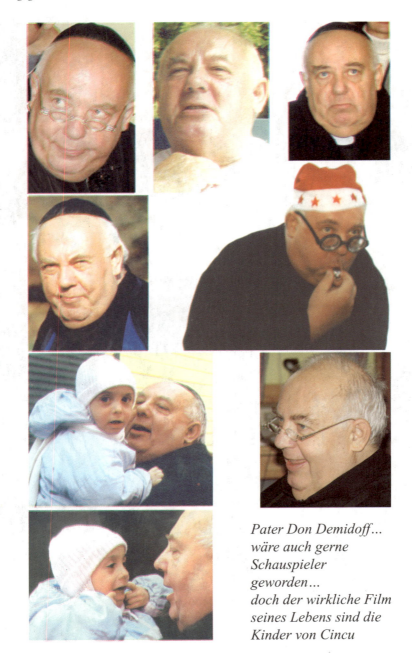

*Pater Don Demidoff…
wäre auch gerne
Schauspieler
geworden…
doch der wirkliche Film
seines Lebens sind die
Kinder von Cincu*

Pädagogik und Don Bosco

Fotos Pfarrer Friedrich Preissler Crottendorf

> Denn wir können die Kinder nach unserem Sinne nicht formen. So wie Gott sie uns gab, so muss man sie haben und lieben.
>
> *Johann Wolfgang von Goethe*

Werdet wie die Kinder

Die Kinder haben eine große Sorge, nämlich dass mir etwas zustößt. Auch merken sie meinen Verfall von Jahr zu Jahr. Das erste, worum sie in ihren Gebeten bitten, ist Gesundheit für mich. »Gib ihm Arbeitskraft«, sagen sie dann. Das ist mir oft peinlich und ich denke, ich müsste es eigentlich bremsen. Sie sollten vielleicht mehr für andere beten. Nachher denkt man noch, die Gebete für mich seien bestellt. Aber diese Gebete kommen ganz allein von den Kindern. Und natürlich kann ich sie gut gebrauchen, denn meine Arbeit, mein Dornenweg, kostet mich so viel Kraft. Und meine eigenen Gebete ersticken doch oft in einer umbarmherzigen Müdigkeit. Wenn ich mit dem Auto ankomme, lautet die erste Frage der Kinder immer: »Pater, wie geht es dir?«

▶ **Wenn es den Himmel nicht gäbe, würden die Kinder ihn mit ihren Gebeten erschaffen.**

Es ist die große Inbrunst, mit der die Kinder von Cincu beten. Ich sage immer: Wenn es den Himmel, wenn es den lieben Gott nicht gäbe, dann würden diese Kinder mit ihren Gebeten den Himmel erfinden. Auch hierzu gibt es eine Geschichte von Don Bosco. Eines Tages fiel Don Bosco inmitten seiner Straßenjungen um. Er hatte sich eine schwere Lungenentzündung zugezogen. Lungenentzündungen waren damals weitaus schwieriger zu

Werdet wie die Kinder

behandeln als heute und endeten oft tödlich. Seine Kinder beteten Tag und Nacht aus voller Überzeugung und mit großer Inbrunst auf dem Innenhof vor Don Boscos Fenster. Nach einigen Tagen öffnete sich die Balkontür und Don Bosco trat heraus, noch schwankend zwar, aber von seiner Krankheit geheilt.

»Viva Don Bosco, viva Don Bosco«, schrieen und grölten diese einfachen Kinder, deren Gebete erhört worden waren. Sie hatten ihn zurück ins Leben gebetet.

»Ich bin gesund geworden, weil ihr so gebetet habt!«, bedankte sich Don Bosco. »Ich sage euch etwas, meine Jungen: Ihr, die man euch verlassen hat, die man gequält hat, ihr habt einen Vertrag mit dem Himmel. Macht zukünftig Gebrauch davon.«

Dies sage ich auch meinen Kindern, denn sie haben mir mehr als einmal geholfen, schwere Situationen zu bestehen. Insbesondere habe ich die Kraft der Gebete ganz stark nach meinem Unfall gespürt und vor der anschließenden Operation, die acht Stunden lang gedauert hat. Ich wusste nicht, ob ich vielleicht ohne mein Bein wieder aufwachen würde.

Wer das Beten lernen will, soll nach Cincu kommen.
Pater Don

Das hätte ich zwar verkraftet, denn ich habe eine starke Psyche. Aber die Teilnahme, die mich aus allen Richtungen und allen Winkeln Europas erreichte, und immer wieder die Aussage: »Wir beten für dich«, das hat mich sehr getragen. Ich hatte das Gefühl, dass über ganz Europa hinweg eine einzigartige »Gebetskette« entstanden war. Eine unbewusste, nicht organisierte Gebetskette, die mir die Gewissheit gab, dass ich gut aufgehoben war. Mich umfing das Gefühl einer unglaublichen Zuversicht und Sicherheit, das alle Zweifel ausräumte.

Ich empfinde geradezu Kraftschübe, wenn meine Kinder für mich beten. Niemand befiehlt ihnen, nachts aufzustehen und in der Kapelle für mich zu bitten. Keiner weist sie an zu einer Gebetswache vor meiner Tür, von der sie sich selbständig jede Stunde ablösen. Das ist passiert, wenn es mir besonders schlecht ging, wie in der Zeit des Komas oder nach dem schrecklichen Autounfall. Das größte Wunder für mich ist es, wenn ich nach mehreren Tagen vom Bett aufstehe, als wäre überhaupt nichts gewesen. Und wenn mich Briefe erreichen, in denen von großer Sorge und großen Problemen berichtet wird, schreibe ich zurück: Machen Sie sich keine Sorgen. Ich sage es meinen Kindern, sie haben einen Vertrag mit dem Himmel.

▶ **Die Kinder haben einen Vertrag mit dem Himmel.**

Diese Kinder sind wunderbar. Als ich im Koma lag, haben mich meine Kinder herausgebetet. Denn es war nicht absehbar, dass ich daraus wieder heil herauskommen würde. Sie haben in Iacobeni und in Cincu gewacht. Und Viorel, der sich stets burschikos gibt und immer so tut, als könne nichts Menschliches ihn rühren, zeigt in solchen Momenten Züge, die man an ihm nicht vermutet. Ich war verärgert über ihn, weil er sich nicht bei mir gemeldet hatte, nachdem ich wieder aus dem Koma aufgewacht war.

»Er hat ja nicht mal angerufen«, beklagte ich mich über ihn bei Minodora, unserer Chefbuchhalterin.

»Pater«, entgegnete sie und ihr Blick strafte mich ab, »Sie tun Viorel jetzt sehr Unrecht. Sie dürfen so etwas nicht über Viorel sagen.« Bevor mir ein Rumäne so eine Antwort gibt, muss schon einiges passieren.

»Wie meinst du das, Minodora?«, wollte ich von ihr wissen.

»Als Sie so krank waren, hat er hier gesessen und meine Hand gehalten, damit ich nicht selbst losheule, und er hat so geweint.«

Nicht wahr, Dornen teilt man auch aus.

Werdet wie die Kinder

Wie ich mich immer wieder in den Menschen irre! Ich habe mich herzlich bei Viorel entschuldigt. Ich bin eben auch nur ein Mensch, ein einsamer Mensch inmitten der vielen Kinder, und bewerte manche Ereignisse zu hoch.

Oftmals beschämen meine Kinder mich, insbesondere dann, wenn sie von tiefer Religiosität ergriffen sind. Das ist mir besonders deutlich, wenn sie am Altar ihre ganz persönlichen Gebete formulieren. Ich habe sie ihnen nicht beigebracht. Nach dem Angelus – das ist das Gebet, das wir drei Mal am Tag beten (»Ich bin die Magd des Herrn. Mir geschehe nach Deinem Wort.«) – haben die Kinder sich angewöhnt, ihr persönliches Gebet in den Himmel zu schicken. Wenn ich höre, was die Kinder dort an eigenen Gedanken formulieren, wie sie auf aktuelle Ereignisse in der Welt reagieren, auch dass sie für mich und meine Gesundheit beten, dann bin ich sehr glücklich darüber. Und sie beschämen mich, weil ich oft nicht in der Lage oder zu müde bin, zu beten. Es kommt vor, dass ich die Sonntagsmesse nicht zelebrieren kann. Dann setze ich mich hinten auf den letzten Stuhl. Die Kinder machen dann ihren Gottesdienst, ganz so, als ob ich doch am Altar stünde. Wie soll ich diese Momente der Glückseligkeit beschreiben.

»Ihr sollt werden wie die Kinder«, hat Jesus gesagt. Kinder sehen viel früher und deutlicher als viele Erwachsene, wenn es mir nicht gut geht. Werdet wieder wie die Kinder, offen, bescheiden, natürlich und zugänglich. Meine Kinder sehen, wenn ich leide,

---

Marian, ein Kind aus Cincu

Wir befreiten ihn aus einer Hundehütte, in der er gehalten wurde. Er erhielt mehr Schläge als Brot.

Marian weigerte sich, aufrecht zu gehen. Erst nach drei Monaten kam er unter den Tischen und Stühlen hervor.

wenn die Dornenkrone, die mir bei der Profess aufgesetzt wurde, mal wieder zur sehr ins Fleisch drückt.

Es ist ja noch gar nicht so lange her. Nach dem Unfall beziehungsweise dem Anschlag auf mein Leben 1995 habe ich mich wieder berappelt. Bereits kurze Zeit nach meinem Unfall, als ich zur Nachuntersuchung ins Krankenhaus musste, waren die Knochen so schnell wieder zusammengewachsen, dass der Arzt von einem Wunder sprach. Ich bin sicher, dass das die Gebete meiner Kinder bewirkt haben.

Natürlich habe ich auch etwas dafür getan. Ich habe gegen meine Bewegungsunfähigkeit gekämpft, bis ich wieder laufen konnte. Erst habe ich den Rollstuhl die Treppe hinab gestoßen, dann habe ich meine Krücken weggeworfen, zum Schluss habe ich meinen Stock fortgeschmissen. Damals habe ich gekämpft. Aber die Diabetes, an der ich heute leide, lässt mich langsam und stetig verfallen. Jede kleine Krankheit, die ich früher einfach weggesteckt habe, schwächt mich mehr und mehr.

Was mir in Amsterdam noch nicht ganz klar geworden war, in Rumänien ging es mir auf: Ich begreife diese Kinder. Jetzt begreife ich sie. Nun weiß ich, was als Kind in mir selber vorgegangen ist, weil man meine Talente nicht erkannt hat, meine Fantasien unterdrückte, weil man mich in ein Schema gepresst hat, in das ich nicht gehörte. Wenn nicht Priester, so wollte ich doch so gerne Schauspieler werden. Wo ich doch eine russische Seele hatte und nun im deutschen Spießbürgertum groß wurde, wo man vom Vater eine ins Gesicht bekam, wenn man die Autotür zu heftig zuschlug – der kostbare Wagen hätte ja zerspringen können. Ja, ich begreife diese Kinder. Es ist doch mein eigenes Stigma. Das heißt nicht, dass ich weich mit ihnen wäre. Aber ich weiß, welche Tricks und welche erzieherischen Hilfsmittel ich anwenden muss, um in

Werdet wie die Kinder

ihre Herzen zu gelangen. Kinder haben das Recht, Grenzen zu überschreiten, die Pflicht des Erziehers ist es, die Grenzen zu ziehen und deutlich zu machen. Es ist doch kein Zufall, dass die wachsende kriminelle Energie von Kindern durch eine religionslose Erziehung verursacht wird. Manchmal gehört auch Härte dazu, um ihnen zu helfen, denn sonst geht es bei manchen Kindern nicht weiter und ich verliere sie wieder an die Straße. Meistens aber erreiche ich mit einer Grimasse, einem Spiel, einer albernen Verkleidung mehr als durch tausend Predigten oder noch so intelligenten Strafen. Wenn du Kinder zum Lachen bringst, hast du ihre Herzen gewonnen.

Doch können wir mit unseren menschlichen Begrenzungen nicht alles regeln. Das ist nicht möglich. Was ich machen konnte, habe ich gemacht. Alles andere lasse ich in Gottes Hand. Wenn Gott der Gott ist, an den wir glauben, wenn er der gütige, barmherzige, liebende Gott ist, der Gott, der ganz besonders der Gott der Kinder ist, dann wird er diese Kinder nicht mehr allein lassen.

Pater Don und Elena: ich sage Dir Ich habe einen Engel gesehen...

Werdet wie die Kinder

Pater Don und seine Kinder

226

Werdet wie die Kinder

Werdet wie die Kinder

40 dieser
Kinder
suchen immer
noch einen
persönlichen
Paten...

Ende Januar 2005 kam diese
Mutter mit ihren Kindern Maria und
Denisa in das Casa Don Bosco.
Man hatte sie brutal aus dem
Haus geworfen und sie schliefen bei 17
Grad minus nachts im Freien .

Werdet wie die Kinder

Wenn ich meine Kinder sehe ...
dann denke ich an meine Kindheit zurück,
an die zerbombten Häuser,
in denen ich spielte,
an meine Sehnsüchte einer heilen Welt.

Die heile Welt gibt es nicht,
wenn ich meine Kinder sehe.
Ich kann ihnen nur Ersatz geben,
keine Eltern, die ich ihnen so sehr wünsche,
viel mehr Liebe und vor allem Zärtlichkeit,
die ich ihnen nicht geben kann.

Wenn ich meine Kinder sehe,
dann weiß ich, dass ich sie bewahren will
vor weiterem Missbrauch und Gewalt.

Wenn ich meine Kinder sehe,
freue ich mich über ihr Lachen
und ihre Sorglosigkeit,
die sie in meiner Gemeinschaft lernten,
ich freue mich über ihre wiedergewonnene
Unschuld und ich bin stolz darauf,
dass ich sogar ihr Vertrauen gewinnen durfte.

Wenn ich meine Kinder der Straße sehe,
möchte ich ihnen die ganze Schöpfung
vor die Füße legen,
möchte sie ohne Ende segnen,
möchte ich mehr Güte und Liebe geben können,
möchte ich sie Stille lehren
und leise Töne,
möchte ich ihre Ehrfurcht erwecken
für Pflanzen, Tiere und Menschen,
für unsere Gemeinschaft,
für jeden Tag,

den wir gemeinsam leben und lachen,
für den Regen und für die Sonne,
für die Schule und für die Ferien,
für die Farben der Fantasie
und des Regenbogens,
für den Tautropfen, für die Ameise,
für die Biene, die uns am Altar
während des Gottesdienstes besucht,
für den Sonnenuntergang
und für jeden Stern am Himmel in der Nacht.

Immer wenn ich meine Kinder sehe,
sage ich ihnen,
dass wir Gott unendlich vertrauen können,
dass ER es war, der ihre Schritte
in das Casa Don Bosco in Cincu leitete,
dass wir seine Kinder sein dürfen.

Wenn ich meine Kinder sehe,
will ich auch Kind bleiben dürfen,
wenn auch mit geschundener Seele,
aber Kind,
wenn auch mit weißem Haar,
aber Kind,
wenn auch mit Buckel,
aber Kind.

Immer wenn ich meine Kinder sehe,
denke ich an die Ruinen meiner Kindheit.
Vielleicht baute ich ihnen deshalb
in einem kaputten Land
in einer Ruine
ihr Zuhause.

> Verschiebt nicht das Gute auf morgen,
> wenn ihr es heute tun könnt,
> denn vielleicht habt ihr morgen
> keine Zeit mehr.
> *Don Bosco*

Brief an meine Kinder

Denkt Ihr, liebe Kinder, noch an meinen Abschiedsbrief, bevor ich abfuhr? Mein guter Sohn Viorel hat ihn euch übermittelt. So wie Viorel seid Ihr alle meine Kinder. Ich freue mich mit euch und ich leide mit euch. Ich lache mit euch und ich weine mit euch. Vor diesem schrecklichen Unfall war ich viel öfter mit euch zusammen.

Wisst Ihr noch, wenn ich mich urplötzlich zu Boden fallen ließ, zwischen euch, wie ein schwerer, plumper Sack und Ihr über mich purzeltet und Ihr vor Freude gegluckst, ja geschrieen habt, und die Erwachsenen, die Gäste und die Mitarbeiter das überhaupt nicht begriffen und sie glaubten, dass ich gefallen sei oder Ihr mich zu Boden gerissen hättet. Und je mehr sie sich sorgten oder gar entrüsteten, spielten wir unser Spiel weiter und die Erwachsenen wurden immer konfuser. Dann versuchtet Ihr mit vereinten Kräften, mich vom Boden wieder hochzuziehen, mich wieder auf die Beine zu stellen und wir purzelten abermals und abermals übereinander.

Ein anderes Spiel war das Pantoffel-Spiel. Ihr versuchtet, mir die Pantoffel anzuziehen und dieser flog dann plötzlich durch das ganze Zimmer. Jeder wollte der erste sein, der die Pantoffel zurückholte. Und wenn Ihr es dann mit 10, 20 Kindern geschafft hattet, einen Pantoffel anzuziehen, flog der andere Pantoffel schon wieder vom Fuß im hohen Bogen durch die Luft, und Ihr wurdet nicht müde, mich zu bezwingen und ich war aus der Puste. Immer mehr Kinder habt Ihr zur Verstärkung geholt, bis Ihr meine kleinen Tricks entlarvt und mich bezwungen hattet und ich erschöpft in den Sessel zurücksank, endlich die Pantoffel an den Füßen.

Ach, welchen Spaß hatten wir so manchen Abend. Das Fernsehen war so uninteressant und fade dagegen.

Dann war plötzlich nach dem schweren Unfall alles vorbei. Wir wissen nicht, warum unser lieber Gott das zuließ. Aber der Unfall war ein schwerer Einschnitt in mein und damit auch in euer Leben. Alles war plötzlich anders. Und schlimmer noch, nach Monaten im Krankenhaus, musste ich wieder laufen lernen... wie ein kleines Kind. Ich hatte so viele Schmerzen, aber ich war nie wirklich traurig, denn Ihr wart alle so unendlich lieb zu mir, habt mir geholfen, habt mich gestützt und mir jeden Wunsch von den Augen abgelesen, mir die Krücken getragen, mir die Soutane hochgehoben, damit ich nicht beim Treppensteigen stolperte.

Immer waren einige von euch an meiner Seite. Wie Engel. Aber

Aus kleinen Straßenbanditen wurden kleine Heilige. Die Messdiener im Casa Don Bosco.

Brief an meine Kinder

vor allem habt Ihr mit Macht für mich gebetet. Ihr habt wahrhaft euren Vertrag mit dem Himmel eingesetzt.

Überall hatte man mich aufgegeben, weiter transportiert vom Krankenhaus in Făgăraş ins Krankenhaus Braşov, von dort ins Spital nach Bukarest und von dort mit einem kleinen Rettungsflieger nach Deutschland. Unser Engel Susanne hatte das organisiert. Die Zeit in den rumänischen Krankenhäusern war die Hölle. Oben am Himmel höre ich im Unterbewusstsein, wie der begleitende Arzt durch den Äther meldet, ich würde es nicht schaffen, ich würde den Flug nicht überstehen. In dieser Sekunde war ich dem Himmel wirklich nahe und Ihr wart mir so nahe, denn ich wusste, Ihr würdet den Vertrag mit dem Himmel einsetzen. Ich landete sicher in Hannover. Nie spürte ich so sehr, was Sicherheit bedeutet.

Und dann der Tag des Jubels, als ich nach Monaten zu euch zurückkonnte. Eine so lange Zeit und ich hatte nicht einmal eine Krankenversicherung, bis heute nicht. Unser himmlischer Vater hat für alles gesorgt, und auch das Flugzeug wurde durch wundersame Hände bezahlt. Wie habt Ihr mich empfangen. Nie zuvor war mir so deutlich, wie Ihr mich liebt und wie ich in eurem Herzen euer Vater sein darf.

Ja, euer Vertrag, euer Gebet, das ist eine unvorstellbare Macht. Ihr wisst ja gar nicht, welche Macht Ihr wirklich habt. Erst wollte man mein Bein amputieren, dann meinten die Ärzte, ich würde ein Leben lang im Rollstuhl bleiben, weil ich das Krankenhaus zu früh verließ. Aber ich wollte doch zurück zu euch. Mit eurem Gebet, eurer Zuneigung konnte ich ganz schnell wieder laufen, wenn auch erst an zwei Krücken. Und sonntags konnte ich das Heilige Messopfer wieder mit euch feiern, das wir alle so sehr vermisst hatten. Es ist für einen Priester schrecklich, wenn er nicht

Brief an meine Kinder

mehr an den Altar kann. Mit euren stürmischen Kindergebeten habt Ihr den Himmel bezwungen.

Ihr Kinder seid der Wegweiser zum Paradies, zum Himmel. Wie Raketen schießen eure Gebete zu unserem lieben Vater im Himmel. Und wenn eure Raketen ankommen, reißt der heilige Don Bosco schnell alle Wolken auseinander, stößt alle Fenster und Türen geschwind auf, damit nicht ein einziges Wort eures Kindergebetes verloren geht, nicht eine Silbe, nicht einmal ein Buchstabe, sondern wie ein Blitz am Thron unseres himmlischen Vaters landet, der immer für seine Kinder in der ganzen Welt, ja im ganzen Kosmos da ist. Und außerdem haben wir die Unterstützung von Don Bosco: »Schau, lieber Gott, schau mal, wie viele Gebete, Sätze, Worte, Silben, Buchstaben hier angekommen sind. Alles von den Kindern von Cincu. Schau, lieber Gott, wie viel Vertrauen sie haben. Lieber Gott, sagt Don Bosco, so schnell konnte ich gar nicht die Wolken an die Seite schieben, so kamen alle Gedanken und Bitten hier an-geschossen. Und schau mal, guter himmlischer Vater, wie wunder-bar alle Gebete eingepackt sind, manche in Tränen der Freude, manche in Tränen des Kummers. Einige Gebete kamen mit einer kleinen Kerzenflamme, die sie in der Kapelle in Cincu angezündet hatten, einige Gebete kamen auf dem Rauch aus dem Weihrauch-fass hier an, und ein Kind hatte sein Gebet einfach auf sein Kissen gelegt, auf dem es immer in der Kapelle sitzt, ein Kissen mit einem Clowngesicht:

Nicusor und Vasilica, zwei Kinder aus Cincu

Ihr genaues Alter kennen sie nicht. Die Mutter gab sie gegen Geld an einen Schafhirten fort. Sie bekamen nur etwas Schafskäse zu essen und lebten Tag und Nacht schlecht gekleidet draußen. Wie ein Bonbon aussieht, wussten sie nicht. Aber sie lernten, den Gestank der Schafe zu ertragen.

Brief an meine Kinder

Lieber Gott, mach den Vater von Cincu wieder gesund. Er soll sich wieder mit seinen Kindern fallen lassen können, er soll wieder die Pantoffel durch die Luft schleudern...

In der Kapelle ein Kissen mit einem Clowngesicht...

> Was du in vielen Jahren aufgebaut hast,
> kann einer in einer Nacht zerstören.
> **Bau trotzdem.**
> *Mutter Theresa*

Brief an meine Kinder und an die Mitarbeiter

Geliebte Kinder, liebe Mitarbeiter in der Stiftung!

Abermals muss ich für eine Zeit das Haus verlassen. Im Juni des vorigen Jahres war der schwere Unfall, der bis heute unaufgeklärt ist und der mein Leben verändern sollte.

Jetzt hat mich eine Lungenentzündung ereilt. Schon einmal, vor über zwei Jahren, hat mich eine schwere Lungenentzündung niedergestreckt, die – wie sich jetzt herausgestellt hat – nicht richtig ausgeheilt war. So fühle ich mich jetzt besonders elend und gehe nach Belgien in ein Krankenhaus, wo mich meine Freunde Ully und Bedeth versorgen werden.

Gott lässt es zu, dass uns etwas zustößt und ER lässt es zu, dass wir krank werden. Gott will uns immer etwas damit sagen. Was ER sagen will, erfahren wir oft erst viel später, manchmal aber sofort.

Ich habe in den vergangenen Jahren für euch Kinder und für euch, die Mitarbeiter gekämpft. Viele von außen und auch von innen wollten das Haus zerstören. Manche Kinder und Mitarbeiter waren oft undankbar. Noch während einer der letzten Reisen haben einige Mitarbeiter die Gelegenheit genutzt, faul zu sein, zu stehlen und zu lügen. Wie zur Zeit des Diktators. Einige Kinder waren besonders frech und haben die Regeln verletzt. Warum ist das so, sobald ich den Rücken kehre?

Ich lege auch dieses Mal wieder die Geschicke des ganzen Hauses und die Leitung der Kinder und der Angestellten in die Hände meines geistlichen Sohnes Viorel. Er kam wie Ihr, abgebrannt ins Haus und begann als Holzhacker. Er hat dann viele Abteilungen durchlaufen, hat viel gelernt und war immer einsatzbereit. Vor allem aber ist er ehrlich. Heute ist er mein persönlicher Assistent, und ich bin sicher, dass er eines Tages mein Nachfolger sein wird. Das ist die Wahrheit, wenn einer ehrlich und fleißig ist. Und religiös.

Jedes Kind und jeder Angestellte hatte und hat die gleiche Chance. Doch nur wenige nutzen diese Chance. Sie verharren in Faulheit, in Lüge, in Habgier, in Lieblosigkeit und sie stehlen selbst das, was den Kindern gehört: den Kindern der Straße, die gar nichts hatten. Nicht einmal Tiere tun das. Warum, Ihr Erwachsenen, ändert Ihr euch nicht? Warum verharrt Ihr im alten System, in der alten Mentalität? Habt Ihr immer noch nicht begriffen, dass dieses System zusammengebrochen ist? Warum kommt Ihr nicht zum Gottesdienst, obwohl ich euch in den vier Jahren so oft eingeladen habe? Warum geht Ihr ohne Beichte zur Heiligen Kommunion? Warum schändet Ihr das Allerheiligste, was wir in der orthodoxen und katholischen Kirche haben? Sagt nicht die Schrift, dass man sich damit das letzte Gericht selber einholt? Was ist das für ein Glaube, in dem Ihr täglich viele Kreuzzeichen schlagt, aber den Namen Gottes so oft verunehrt und ein Leben führt, als gäbe es die zehn Gebote nicht...

Begreift Ihr denn nicht, warum es in diesem Land noch viele

Jahre nach der Revolution nicht aufwärts geht? Warum so viele hungern, keine Arbeit haben, krank sind? Warum es in den Familien keinen Frieden gibt, wisst Ihr das nicht? Wisst Ihr denn nicht, warum so viele dem Alkohol verfallen sind und ihre Frauen schlagen? Wisst Ihr denn nicht, warum es denen da oben an der Spitze so gut geht und der Masse der Menschen so schlecht geht?

Ihr wollt es nicht wissen! Was interessiert es mich, wenn ich meinen Bauch voll habe, ich habe ja einen guten Lohn in der Stiftung. So denken viele.

Viorel wird mich vertreten. Jeder der in meiner Abwesenheit bestraft werden muss, weil er grob versagt, wird nach meiner Rückkehr ohne Diskussion und ohne Nachsicht das Haus verlassen. Ich werde so brutal sein, wie Ihr zu mir oft seid. Im Interesse der Kinder. Auch wer zu spät kommt in meiner Abwesenheit, wird das Haus verlassen, ohne Pardon. Wie kann man kleine Kinder warten lassen? Warum kommt Ihr nicht mal eine halbe Stunde früher, statt zu spät?

Viorel hat mein ganzes Vertrauen. Er ist mein geistlicher Sohn. Für immer. Er ist einer von euch. Er ist Rumäne, kommt aus diesem Dorf. Nehmt euch ein Beispiel.

Ich habe in vier Jahren die Stiftung aufgebaut. Ihr hattet und habt sichere Arbeitsplätze. Viele haben es mir nicht gedankt. Einige habe mich sogar im Dorf schlecht gemacht und gleichzeitig hielten sie hier die Hand auf und stahlen.

Wie verdorben muss man sein, um ein solches Leben zu führen?

Ihr habt eurem Priester alles Schlechte unterstellt. Ihr habt der Securitate geglaubt, ich sei Spion, Terrorist, Händler für Kinderorgane. Und was Ihr selbst euch noch alles ausgedacht habt. Wie schlecht muss man selber sein, um einen Priester so zu verdächtigen?

Brief an meine Kinder und an die Mitarbeiter

Ich wurde in eurem Dorf verhaftet, geschlagen, bedroht, stand vor Messern. Ich wurde beschimpft, verleumdet, erpresst und mit Intrigen überzogen. Das alles nur, weil ich den Ärmsten der Armen helfe: den Kindern, die man auf die Straße gejagt hat. Wenn es nicht diesen unendlich guten und barmherzigen Gott gäbe, der Menschen seit 2.000 Jahren ruft und zu den Armen schickt, was wäre dann?

Hat je einer von euch im Dorf für dieses Haus gekämpft? Oder gar für den Priester dieses Hauses? Ihr sagt immer, Ihr seid zu klein, Ihr habt Angst. Wieso, vor wem? Das sagt das ganze Land und davon profitieren die alten Securisten und sie beuten euch weiter aus, sie lassen euch nicht leben und nicht sterben, denn sie brauchen eure Armut, damit sie im Reichtum ersticken. Und diese Leute gibt es auch hier im Dorf. In jedem Dorf. Wer hatte in Cincu zuerst das Gas in seinem Haus? Ich habe in den vier Jahren meine ganze Kraft gegeben. Mehr habe ich nicht. Ich hoffe, dass ich wohlbehalten in Belgien ankomme, dass ich mich dort niederlegen und pflegen lassen kann.

Unverständlich bleibt es, dass Tausende von Menschen wegen ihrer politischen Gesinnung in den Kerkern der Kommunisten waren und nun erleben müssen, dass die gleichen Köpfe schon wieder das Sagen haben und die Menschen ausbeuten.

Niemand hat mich verpflichtet, diese Arbeit zu tun. Niemand hat mich gezwungen, nach Rumänien zu gehen. Niemand hat von mir verlangt, meine Heimat und meine Freunde hinter mir zu lassen. Niemand zwingt mich, die Kinder von der Straße aufzulesen. Niemand fordert von mir, so viele Arbeitsplätze aufrecht zu erhalten und dafür Monat für Monat im Westen betteln zu gehen. Ich habe nicht einmal ein Gehalt, meine Bezahlung ist Krankheit, ich habe keine Krankenversicherung und keinen Rentenanspruch.

Krank wird man in diesem Land nicht, weil man auf die Annehmlichkeiten der Zivilisation im Okzident verzichten muss. Krank wird man hier, weil es in dieser Gesellschaft nicht ein Minimum an Spielregeln und Achtung gibt. Krank wird man, weil man spürt, wie die Menschen sich hassen, bis in die Familien, wie sich die Eheleute untreu sind und quer durch die Häuser huren. Krank wird man, weil die Kinder Rumäniens keine Perspektive, keine Zukunft haben und jede Hilfe im Prinzip für das Nichts ist.

Steht Viorel zur Seite. Oder bedeutet euch das auch nichts, dass einmal ein Rumäne diese Stiftung leiten wird, dass eure Stiftung einmal rumänisch sein wird?

Ich gehe ausgelaugt und leer. Ich habe euch alles gegeben. Mehr habe ich nicht. Ich habe nicht von euch profitiert. Aber Ihr habt mehr Respekt vor denen, die euch aussaugen. Ich habe versucht, euch ein Vorbild zu sein. Natürlich bleibt auch ein Priester nur ein Mensch, mit vielen Fehlern. Aber ich war immer für euch da. Ihr verdient seit den Jahren gute Gehälter, davon leben ganze Familien, viele Familien im Dorf. Ist das auch die Aufgabe eines Priesters? Habt Ihr jemals darüber nachgedacht, dass Ihr für unsere Kinder auch einmal ein Opfer bringen könntet? Oder für die unendlich vielen Kinder, die weiter auf der Straße bleiben müssen – jetzt bei diesen tierischen Temperaturen?

Warum denkt Ihr immer nur an euch selbst? Wie lieb hat euch euer Gott, dass ER euch in diesem Dorf diese Stiftung geschenkt hat!

Betet ehrlich. Und betet mehr. Ihr betet zu wenig.

Ein letztes Wort euch Kindern: Seid lieb, begeht keine Sünde. Gehorcht euren Erziehern und Helfern. Und euren Professoren in der Schule. Es geht euch so gut hier und das ist Gottes Wille. Aber

Brief an meine Kinder und an die Mitarbeiter

vergesst die vielen Kinder nicht, die jeden Tag sterben, weil sie nicht einmal ein Stück trockenen Brotes haben. In der ganzen Welt. Ihr Großen, helft Viorel, geht ihm zur Seite, ohne Aufforderung. Helft den Kleinen. Sie brauchen euch. Helft euch gegenseitig. Wie in einer normalen Familie. Wir sind eine Familie. Nur, dass wir halt eine etwas größere Familie sind, nicht wahr?

Ich hoffe und bete, dass ich gesund zu euch zurückkomme. Wenn Gott will, wenn ER will, bin ich bald wieder gesund. Betet für euren geistigen Vater! Der euch so liebt, wie er seine eigenen Kinder lieben würde. Das verlangt Jesus von uns. Und was ER von uns verlangt, ist heilig. Betet! Eure Gebete steigen direkt auf zum himmlischen Vater. Eure Gebete machen keine Umwege. Sie sind im Himmel sofort erhört. Betet für mich. Ich werde euch nie im Stich lassen. Ich habe euch meine Treue versprochen und schon vielfach bewiesen. Und ich will noch viel mehr Kindern helfen: in Rumänien. Alles so Gott will.

Beachtet die zehn Regeln unserer Familie! Betet! Und schaut euch noch mal das Video über den heiligen Don Bosco an. Seine Kinder beteten auch für ihn und sie machten ihren Vater durch ihre Gebet gesund. Die Jahre habt Ihr mich gebraucht, jetzt brauche ich euch, Ihr meine geliebten Kleinen. Was soll ich ohne euch machen? Voriges Jahr im Kranken-haus, all die Monate ohne euch, waren sehr schwer. Aber wir müssen immer das erledigen, was Gott von uns will.

> **Roxana, ein Kind aus Cincu**
>
> Roxana hat mich kommen sehen: »Ich hab den ganzen Tag auf dich gewartet«, sagt sie. »Und was willst du von mir?«, frage ich. »Nichts. Du bist doch da.«

Ich mach euch allen ein kleines Kreuz auf die Stirn, so wie in jeder Heiligen Messe. Viorel wird mir täglich über Fax und Telefon von euch berichten. Wenn Ihr Probleme habt, geht zu Viorel, vertraut ihm, er ist wirklich euer Bruder.

Alle Schutzengel wachen über dem Casa Don Bosco. Wisst Ihr das? Eine ganze Armee von Schutzengeln. Sie schweben über euch, Flügel an Flügel. Nichts Böses kann da durchdringen. Schaut hinauf zum Himmel, Ihr meine geliebten Kleinen. Schaut all die Engel. Abends könnt Ihr sie besonders gut sehen, denn jeder Stern ist auch ein Engel. Schaut hinauf, sucht euch einen aus. Und sagt ihm auch, dass er auf mich, euren Vater, aufpassen soll.

Ich umarme euch alle. Auch die Erwachsenen. Lernt Frieden! Liebe!

So Gott will, werde ich bald wieder gesund sein.

Euer Pater Don

Engel in Bukarest. Aus dem Buch „Engel, Licht und Flügel" von Bruno Vonarburg

Interview mit den Kindern von Cincu

(Das Interview führte Erik Schumann)

Warum seid ihr hier?

Lenuta: Meine Mutter hat keine Möglichkeit, mich zu erziehen. Mein Bruder hat große Probleme mit seinem Bauch. Wo mein Vater ist, weiß ich nicht.

Alexandru: Ich war eines der ersten Kinder in dieser Stiftung. Mein Bauch tat mir immer weh. Der Pater hat mich in ein Krankenhaus nach Deutschland gebracht. (*Anmerkung: Dieser Junge darf keine Erzeugnisse aus weißem Mehl essen.*)

Camelia: Meine Mutter ist gestorben. Meine zweite Mutter will mich nicht mehr bei sich im Haus haben.

Kommt ihr alle aus dieser Gegend und aus Cincu?

Alexandru: Ich komme aus Toarcla.
Lenuta: Ich bin auch von dort. Wir sind Geschwister.
Camelia: Aus Șercaia. Das ist ein Dorf bei Făgăraș.
Lucian: Ich bin aus Făgăraș.

Wo möchtet ihr am liebsten sein?

Lucian: In Amerika! Ich will einmal die hohen Gebäude sehen.

Alexandru: Ich möchte am liebsten in einer richtigen Familie sein.

Interview mit den Kindern von Cincu

Camelia:	Meine Mutter, das Grab meiner Mutter würde ich gern wiedersehen. Ich war nicht mehr da, seit ich drei Jahre alt war. Aber wo das Grab ist, weiß ich nicht.
Ana:	Ich möchte mir noch einmal Deutschland ansehen.

Möchtet ihr gern selber einmal eine Familie gründen?

Lenuta:	(nickt)
Lucica:	Ich wünsche mir ein Familienleben.
Ana:	Ja, und niemals würde ich meine Kinder verlassen. Ich habe es erlebt, wie schwer es ist, ohne Eltern aufzuwachsen.

Was wollt ihr einmal werden?

Ana:	Sängerin. Ich mag klassische Musik. Ich singe im Chor.
Camelia:	Ich will auch Sängerin werden. Und ich spiele Gitarre. Außerdem singe ich auch in der Messe.
Lucica:	Ich würde gern Erzieherin sein.
Lucian:	Ich will Polizist werden.
Alexandru:	Manchmal repariere ich heute einen Fernseher oder ein Radio. Das will ich später auch machen.

Was bedeutet Pater Don für euch?

Lucian:	Für mich ist er wie ein echter Vater. Hier ist es wie in einer Familie. Manchmal verteilt er zwar rote Punkte, aber er ist gerecht. Wenn ich etwas Schlimmes getan habe, werde ich dafür bestraft. So ist das nun mal.

Alexandru:	(nickt) Aber deswegen ist er trotzdem ein Vater. Denn ein Vater liebt seine Kinder, auch wenn sie etwas Böses getan haben.
Lucica:	Für mich ist Pater Don wie ein Vater und Viorel ist wie ein älterer Bruder.

Ist Pater Don streng oder zu streng?

Ana:	Nein, er ist nicht streng.
Lucian:	Nein, nein, streng ist er nicht. Ich habe mich gewundert, warum ich nie von ihm verprügelt wurde. Zu Hause wurde ich immer geprügelt, und ich habe doch auch hier schon so viel angestellt.
Alexandru:	Stimmt. Das hier ist ganz neu für mich.

Schafft Pater Don es immer, gerecht zu sein?

Ana:	Doch, er ist gerecht. Wie macht er das bloß?
Lenuta:	Stimmt.

Ist Viorel ähnlich wie Pater Don oder was unterscheidet ihn?

Alexandru:	Ja, es gibt einen Unterschied. Er ist ein bisschen strenger als Pater Don.
Camelia:	Nein, ich finde, dass beide gleich streng sind.

Was verlangt Pater Don von euch?

Camelia:	Wir müssen die Regeln der Stiftung respektieren. Außerdem sollen wir auf unsere Gesundheit aufpassen.
Ana:	Er verlangt, dass wir etwas schaffen im Leben. Dass wir etwas für uns realisieren.

Lucian: Er wünscht sich, dass wir alle etwas im Leben erreichen.

Es gibt zehn besondere Regeln im Casa Don Bosco. Muss es noch mehr Regeln geben?

Alexandru: Ich finde, es funktioniert so.
Lucian: Doch. Es sind genug Regeln.

Was wünscht ihr Pater Don?

Camelia: Gesundheit, und endlich mehr Ruhe zu haben.
Lucica: Gesundheit. Er soll doch nicht mehr krank sein.
Ana: Er soll keine Feinde mehr haben und keine Gegner.

Wie helft ihr Pater Don?

Alexandru: Wir versuchen, nichts anzustellen.
Lucian: Ich versuche, ihn nicht zu ärgern.
Camelia: Wir beten oft für ihn, und ich gebe ihm die Medizin und darf seinen Blutdruck messen.
Lucica: Ich glaube, wir würden alles für ihn tun, damit wir ihn bloß nicht verlieren.
Ana: Ich helfe ihm bei der Gottesdienstvorbereitung.

Wie sieht euer Tagesablauf aus?

Camelia: Wir haben einen langen Tagesablauf. Um sechs Uhr stehen wir auf, wir beten und frühstücken dann. Danach gehe ich in die Schule. Um ein Uhr ist die Schule wieder aus. Nach der Schule gehen wir in die Kapelle zu einem kurzen Gebet. Dann gibt es Mittagessen und danach machen wir Haus-

	aufgaben. Oft muss ich noch was lernen. Danach gehe ich raus zum Spielen.
Ana:	Bei mir sieht der Tagesablauf etwas anders aus. Ich werde nach Făgăraş in die Schule gefahren. Sie fängt erst um 13 Uhr an und geht bis 19 Uhr. Dann werde ich wieder abgeholt. Aber ich habe es selber so gewollt, weil ich aufs Gymnasium wollte. Ich habe noch drei Jahre vor mir. Und abends mache ich noch Hausaufgaben. Außerdem mache ich zur Zeit an der Schule ein Praktikum als Automechanikerin. Später muss ich mal eine Entscheidung treffen, was ich im Beruf machen möchte.
Lucian:	Ich besuche noch die Schule in Cincu. Ich bin in der sechsten Klasse.

Welche Aufgaben habt ihr im Haus?

Lucian:	Abends muss ich die Tür zum Hof abschließen. Und ich darf die Glocke läuten.
Camelia:	Ich helfe in der Küche, wenn ich von der Schule komme.
Lucica:	Ich muss die Tische abräumen und wischen.
Alexandru:	Ich sorge dafür, dass immer Toilettenpapier da ist.
Ana:	Ich bin für die Kerzen in der Kapelle zuständig. Und dass es dort sauber ist.

Was soll in dem Buch über den Pater stehen?

Ana:	Es soll was drin stehen über das Leben des Paters. Wie er aus Deutschland gekommen ist und die Kinder aufgesammelt hat. Spannend ist das.

Interview mit den Kindern von Cincu

Lucian: Ich will natürlich etwas über uns lesen. Wie er uns erzieht. Die ganze Wahrheit eben.

Lucica: Über die Schwierigkeiten, die wir früher hatten. Wo er uns gefunden hat.

Alexandru: Ich darf keine Mehl essen. Ohne die Hilfe des Paters wäre ich schon tot.

Camelia: Wie alles gekommen ist, wie der Pater angefangen hat. Und warum er uns geholfen hat.

Aurelian, Lucian, Iulian: Fröhliche Weihnacht überall...

> In allen Konfessionen findet es sehr häufig statt, dass unter Freiheit der Kirche die Herrschaft der Priester verstanden wird.
> *Otto von Bismarck*

Ein Gespräch mit Aneta

Rumänien ist noch lange kein Rechtsstaat. Nahezu alle, die in hohen Positionen sitzen, haben ihre »Leichen im Keller«. Wer Millionenbetrügereien begeht, ist nach wenigen Tagen wieder aus dem Gefängnis heraus. Der Zigeuner, der einen Sack Kartoffeln stiehlt, um seine Familie ein paar Tage zu ernähren, geht für sieben Jahre in ein völlig überfülltes und menschenunwürdiges Gefängnis – im Jahr 2004. Die Österreicher bauen jetzt ein Gefängnis in Bukarest für die vielen kriminellen Rumänen, die dort abgeschoben werden. Der Bau des Gefängnisses ist billiger, als die Verwahrung in Österreich.

Für arme Menschen ist es nahezu ausgeschlossen, in diesem Land Recht zu bekommen. Zu Beginn eines Prozesses muss der Kläger eine »Kaution« beim Gericht hinterlegen. Falls die Klage unberechtigt ist, wird diese Kaution vom Gericht einbehalten, um damit die Richter zu bezahlen. Prozesskosten werden gesondert berechnet. Ich musste beispielsweise 1.000 Euro Kaution bezahlen, um mich gegen die Verleumdung eines Journalisten zu wehren. Diese für die meisten Rumänen riesigen Geldbeträge verhindern natürlich, dass viele Prozesse überhaupt angestrengt werden. Recht haben und Recht bekommen ist besonders in Rumänien zweierlei.

Ein Gespräch mit Aneta

Ich konnte meine Kraft leider nicht allein für den Aufbau des Hauses und die Betreuung der Straßenkinder verwenden. Es mussten viele Prozesse geführt und gewonnen werden. Es waren über 80 Prozesse in all den Jahren. Bevor ich Aneta Vovca kennen lernte, habe ich zehn Anwälte ausprobiert und dabei bisweilen bizarre Erfahrungen gemacht. Dann steht man da vor Gericht, der rumänischen Sprache nicht mächtig, ein fremdes Procedere um sich herum – und der eigene Anwalt kommt nicht, hat aber zuvor ein saftiges Honorar kassiert. So lassen sich wohl in keinem Land Prozesse gewinnen.

Mit diesen Pfeifen konnte ich nicht zu meinem Recht kommen. Bis ich bei einem Fall meine heutige Anwältin kennen lernte. Nach der Verhandlung ging ich auf sie zu:

»Frau Vovca, Sie sind meine Anwältin.«

»Wer sind Sie denn?« Obwohl nicht größer als ich, blickte sie auf mich herab. Dass ich mich ihr als Straßenpriester vorstellte, machte sie nicht gnädiger. Aber wie es meiner Art ist, blieb ich hartnäckig.

> **Wer immer auf sein Recht pocht, bekommt wunde Finger.**
> Volker Schlöndorff

Aneta Vovca war unter Ceaușescu Generalstaatsanwältin. Dadurch hat sie heute noch enorme Beziehungen. Sie muss keine Bestechungsgelder bezahlen. Aneta arbeitet äußerst diszipliniert. »Mach dir keine Sorgen«, sagt sie zu mir. »Aber steh artig auf, wenn der Richter kommt. Und sag bitte nichts.«

Aneta konnte am Anfang nicht sicher sein, ob ich nicht tatsächlich andere Absichten hatte, als den Kindern zu helfen. Oft wurde sie gefragt, ob sie nicht Angst hätte bei einem solchen Mandanten. Schließlich war die Presse voller Lügen gegen mich. Viele Stunden haben wir bei gemeinsamen Autofahrten verbracht, wenn wir wieder einmal unseren Fall an ein anderes Gericht haben verlegen lassen, weil die Richter bestochen waren. Wir

Ein Gespräch mit Aneta

unterhielten uns im Wagen, wir diskutierten abends im Hotel, und langsam gewann ich ihr Vertrauen. Ich habe ihr gezeigt, was ich mache, ich nahm sie mit nach Deutschland, und nun weiß sie, wer ich bin. Es hat Jahre gedauert, und nach über achtzig (!) Prozessen, die wir geführt und – bis auf zwei – gewonnen haben, sind wir heute Freunde. Ich kann ihr immer wieder interessante Aufgaben bieten. Wir haben es beispielsweise geschafft, durch Prozesse zwei Gesetze zu ändern.

Aneta ist berechnend, ich bin emotional. Aneta hat wenig Gefühl für meine Kinder. Sie hat keine eigenen Kinder. Zwar bewundert sie, was ich mache, aber es könnten auch alte Menschen sein, um die ich mich kümmere.

Emotionen zeigt sie nicht, sie darf und will sie nicht zeigen. Unser Naturell ist sehr gegensätzlich. Deswegen gab es oft Reibereien und Auseinandersetzungen zwischen uns. Schon einmal wollte ich unsere Zusammenarbeit aufkündigen. Aber in solchen Momenten kann ich wiederum sehr berechnend sein. So unabhängig bin ich nun eben doch nicht, als dass ich es mir

Aneta Vovca, Anwältin – und Freundin.

Ein Gespräch mit Aneta

erlauben könnte, die beste Anwältin Rumäniens gehen zu lassen. Schon öfter hat es sich gezeigt, dass es gut war, wenn wir uns zusammengerauft haben. Und auch sie war dankbar, dass ich sie nicht fallen ließ.

Einmal war es so weit, dass ich zu ihr sagte: »Aneta, jetzt ist Schluss. Es geht so nicht mehr. Ich kann es nicht mehr bezahlen, es geht über die Kräfte unserer Stiftung hinaus. Ich kann nicht das Geld der Kinder für teure Anwälte ausgeben.«

Enttäuscht fuhr sie nach Hause. Einige Tage darauf kam sie wieder und fragte mich, ob ich meinen Entschluss nicht noch einmal überdenken könnte. Sie hätte auch darüber nachgedacht und würde ihre Forderungen auf ein moderates Maß beschränken, wenn ich sie nicht entlassen würde. Dabei wusste ich, dass sie genug Klienten hatte.

Und dann sagte sie noch: »Was sollen denn die Menschen denken, wenn ich Bosco nicht mehr vertrete?«

Ja, Aneta ist die Anwältin von »Bosco«. Ob der heilige Don Bosco im Himmel sich darüber freut?

Man kann diesen Satz auf mehrere Arten auslegen. Ich habe ihn positiv interpretiert. Und wie es so ist mit Freundschaften: Wenn man gemeinsam auch schwere Zeiten durchsteht, formt dies den Zusammenhalt. Heute kommt es nicht gleich zum Bruch, selbst wenn ich vehemente Kritik an ihr übe. Sie geht auch mehr als früher auf mich ein, wenn ich zum Beispiel wünsche, bei einem Prozess einige Minuten Rederecht zu bekommen. Dann setzt sie sich vor Gericht für mich ein, denn normalerweise steht mir kein Rederecht zu. Und immer findet sie, selbst innerhalb des herrschenden neokommunistischen Systems, neue Wege, um unser Recht

Wo keine Gerechtigkeit ist, ist keine Freiheit, und wo keine Freiheit ist, ist keine Gerechtigkeit.
Seume

Ein Gespräch mit Aneta

durchzusetzen. Daran merke ich, dass sie sich mit der Stiftung verbunden fühlt, dass sie nachdenkt, wie sie uns helfen kann. Sie ist ein wichtiger Mensch, der hilft, mein Werk und die Kinder zu schützen. Sie ist auch ein Engel der Stiftung.

Curtea Suprema, der höchste Gerichtshof in Rumänien: hier bekamen wir immer Recht.

Ein Gespräch mit Aneta

Interview mit Maestra Aneta Vovca
(Das Interview führte Erik Schumann)

Warum kämpfen Sie für einen Straßenpriester?

Pater Don bezeichnet mich als die einzige Freundin, die er in Rumänien hat. Das schmeichelt mir. Ich begleite ihn seit über zehn Jahren als Anwältin. Wir sind kreuz und quer durch das ganze Land gefahren, weil wir in vielen Städten für das Recht der Kinder und der Stiftung vor Gericht gefochten haben. Die ganze Prozessvorbereitung, die gemeinsamen Stunden im Auto, unsere kleinen und großen Siege, dadurch lernt man sich gut kennen. Mein Mann wirft mir vor, ich würde mehr Zeit mit dem Pater als mit ihm verbringen.

Ich habe großen Respekt vor der Arbeit, die Pater Don leistet. Es ist eine schwere Arbeit, die er nicht für sich, sondern für unsere Kinder, für unser Land leistet. Auch in den größten Schwierigkeiten hat er die Kinder nie verlassen. Viele ausländische Stiftungen sind aus meinem Land wieder fortgegangen, Pater Don ist geblieben. Er ist sicher alles andere als naiv, er ist kein Träumer. Hinter seinem Erfolg steckt harte, harte Arbeit.

Ist Pater Don nicht eher ein schwieriger Klient, weil er sich mit den Obrigkeiten des Landes anlegt?

Der Pater hat ein ausgesprochenes Rechtsgefühl, und deshalb zögert er nicht, die Autoritäten vor Gericht zu bringen, wenn seinen Kindern, der Stiftung oder ihm Unrecht widerfährt. Damit zeigt er auch den anderen Menschen im Land, dass es ein aufrechter Charakter gegen Widerstände von oben schaffen kann, sein Recht zu bekommen. Denn bisher haben es nur wenige

Ein Gespräch mit Aneta

Menschen gewagt, solche Prozesse zu führen. Der Pater ermahnt die Autoritäten dieses Landes, das Recht zu akzeptieren.

Den ersten Prozess musste Pater Don führen, weil er kein Schmiergeld zahlen wollte. Deshalb wurde behauptet, er hätte ohne Genehmigung gebaut. Auf dieser Grundlage wurde angeordnet, dass das Kinderhaus einzureißen wäre und die Kinder müssten die Stiftung verlassen. Selbstverständlich konnte Pater Don nachweisen, dass er den Bauantrag gestellt hatte, dieser bei den Behörden aber sofort in den Papierkorb gewandert war.

Zu den meisten Prozessen erscheint Pater Don persönlich. Er nimmt diese Sachen sehr ernst und verlangt, dass sich die Gerichte mit großer Aufmerksamkeit seinem Anliegen widmen. Obwohl es in Rumänien absolut unüblich ist, greift er ab und zu in eine Verhandlung ein. Wo sonst die Anwälte sprechen, verlangt Pater Don manchmal das Wort. Neulich hat er an die Richterin appelliert, neben den juristischen Aspekten auch moralische und ethische Überlegungen in die Urteilsfindung einfließen zu lassen. Sie hat ihm nur kurz das Wort erteilt, dann aber doch länger sehr aufmerksam zugehört, was Pater Don zu sagen hatte. Sogar im Saal herrschte Ruhe. Da geht es nämlich sonst recht munter zu. Ich weiß auch, dass er im Gerichtssaal betet, manchmal steht er noch versunken in sich da, obwohl schon der nächste Fall an der Tagesordnung ist.

Kämpft Pater Don auf verlorenem Posten?

Nein, es war und ist kein verlorener Posten, auf dem Pater Don kämpft. Er hat viel geschafft. Man muss sich nur umsehen, um das zu begreifen. Das alles sind die Resultate seines Kampfes. Man muss nichts beweisen, man sieht alles.

Die Stiftung in Cincu ist etwas Helles, und in einem Dorf, das vorher fast tot war, ist Leben entstanden. Man darf ja nicht vergessen, dass Pater Don sich zwar um seine Kinder kümmert, aber dadurch auch viele Arbeitsplätze entstanden sind. Und die lachenden Kinder verbreiten Fröhlichkeit. In vielen anderen rumänischen Dörfern finden Sie nur deprimierte Menschen.

Wann wird die Arbeit von Pater Don im Land anerkannt sein?

Sein großer Einsatz – mit allen Opfern – ist doch letztlich bereits von den Autoritäten Rumäniens anerkannt. Sie wissen, wie die Stiftung aufgebaut ist und wie sie funktioniert. Wenn es auch Einzelne gibt, die Pater Don anfeinden und die Arbeit der Stiftung am liebsten beenden würden, sie repräsentieren nicht die Mehrheit. Man tut oft gut daran, ihnen keine weitere Aufmerksamkeit zu schenken. Je mehr der Wohlstand in Rumänien steigt, desto weniger wird es Angriffe auf Pater Don geben.

Gibt es vor rumänischen Gerichten Gerechtigkeit für Pater Don?

Ich bin zufrieden. Über 80 Prozesse haben wir führen müssen, fast immer durch alle Instanzen hindurch, und bis auf zwei haben wir alle gewonnen. Aber es gibt auch Einschränkungen. Wenn Pater Don sich zum Beispiel mit einer Behörde vor Gericht streitet, sollte er besser den Prozess nicht an dem Ort zu führen, an dem die Behörde Einfluss besitzt. Erst nach der Verlegung des Prozesses an einen anderen Ort kann man überhaupt darauf hoffen, Recht zu bekommen. Aber das ist auch nicht so ohne weiteres möglich. Von etwa 60 Anträgen beim Obersten Gerichtshof auf Verlegung des Prozessortes werden in der Regel zwei genehmigt. Aber wir sind meistens unter diesen zweien. In den vergangenen zehn Jahren haben wir 24 Prozessverlegungen durchsetzen können. Letztlich

Ein Gespräch mit Aneta

wird damit ja bescheinigt, dass einige Gerichte nicht objektiv sind. Man nimmt also schon ernst, was Pater Don macht. Ich bin mit den Angelegenheiten der Stiftung meistens zum Obersten Gerichtshof gegangen.

Das größere Problem ist die Bürokratie in Rumänien, aber damit muss sich nicht nur Pater Don herumschlagen. So viele Prozesse mussten geführt werden, aber auch viele andere Kämpfe hatte Pater Don zu bestehen. Den Autoritäten musste beigebracht werden, die eigenen Gesetze zu achten und die Person des Paters. Es gab viele Versuche seitens der Behörden, die Stiftung zu schließen. Die Prozesse wurden oft mit falschen Anschuldigungen gegen Pater Don geführt. Dabei wurde in Kauf genommen, dass die Kinder danach wieder auf der Straße sind.

Warum hat Pater Don so viele Feinde?

Das war sicherlich anfangs so. Und es ist ja auch ganz natürlich: Wer es wagt, hohe Autoritäten zu verklagen, zieht den Zorn der Obrigkeit auf sich. Aber der Pater ist ja viel freier aufgewachsen als ich und alle anderen Bewohner dieses Landes. Das kommunistische Obrigkeitsdenken ist in uns Rumänen noch tief verwurzelt. Aber Pater Don stellt sich nicht zuerst die Frage, ob er es überhaupt wagen darf, eine Behörde zu verklagen. Er wehrt sich, wenn er ungerecht behandelt wird, egal gegen wen. Wenn der Antrag eines Rumänen abgelehnt wurde, nimmt der es hin. An einen zweiten Versuch denkt er überhaupt nicht, die Ablehnung ist für ihn definitiv. Pater Don kommt dann erst richtig in Fahrt. Er kämpft so lange, bis er sein Recht bekommen hat. Leider ist er nicht immer so diplomatisch, wie ich es mir wünschen würde. Einmal hat er in meinem Beisein eine sehr hoch stehende Person gefragt, wann sie endlich gedenke, ihren Hut zu nehmen.

Wenn ich noch daran denke, wie Pater Don in den ersten vier Jahren von der gesamten Presse in Rumänien angegriffen wurde! In einem regelrechten Konzert wurde er verrissen. Das war zu auffällig, das war gesteuert, dahinter standen Leute mit Einfluss. Gegen die Verleumdungen setzte Pater Don sich zur Wehr, und zwar sehr erfolgreich. Einige Journalisten mussten ihm Schmerzensgeld zahlen, Gegendarstellungen mussten abgedruckt werden. Danach war Ruhe. Aber selbst heute gibt es noch einen Journalisten, der hartnäckig versucht, das »Geheimnis« hinter Pater Don zu entschlüsseln. Er ist felsenfest davon überzeugt, dass die Arbeit des Paters nur die Fassade ist, hinter der sich schreckliche Dinge verbergen. Auch er wurde zur Zahlung von Schmerzensgeld verurteilt und kann dies wohl nicht verwinden.

Die Zahl seiner Feinde hat abgenommen. Ob in seinem Dorf, in der Kreisstadt oder bei Behörden und Ministerien, Pater Don hat viele Fürsprecher gewonnen. Irgendwann muss doch jeder akzeptieren, was er sieht. Zustände, die früher hoffnungslos waren. Aber sehen Sie sich heute das Kinderheim an: Es ist alles geordnet, es ist alles organisiert, die Ruhe, die dort herrscht, die Freude der Kinder! Immer, wenn Pater Don kommt, umringen ihn die Kinder. Eine große Familie. Für mich sind das Wunder.

Kann Rumänien etwas von Pater Don lernen?

Nun, ich begleitete Pater Don seit etwa zehn Jahren und habe mit ihm viele Prozesse durchgestanden. Sie können mir glauben, dass ich meinen Mandanten gut kenne. Ich selber habe viel von Pater Don gelernt. Zum Beispiel auch, dass man Gesetze in Rumänien ändern kann, wenn sie ungerecht sind. Durch die Arbeit der Stiftung und durch meine Unterstützung mussten zwei Gesetze geändert werden.

Insofern, als dass Pater Don für seine Kinder kämpft, hat er auch Präzedenzfälle geschaffen, von denen wieder andere Stiftungen profitieren. So hatte ihm die Finanzpolizei vorgeworfen, dass seine Stiftung durch Spendengelder Gewinne erwirtschaften würde, die er nicht versteuert hätte. Auf der ganzen Welt werden Spendengelder nicht besteuert, und die Stiftung des Paters arbeitet ganz sicher nicht gewinnorientiert. Trotzdem wurden umfangreiche Hausdurchsuchungen durch die Steuerfahndung angeordnet. Die Stiftung wurde regelrecht überfallen, Unterlagen und Disketten wurden beschlagnahmt. Mit dem Vorwurf des Steuerbetrugs wurde ein Prozess gegen die Stiftung angestrengt. Aber der Finanzgerichtshof hat die Argumente der Finanzpolizei verworfen und die Anklage fallen lassen. Das Gericht stellte fest, dass die Stiftung keine Gewinne macht.

Die Ehrenbürgerurkunde der Gemeinde Cincu, früher Groß-Schenk

Ein Gespräch mit Aneta

Nun schaltete sich das Finanzministerium ein und ging in Berufung, um die Anklage gegen Pater Don zum zweiten Mal einzureichen. Der Oberste Gerichtshof lehnte die Berufung ab und bestätigte wiederum den rein huma-nitären Charakter der Stiftung. Außerdem wurden die Praktiken der Steuerfahndung als illegal und als Machtmissbrauch kritisiert. Dieser Präzedenzfall hilft den Stif-tungen in Rumänien, da alle von der Finanzpolizei schikaniert wur-den, und er trug dazu bei, ein Ge-setz zugunsten der Stiftungen zur ändern.

Laurentiu, ein Kind aus Cincu

Laurentiu erklärte ich, dass der Spinat lebenswichtige Vitamine enthält. Ob er denn nicht wenigstens mal probieren wolle? »Ach«, sagte Laurentiu, »Pater, könntest du nicht die Vitamine aus dem Spinat in die Eiscreme zaubern?«

Aber die Arme der Behörden reichen weit. Die alte Nomenklatur kennt sich. Plötzlich sollte das Visum von Pater Don, das vom Gesundheitsministerium ausge-stellt wird, nicht verlängert werden – zu einem Zeitpunkt, als der Pater zum Ehrenbürger der Gemeinde Cincu ernannt worden war! Auch in diesem Fall musste erst der Oberste Gerichtshof an-gerufen werden, bevor wir unser Recht bekamen und der Pater sein Visum.

Wie hat Pater Don sich in den vergangenen Jahren verändert?

Pater Don reibt sich auf. Er ist immer unruhig und leidet sicherlich unter Stress, denn alle kommen mit ihren Problemen zu ihm, Kinder, Mitarbeiter, Dorfbewohner und Menschen aus dem ganzen Land. Und es gibt immer irgendein Problem. Dann die Fahrerei: Laufend ist Pater Don unterwegs, er ist wirklich ein

Ein Gespräch mit Aneta

Straßenpriester, innerhalb Rumäniens und im Ausland, wo er für seine Kinder bettelt. Zeit zur Entspannung findet er nicht. Wenn es irgendwo brennt, ist Pater Don sofort zur Stelle, ob es ihm gut geht oder nicht. Pater Don hat viele Opfer gebracht, seine Gesundheit hat gelitten. Das hat natürlich seine Spuren hinterlassen. Aber er kämpft für seine Kinder wie am ersten Tag.

Es ist eine Schande, dass Pater Don so viele Auseinandersetzungen vor Gericht führen musste. Er ist als Sieger aus diesen Prozessen hervorgegangen, ansonsten würde die Stiftung nicht mehr bestehen. Aber es hat ihn auch viel Kraft gekostet.

Warum gehen die Rumänen so mit ihren Kindern um?

Es fehlt die Zuneigung, die Liebe der Menschen zu den Kindern. Das ist ein gesellschaftliches Problem. Die Justiz kann den Schutz der Kinder nur beschränkt gewährleisten. Eigentlich müssten sich die Mütter bei der Geburt ihres Kindes im Krankenhaus ausweisen, und die Krankenhäuser sind verpflichtet, auf die Einhaltung dieser Bestimmung zu achten. Was in anderen Ländern funktioniert, klappt in Rumänien noch nicht.

Was gibt Pater Don den Kindern fürs Leben mit?

Viel. Zunächst einmal die Erziehung, dann den Glauben. Am eigenen Leib erfahren sie die gelebte Liebe. Er entfacht in ihnen den Wunsch, dass sie nach dem Verlassen der Stiftung in geordneten Verhältnissen weiterleben können und ihre eigenen Kinder im gleichen Sinne erziehen. Vielleicht werden sie dann später einmal darüber nachdenken, in welcher Form sie die Zinsen zurückzahlen können.

Pater Don gibt den Kindern sein Beispiel, er redet nicht nur darüber, sondern er lebt es vor. Insofern könnte sein Vermächtnis

Ein Gespräch mit Aneta

an die Kinder lauten: Ein aufrechter Mensch, der einen großen Glauben hat, wird immer siegen.

Pater Don glaubt, dass es noch hundert Jahre dauern wird, bis Rumänien in die EU aufgenommen wird. Sind Sie auch so »optimistisch«?

Nein, nein, ich glaube, hier irrt Pater Don. Wenn das Interesse auf beiden Seiten besteht, wird es sicher innerhalb der nächsten zehn Jahre zum Beitritt Rumäniens zur Europäischen Union kommen.

Prozess-Termine 2003 – in einem einzigen Jahr!

15.01.2003 ...... Prozess gegen die Jugendschutzkommission, Gericht Sibiu
21.01.2003 ...... Prozess gegen eine Familie Cioca, die eines der Häuser der Stiftung zerstören wollte, Gericht Agnita
23.01.2003 ...... Prozess gegen den Journalisten und Geheimdienstmann Marius Stoianovici, Gericht Brașov
06.02.2003 ...... Prozess gegen die Jugendschutzkommission, Gericht Sibiu
07.02.2003 ...... Prozess gegen den Betrüger Architekt Mihalcea, Gericht Bukarest
20.02.2003 ...... Prozess gegen den Journalisten Marius Stoainovici, Gericht Bukarest
27.02.2003 ...... Prozess gegen die Jugendschutzkommission, Gericht Sibiu

Ein Gespräch mit Aneta

04.03.2003 ..... Prozess gegen Familie Cioca, Gericht Agnita
08.04.2004 ..... Prozess gegen einen Verleumder, Gericht Sibiu
09.04.2003 ..... Prozess gegen das Finanzministerium, Appellgerichtshof Alba Iulia
14.04.2003 ..... Prozess gegen Mihai Truta, der behauptet, dass ihm das Grundstück hinter unserem Haus in Bukarest gehört, Gericht Bukarest
06.05.2003 ..... Prozess gegen die Stadt Bukarest, die einen ungerechtfertigten Strafbefehl gegen unser Haus in Bukarest erteilte, Gericht Bukarest
06.05.2003 ..... Prozess gegen den o.a. Verleumder, Gericht Sibiu
13.05.2003 ..... Prozess gegen das Gesundheitsministerium, Appellgerichtshof Bukarest
27.05.2003 ..... Prozess gegen das Gesundheitsministerium, Appellgerichtshof Bukarest
02.06.2003 ..... Prozess gegen das Bürgermeisteramt Bukarest, Gericht Bukarest
04.06.2003 ..... Prozess gegen das Gesundheitsministerium Bukarest
19.06.2003 ..... Prozess für unsere Schwesterorganisation Sf. Mihail, Gericht Bukarest
31.07.2003 ..... Prozess gegen einen Verleumder, Gericht Făgăraș
04.08.2003 ..... Prozess gegen das Bürgermeisteramt Bukarest
04.09.2003 ..... Prozess gegen den Journalisten Stoianovici, Appellgerichtshof Brașov
09.09.2003 ..... Prozess gegen das Innenministerium wegen Verweigerung der Pässe unserer Kinder, Tribunal Sibiu
10.09.2003 ..... Prozess gegen den Journalisten Stoianovici wegen Verleumdung im Internet

Ein Gespräch mit Aneta

11.09.2003 ...... Prozess gegen Familie Cioca, Tribunal Sibiu
23.09.2003 ...... Prozess für unsere Schwesterorganisation Sf. Mihail, Gericht Bukarest
24.09.2003 ...... Prozess gegen den Journalisten Stoianovici, Curtea Suprema Bukarest
30.09.2003 ...... Prozess gegen die Kinderschutzkommission Kreis Mures, Tribunal Sibiu
02.10.2003 ...... Prozess gegen den Journalisten Stoianovici, Tribunal Braşov
08.10.2003 ...... Prozess gegen den Journalisten Stoianovici, Tribunal Braşov
14.10.2003 ...... Prozess gegen Innenministerium, Tribunal Sibiu
21.10.2003 ...... Prozess gegen den Journalisten Stoianovici, Curtea Suprema Bukarest
04.11.2003 ...... Prozess gegen die Kinderschutzkommission Mures, Tribunal Sibiu
11.11.2003 ...... Prozess gegen Innenministerium, Tribunal Sibiu

Die Liste der Gerichtstermine vor und nach dem Jahr 2003 ist ebenso umfangreich. Ohne diese Prozesse hätten unsere Kinder ihr Zuhause mehrfach verloren.

Kirche

Es sind die Fantasten, die die Welt in Atem halten, nicht die Erbsenzähler.
Sprichwort

Sieben Abende – eine Fantasie

Viorel hat meinen Geburtstag mit viel Liebe vorbereitet. Er und die Kinder wollten ein großes Fest. Doch es kommt ganz anders. Mit einem Hochamt soll alles beginnen. Die Kinder haben wunderschöne Lieder geprobt. Ich trete in die Kapelle ein, Menschen Kopf an Kopf, und traue meinen Augen nicht. Viele, die mir in den vergangenen Jahren das Leben so unendlich schwer gemacht haben, mich mit Dornen und Dornen übersäten, sind gekommen. Denn wenn es etwas zu feiern gibt, nimmt man keine Rücksicht mehr auf Feindschaften.

Einige der Betonkommunisten behalten in der Kapelle demonstrativ ihre Hüte auf. Ich beginne mit den Messdienern das Stufengebet: Adjutorium + nostrum in nomine Domini – unsere Hilfe ist im Namen des Herrn.

Die Worte bleiben mir im Hals stecken. Ich kann nicht weiter. Das erste Mal in meinem Leben breche ich eine Heilige Messe ab!

Ich gehe auf mein Zimmer und packe hastig einen kleinen Koffer. Panik erfasst mich. Ich will weg. Nur weg. Und ich will niemals wiederkommen.

Sabin fährt mich nach Bukarest. Auf dem Weg kommen mir weitere Gäste entgegen. Ich sage: Fahr und halt bloß nicht an. Ich kann die Menschen nicht mehr sehen. Ich bin am Ende. Mich beschleicht mein altes Stigma: Flucht.

Viorel ruft panisch Aneta, unsere Vertrauensanwältin, an. Er ahnt schon, dass ich zum Flughafen unterwegs bin. Aneta fängt mich dort ab. Pater, um Gottes willen, wo willst du hin?

Aneta, ich gestehe dir, ich weiß nicht, wohin. Wo soll ich schon hin? Keine Familie, keine Freunde, keine Heimat. Aber ich muss weg. Weg muss ich.

Aneta erkennt, dass es ernst ist. Ja, sagt sie, flieg irgendwo hin und erhole dich. Du hast es nötig und verdient.

Wo soll ich hinfliegen, Aneta?

Ganz einfach: Du nimmst die erste Maschine, egal wohin.

Das gefällt mir. Für mich gibt es keine Zufälle, sondern nur Vorsehung. Das Flugzeug geht nach Rom.

Noch von meinem Autounfall gezeichnet, lande ich mit zwei Krücken in Rom. Wie lange bin ich dort nicht gewesen? Rom, ewiges Rom, Stadt meiner Träume, meiner Fantasie, Stadt meiner Sehnsüchte. Aber auch Stadt meiner Sünden, damals, als mein Stammplatz im Café de Paris war. Ich nehme ein Taxi und sage forsch, dass ich ein gutes Hotel will.

Das Hotel ist ein wenig zu gut. Es hat fünf Sterne und liegt in einem vornehmen Quartier von Rom. Ich trete in die Empfangshalle, verweile, atme tief durch. Draußen Novemberwetter, aber hier empfängt mich ein prasselnder Kamin in der Hotelhalle.

An der Rezeption spricht man deutsch. Haben Sie reserviert, Monsignore?

Ich, der Straßenpriester, bin jetzt ein Monsignore, dem Niveau dieses Hotels wohl angemessen. Nein, ich habe, ja ich habe, ach wissen Sie... Und nun sprudelt mein ganzes Elend aus mir heraus. Ich muss endlich mit jemandem reden, reden, alles raus. Der Rezeptionschef ist wie ein Beichtvater. Er hat unglaublich viel Zeit. Ich bin zuhause, zuhause in der Welt der Luxushotels, in der ich in

Sieben Abende – eine Fantasie

Frankfurt gearbeitet habe. Ich kann den Dreck und Gestank und die ständigen Alkoholfahnen und Knoblauchdünste der Menschen und das Elend und das Leid meiner Wirkungsstätte in Rumänien abstreifen.

In der Badwanne relaxe ich. Wann hatte ich das letzte Mal eine Badewanne? Ich sortiere meine Gedanken und beginne zu realisieren, dass ich ja gar nicht das Geld habe, um ein solches Zimmer zu bezahlen. Eine Nacht, ja, aber dann? Was tun? Ich wähle am Telefon zögernd eine Nummer in Deutschland. Ich rufe meine gute Freundin Susanne an. Der Engel Susanne, der mir nach dem Autounfall das Leben gerettet hat.

Susanne?

Paterchen, bist du's? Mein Gott, wo steckst du, lebst du, ist dir wieder etwas zugestoßen? Sag, wo du bist.

Viorel hat auch sie alarmiert, denn er ist verzweifelt. Man darf nicht vergessen: Sollte ich nicht wiederkommen, ist Schluss in Cincu. Kinder und Mitarbeiter, alle auf der Straße.

Nein, Susanne es geht mir gut, saugut, ich bin im Hotel Eden in Rom. Gott sei Dank, sagt sie, wir haben uns alle solche Sorgen gemacht. Ruh dich aus, um Gottes willen, ruh dich aus. Brauchst du Geld?

O Susanne, du bist ein wunderbarer Engel, ich habe eine Dummheit gemacht, und doch: Ich würde gerne ein paar Tage bleiben.

Morgen hast du eine telegrafische Überweisung. Ich umarme dich, sagt sie.

Wenn ich mich früher bei meiner Tätigkeit in den Luxushotels und seinen Edel-Restaurants oft nach einer Currywurst sehnte, sehne ich mich jetzt nach einem wunderschön gedeckten Tisch, nach einem Menü ohne Ende. Ich beginne zu begreifen, dass ich mich um nichts mehr kümmern muss, dass ich bedient werde. Darf ich jetzt auch einmal leben? Wenigstens für einige Tage brauche mich um nichts zu kümmern. Ach, müsste ich doch nie wieder zurück. Zurück? Ich verbiete mir diesen Gedanken.

Der erste Abend

In den vornehmen Vierteln Roms haben die Villen Dachgärten. Ich fahre mit dem Lift hoch ins Restaurant, einem Wintergarten auf dem Dach. Ich bleibe stehen und glaube, in einer Fantasiewelt zu sein. Ein Märchen, ein Traum, alles unwirklich? Über den Dächern Roms zu speisen, vor mir die Kirchen – und vor allem die Peterskuppel, hell erleuchtet. Meine Krücken verbieten mir, auf die Knie zu gehen. Ich hätte das sonst fertiggebracht.

Ein Kellner, blendend aussehend, vornehm, fast aristokratisch, unterbricht meine Meditation: Monsignore, wo möchten Sie Platz nehmen?

Ich sage hier, hier, direkt vor der Peterskuppel.

Der Kellner schiebt mir einen Stuhl unter den Hintern, breitet eine überdimensionale Stoffserviette auf meiner schäbigen Soutane aus. Während ich mich niederlasse, verbeuge ich mich ehrfurchtsvoll – oder doch ein wenig ironisch? – vor der Kuppel des Petersdomes und sage halblaut: Guten Abend, Heiliger Vater. Ich bin es, der Ketzer und Rebell Pater Don Demidoff.

Natürlich hat der Kellner das mitbekommen. Er bittet um die Bestellung des Aperitivs. Ich möchte einen Campari, ja einen Campari Soda, was sonst in Italien.

Sehr wohl sagt er. Und der Heilige Vater?

Ich schaue ihn an, fragend, grinsend: Bin ich verrückt oder er? Oder ist das wieder ein menschgewordener Engel? Wohl nicht. Er ist eher ein großer Psychologe, wie viele in diesem Gewerbe und in guten Häusern. Das Spiel beginnt.

Ja, ja, sage ich, der Heilige Vater ist Pole, bringen Sie ihm einen Vodka.

Sehr wohl, verneigt sich der Kellner.

Nein, warten Sie, bringen Sie ihm einen polnischen Vodka.

Nun bin ich mit dem Heiligen Vater allein. Er sitzt dort oben einsam in seiner unheimlichen Kuppel über Rom, an einem kleinen, schmalen Tisch, und lässt sich von einer polnischen Nonne sein Essen servieren.

Campari und Vodka stehen auf dem Tisch. Ich reiche Seiner Heiligkeit symbolisch das Glas und stoße mit ihm an.

Du hast es gut, grollte er herüber, du Straßenpriester im Hotel Eden dort. Ein elegantes Restaurant, aufmerksame Bedienungen und ein Menü, nach dem ich mich schon so lange sehne. Ich kann das fette Essen meiner Polin nicht mehr sehen.

So plaudern wir, der Heilige Vater und ich, am ersten Abend über Essen und Trinken und die Rezepte dieser Welt.

Der zweite Abend

Am zweiten Abend ist mein Platz reserviert. Den besten Tisch hat der Kellner wieder für mich freigehalten, den Tisch vor der Kuppel des Vatikans. Dieser Platz ist mir lieb. So finde ich mich stets rechtzeitig zum Abendessen ein, damit ich möglichst lange den Ausklang des Tages genießen kann, und hoffe wieder auf ein Tête-à-Tête mit dem Pontifex.

Der Kellner bringt Campari und Vodka und sagt: Ist doch korrekt so, nicht wahr?

Der Papst kommt, winkt wie zu einem guten Bekannten herüber und sagt: Früh heute, Pater, du hast dich hoffentlich nicht gelangweilt in Rom. Oder hast du gar Dummheiten angestellt?

Heiliger Vater, schau mich an in meiner abgerissenen Kutte, was sollte ich anstellen?

Er beugt sich zu mir, winkt mich heran und macht mir einen Vorschlag: Wie wäre es denn, wir würden einmal unsere Kleider tauschen? Du gibst mir deine rumänische Kutte und ich dir meine weiße Soutane. Nein, ich habe eine noch verrücktere Idee, und winkt mich näher heran: Wir tauschen für vier Wochen unseren Einsatzort. Mir wird es gut tun, mal wieder ganz unten zu sein, und du wirst hier eine gute Figur abgeben. Du nimmst auf meinem Thron Platz und ich fahre in deiner Kutte nach Rumänien. Der Papst schüttet sich aus vor Lachen. Was hältst du von dieser Idee?

Papst, sage ich, das wäre nicht auszudenken. Ich, der Ketzer, auf deinem Stuhl. Dein Hofstaat würde mich am ersten Tag zum Teufel jagen.

Zum Teufel, grient er bedeutungsvoll, zum Teufel?

Natürlich zum Teufel. Du weißt, wie unverblümt und wenig diplomatisch ich rede, und dann in meinem Straßenjargon. Ich würde deinen Kardinälen vor den Kopf stoßen. Und du in Rumänien: Hast du nicht schon genug Ärger? Die Orthodoxen werden dich am ersten Tag zum Land hinausjagen.

Zum Land hinausjagen, grummelt er, steht auf und geht ohne ein Winken in seinen Fahrstuhl, hinunter in seine Gemächer. Der Kellner sieht mein verstörtes Gesicht und fragt unschuldig: Sie haben sich doch nicht etwa mit Seiner Heiligkeit gestritten? Der Vodka wurde nicht angerührt.

Ich sage: Trinken Sie ihn.

Der Kellner sagt: Sie täuschen sich in mir.

Der dritte Abend

Mein Platz ist reserviert. Frederico – inzwischen rede ich ihn mit seinem Vornamen an – deutet auf den Vatikan und sagt: Der Heilige Vater hat schon nach Ihnen gefragt.

Ich verbeuge mich und frage: Bin ich zu spät?

Nein, wie spät ist es denn, ich warte seit einer Stunde.

Peinlich, sage ich, werden Sie mir verzeihen?

Ich muss mit dir reden, Ketzerlein. Deine unfrommen Sprüche gefallen mir. Ich bin das Geseihe um mich herum nun wirklich satt. Wer wagt schon, so mit mir zu reden. Erzähl mir was über Rumänien, erzähl mir was über diese Schmuddelkinder. Kennst du den Patriarchen von Bukarest? Ich will ihn demnächst besuchen. Und du, warum hast du Fahnenflucht begangen? Wie konntest du unsere Heilige Mutter, die Kirche, so treulos verlassen?

Aber, Heiliger Vater...

Nein, kein aber. Don Bosco ist doch auch zu seinem Papst gegangen. Warum bist du nicht gekommen?

Ich komme morgen, wenn Sie einverstanden sind, ich komme. Wie kann ich denn zu Ihnen vordringen?

Du fragst ganz einfach nach der Tür des Papstes, und dann muss ich mit dir reden. Kannst du dir nicht vorher eine saubere Kutte besorgen? Die Schweizer Garde wird dich für einen Bettler halten.

Ich reibe mir die Augen, mein Essen ist kalt geworden.

Der Kellner fragt: Hat es nicht geschmeckt? Ich bringe Ihnen etwas anderes.

Nein, nein, winke ich ab. Aber können Sie mir nicht eine saubere Kutte besorgen?

Er lacht laut, dem Standing des Restaurants gar nicht angemessen, und erzählt seinem Kollegen die Geschichte.

Ohne dass ich es bemerkt habe, ist der Papst aufgestanden und verschwunden. Heute Abend habe ich den Vodka selber getrunken.

Der vierte Abend

Ich fahre mit dem Taxi vor die Tore Roms zum Generalat der Salesianer, der Söhne des heiligen Don Bosco, wie sie sich nennen. Soll der Heilige Vater doch warten. Von meinem Mitbruder, Pater Freddie, habe ich mich beim Sub-General, einem Belgier, anmelden lassen. Die Folgen meines Unfalls sind auch in den Tagen der Erholung spürbar. Wieder einmal überkommt mich der Gedanke, in Rumänien aufzugeben. Der Spaß mit dem Papst kann mich nicht in Wahrheit aufheitern.

Das Taxi setzt mich vor einem großen Portal ab. Ich brauche mit meinen Krücken eine halbe Stunde bis zum Haupthaus. Während ich dahinhumpele, überlege ich, den Salesianern, die in über 70 Ländern der Erde Jugend- und Kinderarbeit leisten, anzubieten, die Stiftung zu übernehmen. Sie haben mich all die Jahre über vehement bekämpft, mir verbieten wollen, den Namen des Heiligen zu verwenden, und kräftig an meiner Dornenkrone mitgeflochten.

Keuchend und kraftlos erreiche ich den Pfortenbereich. Ich lasse mich anmelden. Nach kurzer Zeit kommt mein Audienzgeber. Ich will ihm die Hand reichen, aber er verweigert mir seine. Auch einen Stuhl bekomme ich nicht angeboten. Er sagt kurz und bündig in flämisch: Demidoff moet weg, gesprochen: mutt wech, wobei das ch besonders scharf klingt. Demidoff muss weg.

Ich schlucke und sage: Gut, Demidoff geht. Übernehmen Sie die Kinder und das Casa Don Bosco.

Er wiederholt abermals: Demidoff muss weg.

Ich senke meinen Kopf und gehe, ohne mich noch einmal umzusehen. Ich bin traurig und aufgewühlt zugleich. Ist das ein Zeichen vom Himmel, die Kinder nicht im Stich zu lassen? Welcher Teufels-Engel stand mir da gegenüber? War das nicht der zweite Mann dieses mächtigen Ordens? Was will mir der heilige Don Bosco im Himmel damit sagen?

Ich freue mich auf meinen Hotel-Wintergarten und auf mein Abendessen. Freue ich mich auch auf den Pontifex maximus, den Heiligen Vater? Frederico hält Campari und Vodka bereit. Es ist ein nasskalter Tag, der Dezember hat begonnen. Er fragt, ob es mir gut geht. Ich gebe keine Antwort.

Da schallt es vom Petersdom herüber: So stark willst du sein und lässt dich so in den Dreck stoßen? Ketzer sind aus einem anderen Holz. Warum bist du nicht gekommen? Weißt du eigentlich, was ich mir alles tagtäglich gefallen lassen muss von meinen Würdenträgern? Es sind Speichellecker und Liebediener, Schlangenbrut und Natterngezücht. Wenn ich meine polnische Nonne nicht hätte, hätten sie mich schon lange vergiftet. Weißt du nicht, was mit meinem Vorgänger, Johannes Paul I., passiert ist? 30 Tage haben sie ihn nur gewähren lassen, denn er wollte den Saustall aufräumen, als er feststellte, dass der ganze Vatikan von Freimaurern durchsetzt ist. Er hat mit der Faust auf den Tisch geschlagen, der gute Lucian. Gift haben sie ihm in den Tee gegeben. Wie viele meiner Vorgänger sind vergiftet worden. Meinst du etwa, ich könnte hier meinen Laden so einfach zurücklassen und den Büttel hinwerfen? Weißt du, was für eine Intrigenklatsche dieser Vatikan ist? Und glaubst du wirklich, dass Don Bosco die Salesianer heute wirklich noch als seine Söhne bezeichnet? Kopf hoch! Trag deine Dornenkrone mit Würde. Im Himmel gibt es keine Schubladen. Der Himmel ist nicht katholisch, nicht evangelisch und nicht orthodox. Der Himmel gehört auch nicht den Salesianern, und schon gar nicht den Jesuiten. Der Himmel ist die Dimension Gottes und Gott ist einfach Gott. Basta. Und nun gib mir den Vodka.

Spielt mir nun auch meine Fantasie einen Streich? Das kann doch nicht der Papst gesagt haben. Ich stochere in meinem Essen herum und der Papst schaut zu.

Gute Nacht.

Gute Nacht.

Die Predigt hat mir gefallen. Jetzt bestelle ich noch drei Vodka. Für mich.

Der fünfte Abend

Ich nehme das Telefon und verlange den Privatsekretär von Kardinal Ratzinger. Ich stelle mich unterwürfig vor: Pater Don Demidoff, Unabhängige Katholische Kirche.

Das habe ich noch nie gehört, gibt Monsignore Clemens am anderen Ende der Leitung von sich. Was wollen Sie denn vom Kardinal.

Es ist persönlich, Monsignore.

Es kann nicht so persönlich sein, dass Sie es mir nicht sagen könnten. Eine Audienz beim Kardinal geht nur über meine Kanzlei.

Sieben Abende – eine Fantasie

Ich fasele etwas von: Es gibt doch nur *eine* katholische Kirche, katholos, weltumfassend. Aber es gibt doch verschiedene Herden. Ich muss mit dem Kardinal sprechen.

Auffallend leise, aber scharf kommt die Antwort: Sprechen Sie mit Ihren Kardinälen, besser noch mit Ihrem Papst.

Ich versuche zu sagen: Wir haben keine Kardinäle und keinen Papst, aber das Telefon ist aufgelegt. Wieder Dornen in meine Wunden.

Frederico hat mir ein Adventsgesteck auf den Tisch gestellt. Auf den anderen Tischen sehe ich das nicht. Wir sind doch katholisch, nicht war? Advent: Zeit der Ankunft, Zeit des Wartens,

Pater, ich bin gut katholisch.

Ach, Frederico, Sie sind ein Engel ohne Flügel, ein Engel im schwarzen Frack. Haben Sie heute an mich gedacht?

Oh, ich denke, seit ich Sie kenne, häufig an Sie. Was mag er für ein Priester sein? Er ist ein ungewöhnlicher Priester. Wenn Sie es mir erlauben, Sie haben so gar nicht den katholischen Stallgeruch. Was ist Ihre Mission in Rom?

Er hat Sehnsucht nach Rom und der ewigen Kirche, hallt es aus der Peterskuppel. Er wird schon noch zurückfinden.

Guten Abend, Vater der vergessenen Kinder Gottes. Ich habe mir heute Abend von meiner polnischen Nonne Faustina aber etwas Besonderes kochen lassen. Ich hab sie ins Eden geschickt. Schluss mit der fetten Soße. Wann kommst du?

Ich habe heute mit Monsignore Clemens telefoniert.

Mit Clemens?

Ja, ich wollte Kardinal Ratzinger sprechen.

Ratzinger sprechen? Mein lieber Sohn, mein dummes Kind, eher wirst du zum Papst vorgelassen, als dass du zu Ratzinger findest. Was wolltest du von diesem Gralshüter?

Ja, ich bin dumm, lieber Bischof aller Bischöfe, sage ich kleinlaut, wie dumm bin ich.

An diesem Abend sprechen wir noch über die vielen Priester, Nonnen und Gläubigen, die enttäuscht der Kirche den Rücken gekehrt haben. Ich sage: Lieber Johannes Paul, du solltest für diese Verletzten einen eigenen Bischof ernennen, den Bischof für das Land der gekränkten Seelen. Was hältst du davon?

Hast du noch mehr solcher Ideen? Ich könnte dich zum apostolischen Sekretär für Marketingfragen ernennen. Wie wär das?

Ja, sage ich, das wär's. Ich komme unter der Bedingung, dass ich meine 50 Kinder mitbringen darf. Kannst du dir vorstellen, welch ein quirliges Leben in deinen ehrwürdigen Mauern einziehen würde?

Gut so, sagt der Papst, aber erst musst du dich bekehren.

Der sechste Abend

Ich mache das Spiel. Lasse mich in den Petersdom fahren. Ich spiele versteckte Kamera. Ich brauche dringend eine Erheiterung. Wo ist die Tür zum Papst?, frage ich naiv. Erst eine Nonne im Andenkenladen in den Colonaden. Die dunkelhäutige Nonne – es scheinen wohl nur dunkelhäutige Nonnen dort beschäftigt zu sein – schaut mich liebevoll, aber sehr musternd an.

Die Tür zum Papst? Ich schenke Ihnen eine CD mit der Stimme des Papstes. Bewahren Sie sie gut.

Mein nächstes Opfer ist ein Priester. Wo bitte, ist die Tür zum Papst?

Er lacht so schallend, dass fast die Petrusstatue neben ihm bebt. Das ist ein guter Witz, sagt er, fabelhaft.

Sieben Abende – eine Fantasie

Man darf ja nicht vergessen, dass ich mein Spiel in meiner Soutane veranstaltete, das muss deshalb wohl besonders komisch gewesen sein. Die Tür zum Papst? Langsam gefällt mir das Spiel und befreit mich aus meiner Traurigkeit. Eine Fremdenführerin ist mein nächstes Opfer.

Also, Hochwürden, Sie gehen zum Sekretariat...

Ich unterbreche sie: Zum Sekretariat für die Einheit der Christen?

Sie schüttelt ihren Kopf. Nein, zum Sekretariat für Papstaudienzen. Melden Sie sich bei der Schweizer Garde, die hilft Ihnen weiter.

Danke Signorina. Eine alte, gebeugte Frau spricht mich an. Padre, kann ich bei Ihnen beichten?

Nein, nein, sage ich, ich suche die Tür zum Papst.

Ach ja, sagt sie, der sollte auch mal wieder beichten, und schaut mir kopfschüttelnd nach.

Ein ausnahmslos elegant gekleideter Herr ist mein nächstes Opfer. Verzeihung, aber wissen Sie, wo die Tür zum Papst ist?

Er kramt in seiner Manteltasche und drückt mir ein paar Lire in die Hand.

Habe ich genug gelacht, bin ich von meiner Traurigkeit befreit? Vor mir bremst eine der irrsinnig großen Kehrmaschinen, auf denen man wie auf einem Traktor sitzt. Sie fahren den ganzen Tag unaufhörlich durch den Petersdom, den Schmutz der Menschenmassen bändigend.

Capitano, sage ich scherzend, bitte, die Tür zum Papst. Können Sie mich nicht hinfahren?

Ich kann, sagt er, nimmt meine beiden Krücken in Empfang, zieht mich auf dieses Ungetüm. Die Menschen bleiben stehen: Wird hier ein Film gedreht? Ein Mann in einer Soutane auf dem

Sieben Abende – eine Fantasie

Bock einer Kehrmaschine? Beim Spiel der versteckten Kamera bin ich nun selbst das Opfer. Die Kamera ist auf mich gerichtet. Der Fahrer gibt wohl höchste Geschwindigkeit und es geht schnurstracks zum Ausgangsportal. Vor den Stufen bremst er dramatisch und sagt: Hier ist die Tür zum Papst, Padre. Die frische Luft wird Ihnen gut tun. Arrivederci!

Genau, das ist es: Die Tür zum Papst ist draußen, draußen vor der Tür, wie Wolfgang Borchert schreibt. Ein Bauchladenverkäufer auf dem Petersplatz sieht mich verloren stehen und ruft mich, wild gestikulierend, zu sich.

Padre, einen Rosenkranz oder eine Medaille mit dem Bild des Papstes? Bitte, kaufen Sie mir etwas ab. Ich bin heute Großvater geworden, ich bin so glücklich, bitte kaufen Sie mir etwas ab.

Ich schaue ihn mitleidig an: Wissen Sie, ich habe heute beschlossen, zu meinen 50 verlassenen Kindern zurückzukehren. Hier ist eine CD mit der Stimme des Papstes. Die schenke *ich* Ihnen.

Während ich mich abwende, ruft er mich zurück: 50 Kinder? Wie geht das? Er drückt mir eine Menge kleiner Medaillen in die Hand, alle mit dem Konterfei des Papstes. Ich werde den Papst nicht los.

Ich komme zu spät zum Abendessen. Doch mein Platz ist frei geblieben. Frederico fürchtete, ich hätte woanders gegessen. Auch der Papst kommt zu spät, viel zu spät. Ich bin fast mit dem Mahl fertig. Über Rom grollen Donner und Blitz. Noch nie war die Peterskuppel so hell wie heute. Ich denke an den Aberglauben in Rumänien. Ich ertappe mich dabei, wie ich mich bekreuzige.

Ja, sagt der Papst, bekreuzige dich nur. Er steht kraftlos in der Tür seines Fahrstuhls, aschfahl, um Luft ringend. Er sieht so gar nicht würdevoll aus. Er sucht Halt an seinem eigenen Cingulum, und im Getöse von Donner und Blitz setzt er sich in einen Sessel.

Seit dem Konzil diskutieren wir uns nun dumm und dämlich, wie wir Christus als Gott in der katholischen Kirche halten können. Du weißt ja: die Freimaurer und die Mafia der Loge P2, die Antichristen, die die Kirche von innen her zerstören wollen. Seit Jahrzehnten reise ich durch die ganze Welt und erzähle den Menschen, dass ich der Stellvertreter Christi auf Erden bin. Weißt du, was heute geschehen ist? Hör zu, leg endlich deine Gabel aus der Hand und gib mir meinen Vodka.

Ich frage ungeduldig: Heiliger Vater, so sagen Sie doch, was ist passiert? Hat man einen Schweizer Gardisten umgebracht oder gar Kardinal Ratzinger. Oder ist dieser Bandit, Kardinal Marcinkus, wieder aufgetaucht? Was ist passiert?

Es ist viel schlimmer, stöhnt er herüber, es ist eine Katastrophe: Jesus Christus hat meine Tür gefunden. Er klopfte an die Tür. Er war halb nackt, nur mit einem übergeworfenen Tuch bekleidet, und hatte eine Krone aus Dornen auf dem Kopf. Er gab mir einen kleinen abgerissenen Zettel. Darauf stand: Hiermit trete ich aus der Kirche aus. Gezeichnet: der Sohn Gottes, Jesus Christus.

Nachdem ich mich wieder gefangen habe, will ich noch rufen: Aber konnte ihn denn nicht wenigstens die Schweizer Garde aufhalten?

Doch der Chef der katholischen Christenheit ist nicht mehr da.

Frederico hilft mir aus meinem Stuhl. Ich bin verwirrt und ich wanke auf mein Zimmer. Ich ziehe die schweren purpurfarbenen Samtvorhänge zu und schalte den Fernseher ein.

Ein abgerissener Ketzerpriester aus Rumänien wurde heute vom Heiligen Vater darüber informiert, dass Jesus Christus aus der Kirche ausgetreten ist. Wer weiß, wo sich dieser Priester zur Zeit aufhält? Wer weiß, wo Gottes Sohn in Rom untergetaucht ist? Sie erreichen unsere Redaktion unter der Sondernummer...

Ich schalte den Fernseher ab und öffne die Vorhänge. Der Himmel über Rom hat sich aufgeklärt. Die Kirchen sind wie immer erleuchtet. Nur der Vatikan hat das Licht ausgelöscht. Gute Nacht, Heiliger Vater, gute Nacht, Jesus Christus, gute Nacht, Monsignore Clemens, gute Nacht, lieber Opa mit deinem Bauchladen, gute Nacht, Frederico...

Der letzte Abend

Die Peterskuppel leuchtet wieder. Auf meinem Tisch brennt die Adventskerze. Frederico sagt: Padre, ich weiß, heute ist Ihr letzter Abend. Ich bin traurig. Aber heute lade ich Sie zum Essen ein. Sie sind ein seltsamer, aber ein besonderer Priester. Leider darf ich nicht mit Ihnen zusammen essen, wie ich auch den Vodka ablehnen musste. Aber einladen darf ich Sie. Unser Chefkoch hat Ihnen auf meine Bitte hin etwas ganz Besonderes bereitet: Blinis a la Demidoff, russische Plinzen[1].

Auf einem Silbertablett liegt eine Urkunde aus Pergamentpapier. Und unter der Urkunde liegt eine weitere für Viorel und die Kinder[2]. Ein schöneres Geschenk kann ich für Viorel nicht mitbringen, denn er hat doch so um mich gebangt.

Ich bitte Frederico, dem polnischen Pontifex maximus einige der russischen Blinis mit einem Gruß von mir in den Vatikan zu bringen. So stehen wir voreinander, Frederico mit den Blinis in der

---

[1] Russische Plinzen – Blinis: Sehr kleine Hefeteigplinzen aus halb Weizen- und halb Buchweizenmehl. Hefe, Butter, Milch, Salz und Eierschnee, in kleinen Spezialpfännchen gebacken, stets mit saurem Schmand serviert. Mit Kaviar als Vorspeise, aber auch als Beilage zu Fleisch, Geflügel und Wild. Auch mit hartgekochten, gewürfelten Eiern und anderem eingebacken serviert.
[2] Das Dokument hängt heute im Casa Maria Pace in Cincu.

Hand und ich mit den Papst-Papieren. Ein Anflug des Versuches der Umarmung, aber das geht nicht, schon wegen der Blinis und der Urkunden.

Frederico, seine Kellnerkollegen in ihren eleganten schwarzen Fräcken und die Köche in ihren strahlenden Uniformen und ihren unüberschaubaren weißen Kardinalsmützen bildeten ein Spalier zum Fahrstuhl. Während ich den Fahrstuhl besteige, ruft Frederico noch: Wie finde ich den Papst?

Fragen Sie ganz einfach nach der Tür zum Papst, kann ich noch antworten, bevor der Lift mit mir verschwindet.

Am nächsten Morgen packe ich meine Habe und greife meine beiden Krücken. Meine Finanzen sind am Ende und ich habe Sehnsucht nach meinen Kindern. Wie konnte ich glauben, ich könnte sie einfach verlassen?

Ein Segens-Gruß von Papst Paul II. für die Kinder von Cincu.

> Ein wahrer Diplomat ist ein Mann, der
> zweimal nachdenkt, bevor er nichts sagt.
> *Winston Churchill*

Der Metropolit

Metropoliten der orthodoxen Kirche sind in Rumänien mächtige Männer. Sie haben mehr Macht als der Patriarch in Bukarest. Der Metropolit des Ardeal, von Crişan und Maramureş, ist wohl der mächtigste der Metropoliten: Antonie.

Der Erzbischof und Metropolit hat sicher auch seine Spuren in mein Wirken in Rumänien gesetzt. Auch er hat eine ungewöhnliche Vita. Er war Legionär, wurde dann eingesperrt, später zum Kommunismus »bekehrt«. Er hat verschiedene Bücher publiziert. Das spannendste ist wohl »Drei Tage in der Hölle«. Antonie ist hochintelligent und spricht mehrere Sprachen. Immerhin hat er Ceauşescu den Neubau eines Klosters abgetrotzt, wenn auch die Gerüchte nicht verstummen, dass unter dem Kloster ein unglaubliches Waffenarsenal lagerte. Wahr ist, dass der damalige Abt in der Zeit Ceauşescus eine Pistole unter seiner Soutane trug und Mitglied der Securitate war.

Natürlich wollte ich Antonie begegnen. Ich musste mich nicht sehr anstrengen für eine Begegnung. Gleich in den ersten Wochen nach der Öffnung des Heimes für die Straßenkinder schickte er den Popen des Dorfes, zusammen mit seinem Bischof Serafim und einer Kommission. Sie erschienen unangemeldet und uneingeladen. Der Bischof kam direkt zur Sache:

»Priester, warum stehlen Sie rumänische Kinder?«

Der Metropolit

Ich war an Verdächtigungen noch gar nicht gewöhnt und fragte verdutzt: »Wann, welche Kinder habe ich gestohlen?«

Einer der Kommissionsmitglieder klärte mich auf: Es sei die Rede von Proselytismus[1]. Ich wurde sofort cholerisch, denn es entsprach nicht meinen Absichten, die Kinder freikatholisch zu machen. Jedes sollte in seiner Konfession bleiben, die orthodoxen, die evangelischen, die katholischen Kinder. Meine Kapelle war von Anfang an wahrhaft ökumenisch. Ich forderte Bischof Serafim auf, sofort mein Haus zu verlassen. Das begriff er gar nicht, das war ihm noch nie passiert.

Ich besuche den Abt von Sambata, einem wunderschönen Kloster an einem heiligen Ort in den Bergen. Irineu ist der jüngste Abt in Rumänien und mir sehr zugetan. In der Staretie[2] stehe ich vor zwei überdimensionalen Gemälden. Auf dem einen der Metropolit in seiner ganzen Pracht und Würde, mit allen Insignien, die Hand zum Segen bereit. Das alte Rom ist nichts dagegen! Auf dem gleich großen Gemälde daneben ein halbnackter Jesus Christus, umhüllt mit einem Tuch, eine Dornenkrone auf dem Kopf. Die ganze Erbärmlichkeit, die ein Mensch ausstrahlen kann, hängt Seite an Seite mit dem Protz und der Eitelkeit und der Überheblichkeit dieses orthodoxen Metropoliten.

> **Es gibt Dornenkronen ehrenhalber, mit Stacheln nur außen.**
> Stanislaw Jerzy Lec

»Exzellenz«, frage ich den Abt, »können Sie mir bitte sagen: Wer ist der Herr neben dem Metropoliten?«

---

[1] Werbung für eine andere Religionsgemeinschaft mit agressiven Methoden
[2] Abtswohnung

Der Metropolit

Irineu wendet seinen Blick nach unten. Er hat mich sofort begriffen. Ich sage: »Bitte verschaffen Sie mir eine Audienz bei Antonie«.

Der Metropolit empfängt mich in seiner Residenz in Sibiu. Mein Stuhl ist fünf Meter von seinem Schreibtisch entfernt. Ich trete ein und grüße: Laudetur Jesus Christus. Er sitzt an seinem Schreibtisch am Fenster und beachtet mich nicht, antwortet nicht und schaut zum Fenster hinaus. Ich wiederhole etwas lauter:

Was für ein Vergleich ... Christus und der Metropolit...

Laudetur Jesus Christus. Er schaut weiter zum Fenster hinaus.

Nach einer Weile des Schweigens, das mir wie eine Ewigkeit vorkommt, sagt er, ohne seinen Blick vom Fenster abzuwenden: »Priesterlein, Ihre Kirche, wie heißt sie noch, Independent und so weiter, Ihre Kirche hat in Rumänien kein Statut.« Schweigen. Was jetzt tun? Die falsche Antwort und ich bin erledigt. Ich rufe die Engel zu Hilfe, den erstbesten, der jetzt in meiner Nähe ist. So greife ich reflexartig mit zwei Händen unter meinen Stuhl, gehe unaufgefordert mit dem Stuhl unter dem Hintern zum Schreibtisch und platziere mich direkt neben ihn. Antonie erschrickt. Endlich schaut er nicht mehr zum Fenster hinaus, er schaut mich an. Das hat wohl noch keiner gewagt, denn Priester und Nonnen werfen sich sogar vor seiner Heiligkeit auf den Boden vor ihm.

Ich warte nicht ab und sage: »Bitte, Heiligkeit, darf ich Sie etwas fragen? Jesus Christus, welches Statut hatte er in Israel?« Antonie schaut mir tief in die Augen, ich halte seinem Blick stand. Plötzlich beginnt er ein nach Luft ringendes Lachen, haut mir mit der Hand auf meinen Schenkel und kann sich nicht mehr beruhigen. »Das ist gut«, sagt er, »das ist gut. Das muss ich mir merken«, und lacht immer noch. Ein Metropolit, ein Mensch.

Ich habe einen Antrag gestellt, die Heilige Synode in Bukarest möge die Erlaubnis geben, dass drei orthodoxe Nonnen in unserem Hause leben und arbeiten. Ich will meine wahre Ökumene demonstrieren. Der Metropolit empfängt mich Monate später abermals. Die Nonnen werfen sich vor ihm auf den Boden. Er empfängt mich mit einem Lächeln. Er erteilt

Der Affe sieht nie den eigenen Hintern, nur den der anderen.
Suaheliweisheit

den Nonnen die Erlaubnis, mit den Kindern zu arbeiten, schickt sie hinaus und bittet mich, noch zu bleiben. Er sagt, dass er immer noch an unsere erste Begegnung denkt.

Dann kommt er zur Sache: »Ich habe viel Gutes von Ihrer Arbeit mit den verlassenen Kindern gehört. Sie haben viele Fähigkeiten und Talente, Padre. Aber hören Sie, ich habe auch viele Beschwerden über Sie. Wir haben hier eine andere Mentalität. Sie

Der Metropolit

sind zu direkt, zu offen, schleudern den Menschen zu viele Wahrheiten an den Kopf. Können Sie das nicht ändern? Könnten Sie nicht etwas diplomatischer sein?«

Ich antworte: »Nein, Heiligkeit, das kann ich nicht. Ich bin Choleriker und das ist gut so. Ich spucke das aus, was raus muss. Sonst bekäme ich bei all dem Magengeschwüre. Sie haben gesagt, dass ich viele Fähigkeiten hätte. Die Fähigkeit, in mich hineinzufressen, habe ich nicht. Und nun stellen Sie sich einmal vor, ich hätte auch noch das Talent der Diplomatie. Bei all diesen Fähigkeiten würde ich doch eventuell eines Tages auf Ihrem Stuhl landen. Das können Sie doch nicht wollen!«

Antonie lacht wieder von Herzen. Niemand seiner Priester wagt wohl, so mit ihm zu reden. Er findet das erfrischend. Man muss rückwärts gehend das Zimmer des Metropoliten verlassen. Ich drehe mich um, mache ein Zeichen der Entschuldigung, dass ich seinen Raum auf normale Weise verlasse.

Seit ein paar Jahren leidet der Metropolit an Diabetes, wie ich. Er sitzt mittlerweile im Rollstuhl. Ich habe ihn schon lange nicht mehr gesehen. Aber zu Ostern dieses Jahres sandte er mir einen Ostergruß und beglückwünschte mich zur Gründung der »Liga für moralische Wiedergeburt in Rumänien«.

Übrigens: Im Kanon der Heiligen Messe bete ich immer für den Papst, für den Metropoliten und für den evangelischen Bischof unseres Landes. Ob denen schon mal die Ohren geklingelt haben?

In einem Dorf wird eine Kirche eingeweiht. Ich erhalte mit meinen Kindern eine Einladung. Unsere Kinder begleiten die Liturgie auch mit ihren Gesängen. Nach dem Gottesdienst schickt der Metropolit einen Priester zu mir, der mich einlädt, neben dem Metropoliten am Tisch Platz zu nehmen. Aha, denke ich, Antonie gelüstet es nach Lachen. Ich nehme neben ihm Platz, er stellt mich offiziell der Festgemeinde vor und widmet sich dann über 20 Minuten ausschließlich seinem linken Tischnachbarn. Bis er sich plötzlich mir zuwendet und mich geradezu überfällt mit der Feststellung: »Parintele (Priester), wir haben doch jetzt Vertrauen zueinander. Bitte vertrauen Sie mir doch einmal an, wer steht eigentlich hinter Ihnen, welche Macht schützt Sie? Sie gewinnen jeden Prozess, sagen den Menschen Ihre Meinung mitten ins Gesicht und auch die Behörden können Ihnen nichts anhaben. Wer ist es, der Sie schützt?«

Ich bin perplex, dass auch dieser intelligente Mann glaubt, dass ich jemanden in diesem Land hätte, dessen Günstling ich sei. In diesen Kategorien denken also alle in Rumänien.

Ich antworte: »Ihnen werde ich es anvertrauen, Exzellenz, bitte sagen Sie es nicht weiter: Über mir ist der Himmel. Es ist Gott, der mich schützt und die allerseligste Jungfrau Maria«

Antonie wendet sich ab, lacht nicht mehr. Ich war wohl dieses Mal allzu direkt.

Die Kinder von Cincu geniessen prominenten Schutz:

überall in unseren Häusern finden sich Engel und Madonnen.

Foto
Friedrich Preissler

Foto
Friedrich Preissler

> Ich will bei der Wahrheit bleiben.
> Ich will mich keiner Ungerechtigkeit
> beugen. Ich will frei sein von Furcht. Ich
> will keine Gewalt anwenden. Ich will
> guten Willens sein gegen Jedermann.
> *Mahatma Gandhi*

Diese Kirche ist verloren!

Ich darf mich ja nicht wundern. Es gibt die Weisheit: Wer sich ständig zum Fenster hinauslehnt, wird geschlagen. Viele Anfeindungen muss ich mir selber zuschreiben. Nur bin ich immer wieder von deren Ausmaß und deren Mittel überrascht. Insbesondere bei öffentlichen Auseinandersetzungen (besser: Diskriminierungen) ist mir immer wieder vorgeworfen worden, dass ich kein katholischer Priester sei, dass meine Weihe zum Priester daher nichts bedeute und ungültig wäre. Daraus haben manche Leute ihr Recht abgeleitet, mich beleidigen und verleumden zu dürfen.

Ich bin *römisch*-katholisch geweihter Priester, geweiht durch den *römisch*-katholischen Missionsbischof Stavermann. Diese Weihe ist und bleibt gültig. Dennoch berufe ich mich seit der Inkardination in die Unabhängige Katholische Kirche (Independent Catholic Church, ICC) nicht mehr auf die *römisch*-katholische Jurisdiktion, denn auch die Bischöfe der ICC stehen in der apostolischen Sukzession. Ob es den deutschen Bischöfen passt oder nicht.

In Amerika würde es sich kein katholischer Bischof erlauben, über die abgespaltenen katholischen Kirchen oder andere religiöse Gruppierungen herzuziehen. Die freikatholische Kirche ist nicht etwa, wie manche glauben möchten, eine moderne Sekte, sondern eine katholische Kirche wie die *römisch*-katholische auch. Nach dem ersten Vaticanum 1870 bis 1871, das das Dogma von der Unfehlbarkeit des Papstes postulierte, spaltete sich die altkatholische Kirche mit der Utrechter Union ab. Die altkatholische Kirche heißt nicht etwa so, weil sie besonders konservativ ist, sondern weil sie sich auf den ursprünglichen, alten katholischen Glauben beruft. Sie hat dieses Dogma abgelehnt und darüber hinaus das Zölibat für ihre Priester abgeschafft. In den ersten Jahrhunderten der christlichen Kirche hat es das Zölibat überhaupt nicht gegeben. Die meisten Apostel waren verheiratet. Das Zölibat[1] wurde erst im Mittelalter eingeführt, weil beinahe jedes Pfarrhaus eher ein Lusthaus war und jede Haushälterin eine Konkubine.

Aber durch die Ablehnung der Unfehlbarkeit des Papstes fanden einige Bischöfe keine Heimat mehr in der *römisch-katholischen* Kirche und gründeten die altkatholische Kirche. Aus der altkatholischen Kirche sind wiederum weitere katholische Kirchen entstanden, unter anderem die Independent Catholic Church. In den Niederlanden, wo ich der ICC beitrat, war Johan Vandenbosch mein Bischof.

Das »International Council of Community Churches« (ICCC) ist eine weltweite Organisation wie der Weltkirchenrat. Dem ICCC gehören einzelne Kircheninitiativen und Gemeinden an, wenn sie sich zur Einheit unter Jesus Christus bekennen. Es wird sehr genau und ernsthaft geprüft, welcher Priester oder Pfarrer in das ICCC aufgenommen wird. Scharlatane, Sektierer und Abenteurer haben

---

[1] Manche meinen, dass die Öffnung des Zölibats automatisch zu neuen Berufungen von Priestern führen würde. Aber ich halte das für einen kolossalen Trugschluss. Ich habe nichts dagegen, dass Priester heiraten sollten. Mancher Priester würde sicherlich ein einfacheres, glücklicheres und vor allem »heiligeres« Leben führen.

Diese Kirche ist verloren!

hier keinen Platz. Die Prüfung meiner Person hat über ein Jahr in Anspruch genommen. Mein gesamtes Leben musste ich ausbreiten, alle Unterlagen und Dokumente beibringen, die Auskunft über meinen Lebensweg und Lebenswandel geben. Aber nun bin ich ein offizieller Kleriker dieser Weltorganisation, die auch politisch unter Schutz steht.

Um diese Anerkennung habe ich mich lange bemüht, da ich sehr

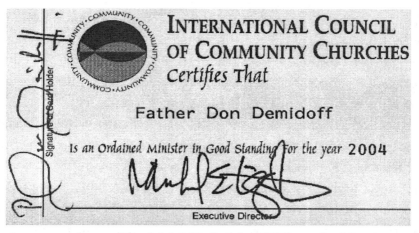

Lange wurde geprüft, ob ich Mitglied des ICCC werden könnte. Nun bin ich Kleriker dieser weltweiten Organisation.

wohl weiß, dass manche Abspaltungen von der *römisch-katholischen* Kirche oft als unseriös angesehen werden. Wenn es noch Zweifel gab, kann ich diese nun restlos ausräumen. Denn juristisch kann mich jetzt – wer möchte – in eine Schublade stecken. Und auch ich kann mich jetzt mit rechtlichen Fragen an meine Dachorganisation wenden.

Diese Kirche ist verloren!

The International Council of Community Churches

We welcome and affirm with joy our affiliation with

Biserica Catolica Independenta
(Independent Catholic Church)

We are pleased to welcome you into membership in the ICCC
and to join in fellowship with you in the body of Christ
in answer to his prayer that we may all be one.

The Council pledges assistance in every possible way as together we work for
the growth of the Beloved Community called into being by Jesus Christ.
We encourage your active participation in the life of the Council, the spread
of the Gospel in the hearts of humankind and in sustaining our message
and witness in the Community Church Movement.

We look forward to a long and meaningful partnership with you
and pray that together we may be led by God to increased
service to Christ, to the Church, and the world.

Grace O'Neal
President

[signature]
Executive Director

June 24, 2003
Date

The ICCC is a member communion of the National Council of Churches of Christ USA, the
World Council of Churches, and Churches Uniting in Christ

Zertifikat: Die "Biserica Catolica Independenta" (Unabhängig Katolische Kirche) ist Mitglied des ICCC USA

Unabhängigkeit: Das erzeugt Neid. Woher nimmt der seine Unabhängigkeit her?, fragen sich viele, insbesondere die Bischöfe und Priester der *römisch*-katholischen Kirche, die das auch gern möchten. Die meisten Mitglieder der Unabhängigen Katholischen Kirche kommen aus der *römisch*-katholischen Kirche und haben unter dem Dach der ICCC ein Exil gefunden. Die Hierarchie in der ICC führt nur bis zum Bischof, es gibt keinen Kardinal und keinen Papst. Durch den Zulauf von Priestern mit unterschiedlichsten Problemen, Geschichten und Ideen gibt es nicht diese einheitliche Linie wie die der *römischen* Kirche. Viele von ihnen verbindet jedoch ein gewisser Hang zur Tradition, den sie in der *römischen* Kirche nicht mehr finden.

Und meine Weihe zum Priester? Ist sie gültig?

In der katholischen Kirche sprechen wir von der »apostolischen Sukzession«. Damit ist die Handauflegung gemeint, die seit Jesus Christus über die Apostel weiter an die Bischöfe und Priester in ununterbrochener Kette erfolgt. Im theologischen Verständnis füllt der katholische Priester also weitaus mehr als ein Amt aus. Er ist nicht ein gewählter Repräsentant der Glaubensgemeinschaft, sondern wurde im Sinne Jesu Christi gerufen und durch ihn ins Volk zurückgegeben. Durch die apostolische Sukzession erhält der Priester unmittelbar durch Jesus Christus die Vollmacht, zum Beispiel auf Erden zu binden und zu lösen, was im Himmel gebunden und gelöst wird. Dieser Punkt zählt für mich zu den zentralen theologischen Betrachtungsweisen. Mein holländischer Bischof hat sich in Kanada von Bischöfen weihen lassen, die in der apostolischen Sukzession stehen, aber außerhalb der *römisch*-katholischen Kirche wirken. Die Priesterweihe zählt nun einmal zu den sieben Sakramenten der katholischen Kirche, die alle unauflösbar sind.

Diese Kirche ist verloren!

Es hat zu allen Zeiten und bis heute in der Kirche Versuche gegeben, die apostolische Sukzession für bestimmte Zwecke zu nutzen. Zu einem großen Skandal kam es, als vor kurzem ein katholischer Bischof drei Frauen zu Priesterinnen weihte. Die Beteiligten wurden sofort exkommuniziert, aber: Diese Weihe ist gültig. Wobei es im *römisch*-katholischen Kirchengesetz dann heißt: gültig, aber nicht erlaubt. Ich warte immer noch auf meine Exkommunikation.

Das berühmteste Beispiel gibt sicherlich Erzbischof Lefèbvre, der nach dem Zweiten Vatikanischen Konzil vom Verrat an der katholischen Kirche sprach und seine eigene Organisation, die »Pius-Bruderschaft«, gründete. Während man die Weihe einiger Priester seitens der *römisch*-katholischen Kirche noch hinnahm, wurde er nach der Weihe dreier Bischöfe exkommuniziert. Exkommuniziert, obwohl er, wie er selbst sagte, nichts anderes tat, als was die Kirche über Jahrhunderte immer tat und immer lehrte.

Dennoch: Die Weihe ist gültig, so wie meine Inkardination durch die freikatholische Kirche gültig ist. In den Vereinigten Staaten würde niemand dieses Thema diskutieren.

Aber in Deutschland haben die katholischen Bischöfe nun einmal viel zu viel Macht. Wann endlich wird die Kirchensteuer von Staats wegen abgeschafft? Man würde ihre Macht automatisch brechen und sie hätten die Gelegenheit, sich wieder auf das Evangelium, das Vermächtnis Jesu, zu konzentrieren.

Ich war am Anfang bemüht, einen guten Draht zur *römisch-katholischen* Kirche aufzubauen. Ich glaubte, dass es in Rumänien vielleicht noch verhaltener und traditioneller zugehen könnte als in unserer modernistischen Welt. Das war ein riesiger Irrtum von mir. Ich bin überzeugt, dass die nicht immer erfreuliche Entwicklung in Rumänien auch damit zu tun hat, dass wir nur dem Westen und seinen Ideologien Tür und Tor öffnen. Gemeinsam mit anderen setze ich mich in der »Liga für die moralische Wiedergeburt Rumäniens« für eine Erneuerung moralischer Werte ein. In den Statuten der Liga heißt es:

»Die tiefste Sünde, die der Antichrist begeht, ist die Begrenzung des Lebens auf das irdische Dasein, die Einengung des Glückes auf sinnenhafte, körperliche Wohlfahrt, die Fesselung des Geistes an die Belange der Zeit.«

Und dieser Satz beschreibt exakt den Zustand der *römisch-katholischen* Kirche! Er kann besser nicht formuliert werden.

▶ **Die *römisch*-katholische Kirche unterwirft sich dem Zeitgeist. Einer ihrer größten Fehler!**

Die *römische* Kirche hat auf dem Konzil *den* Fehler ihrer Geschichte gemacht, denn sie hat ein ganz wesentliches Prinzip aufgegeben: zeitlos zu sein, sich niemals den Bedingungen des Zeitgeistes zu unterwerfen. Das Evangelium ist nicht Zeitgeist. Das Evangelium besteht zweitausend Jahre, und jedes Wort ist so aktuell wie vor zweitausend Jahren. Man muss es nicht neu definieren, man muss es nicht interpretieren, es ist einfach immer aktuell gewesen und es bleibt so.

Ich war nackt, ihr habt mich bekleidet. Ich hatte Hunger, ihr habt mir zu essen gegeben. Ich war krank, ihr habt mich getröstet. Ich war im Gefängnis, und ihr habt mich besucht. Das sind die Worte Jesu Christi. Ganz einfache Worte sind die Essenz des Evangeliums, nicht der ganze Vatikan-Protz und der ganze Vatikan-Kapitalismus und schon gar nicht die mafiosen Machenschaften des Vatikans, der Loge P2, der Freimaurerei. Für mich sind dies ganz furchtbare Entwicklungen.

Diese Kirche ist verloren!

Ja, die Freimaurerei! Die Freimaurerei ist in den Vatikan seit langem eingedrungen. Die Päpste sind spätestens seit Papst Paul VI. Freimaurer. Damit ist die *römische* Kirche begraben! Es gibt viele Weissagungen, auch solche, die sich speziell mit den Päpsten befassen. Danach soll es nur noch zwei bis drei Päpste geben. Und der jetzige Papst, Johannes Paul II., soll angeblich selbst Überlegungen anstellen, den Thron Petri nach seinem Tod abzuschaffen und die Aufgabe des Papstes in ein Führungsgremium zu legen.

▶ **Die Kirche selbst ist die Ursache für den massiven Auszug der Menschen.**

Man mag von Weissagungen halten, was man will. Ich sehe die Kirche von innen heraus am Ende. Es gibt keine anderen Gründe: Die Kirche selbst ist die Ursache für den massiven Auszug der Menschen. Zehntausende allein in Deutschland – jedes Jahr! Dann heißt es, die Kirche müsse moderner werden. Wie modern soll sie denn noch werden? Heute läuft die Kirche dem Zeitgeist hinterher. Der Papst ist Zeit seines Lebens zwischen den Fronten hin und her gesprungen: Die Modernisten haben geglaubt, er wäre ein Konservativer, und die Konservativen haben geglaubt, er wäre ein Modernist. Warum? Weil er sich nie deutlich geäußert hat, weil er mal so und mal so gehandelt hat, weil er um die ganze Welt spazieren gefahren ist und nicht mehr im Kirchenzentrum war. Viele glauben ja, der Papst sei furchtbar konservativ. Aus kirchenhistorischer Sicht gilt das sicher nicht. Der Papst blufft.

Aber in seinen letzten Tagen gefällt er mir sehr. Scheinbar hat er endlich dem Heiligen Geist ein Fenster geöffnet, damit dieser Zutritt zu ihm hat, damit dieser ihn auf die Erkenntnis vorbereitet, dass er sich wohl sein ganzes Leben geirrt hat. Nun, in seinen letzten Tagen, mahnt er die Kirche zur Umkehr.

Diese Kirche ist verloren!

▶ **Warum will die Kirche nicht anerkennen, dass Homosexuelle sich nicht selber zu Homosexuellen gemacht haben, sondern dass sie so geboren wurden.**

Kirche darf nicht »trendy« sein, während sie in den wirklich entscheidenden Punkten im Abergläubischen verharrt. Damals war es Galileo Galilei, heute sind es die Homosexuellen. Warum will die Kirche nicht anerkennen, dass Homosexuelle sich nicht selber zu Homosexuellen gemacht haben, sondern dass sie so geboren wurden? Das wissen wir doch inzwischen. Es geht hier also nicht um Trend, Zeitgeist, es geht um Fakten und Diskriminierung. Man kann einen »normalen« Menschen nicht zum Homosexuellen machen und umgekehrt. Anstatt wissenschaftliche Erkenntnisse zu akzeptieren, macht sie einen Zirkus aus ihren Kirchen. Homosexuelle haben doch auch eine Sehnsucht nach Mystik! Ausschließen, das war schon immer die Macht der Kirche.

Die Kirche hat sich so verbürokratisiert und so verinstitutionalisiert, dass sie das Evangelium schon nicht mehr kennt. In der Kirche in Iacobeni (Jakobsdorf) habe ich ein Schild mit meiner Deklaration:

Ich will hier im Sinne des Himmels – nicht im Sinne des Vatikans -, dass diese Kirche offen ist für alle, die Jesus Christus suchen, und für alle, die ihn suchen, auch die Sakramente und die Gottesdienste bereitstehen.

Das heißt nicht, dass ich keine moralischen Standpunkte habe. Abtreibung ist für mich Abtreibung, Ehebruch ist Ehebruch. Nur: Wer sagt denn, dass ich der Richter bin? Ich habe das nicht zu beurteilen, das überlassen wir doch besser dem letzten Richter. Und nachdem wir alle wissen, dass das erste Gebot für Jesus Christus die Liebe war, kann ich mir nicht vorstellen, dass

Menschen mal eben schlichtweg verdammt werden können. Das kann ich mir nicht vorstellen.

▶ **Die Kirche selbst grenzt aus, und das ist etwas Ungeheuerliches! Das ist konträr zum Evangelium.**

Die Verantwortlichen der Kirche sind schuld daran, dass die Menschen massenhaft austreten. Denn die Kirche selbst grenzt aus, und das ist etwas Ungeheuerliches! Das ist völlig konträr zum Evangelium. Jesus Christus hat nicht ausgegrenzt, im Gegenteil. Er hat die Hure besucht und mit ihr gegessen. Er hat den Zöllner, der ihn unbedingt sehen wollte, der aber zu klein war, um über die Menschenmenge hinwegzusehen, vom Baum geholt. »Ich weiß, dass du da oben sitzt. Komm herunter, ich gehe mit in dein Haus, dann reden wir miteinander.« Das Evangelium ist so packend, so hautnah, und mit den richtigen Worten so dicht am Menschen – und die Kirche ist so weit weg. Davon profitieren ja auch die esoterische Bewegung, die Jugendsekten und New Age, übrigens eine Tochter der Freimaurerei.

▶ **Ich kann nicht salbungsvoll über Jesus reden, denn er war nicht salbungsvoll.**

Die Kirche stößt vor allem die Jugendlichen weg, und zwar ständig. Warum haben denn die Jugendlichen, wenn ich in ihre Gruppen komme, das Bedürfnis, etwas über Jesus Christus oder das Evangelium zu hören? Weil ich ganz anders rede. Ich kann nicht salbungsvoll über Jesus reden, denn er war nicht salbungsvoll. Ich spreche so, wie er war, was er von uns wollte. Er war auch nicht süßlich. Er war – wenn auch Gottes Sohn – zunächst einmal ein Mensch. Ein Mensch, der ganz drastische Worte benutzte: »Wer einem dieser Kinder etwas zuleide tut, dem soll man einen dicken Mühlstein um den Hals hängen und an der tiefsten Stelle des Meeres versenken.« Das stelle man sich heute vor! Wo ist denn unsere Kirche, die das sagt? Stattdessen haben sie über hundert Jahre hinweg all die Kinderschänder in ihren eigenen Reihen geschützt! Es gab Anordnungen, dass diese Priester nicht zu verfolgen sind. Unvorstellbar!

Die Verdrehung der Essenzen des Evangeliums durch die Kirche macht mir schwer zu schaffen. Ich glaube, das ist auch der wahre Grund, warum die Kirche mich bekämpft. Weil ich es deutlich sage, auch wenn ich nur einen kleinen Radius habe: Die Kirche hat kein Recht, das Evangelium in den Mund zu nehmen! Ich weiß natürlich, dass ich damit verallgemeinere und vielen in der *römisch-katholischen* Kirche Unrecht tue. Denn dort gibt es hervorragende Menschen und vom Evangelium durchdrungene Priester. Aber es sind doch leider zu wenige.

> **Das Nicht-tolerant-Sein ist vielleicht die letzte Chance der Kirche, Flagge zu zeigen! Weil ganz viele Leute eine Orientierung suchen.**
> Harald Schmidt

▶ **Der »Weltbaumeister« der Freimaurer ist eine dubiose Figur, die jedenfalls nicht Jesus Christus ist.**

Die Freimaurerei ist der Feind des Christen. Wenn ich Christ bin, dann kann ich doch nicht mit denen paktieren, die gegen das Christentum sind. Die Logen der Freimaurer haben als Gott ihren »Weltbaumeister«. Wer ist das? Wer kann mir erklären, wer das ist? Ich habe noch keinen gefunden. Es ist eine dubiose Figur, die jedenfalls nicht Jesus Christus ist. Nun kann sich jeder von mir aus seinen Gott schaffen, wenn er damit glücklich ist und mir meinen Glauben lässt. Aber ich will keinen, der meinen Glauben bekämpft.

Als ich nach Rumänien kam, wurde mir von den rumänischen Freimaurern eine große Summe geboten, wenn ich meinen Kampf für das Christentum einstelle. Sie würden es nicht versucht haben,

Diese Kirche ist verloren!

wenn sie nicht schon vorher Erfolg mit dieser Methode gehabt hätten. In einem korrupten Land wie Rumänien funktioniert Bestechung hervorragend.

Warum verschließt sich eine Institution wie die Freimaurer vor der Öffentlichkeit? Auch wenn einige Kongresse der Freimaurer heute öffentlich stattfinden, die wesentlichen Zusammenkünfte und Entscheidungen fallen außerhalb der Öffentlichkeit. Und die Geheimnistuerei wird sehr gepflegt. Die wesentliche Botschaft ist jedoch bekannt und seit dem Mittelalter unverändert. Das erklärte Ziel der Freimaurer lautet: Wenn wir die Weltherrschaft[1] erringen wollen, dann müssen wir die christliche Religion beseitigen. Um dieses Ziel zu erreichen, mussten die Freimaurer zunächst einmal in den Vatikan eindringen. Und das ist gelungen[2]. Was sich in den letzten Tagen des Papstes an Intrigen im Vatikan abspielt, ist schon bemerkenswert. Schnell hat der Papst noch dreißig neue Kardinäle ernannt, damit er bloß die Hausmacht behält. Er soll sogar gesagt haben: »Der neue Papst ist noch nicht einmal Kardinal.«

Der wirkliche gläubige Mensch, der auf der Suche nach der Selbstvervollkommnung[3] ist, der ständig mit den Intrigenspielen dieser »Rotkäppchen« konfrontiert wird: Wie soll er denn noch glauben?

---

[1] Wir wissen, dass die amerikanischen Präsidenten Freimaurer sind. Das wird kein Zufall sein.
[2] Die Aufdeckung der Machenschaften um die Loge P2 und die Banca Ambrosiana belegen es. Kardinal Marcinkus, Amerikaner und Präsident der Vatikanbank, wurde mit Haftbefehl von der italienischen Polizei gesucht. Durch die Macht des Vatikans gelang ihm die Flucht nach Amerika. Dort wirkte er weiter fröhlich vor sich hin.
[3] Wieso dürfen wir als Christen eigentlich nicht vom Weg der Selbstvervollkommnung und der Selbstreinigung sprechen? Das ist das höchste Ziel im Buddhismus. Aber wenn wir diese Worte in den Mund nehmen, ist das suspekt und wird lächerlich gemacht.

»Amts«-Kirche

Vieleicht zähle ich ja zu den einsamen Idioten, die es zu allen Zeiten gegeben hat, und die sich gegen eine Weltentwicklung gestellt haben. Aber noch bin ich Herr meiner eigenen Gedanken und ich scheue mich nicht, sie öffentlich zu äußern. Masse kann nicht denken, Masse ist unbeweglich, Masse ist nicht flexibel. Ich möchte lieber meinen eigenen Willen haben. Wer sich schlussendlich täuscht, werden wir sehen.

> Wir dürfen die Lehre Christi nicht verwässern und von seinem Wort kein Jota abweichen, um den Menschen zu gefallen.
> Erzbischof Johannes Dyba

> Einverstanden, Exzellenz, aber wir dürfen auch kein Komma und keinen Buchstaben hinzufügen.
> Pater Don

Bis jetzt habe ich mich nicht getäuscht. Insbesondere was die Entwicklung der Kirchen angeht, bin ich immer bestätigt worden. Schon vor zwanzig Jahren habe ich davor gewarnt, dass die Kirche sich leeren wird, wenn sie modischen Strömungen nachgibt. Sie ist leer geworden. Ich habe vor zwanzig Jahren gesagt, dass die Menschen sich von der Kirche abwenden werden, wenn die Mysterien und Sakramente entzaubert werden, wenn man glaubt, den Menschen alles erklären zu können. Die Menschen haben sich von der Kirche abgewendet. Man hat die Beichtstühle rausgeworfen und die Psychotherapeuten hatten volle Warte-zimmer. Vor zwanzig Jahren habe ich mich dagegen ausge-sprochen, aus der Kirche eine demokratische Veranstaltung zu machen, weil dann jahrhundertealte Grundwerten zerredet werden. Ich habe Recht behalten.

Wie viele Amtsträger – das Wort »Amt« spielt seltsamerweise in der Kirche eine große Rolle – richteten diese Kirche durch ihr Leben und ihr Beispiel zugrunde, durch ihren Missbrauch von

Diese Kirche ist verloren!

Ideen, die nichts mit den Ideen Jesu Christi zu tun haben. Aus diesem Grund ist es mir wichtig, auch mit meiner Kleidung nach außen hin ein Zeichen zu setzen. Meine Soutane ist keine Standeskleidung, sondern Zeichen meiner persönlichen Armut. Gleichzeitig dokumentiere ich damit, dass ich katholischer Priester bin. Ich veranlasse Menschen, mich anzusprechen oder ich spreche von mir aus Menschen an.

Und davon mache ich reichlich Gebrauch. Denn »schön« sehe ich in meiner Soutane nicht aus. Während man es in Rumänien gewohnt ist, dass die Priester öffentlich in ihrer Soutane herumlaufen, ist es in Deutschland schon befremdend und ich werde oft angegafft. Das ist zwar nicht angenehm, aber ich will es ja. Ich will mit den Menschen in Kontakt treten. Gerade in Deutschland hat es mir in relativ kurzer Zeit einen gewissen Bekanntheitsgrad gebracht. Wenn man so will, ist es meine Form des Marketing. Beispielsweise hatte uns vor einiger Zeit ein Mitarbeiter 3.000 Euro gestohlen. Also stellte ich mich in die Stadt, legte einen Hut vor mir auf die Straße und bat um Spenden. Dieser ungewöhnliche Anblick brachte mir in kurzer Zeit 400 Euro ein. Einen Priester, der um Geld betteln muss, sieht man nicht alle Tage.

▶ **Ich glaube nicht daran, dass der liebe Gott *römisch*-katholisch ist.**

Ja, es ist so: Ich leide daran, dass ich nicht mehr zur *römisch-katholischen* Kirche gehöre. Im theologischen Sinne ist die Kirche Leib Christi. Diese Idee habe ich immer sehr verinnerlicht. Zum Leib Christi dazuzugehören, ist eine wichtige Überlegung. Nichtsdestotrotz: Einen zweiten Leib Christi gibt es nun einmal nicht, deswegen lege ich immer Wert auf die Feststellung, dass ich katholischer Priester bin. Dabei beziehe ich mich auf die Ursprungsbedeutung des Wortes »katholisch« – vom griechischen

»katholos«: allumfassend, alles einbeziehend. Deshalb spreche ich davon, dass alle katholischen Glaubensrichtungen doch zu einer allumfassenden Kirche gehören – wenn auch einige Herren der *römisch*-katholischen Kirche dies so nicht sehen. Sie glauben, dass sie das Evangelium für sich gepachtet haben, weil sie glauben, dass der liebe Gott *römisch*-katholisch ist.

Daran glaube ich nicht. Und trotzdem leide ich daran, dass ich nicht mehr *römisch*-katholisch sein darf oder kann. Ich will es, aber ich kann nicht. Hätte ich damals den Verstand von heute gehabt und die Schriften von Don Bosco gekannt, hätte ich mich vielleicht anders verhalten und den Versuch gemacht, in der *römisch*-katholischen Kirche zu überleben. Denn wer eine Organisation ändern will, macht das am besten innerhalb dieser Organisation. Auf der anderen Seite war und ist mein Charakter nicht dazu geeignet, Schläge einzustecken und dann den Mund nicht aufzumachen. Ich habe mit einer gewissen Gradlinigkeit – vielleicht auch Naivität – die Dinge beim Namen genannt oder Vorgesetzte kritisiert, wenn ich der Meinung war, das musste sein. Und wenn ich heute der Meinung bin, den Ministerpräsidenten dieses Landes zu kritisieren, dann tue ich das.

> **Gegen wen ich denke? Gegen diejenigen, die es mir verbieten.**
> Stanislaw Jerzy Lec

Ich bin Priester durch und durch, auch wenn es mir von der *römisch*-katholischen Kirche abgesprochen wird. Priester zu sein ist für mich eine Berufung, kein Job.

Ein Priester hat sicher keinen »Nine-to-five-Job«, obwohl manche Pfarramtsstellen zusehends zu einem »Job« verkommen. Dann findet sich ein Schild an der Tür: »Sprechstunde samstags von 9 bis 12 Uhr«. Diese Pfarrer kassieren dann noch 6.000 Euro Monatsgehalt zuzüglich Haushaltshilfe, freie Wohnung und freien Dienstwagen. Sie machen sich nicht müde.

Diese Kirche ist verloren!

Das muss jeder vor seinem Gewissen entscheiden. Ich habe für mich entschieden, dass ich mich für die Menschen »verzehre« – das meine ich ohne Pathos – im Sinne des revolutionären Evangeliums.

▶ **Ich erhalte »Gnade nach Maß«.**

Um das zu verstehen, muss man keine Theologie studieren. Wenn man diese Berufung hat und an diese Berufung glaubt, dann ist man auch sicher, dass man »Gnade nach Maß« bekommt. Andere mögen es als Kraft bezeichnen, die einem im entscheidenden Moment zur Verfügung steht. An diese »Gnade nach Maß« glaube ich sehr stark. Deshalb kann ich mich auf alle möglichen Wagnisse einlassen, weil ich weiß, dass ich in meiner Berufung geborgen bin.

Gutes wird aus Schmerz geboren. Eine Mutter bringt ihr Kind nicht ohne Schmerzen zur Welt. Einen guten Teil meiner Kraft schöpfe ich aus meinen Schmerzen. Ich weiß, dass ich in der authentischen Nachfolge Jesu bin, wenn auch ich meinen Weg mit Schmerzen gehe. Der Schmerzensweg zählt doch zum christlichen Leitgut, und ich lebe in dem Bewusstsein, dass wir eine Identität haben in der Nachfolge Jesu. Schmerzen zählen für mich zu den Parametern, an denen ich ermessen kann, dass ich noch auf dem rechten Weg bin.

Die Emotionen gehen manchmal mit mir durch. Es rührt mich, wenn ich nach längerer Zeit wieder zu meinen Kindern komme, und es bewegt mich, wenn ich an besondere Momente mit meinen Kindern denke. Man sollte denken, dass man mit dem Alter abgeklärter würde. Bei mir ist es nicht so. Je älter ich werde, desto emotionaler werde ich. Auch hat sich mein Seelenleben nach dem Unfall

Was sich einer versagt, so viel mehr schenken ihm die Götter.
Horaz

verändert. Ich habe große Schmerzen gehabt, insbesondere mein mehrmonatiger Krankenhausaufenthalt hat mir zugesetzt. Vielleicht erlebe ich auch deshalb die Aufs und Abs meiner Kinder, meiner Mitarbeiter und meiner Stiftung sehr hautnah mit. Ich frage mich häufig nach dem Sinn und Zweck dessen, was ich tue und wie es auf andere Menschen wirkt. Mein Seelenleben ist voll von Zweifeln. Das will niemand hören, aber es ist so.

▶ ▶ »Das Einsamste, was dir passieren kann, ist dieser Beruf.«

Obwohl ich laufend von Menschen umgeben bin, fasst mich meine Einsamkeit häufig eiskalt an. Ich habe die Kinder, die mich lieben und die Spender, die mir vertrauen. Die vierte Dimension hat etwas Besonderes mit mir vor. Aber es gibt auch die dunklen Stunden, so wie man ganz allein für sich geboren wird und ganz allein stirbt, Stunden, in denen man seine Hände ausstreckt, aber niemanden findet, den man berührt.

Vor meiner Entscheidung, Priester zu werden, hatte mir mein Kaplan geraten, von meinem Entschluss abzulassen.

»Das Einsamste, was dir passieren kann, ist dieser Beruf«, warnte er mich. Er hat Recht behalten und ich denke oft an ihn zurück.

Ich bin zölibatärer Priester und lebe auch so. Und ich möchte ein wahrhaftiges Leben führen. Das Zölibat ist kein Kinderspiel, das Zölibat ist keine Fastenübung. Das Zölibat ist ein ganz elementarer Eingriff in die Menschlichkeit.

Diese Kirche ist verloren!

Wenn ich über mein Zölibat spreche, möchte ich, dass ich es lebe und dass es auch wahr ist. Warum aber hat eine Gesellschaft das Recht, mich täglich so zu provozieren, dass es mir immer schwerer fällt, in Frieden und Respekt vor meinem eigenen Stand zu leben? Wenn man ins Internet einsteigt, erhält man zunächst einmal eine Porno-Botschaft. Im Handy und im Fernsehen werde ich belästigt von Huren, die ihre Dienste anbieten.

> **Wer um die Gabe des Zölibats bittet und sich wünscht, muss sie schon in gewisser Weise in Form einer Verheißung oder Neigung erhalten haben.**
> Max Thurian
> Ev. Taizé-Mönch

Die Einkaufstüten sind mit nackten Leibern bedruckt. Wieso muss ich mir das gefallen lassen? Ich beklage mich nicht, weil ich prüde bin oder über allem stehen möchte. Nein, ich möchte in Ruhe und Respekt meine Werte leben, und ich wünsche, dass andere das auch für sich können.

**Aussteigen?
Bei Gott einsteigen?**

Wenn Du auch diese Werte leben und das Evangelium in Gemeinschaft erleben willst, den evangelischen Räten: Ehelosigkeit, Armut, Gehorsam und Barmherzigkeit vor allem für Kinder, Alte und Kranke folgen willst, dann komm in die „Gemeinschaft der Barmherzigen Samariter", die Pater Don jetzt in Rumänien gründet.

Diese Kirche ist verloren!

Durch das Zölibat verzichte ich auf die einzigartige Vereinigung der Geschlechter. Damit meine ich nicht den sexuellen Akt, sondern die Verbindung in wirklicher Liebe. Ich sage nicht, dass ich es vermisse. Aber es ist etwas Großes, was ich nicht habe.

Seit der Klosterzeit, mehr noch aber danach, werde ich immer wieder mit dem Thema Homosexualität konfrontiert, auch auf der Straße. Es ist chic, sich zu outen. Sicher, wir müssen tolerant sein und wir dürfen nicht diskriminieren. Natürlich dürfen wir nicht diskriminieren, aber wenn die Homosexuellen so tun, als sei Homosexualität das Normalste von der Welt, dann zweifle ich an dieser Aussage. Ich will den Menschen in seiner ursprünglichen Konstitution akzeptieren. Beurteilen werde ich ihn aber nach seinem Benehmen im sozialen Umfeld und nicht nach seiner sexuellen Genetik. Niemand hat sich selbst homosexuell gemacht.

Auch Kinder suchen die Stille…
Anbetung in der Kapelle
„Maria Pace" in Cincu
Die Kapelle war in der Zeit von
„Maria Theresia" Gefängnis…,
danach eine düstere Spelunke.

Diese Kirche ist verloren!

▶ **Wenn Homosexuelle ehrlich sind, müssen sie zugeben, dass ihre Genetik eine Belastung für sie ist.**

Und doch: Wie kommt es, dass Homosexuelle, je älter sie werden, immer größere Probleme mit ihrer Veranlagung haben? Immer deutlicher wird im Alter, dass die Homosexualität für den Menschen ein großes Kreuz ist. Ich glaube, wenn Homosexuelle ganz ehrlich sind, müssen sie zugeben, dass ihre Genetik eine Belastung für sie ist. Ich weiß es aus vielen Gesprächen: Es ist ein großer Irrtum zu sagen, Homosexualität sei normal. Ich habe keinen Schwulen getroffen, der von sich selber gesagt hätte, er sei glücklich. Zwar sind auch nicht alle Heterosexuellen glücklich, aber ich habe wunderbare Familien getroffen, wohl wissend, dass jede zweite Familie nicht mehr intakt ist. Dem steht nur eine hauchdünne Schicht homosexueller Lebensgemeinschaften gegenüber, die tatsächlich ein Leben lang hält.

> Ich fürchte, mich zu kennen, und kann mich doch nicht ignorieren.
> Voltaire

Dennoch: Ich bin Priester vor allem für diejenigen, die die Gesellschaft am Rande lässt. Darum schließe ich auch niemandem von den Sakramenten aus, keine Geschiedenen, keine Homosexuellen, keine Andersgläubigen. Und der Mutter, die abgetrieben hat, muss ich sagen, dass sie getötet hat. Aber ich spreche kein Urteil. Ich bin kein Richter. Ich nehme sie in meine Arme und tröste sie und bete mir ihr.

Ich habe große Probleme mit der *römischen* Kirche, aber ich sitze nicht mit Schadenfreude »draußen«. Im Gegenteil, ich leide an dieser Kirche. Ich könnte auch eine »Sekte« gründen, das Recht kann mir keiner nehmen. Ich leide an dieser Kirche, weil ich mich zutiefst als katholischer Priester empfinde.

Wie sehr die Kirche dem Bazillus des Zeitgeistes unterliegt, wird auch deutlich durch die Konformität der Sprache. Alle haben die gleiche Sprache zu sprechen, schwammig und nichtssagend:
- Wir sind im Rollenfindungsprozess.
- Wir tun uns schwer.
- Ich bin ein Stück weit betroffen.
- Das ist angesagt.
- Das müssen wir aufarbeiten.
- Das müssen wir nachbereiten.
- Da habe ich Bauchschmerzen.

Wer diese Sprache nicht spricht, entlarvt sich, grenzt sich aus. War das die Sprache Jesu Christi?

▶ **Aus der Kirche ist ein Amtsapparat geworden, der nichts mehr mit dem Evangelium zu tun hat.**

Die Kirche praktiziert nicht mehr das Evangelium! Kirche ist auch längst nicht mehr die Gemeinschaft der Gläubigen. Aus der Kirche ist ein Amtsapparat geworden, der nichts mehr mit der »Quellen-Idee« des Evangeliums zu tun hat. Das Evangelium ist eine irrsinnig spannende und revolutionäre Idee, die nun zweitausend Jahre besteht. Wer das begriffen hat, wer davon erfüllt ist, wer einmal diese Initialzündung gespürt hat, der kann eigentlich gar nicht anders, als für Gott zu leben.

Diese Kirche ist verloren!

Ist Jesus Christus wirklich Gottes Sohn gewesen? Vielleicht ist diese Frage gar nicht so wichtig. Allein die Idee des Evangeliums, das damals vollkommen Neue und immer noch Revolutionäre, reicht aus, dieses Feuer zu einfachen. Jesus Christus hat nur drei Jahre gewirkt. Nur drei Jahre! Welche Idee kann schon so eine Kraft entwickeln.

Diese Revolution ist lange noch nicht beendet, vielleicht stehen wir erst ganz am Anfang. Ich persönlich jedenfalls bin ganz erfüllt von dieser revolutionären Idee. Wenn ich auch auf dem Weg zum Ziel manchmal schlapp mache, manchmal müde bin und die Revolution ein wenig in den Hintergrund getreten ist, verinnerlicht habe ich sie lange. Vor allem die Idee, dass der Arme,

Praktizierte Nächstenliebe: Viorel ‚mein Nachfolger, verteilt Brot und andere Lebensmittel an die Straßenkinder.

Diese Kirche ist verloren!

der Erniedrigte, der Nackte, der Kranke ein Recht auf einen Bruder und eine Schwester haben. Das scheint mir etwas ganz Wichtiges zu sein.

Casa Maria Pace in Cincu:
Hort der Zuflucht auch in der Nacht

Diese Kirche ist verloren!

Ich möchte gern wissen ...

*Ich möchte gern wissen,
Herr,
wie viele Menschen feiern dich
in mächtigen Kathedralen.
Sind eingehüllt in teure Gewänder
und haben wichtige Titel.*

*Aber da sind viel mehr,
namenlose,
die dich in Lumpen gehülltnrufen,
in Elendshütten,
verfault und hungrig,
am Wegesrand liegend.*

*Ich möchte gern wissen,
Herr,
wem du dich mehr zuwendest ...*

Pater Don
und die
Zigeunerkinder
in Toarcla

> Vor äußeren Feinden habe ich keine Angst, denn die Kirche geht nicht von außen her zugrunde. Aber die inwendigen Übel, die falschen Brüder, die werden es tun.
>
> *Martin Luther*

Warnungen der Rotkäppchen-Mafia
Eine Dokumentation

»Pater, machen Sie sich nichts draus, in der Hölle wimmelt es von Rotkäppchen.« Das schrieb mir eine alte, einfache Frau, die sehr katholisch ist. Sie meinte mit Rotkäppchen die rote Kopfbedeckung der Bischöfe, deren [1]Solideu und wollte mich trösten.

Es vergeht kein Monat – seit 20 Jahren! –, in dem nicht von dieser Mafia aus dem Hinterhalt auf mich geschossen wird. Denn ihre Methoden stehen in nichts der Mafia nach. Immer haben sie Menschen, Kanäle, Medien, die ihre Werkzeuge sind. Ein einziges Mal traten sie mit offenem Visier gegen mich an: am 28. August 1996 durch den Sekretär der Bischofskonferenz, Dr. Rudolf Hammerschmidt. Mit einem Protestschreiben beschwerte er sich über meinen dreißigminütigen Liveauftritt in einer Personality-Show bei n-tv. Wie immer wurde mit Verdrehungen, Verleumdungen und Verdächtigungen operiert. Die Mafia könnte es nicht qualifizierter.

Seit über 20 Jahren bin ich den »allerhochwürdigsten« Rotkäppchen-Herren ein Dorn im Auge. Nachdem ich zur »*römischen*« Kirche zurückwollte und abgewiesen wurde, verfolgten sie

---

[1] Rotes Käppchen, füher Tonsurbedeckung

meinen Eintritt in die Unabhängig-Katholische Kirche in den Niederlanden. Meine Arbeit mit den Straßenkindern in Amsterdam, die Einweihung einer Kapelle in Lelystadt (der örtliche Pastor nannte den Tabernakel in meiner Kapelle einen »Zauberkasten«) verfolgten sie argwöhnisch. Menschen aus ganz Holland kamen zu mir, und als ich dann auch noch die Zeitschrift »Mysterium Fidei« herausgab, war deren Maß wohl voll. Sie streckten ihre Fühler zur Gerichtsbarkeit nach Kleve aus, nach dem Ort, an dem ich mit einem Restaurant baden gegangen war, und ließen flugs eine Betrugsgeschichte daraus stricken.

An einem frühen Morgen war mein Haus in Holland von Polizisten umstellt. Haftbefehl, Auslieferungsbefehl. Obwohl ich mich ordnungsgemäß nach Holland umgemeldet hatte, wurde mein Umzug als Flucht ausgelegt. Ich wurde ins Gefängnis nach Kleve transportiert. Drei Monate Untersuchungshaft! Wenn ich morgens in der Zelle aufwachte, glaubte ich noch nach Wochen an einen schlechten Traum. Wie konnte das wahr sein? Telefonate mit meinem Anwalt wurden mir nicht erlaubt. Der Richter hatte Zeit. »Wenn er nicht gesteht, werden wir ihn durch die Haft weich kriegen«. Am Tag des Prozesses musste er mich entlassen. Er verfolgte mich noch außerhalb des Gerichtes, versteckte sich hinter Bäumen und wollte sehen, mit wem und in wessen Auto ich Kleve verließ.

In dem Protestschreiben der Deutschen Bischofskonferenz wird ausdrücklich auf diese Haft hingewiesen, dass es eine Untersuchungshaft wegen angeblicher Flucht war. Dass sie, die Rotkäppchen, die Initiatoren waren, um mich endlich mundtot zu machen, vermerkten sie in ihrem Schreiben natürlich nicht.

Das Antwortschreiben des Moderators der n-tv-Sendung, Wolfram Schweizer, spricht für sich selbst.

Warnungen der Rotkäppchen – Mafia Eine Dokumentation

n-tv
Der Nachrichten-Sender

n-tv, Der Nachrichten-Sender, Taubenstraße 1, D-10117 Berlin

Sekretariat der
Deutschen Bischofskonferenz
Presseabteilung
Herrn Dr. Rudolf Hammerschmidt
Postfach 29 62

53019 Bonn

Taubenstraße 1
D-10117 Berlin
Telefon (030) 20 190-0
Telefax (030) 20 190-505
Postanschrift:
Postfach 110380
D-10833 Berlin

☎ 030 - 20 190-833
📠 030 - 20 190-835

28. August 1996

Sehr geehrter Herr Dr. Hammerschmidt,

vielen Dank für Ihr Schreiben vom 20. August dieses Jahres bezüglich unserer Sendung mit Pater Don Demidoff aus Cincu/Rumänien.

Ihre Informationen habe ich mit Interesse gelesen, obwohl ich mich schon wunderte, daß ausgerechnet die Deutsche Bischofskonferenz den STERN als Grundlage seriöser Informationen zitiert.

Zur Sache: Natürlich haben auch wir uns vor einer Spendenempfehlung über die Person Demidoff und seine Arbeit informiert. Und wir wußten auch, daß Don Demidoff kein unbeschriebenes Blatt war.

Trotzdem war für uns nur eine Information entscheidend: Leistet Don Demidoff *jetzt* eine karitative und unterstützenswerte Arbeit? Und diese Frage bejahen wir.

Dazu haben wir uns das Register der Vorwürfe angesehen und alle Untersuchungen (einschließlich Interpol-Recherchen in den Niederlanden, der Schweiz, Deutschland und Rumäniens) abgefragt. Wir haben zahlreiche evangelische Kichengemeinden in Deutschland angefragt, die mit Don Demidoff zusammenarbeiten und selbst vor Ort waren.

.../2

n-tv
Nachrichtenfernsehen
GmbH & Co. KG
Geschäftsführer:
Karl-Ulrich Kuhlo
Dr Wolfgang Fischer
HRA 24447
(Amtsgericht Berlin-Charlottenburg)
Berliner Bank AG
BLZ 100 200 00
Konto-Nr. 9915 200 200
Deutsche Bank AG
BLZ 100 700 00
Konto-Nr. 60 555 45.

Seite: 2

Auch Stellen des Roten Kreuzes, die selbst Hilfsgüter nach Cincu gebracht haben und dort länger vor Ort waren, haben wir angehört.

Das Ergebnis all dieser Überprüfungen ist eindeutig: Die Arbeit von Pater Don Demidoff in Rumänien ist sehr gut, ist sehr wichtig und ist vollständig karitativ. Die Spenden an seine deutschen Unterstützungsverbände (private Initiativen und Kirchengemeinden) sind voll steuerlich abzugsfähig. Die Korrektheit der finanziellen Transaktionen haben mir deutsche Pfarrer zum Teil persönlich versichert.

Mit diesen Informationen im Hintergrund konnten wir eine Spende an die Casa Don Bosco guten Gewissens empfehlen. Wobei Sie selbst wissen, daß ein zukünftiger Mißbrauch von Geldern nie ausgeschlossen werden kann. Das kann auch niemand bei der "Caritas" oder bei "Brot für die Welt" heute für die Zukunft garantieren.

Für mich ist nicht entscheidend, was ein Mensch vielleicht einmal getan hat, sondern was er jetzt tut. Auch ein aus der Haft Entlassener ist für mich nicht pauschal schuldig. Zumal mir mein Glaube auch und gerade Toleranz gegen Andersgläubigen lehrt.

Wieviel Zeit katholische Geistliche allerdings damit verbringen, um gegen Don Demidoff vorzugehen, das macht mich verlegen. Wenn davon nur ein Bruchteil für die Kinder dieser Welt investiert würde, ginge es vielen Kindern besser.

Und wenn der STERN einen schlecht recherchierten Bericht der Katholischen Nachrichtenagentur übernimmt, beweist das für mich nicht die Schlechtigkeit eines Menschen, sondern die mangelnde Recherche von Kollegen. Zumal die evangelische Kirche formell eine Korrektur über Don Demidoff vorgenommen hat und der evangelische Pressedienst die Arbeit von Cincu hoch gelobt hat.

Geht es hier um den Glauben eines Mannes oder um seine Arbeit hier und jetzt mit Kindern in Rumänien? Für uns war letzteres wichtiger. Aber sollten Sie selbst andere Informationen über die Arbeit von Don Demidoff haben, dann würde ich mich über Ihre Nachricht sehr freuen.

Wenn Sie meine Sendung kennen, dann werden Sie wissen, daß bei mir immer wieder religiöse Fragen eine Rolle spielen. Aber die Art und Weise, wie Teile der katholischen Kirche hier vorgehen und zum Teil dubiose Vereine vorschieben, macht mich mehr als nachdenklich.

> Seite: 3
>
> **n-tv**
>
> Vielleicht wäre es in der Tat das Beste, wenn Sie einmal selbst einen <u>unvoreingenommenen</u> Beobachter nach Rumänien schicken - Pater Demidoff hätte ganz sicher nichts dagegen. Dann könnte diese Schlammschlacht ein Ende finden. Und alle Beteiligten könnten sich wieder auf das konzentrieren, was ihre eigentliche Arbeit ist.
>
> Für uns ist jedenfalls Don Demidoff derzeit alles andere als ein Heiliger, aber ganz sicher ein Mann, der nicht nur redet, sondern konkret hilft. Und das - nicht mehr aber auch nicht weniger - finden wir unterstützenswert.
>
> Mit freundlichen Grüßen
>
> *[Unterschrift]*
>
> Wolfram Schweizer
> Moderator
>
> Kopie: Pater Don Demidoff, Cincu/Rumänien

Eine Schlammschlacht im wahrsten Sinne des Wortes. Eine Schlammschlacht, initiiert von Hirten der *römisch*-katholischen Kirche. Eine Schlammschlacht seit 20 Jahren. Die Inquisition ist tot, es lebe die Inquisition.

Der Verband der Deutschen Bischofskonferenz der *römisch*-katholischen Kirche Deutschlands warnte in einem Schreiben deren gesamte Diözesen vor dem »falschen Priester Pater Don Demidoff«. Diese unberechtigten Warnungen werden seit dem Jahr 1990 immer wieder ausgesprochen und in sämtlichen Amtsblättern der deutschen *römisch*-katholischen Bistümer abgedruckt. Ebenso ver-

> **Der Versuch, den Himmel auf Erden zu verwirklichen, produziert stets die Hölle.**
> Karl Popper

breitete die »KNA«, die Katholische Nachrichtenagentur, diese Meldung, auch »missio«, die Zeitung, die für Spenden wirbt, selbst der »Stern« (»Er zeigt sich gern mit Kindern«) fiel ebenso darauf herein wie viele andere Medien in ganz Europa, zum Beispiel »Blick«, eine Art Schweizer Bildzeitung (»Dieser falsche Pater erschwindelt Ihre Spendengelder«) und die Tageszeitung »Luxemburger Wort«, deren Herausgeber der Bischof von Luxemburg ist (»Die seltsamen Methoden des angeblichen Pater Don«).

Diese falschen Warnungen haben den Effekt, dass das Werk eines freikatholischen Priesters zerstört werden soll und mehr als 50 rumänische Straßenkinder ständig in der Gefahr leben, zurück auf der Straße zu landen.

Dieser Missbrauch von Macht, der der *römisch*-katholischen Bischofskonferenz zu Eigen ist, gefährdet alle Einrichtungen der Stiftung Casa Don Bosco. Die Leidtragenden sind die, die hier seit 13 Jahren Zuflucht finden. Auch die deutsche Botschaft in Bukarest übernahm die Verleumdungen dieser »Christen-Herren« und warnte in Rumänien die Autoritäten vor dem »Betrüger Demidoff«. Warnte, anstatt den deutschen Staatsbürger wenigstens darüber zu informieren, anzuhören und letztendlich zu schützen.

▶ **Der *römisch*-katholische Erzbischof von Bukarest – ein widerlicher Feigling und Denunziant.**

Die katholischen Kirchenmänner, Verkünder des Evangeliums Jesu Christi, des Evangeliums des Friedens und der Liebe, bekommen kräftige Schützenhilfe (Brüder halten nun einmal zusammen) vom *römisch*-katholischen Erzbischof von Bukarest, Monsignore Ioan Robu. Er, der in der Zeit des unseligen Diktators Informant der Securitate war, der seine eigenen Mitbrüder ans Messer der Schergen lieferte und sich noch nach der »Revolution« von 1989 scheute, sich in seinem Amtsornat öffentlich zu zeigen,

ÜBERSETZUNG AUS DEM RUMÄNISCHEN

DAS ÖFFENTLICHE MINISTERUIM
STAATSANWALTSCHAFT BEIM
OBERSTEN GERICHTSHOF
Abteilung für strafrechtlicheVerfolgung und Kriminalistik
Aktennr. 319/P/1997

3. Oktober 1997

2339

An
Don Demidoff

- Gemeinde Cincu, Str. Pietii Nr. 518, Kreis Brasov -

Hiermit machen wir ihnen bekannt, dass durch vorliegenden Bescheid dieses Gerichtshofes vom 3.10.1997 auf Grund des Art. 228, Absatz 6 und des Art. 10, Buchtabe b des Strafgesetzes die Nicht-Einleitung der strafrechtlichen Verfolgung gegen den von ihnen Angezeigten ION ROBU verfügt wurde, da die geschilderten Tatsachen nicht Gegenstand einer strafrechtlichen Verfolgung sind.

CHEF - STAATSANWALT
gez. unleserlich

Stempel:
DAS ÖFFENTLICHE MINISTERUIM
STAATSANWALTSCHAFT BEIM
OBERSTEN GERICHTSHOF
Abteilung für strafrechtlicheVerfolgung und Kriminalistik

****

Unterzeichnete Otilie ROOSZ, vom rumänischen Justizministerium beeidigte Übersetzerin Nr. 4850/2001, bescheinige hiermit die Übereinstimmung vorliegender Übersetzung mit dem Text der Urschrift in rumänischer Sprache.

Übersetzerin

Abweisung meiner Strafanzeige gegen den Erzbischof: Politiker und Bischöfe kann man in Rumänien nicht anzeigen ...

stattdessen mit einem »Columbo-Trenchcoat« durch die Straßen schlich, weil er sich immer noch fürchtete. Er liefert seit über einem Jahrzehnt mit dieser Methode der Verleumdung auch in den rumänischen Medien dem korrupten rumänischen System der Neo-Kommunisten ständig falschen Stoff in die Hand, um den unbequemen Priester der »Independent Catholic Church«, »der in meinem Territorium (er meint damit seine Diözese) wildert«, endlich loszuwerden. Strafanzeigen gegen den Erzbischof werden nicht untersucht und nicht einmal zugelassen.

▶ **Was tue ich denn anderes, als schmutzige Kinder aus ihrem Schmutz herauszuholen? Was stört diese Mafia daran?**

Bin ich wirklich so gefährlich oder geht es wieder einmal nur um Geld? Erinnere ich mich richtig? Begann der Protest Luthers nicht gegen die Praktiken der katholischen Kirche, die den Menschen weismachen wollte, dass sie ihre Seele mit Geld freikaufen konnten? Stand nicht am Anfang der Streit ums Geld, um den Ablasshandel? Haben die Rotkäppchen Angst, ich könnte ihnen ein paar Cent wegnehmen? Was tue ich denn anderes, als schmutzige Kinder aus ihrem Schmutz herauszuholen? Was stört diese Mafia daran? Warum wollen sie das Heim dieser Kinder, ihre letzte Chance, vernichten? Bischöfe, Christen?

Sitz nicht mit dem Hintern in zwei Kähnen.
aus Rumänien

Die Verfolgung von Don Demidoff durch die *römisch-katholische* Bischofskonferenz ist nicht neu. Nach den Angaben der Rechtsabteilung des Verbandes der katholischen Bischofskonferenz, Herrn Bahles, wird dort eine Akte seit 20 Jahren gegen Demidoff geführt. Darin enthaltene Informationen basieren wiederum auf Verleumdungen. Doch die Stiftung überlebte durch

Gottes Vorsehung, und die Kinder konnten immer gerettet werden.

Wie infam die Bischöfe vorgingen, wird auf den folgenden Dokumentationsseiten mehr als deutlich. Man hatte keine Scham, gleichzeitig in mehreren Bundesländern Anzeigen zu erstatten wegen Spendenbetrugs, Geldwäsche, Steuerhinterziehung, sogar von erpresserischem Menschenraub und vom unbefugten Tragen einer Amtskleidung war die Rede. Zweimal gar wurde Interpol gegen mich eingeschaltet. Ermittlungen ohne Ende, und bei jedem Grenzübertritt, auch an den Flughäfen, ausführliche Personenkontrolle und quälendes Warten. Hatte man wieder einen falschen Haftbefehl gestrickt? Aufenthaltsermittlungen ohne Ende, obwohl meine Adresse hinreichend bekannt war und sich seit meiner Ankunft in Rumänien jahrelang nicht geändert hatte. Die Dokumente auf den folgenden Seiten belegen die Jagd der Rotkäppchen-Mafia. Katholischen Priestern wurde der Kontakt zu mir verboten. Der rumänische Priester Alexandru Cobzaru musste sich gar von einer geschriebenen Laudatio distanzieren, und der katholische Prinz von Bayern wollte nach seinem Besuch bei unseren Kindern auch nichts mehr von seiner Hymne in unserem Gästebuch wissen.

»Die erste, die selbstverständlichste Liebesgabe des Priesters an seine Umwelt ist der Dienst an der Wahrheit, und zwar der ganzen Wahrheit, die Entlarvung und Widerlegung des Irrtums, gleich in welcher Form, in welcher Verkleidung, in welcher Schminke er einherschreiten mag. Der Verzicht hierauf wäre nicht nur Verrat an Gott und eurem heiligen Beruf, er wäre auch eine Sünde an der wahren Wohlfahrt eures Volkes und Vaterlandes.«

> **Der Oberkreisdirektor**
> **als Kreispolizeibehörde**
> **Soest**
> **Kriminalkommissariat Lippstadt**
> Gesch.-Z.: K-3749/92
>
> 4780 Lippstadt, den 3. Juni 1992
> Roßfeld 2
> Ruf-Nr. 0 29 41/20 20
> Telefax 0 29 41/202-280
>
> B e s t ä t i g u n g
>
> Nach Rücksprache mit der Staatsanwaltschaft Paderborn wird hiermit bestätigt, daß bei hiesiger Dienststelle eine Strafanzeige gegen
>
> Herrn
> Don D e m i d o f f
> geb. am 28.11.1944 in Eickelborn,
>
> wegen
>
> a) unbefugten Tragens einer Amtkleidung der römisch-katholischen Kirche
> b) versuchten erpresserischen Menschenraubes
>
> am 2. Juni 1992 erstattet worden ist.
>
> Im Auftrage:
> (Berkey)
> Kriminalhauptmeister

Es ist sicher ein Zufall, dass auch Paderborn römisch-katholischer Bischofssitz ist...

Das schrieb Papst Pius XI. 1937 in seiner Enzyklika »Mit brennender Sorge« gegen die Nazis.

Der neue Glaube, den uns die Hirten der Hirten, die Bischöfe, lehren, ist Verdrehung und Verfälschung der Wirklichkeit Jesu Christi. Sie streben nach Macht in dieser Welt, und ihre Antwort auf die Massenflucht der Menschen aus den Kirchen ist eine ständig wachsende Kapitalbeteiligung, vor allem bei den Medien. Das verschafft ihnen Einfluss, zum Beispiel bei der Produktionsfirma »Pro Vobis«, die auch Regenbogenberichte publizierte.

▶ **Bischöfe machen sich selbst zum Narren.**

Sind unsere Bischöfe noch mit ihrer wahren Aufgabe vertraut? Der Papst erhielt 2004 den »Außerordentlichen Karlspreis« der Stadt Aachen und Kardinal Lehmann den »Orden wider den tierischen Ernst«, ebenfalls Aachen. Ist denn ein Papst oder ein Bischof nicht verdächtig, der sich mit solch irdischen – übrigens nicht neutralen – Ehrungen schmücken muss? Spotten die Annahmen dieser »Ehrungen« nicht dem Mann von Golgatha? Was ist aus dem Evangelium, dem Testament Jesu Christi, bloß geworden? Herzlichen Glückwunsch den »Oecher Jecken«, dass sie nun auch einen Kardinal, den Bischof von Mainz, zum Obernarren gekürt haben.

Anbiedern ist die neue Devise der Nachfolger der Apostel. Als könne man mit Anbiederung die Flucht der Menschen aus den Kirchen verhindern. Christus ging den Weg des Kreuzes. Er verachtete es, sich bei den Menschen anzubiedern. Die Kirchen sind zu einem kalten Buffet degeneriert. Die Köche, Bischöfe und Priester kreieren Eigenkompositionen und Rezepte, und die Gläubigen suchen sich aus, was ihnen schmeckt. Kirchen der Beliebigkeit. Glaube nach Geschmack und persönlicher Bedürftigkeit. Die Kirchen zerfallen, weil jeder seinen Lieblingsglauben verkündet.

Nun haben es die Bischöfe mit mir besonders schwer, weil sie mich in keine Schublade zwängen können und keines ihrer Rezepte von mir verkostet wird. Ich gehöre weder zu Bischof Marcel Lefèbvre noch zum anderen Extrem-Bischof Jacques Gaillot, ich verstehe weder Eugen Drewermann, der die Gottes-Sohnschaft Jesu Christi in Frage stellt, noch Uta Ranke-Heinemann, deren Markenzeichen ein türkisfarbenes Lederkostüm ist, und ich frage mich immer wieder, warum sie eigentlich einmal zur katholischen Kirche konvertierte? Ich bin unabhängig-katholisch, so sehr, wie katholisch in Wahrheit immer unabhängig ist, unabhängig von Zeitgeist und Bischöfen mit Narrenehrungen.

Ich bin Priester der Independent Catholic Church und ich unterstehe nicht der Jurisdiktion, welchen *römisch*-katholischen Bischofs auch immer, nicht eines deutschen, nicht eines rumänischen Bischofs. Auch ich will nicht nach meinem persönlichen Geschmack selig werden, sondern habe nur den einen Wunsch, das Testament Jesu Christi authentisch zu erfüllen. Niemand, nicht einmal der Papst, hat das Recht, ein Testament zu verfälschen oder aufzuheben.

```
Staatsanwaltschaft Tübingen

Postfach 2526, 72015 Tübingen
Hausanschrift: Charlottenstraße 19, 72070 Tübingen
Telefon: 07071-200-2794 Telefax: 07071-200-2660

                        Tübingen, 30.07.1997 kal
                        Az.: 15 Js 5768/94

Herrn
Don Demidoff
Casa Don Bosco

2339 Cincu/Rumänien


Sehr geehrter Herr Demidoff,

in der Anzeigesache gegen Sie

wegen Betrugs

teile ich Ihnen auf Anordnung mit, daß mit Verfügung der Staatsan-
waltschaft Tübingen vom 30.07.1997 das Verfahren nach § 170 Abs. 2
StPO eingestellt wurde.


Hochachtungsvoll

Kaltenmark
Justizsekretär
```

Die Aktionen der rumänischen und deutschen Bischöfe gegen mich sind infam und zutiefst unchristlich. »An ihren Früchten werdet ihr sie erkennen...« ist doch auch ein Hinweis Jesu. Ein deutscher Bischof verdient monatlich ab 7.500 Euro plus weiterer Zulagen, wie Dienstwagen und Chauffeur. In einer Zeit, in der in einer Republik wie Deutschland von Sozialisten im so genannten Hartz-IV-Modell die Armut den Armen befohlen wird, sind wir mit solchen Rotkäppchen-Gehältern konfrontiert.

▶ Welches Gehalt hatte Jesus Christus?

Im Übrigen wäre auch Hartz IV kaum notwendig, wenn in Deutschland etwas sorgsamer und verantwortungsvoller mit den Steuergeldern umgegangen würde. Der Bundesrechnungshof weist ständig nach, wie viele Millionen in falschen Projekten in den Sand gesetzt werden. Die irrsinnigen Beamtenapparate in Berlin, Bonn, Brüssel und Straßburg fressen unendliche Steuern. Hilfe in Osteuropa und überall in der Welt ist gut. Aber Milliarden, die in Korruption und Misswirtschaft verbraten werden? Warum müssen jetzt Menschen in Deutschland bluten? Hätte man diese Irrsinnssummen nicht erst einmal im eigenen Land für neue Projekte investieren müssen? Warum werden Priester und Bischöfe in Deutschland vom Staat besoldet? Welches Gehalt hatte Jesus Christus? Auf einem geliehenen Esel zog er in Jerusalem ein. Gebt den Rotkäppchen einen Dienst-Esel. Das reicht. Als Straßenpriester und Priester der freien katholischen Kirche beziehe ich weder ein Gehalt noch habe ich eine Krankenversicherung oder gar Ansprüche auf eine Rente. Ich lebe von dem selben Brot, das ich für meine Kinder erbettele. Ein ganzes Dorf lebt davon. Und meine katholischen und evangelischen Schwestern und

> **Geiz ist Grausamkeit gegen die Bedürftigen und die Verschwendung ist es nicht weniger.**
> Gellert

Brüder in Deutschland und in der Schweiz versorgen mich liebevoll und treu mit Insulin, damit ich weiterleben kann. Welcher europäische Bischof hat sich je seine Hände an verlausten Straßenkindern schmutzig gemacht? Ist es das, was die Rotkäppchen so nervös macht? Greifen sie deshalb zu so untauglichen Mitteln wie Verleumdung und Intrigen?

Und wo ist denn die geforderte Toleranz gegenüber Andersdenkenden, Andersgläubigen, die große Errungenschaft des II. Vatikanischen Konzils, die Gewissensfreiheit? Nur wehe, wenn man sie innerhalb der Kirche in Anspruch nimmt. Das ist Gift für die Rotkäppchen. In katholischen Kirchen dürfen heute Buddhisten tanzen, aber Priester, die die Heilige Messe nach dem alten Ritus zelebrieren oder am Abendmahl der evangelischen Christen teilnehmen, werden sehr schnell ausgeschlossen. Was stimmt denn noch in dieser Kirche? Wird die Kirche selbst schon vom Anti-Christen beherrscht?

Im vierzehnten Jahr existiert nun das Zuhause für Straßenkinder. Immer noch haben wir keinen Träger, immer noch leben wir von der Hand in den Mund, jedes Jahr, jeden Monat und jeden Tag. Immer noch betteln wir ständig für unsere Kinder. Aber unsere Kinder leben. Sie leben bescheiden, aber sie haben noch keinen einzigen Tag hungern müssen. »An ihren Früchten werdet ihr sie erkennen...«

Nach menschlichem Ermessen hätten die europaweiten Kampagnen der Bischöfe schon lange das Aus für die Stiftung des heiligen Don Bosco in Rumänien bedeuten müssen. »An ihren Früchten werdet ihr sie erkennen...«

A 122/Jahrgang 1995 - Nr. 14 Amtsblatt Dresden, den 31.Juli 1995

Die Trinitätslehre als Verlegenheit oder als Inbegriff
der Wahrheit in der Dogmatik der Neuzeit
(Prof. Dr. J. Baur, Göttingen);
Zur praktisch - theologischen Bedeutung der Trinitätslehre
(Prof. G. Schmidt, Erlangen)

Generalversammlung
der Görres - Gesellschaft in Dresden 1995

Reg. Nr. 2255/289
Die Görres - Gesellschaft zur Pflege der
Wissenschaft hält ihre Generalversammlung
in der Zeit vom 23 bis 27. September 1995 in
Dresden ab. Rahmenthema ist:

**Die bewahrende Kraft des Luthertums Mittelalterliche
Kunstwerke in evangelischen Kirchen**

Anmeldung und weitere Information für diese
Tagung erfolgen bei Prof Dr. J.M. Fritz, Unter
der Schanz 4, 69117 Heidelberg.

Abs.: SDV GmbH, Tharandter Strasse 23-27,01159 Dresden VK 2B 6704

Richtigstellung
zum Amtsblatt Nr. 7 (1995) Seite A56

Reg. Nr. 10521(4)179
Aufgrund eines Hinweises der Evangelischen
Kirche im Rheinland sowie von Ver-
öffentlichungen in katholischen Amtsblättern
wurde in unserem Amtsblatt Nr. 7 1995, Seite
A56, eine Warnung die "Stiftung Casa Don
Bosco" in Cincu / Rumänien betreffend
mitgeteilt.
Unmittelbar nach der Drucklegung erreichten
das Landeskirchenamt Mitteilungen von
Einzelpersonen und Initiativgruppen, die seit
langem nach Cincu Kontakt haben. Es wird
bestätigt, das die "Casa Don Bosco" eine
eigenständige rumänische Stiftung ist und
nichts mit den Kinderdörfern des
Salesianerordens zu tun hat.
Die Berichte über das Kinderheim sprechen
vom beeindruckenden Geist dieses Hauses
und vom aufopferungsvollen Einsatz des
Leiters für die Weiterentwicklung dieses Heims
für Straßenkinder. Das Überleben dieser Arbeit
hängt von den Spenden aus dem Ausland ab.
Den Informationen zufolge erreichen die
Spenden die Kinder, für die sie bestimmt sind.
Das 1992 in einem baufälligen Haus
gegründete Heim für Straßenkinder "Don
Bosco" besteht inzwischen aus zehn Häusern
mit Schlafräumen für 110 Kinder, Sanitär-,
Aufenthalts - und Lagerräumen, Gäste-
zimmer, Arztpraxis, Apotheke, Schneiderei,
Bäckerei und eine kleine Privatschule.
Ein Schreiben des Landeskonsistoriums der
Evangelischen Kirche in Rumänien vom 24
November 1994, unterzeichnet von Bischof
D. Dr. Chr. Klein und Hauptanwalt H.-G. Binder,
zum 50. Geburtstag von Pater Don Demidoff
mit dem Dank für die Arbeit der "Casa Don
Bosco" war dem Landeskirchenamt seinerzeit
nicht bekannt, weshalb wir ausdrücklich auf
diese Berichtigung hinweisen und um
Beachtung bitten.

Herausgeber: Ev - Luth Landeskirchenamt Sachsens, Luccasstraße 6, 01069 Dresden:**Verantwortlich:** Oberkirchenrätin Hannelore Leuthold
Postadresse: Postfach 320101 - 01013 Dresden. **Hausadresse** Lukasstraße 6, 01069 Dresden, Telefon (0351) 46 92-0, Fax (0351)46 92 144
- Erscheint zweimal monatlich -
Herstellung und Versand: Sächsisches Druck und Verlaghaus GmbH (SDV GmbH), Tharandter Straße 23-27,01159 Dresden
Redaktion: Telefon (0351) 4 18 22 03/204, Fax (0351) 4 18 22 67; **Versand/Adreßverwaltung:** Telefon (0351) 4 18 21 82/183, Fax (0351) 4 18 21 86
Der **Jahresabonnementpreis** beträgt 48,40 DM zuzüglich gesetzliche Mehrwertsteuer und Versandkosten.
Der **Einzelpreis** dieser Ausgabe (20 Seiten) beträgt 4,82 DM (inklusive 7% MwSt., bei Versand zuzüglich Versandkosten).
Die **Kündigung** eines Jahresabonnements muß schriftlich bis zum 15. November eines Jahres mit Wirkung Ende des Kalenderjahres bei der SDV
GmbH, Abteilung Versand, vorliegen.
ISSN 0423-8346

Das Untersuchungsrichteramt (URA) St. Gallen - Schweiz erliess am 29.09.95 die folgende Aufhebungsverfügung (Prozedur nr. 94/1137):

1. Das Strafverfahren gegen Pater Don Demidoff wegen Betruges im Zusammenhang mit Spendensammlungen für die Stiftung Don Bosco in Rumänien wird aufgehoben.
2. Die Kosten des Verfahrens werden dem Staat auferlegt.
3. Der Staat hat den Angeschuldigten für die Kosten seiner Verteidigung zu entschädigen.

Auszug:

... nachdem in kirchlichen Kreisen ein Schreiben des Erzbischofs von Bukarest zierkuliert hatte, worin ausgesagt wird die "Casa Don Bosco" sei nur Vorwand für betrügerische Tätigkeiten des falschen Priesters Don Demidoff und die Thematik ausserdem von den Medien aufgegriffen war, erfolgten einige Strafanzeigen...

... unter Einschaltung der Dienste von Interpol wurden recht umfangreiche Ermittlungshandlungen eingeleitet...

... die Ermittlungsergebnisse sind eindeutig: an der fraglichen Adresse existiert tatsächlich ein Kinderheim, der Verantwortliche dafür ist Don Demidoff. In diesem Heim halten sich mehr als 100 Kinder auf...

... sämtliche nachkontrollierte Referenzschreiben erwiesen sich als authentisch. Durch die Referenzen wird auch die Existenz des Heimes und die Verantwortlichkeit von Don Demidoff dafür bestätigt...

... die Namensänderung in Don Demidoff ist der deutschen Generalbundesanwaltschaft aufgrund einer öffentlichen Urkunde bekannt...

... Recherchen haben ergeben, dass sich Don Demidoff 1987 einer Unabhängigen Katholischen Kirche in Holland angeschlossen hat mit dem Auftrag, sich mit Strassenkindern zu beschäftigen...

... die Abklärungen haben ergeben, dass neben einigen Vorbehalten Don Demidoff auch im orden der Salesianer seine Anhänger habe...

... die getätigten Abklärungen den Verdacht auf strafrechtlich relevante Vorgänge im Zusammenhang mit den aktuellen Spendenaufrufen in keiner Art und Weise bestätigt oder verstärkt haben...

... nachdem zweifelsfrei weder die Funktionsbezeichnung eines Paters noch die Berufung auf den heiligen Din Bosco von der offiziellen Katholischen Kirche monopolisiert werden können und Don Demidoff in seinen Werbeschreiben eine Zugehörigkeit zur Katholischen Kirche auch nie behauptet hat, können ihm keine Täuschungsmanöver unterstellt werden...

... in Anwendung von Art. 124 StP wird ein Strafverfahren aufgehoben, wenn das Gericht den Angeschuldigten mangels Tatbestandes oder Beweises freisprechen würde. In casu ist dies klar der Fall...

```
ARHIEPISCOPIA                           București, den 26. Januar 1993
ROMANO-CATOLICA
    BUCUREȘTI                           Nr. 44
Str. Nuferilor Nr. 19 Sectorul 1
     70.749 BUCUREȘTI
      Telefon 13.39.36
```

P. GEORG DEMMING
Provinzial
Rixdorfer Str. 15
5000 Köln 80

Provinzialat der
Salesianer Don Boscos
München
Eing. 1 1. MAI 1993 A
zur Erled. an
erledigt am

Hochwürdiger P. Provinzial,

Ihren am 6.01.1993 geschriebenen Brief habe ich erhalten.
Was den sogenannten P. Don Demidoff betrifft: er hat ein
Haus -"Casa Don Bosco" - in der Diözese Alba Iulia. Er
sammelt Spenden von die die er leichter herumkriegen kann.
Was wir in Erfahrung gebracht haben ist folgendes: Don
Demidoff ist kein Priester, obwohl er die klerikale Uni-
form trägt und sogar die hl. Sakramente zelebriert. Er
wird von der deutschen Polizei wegen mehreren Diebstählen
und Betrug gesucht. Er weigert sich mit den katholischen
Priestern und der lokalen kirchlichen Obrigkeit zu sprechen
und behauptet daß er ein independenter Katholik, Mitglied
der unabhängigen Kirche aus der USA ist.
Bitte machen Sie denen die Ihnen geschrieben haben bekannt daß Sie nicht mit Spenden diesen Schwindler unterstützen sollen denn "Casa Don Bosco" ist nur Vorwand
für seine betrügerische Tätigkeit.
Ich wünsche Ihnen Gesundheit und Gottes Segen für Sie
und für die Provinz die Sie leiten.

Ihr

Ioan Robu,
Erzbischof

Verleumdungsbrief eines römisch-katholischen Erzbischofs und vormaligen Securitate-Spitzels.

Ioan Robu, Erzbischof der römisch-katholischen Kirche in Rumänien *in einer Sendung des rumänischen Fernsehens Robu zur Person Demidoff:* »*Don Demidoff ist ein Betrüger, das Casa Don Bosco existiert nicht*«. *Robu war unter Ceauºescu Zuträger für die Securitate, den Staatssicherheitsdienst.*

In der Report-Sendung »Cu ochii-n patru« des rumänischen Fernsehens wird Demidoff mit »Dokumenten« konfrontiert, die gesamt aufgrund von Verleumdungen und Lügen angefertigt wurden.

VEREINBARUNG

zwischen

1. **Pater Don Demidoff**, Casa Don Bosco, RO-2339 Cincu Jud. Brasov, Rumänien
und
2. **Stiftung „Casa Don Bosco"**, Piata 518, RO-2339 Cincu Jud. Brasov, Rumänien

<u>einerseits</u>

und

1. **Toni Rogger**, Don Bosco-Strasse 29, 6215 Beromünster
und
2. **Vereinigung Don Bosco Werk**, Feldstrasse 109, 8004 Zürich

<u>andererseits</u>

betreffend

Persönlichkeitsverletzung (Verfahren Nr. 04-001, Friedensrichteramt Beromünster)

1. Pater Toni Rogger und die Vereinigung Don Bosco Werke verpflichten sich, jegliche ehrenrührige Äusserungen über Pater Don Demidoff und die Stiftung Casa Don Bosco gegenüber Dritten (mündlich oder schriftlich) zu unterlassen. Dies betrifft insbesondere folgende Aussagen:

    - Pater Don Demidoff sammelt Spenden von denen, die er leichter herumkriegen kann.
    - Er wird von der deutschen Polizei wegen mehreren Diebstählen und Betrug gesucht.
    - Er weigert sich, mit den katholischen Priestern und der lokalen kirchlichen Obrigkeit zu sprechen.
    - „Casa Don Bosco" ist nur Vorwand für seine betrügerische Tätigkeit.
    - Zweck dieser Sammlung ist immer die „Casa Don Bosco" in Cincu, Rumänien. Eigentlich müsste dort schon längst ein vergoldeter Kinderpalast stehen.

2

Für den Widerhandlungsfall unterwerfen sie sich den Straffolgen gemäss Art. 292 des Schweizerischen Strafgesetzbuches.

2. Pater Toni Rogger und die Vereinigung Don Bosco Werke nehmen die oben aufgeführten Aussagen ausdrücklich zurück und entschuldigen sich dafür in aller Form. Pater Don Demidoff und die Stiftung Casa Don Bosco nehmen diese Entschuldigungen an.

3. Pater Toni Rogger und die Vereinigung Don Bosco Werke verpflichten sich in solidarischer Verbindung, an Pater Don Demidoff und an die Stiftung Casa Don Bosco je eine Umtriebsentschädigung von Fr. 2'000.—zu bezahlen. Zahlstelle: Dr. Roland Giebenrath, Offenburg, Sparkasse Hanauerland Kehl (IBAN: DE 88664518620000077695, BIC: SOLA DE S1 KEL). Verfalltag: 31. März 2004.

4. Die Friedensrichterkosten von Fr. 275.—werden halbiert. Jede Partei trägt ihre Anwaltskosten selber. Pater Toni Rogger und die Vereinigung Don Bosco Werke verpflichten sich in solidarischer Verbindung, ihren Friedensrichterkostenanteil von insgesamt Fr. 137.50 an Erik Wassmer, Advokat, Fischmarkt 12, 4410 Liestal, zu überweisen (PC-Konto 40-32717-8).

Ort/Datum: _Beromünster, 26.02.04_   _P. Toni Rogger_
Toni Rogger

Ort/Datum: _Beromünster, 26.03.04_   _P. Toni Rogger_
Vereinigung Don Bosco Werke

Ort/Datum: _Chur, 15.04.04_   _P. Don Demidoff_
Pater Don Demidoff

Ort/Datum: _Chur, 15.04.04_   _P. Don Demidoff_
Stiftung Casa Don Bosco

Warnungen der Rotkäppchen – Mafia Eine Dokumentation

Öffentliche Sitzung
des Landgerichts

Frankfurt am Main, 11.12.2003

3. Zivilkammer

Geschäfts-Nr.: 2/03 O 314/03

Gegenwärtig:

Vorsitzender Richter am Landgericht Dr. Schartl
als Vorsitzender

Beisitzer:
Richterin am Landgericht Zöller,
Richterin am Landgericht Bonkas

Justizangestellte Peter
als Urkundsbeamtin der Geschäftsstelle

> EINGEGANGEN
> 22. Dez. 2003
> Dr. Roland Giebenrath, D.E.A.
> Rechtsanwalt

In dem Rechtsstreit

Pater Don Demidoff,
Casa Don Bosco, RO-2339 Cincu - Jod. Brasov,

- Kläger -

Proz.-Bev.: Rechtsanwalt Dr. Giebenrath, In der Spöck 4, 77656 Offenburg

gegen

Herrn Dr. Christoph Müllerleile,
Mozartstraße 11, 61440 Oberursel,

- Beklagter -

Proz.-Bev.: Rechtsanwalt Blaschke, Epinayplatz 2, 61440 Oberursel

erscheinen bei Aufruf der Sache:
der Kläger in Person und RA Dr. Giebenrath
der Beklagte in Person und RA Blaschke

Nach Erörterung der Sach- und Rechtslage schließen die Parteien folgenden

Vergleich

1. Der Beklagte verpflichtet sich, es bei Meidung einer Vertragsstrafe von 5.100,00 € für jeden Fall der Zuwiderhandlung zu unterlassen, folgende Aussagen über den Kläger zu veröffentlichen:

„Don Demidof" ist angeblicher Priester und hat die Priesterweihe nicht erhalten",
„Don Demidoff hat mehrere berufliche Fehlschläge erlitten"
und "Don Demidoff ist vorbestraft".

2. Damit sind sämtliche Ansprüche der Parteien bezüglich der streitigen Veröffentlichung durch den Beklagten erledigt.

3. Die Kosten des Rechtsstreits und dieses Vergleichs werden gegeneinander aufgehoben.

v.u.g.

b.u.v.

Der Streitwert und der Vergleichswert betragen jeweils 10.000,00 €.

Dr. Schartl					Peter

Ausgefertigt 17. DEZ. 2003
Frankfurt/Main

Urkundsbeamter der Geschäftsstelle

Warnungen der Rotkäppchen – Mafia Eine Dokumentation

Es ist sicher ein Zufall, dass Essen Sitz eines römisch-katholischen Bischofs ist...

Entgegen allen Verleumdungen: Don Demidoff ist nicht vorbestraft. Sein polizeiliches Führungszeugnis enthält keine Eintragung:

nicht in Deutschland

und nicht in Rumänien

Übrigens:

*Gott ist nicht katholisch,
nicht römisch-, alt-, greco- oder frei-katholisch,
nicht evangelisch,
nicht reformiert- oder lutherisch-evangelisch,
Gott ist kein Pfingstler,
kein Charismatiker,
kein Evangelikaler,
Er ist kein Baptist
und kein Orthodoxer.*

Gott ist einfach Gott

Die trotzige Kirchenburg von Iacobeni (Jakobsdorf) aus dem 14. Jahrhundert. Einst katholisch, nach der Reformation evangelisch nach dem Augsburger Bekenntnis, jetzt Independent Catholic: ICCC USA

Warnungen der Rotkäppchen – Mafia Eine Dokumentation

Die Wehrkirche von Iacobeni, ein Licht in der Finsternis…

Licht der Hoffnung in der trostlosen Armut des Dorfes…

Die Kapelle im „Casa Linistii, dem Haus der Stille".

Alle Dornen-Kinder von Pater Don im Kreuz des Altares

und die Dornenkrone

Fotos Friedrich Preissler

Staat

**Jeder Mensch hat eine Wirbelsäule,
aber nur wenige haben ein Rückgrat.**

Rumänien – was für ein Land!

Bei der Jahresversammlung im Kombinat stellt die Führung ihre Bilanz vor. Wie immer ist der Plan übererfüllt.
»Hat noch jemand eine Frage dazu?«, will der Vorsitzende abschließend wissen.
Tatsächlich, da gibt es jemanden, der eine Frage hat:
»Bitte, Herr Vorsitzender, mein Name ist Popescu. Ich arbeite im Kombinat in der Buchführung. Ich habe den Eindruck, Herr Vorsitzender, dass in der Bilanz, die Sie vorgelegt haben, ein Fehler ist. Ich glaube, Ihre Angaben stimmen nicht.«
»Gut«, antwortet der Vorsitzende, »wir werden das untersuchen, und auf der nächsten Jahresversammlung erklären wir Ihnen das.«
Auf der Kombinatsversammlung ein Jahr später erklärt der Vorsitzende wieder die Bilanz.
»Gibt es noch eine Frage?«, will der Vorsitzende wissen.
Tatsächlich, da gibt es doch wieder jemanden, der eine Frage hat:
»Bitte, Herr Vorsitzender, mein Name ist Constantinescu. Wo ist Herr Popescu geblieben?«

Der damalige Stellvertreter Ceaușescus ist heute Staatspräsident, Ion Iliescu. Es muss sich doch niemand wundern, dass sich in Rumänien nichts ändert und dass die Menschen immer noch Angst haben. Ich bin ihnen unheimlich, weil ich keine Angst habe.

Das kommunistische System hat die Menschen ihrer Courage beraubt. Es wird lange dauern, bis die Rumänen ihr Rückgrat wiederhaben. Selbst unsere Kinder, die mit Sicherheit sehr viel freier aufwachsen als viele ihrer Altersgenossen in Rumänien, bekommen indirekt die Auswirkungen dieses Systems zu spüren. Ihre Erzieherinnen sind nämlich noch in der Diktatur aufgewachsen. Deshalb erzähle ich meinen Kindern davon, dass die Menschen im Westen Respekt voreinander haben, dass es gewisse Umgangsformen gibt, dass man beispielsweise nicht so isst, wie es hier noch jeder Minister tut, dass man für einen älteren Menschen in der Straßenbahn aufsteht, dass man wartet, bis ein Entgegenkommender den Raum verlassen hat.

Der Leser merkt sicher sofort, dass ich bereits einige Jahre nicht mehr in Deutschland lebe. Trotzdem halte ich diese Werte bei meinen Kindern hoch. Und ich finde, dass es uns erstaunlich gut gelungen ist. Man darf dabei eben nicht vergessen, aus welchem

Man staune: Viele Zigeuner hausen in solchen Verschlägen

Umfeld die Kinder kommen und in welchem Umfeld, zum Beispiel in der Schule, sie heute aufwachsen. Dazu müssen wir Durchsetzungsvermögen, Ausdauer und manchmal auch Härte zeigen.

Die Menschen in diesem Land sind noch lange nicht frei. Sie verstehen nicht, dass man das Recht hat, sein Recht zu erstreiten. Nach wie vor gehen sie davon aus, dass sie keine Möglichkeit haben, einen korrupten Bürgermeister oder einen Polizisten zu verklagen. Ich bin vielen Rumänen auch deshalb suspekt, weil ich Prozesse führe. Nicht etwa, weil ich sie gern führe, sondern weil ich die Stiftung und damit meine Kinder vor Anfechtungen schützen muss. Man hat mir sogar schon vorgeworfen, dass ich ein »Prozessomane« sei.

Vierzig Jahre lang haben die Menschen vieles geschluckt und Unrecht über sich ergehen lassen. Zum Schluss haben sie alles über sich ergehen lassen, bis zur allerletzten Erniedrigung. Die Menschen wurden vollständig gebrochen. Ein Außenstehender kann sich dies kaum vorstellen. Selbst fünfzehn Jahre nach der »Revolution« finde ich heute keine Menschen, mit denen ich diskutieren kann. Sie haben einfach keine eigene Meinung.

Aber wie weit entwickelt ist denn die westliche Welt? Im dekadenten Westen geht es doch nur noch um das eigene Wohlbefinden. Ein ungeheurer Egoismus ist uns anerzogen worden, hauptsächlich durch die Industrie und den Kapitalismus. Die Großfamilie wurde deshalb geteilt, weil dann nicht nur ein Kühlschrank sondern fünf verkauft werden können. Dann lassen sich auch fünf Autos statt einem unters Volk bringen.

Sicherlich ist dies eine ganz stark vereinfachte und undifferenzierte Sichtweise. Aber im Ergebnis ist es so: Die Großfamilie hat ausgedient. Stattdessen hat plötzlich jeder den

Wunsch, sein Elternhaus so früh wie möglich zu verlassen und immer früher selbständig zu werden. »Du sollst Vater und Mutter ehren«, aber die Liebe zu den Eltern wurde mit einem Mal zur Nebensache. Und was spielt sich heute in den Schulen ab? Nun heißt es, wir müssen wieder einen »Knigge« für Jugendliche herausbringen, wir müssen wieder über Werte sprechen. Warum hat man die Werte denn erst verkommen lassen?

Es fing an mit der antiautoritären Erziehung, dann sprach man von der Partnerschaft zwischen Schüler und Lehrer. Heute wissen sich die Lehrer der aufsässigen Schüler nicht zu erwehren. Sie tanzen ihnen auf der Nase herum oder erschießen ganze Kollegien. Und immer wieder stellt man nach einer weiteren Schulkatastrophe fest, dass der Täter niemanden hatte, mit dem er sprechen konnte. Die Idee von der humanistischen Schule, in der die Schüler ihren Lehrer respektieren und der Lehrer die Schüler im humanen Geist erzieht, ist weitestgehend untergegangen.

Zu den Grundwerten der humanen Zivilisation gehört der Glaube an Gott. Dabei bietet die Religion das Grundgerüst für die gesellschaftlichen Werte. Wenn heute konsta-tiert wird, dass den Menschen der Glaube abhanden gekommen ist, muss die Frage erlaubt sein: Warum glauben die Menschen heute nicht mehr an Gott?

Sie betrachten dich durch ein Vergrößerungsglas um dich kleinzukriegen
Stanislaw J. Lec

Die Antwort muss doch lauten: weil die Menschen von den Kirchen im großen Stil enttäuscht worden sind. Aber anstatt die Enttäuschungen ernst zu nehmen, hat die Kirche diese Menschen verjagt. Die evangelische und die katholische Kirche stehen sich dabei in nichts nach. Daneben ist ein ganz neues »Evangelium« entstanden, das Kapital. Es suggeriert den Menschen, dass das persönliche Wohlbefinden die Grundlage des neuen Lebens-gefühls ist. Menschen lernen deshalb in der Folge, egoistisch zu sein. Auf globaler Ebene haben die Großindustrien es geschafft, die Menschen so zu indoktrinieren, dass jeder glaubt, er müsse all das besitzen, was angeboten wird.

Charakteristisch dafür ist die rasche Entwicklung der Computertechnik. Hardware oder Software, heute gekauft, ist bereits morgen veraltet. Aber auch viele andere Güter, die man vorher bescheidener genutzt hat, werden heute mehrfach angeschafft. Kaum ein Haushalt, der nicht zwei Fernseher oder zwei Autos hat. Die Industrie kann nur fünf Autos in jede Familie verkaufen, wenn sie dazu beiträgt, die Familien räumlich zu trennen. Die Lebensumstände müssen immer angenehmer werden. Die Tiefkühltruhen quellen über vor Fertiggerichten, die man nur noch kurz erhitzen muss. Dadurch werden auch die Menschen bequemer und wenden sich immer mehr dem seichten Leben zu. Die Medien haben sich darauf eingestellt und fördern und unterstützen die Menschen beim Nichtstun. Wie anders ist es zu erklären, dass Tausende vor dem Fernseher sitzen und schadenfroh verfolgen, wie andere sich blamieren. Die materielle Sinnlichkeit verführt die Menschen dazu, nur an sich zu denken. Junge Menschen lassen sich heute mit Werten oder humanitärem Gedankengut nicht mehr hinter dem Ofen hervor locken. Der Dienst am Menschen tritt weit hinter das eigene Vergnügen zurück.

▶ **Die Globalisierung wird den Egoismus und die Vermischung kultureller Werte weiter befördern.**

Auch der »Multikulti«-Gedanke hat den Verfall der Werte beschleunigt. Alle Kulturen und die ihnen eigenen Wertevorstellungen werden munter miteinander gemischt. Was andere Kulturen sich in Deutschland erlauben, wäre umgekehrt nicht denkbar. Wie wäre es, wenn wir im Iran eine katholische Kirche bauen wollten? Wir sind so tolerant, dass wir von der eigenen Toleranz aufgefressen werden.

Die Globalisierung wird beide Tendenzen – den Egoismus und die Vermischung kultureller Werte – weiter befördern und den Menschen ihre Identität nehmen. In der Globalisierung erkenne ich wieder die drei wesentlichen Ideen des Freimaurertums:
- die Einheitswelt,
- die Einheitsreligion mit ihrem großen Weltbaumeister (vielleicht erzählt man uns ja noch, wer das ist)
- und der Einheitsmensch, genetisch geplant und manipuliert, gesundheitlich optimiert, auf eine bestimmte Tätigkeit und einen entsprechenden Konsum programmiert.

Das Dasein wird kalkuliert, alles wird zur kalten Buchhaltung, Unvorhergesehenes wird minimiert. Nein! Ich bin dafür, dass wir den Menschen so lassen, wie Gott ihn vorgesehen hat. Die Vervollkommnung ist einer anderen Dimension vorbehalten, und ich glaube denen nicht, die die Vervollständigung des Menschen hier auf Erden versprechen. Auch das Kind, das behindert zur Welt kommt und der alte Mensch, der in seinen letzten Tage bitterem Leiden ausgesetzt ist, hat eine Daseinsberechtigung – und hat einen Sinn.

Es ist kein Zufall, dass wir uns heute mit der Globalisierung auseinandersetzen. Die Industrie, der große Förderer der Globalisierung, hat keine anderen Bestrebungen, als noch mehr zu komprimieren, um noch mehr Geld zu verdienen. Die Produktionsstätten werden dort eröffnet, wo die billigsten Arbeitskräfte sind. Sie werden aus den Ländern abgezogen, in denen die Menschen sie entworfen und aufgebaut haben. Kleine, lokale Geschäfte haben kaum mehr eine Überlebenschance. Nur wer verrückt ist, führt heute noch einen »Tante-Emma-Laden«. Selbst Kneipen gehören schon irgendwelchen Ketten, die weltweit operieren. Höchstens in dubiosen Asozialen-Vierteln gibt es noch Kneipen, weil dort ein ehemaliger Boxer hinter dem Tresen steht und seine Zoten erzählt.

▶ **Was ist das für ein Unsinn, dass auf der einen Seite Millionen Menschen ohne Arbeit sind, und auf der anderen Seite darüber nachgedacht wird, bis ins Alter von 67 Jahren zu arbeiten?**

Große Konzerne fusionieren zu noch größeren Weltkonzernen, allein zu dem Zweck, um Wettbewerb auszuschalten. Im Nachgang werden Fabriken oder Banken geschlossen und Hunderttausende verlieren ihre Arbeit. Was ist daran fortschrittlich, was ist daran gut? Was macht denn den Wert des Individuums aus? Doch den, dass es gebraucht wird! Gebraucht zu werden, macht zufrieden. Was ist das für ein Unsinn, dass auf der einen Seite Millionen Menschen ohne Arbeit sind, und auf der anderen Seite darüber nachgedacht wird, bis ins Alter von 67 Jahren zu arbeiten?

Aus Rumänien kann ich viele Beispiele zu diesem Thema bringen. Anfangs gab es hier nur kleine Zigarettchen, die wohl vorzugsweise aus alten Matratzen gefertigt wurden. Nach der Öffnung der Grenzen wurde Rumänien mit westlichen Zigaretten überschwemmt, günstiger als das einheimische Kraut. Heute wird der Tabakmarkt von westlichen Firmen kontrolliert, die rumänischen Sorten spielen keine Rolle mehr. Dass nun nach und nach die Preise der Westzigaretten erhöht werden, versteht sich von selbst.

Mit dem Ziel, Rumänien in die EU aufzunehmen, verfolgen die Europäer – das ist jedenfalls meine feste Überzeugung – nur einen Gedanken: Sie wollen an die Ressourcen dieses Landes herankommen. Ich übe scharfe Kritik an den Rumänen, aber ebenso scharf ist meine Kritik an den Europäern. Es ist nicht etwa

Rumänien – was für ein Land!

Edelmut, es ist nicht die Menschenliebe, die die Europäer leitet, wenn sie sagen, den Menschen in diesem Land muss geholfen werden. Kinderarbeit gibt es in Portugal heute noch, und wie lange ist Portugal bereits Mitglied der EU?

Rumänien ist voll mit Bodenschätzen, mit Öl, mit Gold, mit Metallen. Der Boden, insbesondere in Siebenbürgen, ist satt, ist schwarz und fruchtbar. Außerdem gibt es hier billige Arbeitskräfte, die man noch lange ausbeuten kann. Schon entstehen in Rumänien die ersten Fabriken, die Ware produzieren, die sich im Lande niemand leisten kann. Nun mögen mir meine Kritiker entgegenhalten, dass auch die Menschen in Ländern wie Polen von der Europäischen Gemeinschaft profitiert haben. Das ist richtig. Richtig ist aber auch, dass neben Albanien in Rumänien die schärfste Form des Kommunismus im Warschauer Pakt geherrscht hat mit einer Abschottungspolitik, die es so in Polen nie gegeben hat. Die Indoktrination der Menschen ist in Rumänien vierzig Jahre lang perfektioniert worden. Um sie aufzuweichen, sind nicht Jahre, sondern Jahrzehnte nötig.

Wer in einem Jahr reich werden will, wird schon nach zehn Monaten gehängt.
aus Frankreich

Wer nach Rumänien kommt, dem fällt auf, dass die Menschen dieses Landes einem nicht in die Augen sehen können. Ihm wird auffallen, dass Rumänen keine eigene Meinung haben. Sie haben Angst. Es wird noch sehr lange dauern, bis sie frei sind. Denn eine echte Revolution wie in Polen hat in Rumänien nie stattgefunden. Der Geheimdienst, die Securitate, ist nie aufgelöst worden, sondern wurde lediglich umorganisiert. Bestechungs-gelder gehören zum täglichen

Die Seele des Menschen sitzt in seinen Kleidern.
Shakespeare

Umgang. Rumänien ist eines der Länder mit der höchsten Korruption weltweit.

Die Indoktrination wird noch lange Jahre die Menschen beherrschen. Ehemals kommunistische Länder wie Polen, Ungarn und die Tschechei haben eines erkannt: Die Indoktrination muss mit Stumpf und Stil ausgerottet werden. Ein wichtiges Mittel auf diesem Weg ist die radikale Privatisierung, um wesentliche Bereiche des täglichen Lebens aus der staatlichen, kommunistisch tradierten Umklammerung zu befreien. Die Rumänen haben es in den vergangenen fünfzehn Jahren nicht einmal geschafft, wesentliche und ernsthafte Schritte in diese Richtung zu unternehmen. Die großen Fabriken werden nach wie vor vom Staat gelenkt. Aber ein Staat ist wohl nur selten in der Lage, profitabel zu wirtschaften. Warum sollte Rumänien in diesem Punkt anders sein als die Bundesrepublik?

Bakschisch-Herrschaft

Serban Mihailescu, gewesener Generalsekretär des Premierministers Adrian Nastase, wird im Volksmund »Micky Bakschisch« genannt. Seine Schmiergeldaffären beweisen, wie die Korruption in Rumänien bestens funktioniert. Weil ich mich bei der Staatssekretärin Gabriela Coman über ihre Praktiken beschwerte, die die Heimkinder aus statistischen Gründen in ihre Familien zurück-integriert und damit diese Kinder erneut in ein unbeschreibliches Elend verfrachtet, weil ich schließlich gegen sie Strafanzeige wegen Amtsmissbrauch erstattete, schickte auch mir Mr. Bakschisch seine Kontrolleure – unter der Leitung von Virgil Teodorescu, inzwischen verhaftet. Auch er kam, um abzukassieren. Bis in mein Schlafzimmer arbeiteten sie sich vor und schnüffelten und schnüffelten. Wer sich wie ich weigert, zu zahlen oder besser gesagt: zu bestechen, wird mit falschen Anklagen und Untersuchungen schikaniert.

Rumänien steht auf der weltweiten Korruptionsskala von »Transparency International« nach dem jüngsten Ranking aus negativer Sicht weit vorn – gleichauf mit dem afrikanischen Staat Malawi. Selbst beim Obersten Kassationshof kann man schmieren. Die Richterin Aurelia Bunea verlangte von einem Verurteilten 41.000 US-Dollar und suspendierte einem Angeklagten eine fünfjährige Haftstrafe. Beim Europäischen Gerichtshof in Straßburg begehren im Jahr 2004 4.594 Rumänen Recht, das sie im eigenen Land nicht bekommen.

Bundeskanzler Schröder, der Rumänien im August 2004 besuchte, äußerte zwar seine Besorgnis zur anhaltenden Korruption, erklärte aber, dass es beschlossene Sache sei, dass Rumänien 2007 in die Europäische Union integriert werde. Gute Nacht, armes Schröder-Deutschland, wenn die hiesigen Praktiken leise und schleichend auch dort an der Tages-ordnung sein werden. Denn die Korruption wird die Ehrlichen fressen. Sie werden der Korruption nichts anhaben.

Für Heuchelei gibt's genug Geld, Wahrheit geht betteln.
Martin Luther

Von der Wiege bis zur Bahre kann der Mensch hier nur überleben, wenn er sich dem System der Korruption unterwirft. »Ich komme von Zuhause«, ist der Schlüsselsatz, und dann übergibt man dem Beamten das kleine oder große Geschenk. Angefangen von einem Paket Kaffee (es muss Jacobs sein) bis zum Haus oder Auto. Es gibt zahlreiche Schlüsselworte für seine Bereitschaft, zu schmieren: »Spaga«, »Mita«, oder »Ciubuc«.

Die Krankenschwester, die den Besucher nur gegen Geld zum Neugeborenen lässt, der Friedhofsverwalter, der noch eine freie

Grabstelle finden soll, der Arzt, der eine einfache oder schwere Operation ausführen soll, die Schüler, die eine gute Note haben und die Studenten, die ihr Examen bestehen wollen, der Unternehmer, der dringend ein Telefon braucht und die Archivarin im Gericht, die eine Akte herausrücken soll, der Zöllner, der seine aberwitzige Behauptung zurücknehmen soll, die Gesetze der Ein- oder Ausreise hätten sich seit gestern geändert: Immer muss geschmiert werden. Wer nicht schmiert, muss betteln gehen oder früher sterben. Ein rumänischer Haushalt gibt etwa 10 Prozent für Spaga (Schmierseife) aus. Zwar gibt es seit kurzem ein Anti-Korruptions-Büro, doch sei jedem geraten, das besser nicht zu bemühen.

▶ **Die Tröge, aus denen die Herrschaftsschicht frisst, sind geblieben. Nur die Schweine haben gewechselt.**

Die ausländischen Investoren sorgen für ein rasantes Wirtschaftswachstum, und doch bleibt Rumänien ein armes Land. Die Hälfte der Bevölkerung lebt immer noch unterhalb der Armutsgrenze, und mit einem Mindestlohn von 69 € steht Rumänien an vorletzter Stelle unter den EU-Kandidaten-Staaten.

Was haben wir hier für eine Demokratie? Ceauşescu, seine Frau und einige führende Kaderleute wurden 1989 kurzerhand exekutiert. Die Tröge, aus denen die Herrschaftsschicht frisst, sind geblieben. Nur die Schweine haben gewechselt. Der Bürgermeister von Iacobeni wechselt nach jeder Wahl die Partei wie seine Unterhosen. Denn er kommt auch nur dann an die Tröge, wenn er die richtige Farbe hat.

Vom ersten Tag an habe ich mich geweigert, auch nur ein Paket Kaffee als Bakschisch zu geben. Wer sich aber so benimmt, der muss betteln gehen, der darf nicht »mitspielen«. Bei meiner Ankunft 1991 in Rumänien – ich hatte meine Koffer noch nicht ausgepackt – verlangte ein Finanzinspektor von mir unverblümt ein deutsches Auto. Sollte ich seinem Wunsch nicht entsprechen, würde ich von den Finanzbehörden niemals in Ruhe gelassen. Ich verweigerte mich – und er behielt recht. Als ich mich bei seinem Vorgesetzten beschwerte, wurde der Inspektor zum Oberinspektor befördert.

Diese Beispiele würden allein ein ganzes Buch füllen. Bei diesem System werden die verlassenen Kinder, die Kinder der Straße, noch lange keine Chance haben, denn sie haben überhaupt keine Lobby. Wahrheit geht eben betteln ...

Das Auto des Ministers

Bukarest, Freitag den 9. Juli 2004. Vor dem Gesundheitsministerium versammeln sich die zwei Gerichtsvollzieher, Gabriel-George Draganescu und sein Kollege Crafcenco, meine Anwältin Aneta Vovca und ihr Assistent Traian Marinescu, mein unsichtbarer himmlischer Sonder-Begleit-Engel Manuel und ich. Der Engel Manuel ist der Engel für aussichtslose Fälle. Wir beginnen eine Aktion, die es wohl nie zuvor in Rumänien gegeben hat, nicht in der Neuzeit nach der »Revolution«, schon gar nicht in der Zeit der Herrschaft des Diktators.

Im Februar hatte der Höchste Gerichtshof in Bukarest entschieden, dass die Willkür des Generaldirektors im Gesundheitsministerium, Domnul Buraga, mir mein weiteres Aufenthaltsvisum zu verweigern, Unrecht ist. Dreizehn Jahre lang musste ich jedes halbe Jahr von Instanz zu Instanz betteln, um mein Aufenthaltsrecht zu erlangen. Die Bürgermeister von Cincu und Iacobeni, die Herren Tanase und Cori, hatten ein so genanntes »Avis« auszufertigen, der

> **Niemand steht über dem Gesetz.**
> Verfassung Rumäniens, Art.16,2

Rumänien – was für ein Land!

Generalsekretär des Kreisrates in Sibiu, Andre Polefka, dann ein Empfehlungsschreiben (Recomandare), und mit diesem Empfehlungsschreiben hätte dann der Generaldirektor des Gesundheitsministeriums eine weitere so genannte »Recomandare« ausstellen können.

Hätte, wenn er denn gewollt hätte.

Alle diese Papiere wären dann der Kreispolizei vorzulegen gewesen, die dann das Verlängerungsvisum auszustellen hätte.

Hätte, wenn sie denn gewollt hätte.

13 Jahre lang zweimal jährlich eine Prozedur der Schikanen und Beleidigungen. Da ich inzwischen im Land dafür bekannt bin, grundsätzlich Bakschisch zu verweigern, bin ich also selber schuld.

Anfang 2004 war es dann soweit. Ich reiste aus Visagründen wieder einmal nach Bukarest. Die Sekretärin des Generaldirektors, Anna-Maria, die mich und die Stiftung hinreichend kannte, drückte mir ein Formular in die Hand und verweigerte mir das Empfehlungsschreiben. Das Formular hatte aber überhaupt nichts mit meinem Antrag zu tun. Ich verlangte den Generaldirektor persönlich zu sprechen. Der Herr Generaldirektor sei nicht anwesend, war ihre Antwort. Mich übermannte einmal mehr meine Cholerik und ich schrie sie an, sie solle mir sagen, wo ich den Generaldirektor finden könne.

Ich war außer mir: Nach 13 Jahren Schikanen – dies hier war ja nur wieder eine von vielen bei allen möglichen Behörden – war ich nicht mehr zu bremsen. Ich schrie so laut, dass plötzlich die Tür des allmächtigen Generaldirektors aufging. Er war es tatsächlich persönlich. Er fragte, wer denn da so schreien würde? Bevor ich viel erklären konnte, zog er mich in sein Prunkbüro und sagte, dass es sich um ein neues Gesetz handele. Natürlich war das

Rumänien – was für ein Land!

schlicht und einfach gelogen. Es war der x-te Versuch, mich nun endlich aus Rumänien zu entfernen. Er lachte, als ich wütend sein Zimmer verließ und ihm mit einem Prozess drohte.

Sehr gut wusste er, dass es in Rumänien fast unmöglich war, »Autoritäten« zu verklagen, auch wenn das Recht noch so deutlich durch diese gebrochen wurde. Hatte meine Drohung auch wirklich einen Sinn, nachdem die Akten von über zwanzig Strafanzeigen von mir[1] schlicht und einfach verschwunden waren? Und konnte man überhaupt gegen diesen hohen Regierungsbeamten des Gesundheitsministeriums direkt ein Gericht anrufen?

Meine Anwältin fand den Weg. In letzter Instanz verurteilte der »Inalta Curte de Casatie si Justitie« in Bukarest am 3. Februar 2004 das Gesundheitsministerium, das notwendige Empfehlungsschreiben auszustellen und – ich traute meinen Ohren nicht! – verordnete, ein Schmerzensgeld von 500 Millionen Lei (etwa zwölftausend Euro) Wiedergutmachung zu zahlen.

Das war für die rumänische Rechtssprechung ein ungeheures Urteil, eine unglaubliche Summe. Mein persönlicher Begleitengel Manuel aus der vierten Dimension musste wohl seine Finger (Verzeihung: Flügel) im Spiel haben. In der Tat waren die Monate ohne Aufenthaltsvisum deprimierend und beleidigend, schmerzhaft. Nach den vielen Jahren humanitären Einsatzes, nach über einem Jahrzehnt der Opfer für meine Kinder, musste ich ohne Visum das Land alle vier Wochen wie ein Tourist verlassen, weil ich sonst illegal im Lande gewesen wäre und jeder einfach Polizist mich über die Grenze hätte abschieben oder verhaften können.

---

[1] unter anderem gegen die Ministerin Gabriele Coman von der Nationalen Kinder»schutz«agentur, gegen einen Berater des Premierministers Adrian Nastase, einen gewissen Virgil Teodorescu, gegen Polizisten, gegen den Erzbischof von Bukarest, Ioan Robu, gegen die »SRI«, die Nachfolgorganisation der berüchtigten »Securitate«, und gegen Bosse der Mafia

Im Februar war das unwiderrufbar Urteil ergangen, doch das Ministerium weigerte sich beharrlich, zu zahlen. Der Gerichtsvollzieher versuchte es bei den verschiedenen Banken des Ministeriums. Alles sei budgetiert, behaupteten sie, und für ein solches Urteil gäbe es kein Budget. Es ist schwer, in Rumänien einen Gerichtsvollzieher auf den Weg zu bringen, und so bedeutete er Aneta, es gäbe wohl kaum eine Chance, an das Geld zu kommen. Verschiedene friedliche Versuche, das Ministerium zur Zahlung zu bewegen, scheiterten. Man lachte höhnisch ob meines Begehrens.

Der Spezial-Engel Manuel aus dem sechsten himmlischen Chor ist der »Nothelfer-Engel im Kampf«, der »Engel der Bereitschaft« in ausweglosen Situationen. Er war in den rumänischen Jahren ein treuer Begleiter geworden. Nun, am Freitag, den 9. Juli 2004 um 11 Uhr, wartet Manuel, nicht sichtbar, vor

Ein Unrecht hinnehmen zieht ein anderes nach sich.
aus Spanien

der Tür des Gesundheitsministeriums auf uns. Und tatsächlich: Die beiden Gerichtsvollzieher erscheinen. Vielleicht ist es auch Manuel, der dafür gesorgt hat, dass das Dienstauto des Ministers direkt vor dem Eingang geparkt ist, hat er doch sonst einen Sonderparkplatz hinter dem Haus. So schreiten die Gerichtsvollzieher direkt zur Tat, notierten sich die Daten und das Nummernschild des Autos – und pfänden es!

Ich bin sprachlos und ich hätte zu gerne meinen Engel angefasst, gekniffen. Wir erreichen ohne Hindernisse die dritte Etage, das Büro des Ministers. Wiederum wird behauptet, der Minister sei nicht anwesend. Die Gerichtsvollzieher und meine Anwälte lassen sich jedoch in keiner Weise irritieren. Sie begeben sich in das Büro der Rechtsreferentinnen. Fünf Damen in einem engen Büro.

Die Sommerhitze ist unerträglich. So dümpeln diese Damen dahin, eine lackiert ihre Fingernägel, eine andere liest einen Roman, die dritte isst einen Apfel. Sie können schwer fassen, was nun geschieht. Ein Gerichtsvollzieher verlangt einen Stuhl, um am Schreibtisch Platz nehmen zu können, klemmt sich zwischen die wichtigen Damen, holt seine draußen aufgeschriebenen Daten aus der Tasche, schreibt mit der Hand ein zweiseitiges Protokoll und verkündet, dass der Dienstwagen des Ministers mit dem Kennzeichen B - 02 WMS somit gepfändet ist. Das Ministerium hat nicht das Recht, den Wagen zu verkaufen, und wenn das Schmerzensgeld nicht innerhalb der nächsten 14 Tage an mich gezahlt würde, würde der Wagen öffentlich versteigert.

Den Damen, die nun gar nicht mehr gelangweilt sind, Roman, Apfel und Nagellackpinsel dramatisch fallen lassend, muss dies wie ein schlechter Traum vorkommen. Ich kann mir in dieser wahrhaft komischen Situation meinen Kommentar nicht verkneifen und Aneta schiebt mich, an der Jacke fassend, mit Gewalt aus dem Büro heraus, denn sie fürchtet um eine meiner cholerischen Äußerungen.

Auch das muss wohl eine Tat des Nothelfer-Engels sein, denn kaum auf dem Korridor angelangt, erscheint Minister Brinzan mit einem Bodyguard und verschwindet in seinem Büro. Ich spüre, dass mich Manuel anstößt, dem Minister zu folgen, und so klopfe ich artig, aber doch laut genug, an die Eisentür. Da niemand herein sagt, trete ich ein. Dort ist bereits eine Ansammlung von wichtigen Damen und Herren, Referenten, Consilieri (Berater), ein Staatssekretär und eine eindruckerweckende Sekretärin. Sie herrscht mich an, ich könne nicht einfach das Vorzimmer des Herrn Minister betreten.

Ich sage, dass ich es für wichtig halte, den Minister persönlich zu sprechen und überreiche ihr die Aprilausgabe der

Rumänien – was für ein Land!

Das Pfändungsprotokoll des Dienstautos des Ministers

Zeitschrift »acasa«, in der – ausgebreitet auf zwei Seiten – über das Urteil berichtet wurde unter dem Titel: »Der Priester und die Justiz gegen den rumänischen Staat (Preotul si Justitia versus statul Roman)«. Natürlich hatte niemand dort den Artikel gelesen. Nicht gelesen, dass auch die Journalisten mehrmals versucht haben, den Minister zu erreichen, nicht gelesen, dass es »eine Empörung sei, dass die Regierungsbeamten nicht ihre Arbeit leisten und jetzt der Steuerzahler das Schmerzensgeld zahlen müssen«.

Die Anwesenden mustern mich, als sei ich von einem anderen Stern. Oder können sie tatsächlich meinen himmlischen Boten erkennen? Man scheucht mich mit wilden Gesten hinaus, der Minister sei für mich nicht zu sprechen. Ich nenne die Chefsekretärin noch eine »Tovarasa« (Genossin), rufe noch etwas von kommunistischer Ideologie und prophezeie, dass sich nun die Zeiten endlich ändern werden: Nicht der »Bittsteller« kommt mit Bakschisch, sondern der Bittsteller erhält ein Schmerzensgeld.

Ich bedanke mich aus ganzem Herzen bei den Gerichtsvollziehern, meinen Anwälten, danke vor allem aber Manuel, meinem Nothelfer-Engel der vierten Dimension[1].

▶ **Noch heute ist es für die meisten Rumänen unvorstellbar, das Recht bei Gericht zu suchen.**

Immer wieder sagen mir Menschen, die bei mir Zuflucht, Schutz, Rat und Hilfe suchen: Parintele (Priester), was sollen wir

---

[1] Nachtrag: Der Minister will auch nach der Pfändung zwei weiterer Autos des Ministeriums nicht zahlen. Es ist für ihn unvorstellbar, dass es ein Gerichtsurteil gegen einen Minister geben kann. Er erhebt Einspruch gegen die Pfändung bei einem untergeordneten Gericht – und wird abgewiesen. Bei Drucklegung des Buches hat der Gerichtsvollzieher die Autos zur Versteigerung ausgeschrieben.

denn machen, wir sind doch viel zu klein. Noch heute ist es für die Masse der Rumänen unvorstellbar, ihr Recht bei Gericht zu suchen. Immer noch hat man Angst, ist immer noch geduckt, nur ja niemand von denen da oben herauszufordern. So eingeschüchtert sind sie, dass man ihnen ihre Häuser und ihr Hab und Gut einfach wegnehmen (»nationalisieren«) konnte, ihnen die Freiheit nahm, ihnen Recht verweigerte, die Familien auseinander riss und ihre Kinder von den Feldern stahl, um sie in menschenunwürdigen Verwahrungsanstalten zu rohen Kandidaten zu deformieren, zu Mitgliedern der Securitate, zu den »Jungs mit den blauen Augen«, wie sie im Volksmund immer noch genannt

Gepfändet! Das Dienst-Auto des Ministers.

werden. So eingeschüchtert sind sie immer noch, dass sie in eine andere Richtung schauen, einfach wegsehen, wenn sie einem Fremden die Hand geben.

Ich kann und will diese Angst mit diesen immer noch gedemütigten Menschen nicht teilen. Im 15. Jahr nach der so genannten »Revolution« will ich ihnen Mut machen, aufrecht zu gehen. Wie feige käme ich mir vor, wenn ich mit meinem deutschen Pass keinen Mut, keine Courage hätte. Und vor allem: Welche andere Botschaft hätte ich denn für meine Kinder?

Flutjahre, Glutjahre, Blutjahre

Die Globalisierer dieser Welt sind die Konstrukteure der Endzeit, die wahren apokalyptischen Reiter.

Die Massenarbeitslosigkeit kommt nicht zufällig über uns. Sie ist konstruiert und Preis einer globalen Welt. Damit die wenigen Weltherrscher immer mehr haben, Reichtümer, die sie niemals selber verbrauchen oder nutzen können, damit immer mehr Menschenmassen durch Arbeitslosigkeit und Armut und Hunger von wenigen abhängig werden, damit die Weltressourcen unter wenigen aufgeteilt werden können, werden wir, die Untertanen, in Schulden gebracht, von denen wir uns nie wieder werden befreien können: unaufbringbare Steuern, Teuerungen und Hungersnöte. Sudan 2004. Aber berührt uns das wirklich, was da täglich an Schreckensmeldungen in den Medien zelebriert wird?

1998 schrieb ich meinen Spendern unter dem obigen Titel einen Brief voller Sorge. Es wurde nicht *ein* Jahr der Flut, der Glut, des Blutes. Es wurden Jahre bis heute.

Dafür haben wir jetzt Europa, den Euro und die Inflation. Europa, die Vorstufe zur globalen Welt. Wir alle werden in Europa nur noch Ausländer sein.

Unzählige Tote bei Flutkatastrophen in Südkorea, Neu-Guinea und China. Das gesamte Land Bangladesh unter Wasser, todbringende Waldbrände in Griechenland, Tod und Trauer beim Grubenunglück in Österreich, Massensterben durch Hungersnot im Sudan (1998 bis heute!), Terror in Nairobi und Daressalam, über 100 Tote beim deutschen ICE-Zugunglück, Schiffstragödie auf den Philippinen, Flugzeugabstürze von schweizer und russischen Maschinen, ein Bergsturz am Brenner, Wasserfluten in den Niederlanden und in Deutschland und Südeuropa, auch in Rumänien. Flut, Glut, Blut bis heute.

Dann der 11. September 2001: 3.056 Tote bei den Terroranschlägen in den USA. Krisen, Kriminalität, Korruption und Kinder als Soldaten, Kinder als Wegwerfware auf den Straßen, Kinder in Schwerstarbeit, Kinder als Versuchskaninchen, Kinder in der Prostitution. Dann kommt Beslan in Russland. Vom Toweranschlag in den USA sprach doch schon niemand mehr. Mehr als 300 Kinder als Geiseln für Terroristen. Über 300 Menschen ermordet, dahingeschlachtet. Der Kindermörder von Bethlehem, Herodes, lässt grüßen.

Der Irak. Tausende Menschen sterben. Wofür? Für ein wenig Öl? Die Politik unterlässt keinen Trick, ihre herrschsüchtigen Ziele zu erreichen.

Im Jahr des Erscheinens dieses Buches ist die Welt mit Hurrikans, Taifunen und Orkanen überzogen. Mit Überschwemmungen, Erdbeben und unermesslichen Bränden von Wäldern und Häusern. Vulkane melden sich wieder. Bomben, Terror, Kriege, Folter und Seuchen überziehen die kommende globale Welt, Mord und Geiselnahmen. Und nie mussten so viele Menschen fliehen vor den Naturgewalten und vor anderen Menschen. Wohin werden wir in der globalen Welt aber noch fliehen können?

Zeit und Stunde weiß niemand, auch nicht der Engel im Himmel, auch nicht der Sohn, nur der Vater.
NT Markus 13,32

Und wir, die wir täglich vor den Fernsehern sitzen und stündlich neue grauenhafte Nachrichten konsumieren wie das Salz zur Suppe, bekommen nicht einmal mehr Bluthochdruck, ja sind immun gegen Flut, Glut und Blut: Dornenjahre. Endzeit. Und die Herzen der Reichen sind kalt und asphaltiert wie Europas Autobahnen.

Und ich vernahm eine laute Stimme aus dem Tempel, die den sieben Engeln zurief: Gehet hin und gießt aus die sieben Schalen des Zornes Gottes auf die Erde.
NT, Offenbarung 16,1 - 21

Die globale Welt ist die Welt der Endzeit. Und die Unheilspropheten, die Architekten der neuen Welt, wollen den Zorn Gottes abstreifen wie ein altes Hemd. Ich bin nicht auf der Seite der Angstprediger, aber wir können doch die Augen nicht vor der Wirklichkeit verschließen. Wenn die Sonne sterben wird, wird auch die Erde sterben. Die Sonne ist der Energieversorger der Erde. Wenn Gott sich von uns abwenden wird, wird unsere menschliche Kreatur sterben, denn Gott allein ist die Energie für unsere Seele. Wenn die sieben Engel die sieben Schalen ausschütten werden, können wir gewiss sein, dass sich Gott vom Menschen abgewendet hat.

Vor vielen Millionen Jahren schlug in der heutigen Schwäbischen Alb ein Himmelskörper von ungefähr 1.000 Meter Durchmesser mit einer Geschwindigkeit von 20 bis 30 Kilometern pro Sekunde ein. Es entstand ein Krater von 22 mal 24 Kilometern Ausmaß. Stuttgart und Nürnberg wären heute in Mitleidenschaft gezogen. »Da hob ein mächtiger Engel einen Stein auf, warf ihn ins Meer und sprach: Mit solcher Wucht wird Babylon, die große Stadt, gestürzt und nicht mehr gefunden werden.« (NT Offenbarung 18,21)

Es ist widerlich in einem schmutzigen Fluss gegen den Strom zu schwimmen
St. J. Lec.

Die Götzen und falschen Götter des einstigen Babylon sind auch die Götzen unserer Zeit. Noch haben wir es in der Hand, dass sich Gott nicht von uns abwenden möge. Als Christen lassen wir uns dennoch in keinem Fall die Zuversicht nehmen.

Mit Luther pflanzen wir noch am letzten Tag dieser Welt ein Apfelbäumchen.

Der Polefka-Brief

Kreisrat Sibiu
Kommission für den Schutz des Kindes Sibiu
Herrn Präsidenten Andre Polefka
Str. Oituz nr. 31
RO-2400 Sibiu

Cincu, den 05. November 2002

Ihr Schreiben 10446-23.10.2002; Aktenzeichen VI/A/2/7

Sehr geehrter Herr Präsident Polefka,

die »Stichting Pater Don – Thuis voor Straatkinderen, Amsterdam«, eingetragen bei der »Kamer van Koophandel«, Amsterdam am 06.02.1989 mit der Nr. 41 208 294 (wir reichen Ihnen als Anlage einen aktuellen Auszug aus dem Register vom 18.10.2002 bei) überreicht Ihnen als Mutterstiftung der rumänischen Stiftung Fundatia Casa Don Bosco den beiliegenden Protest, den sie auf internationaler Ebene publizieren wird.

Sie werden sicher begreifen, dass die Stiftung mehr als überrascht ist, dass Sie ein Gesetz »gefunden haben«, nach dem wir einen neuen Beschluss zur Autorisation – anstatt eines Beschlusses zur Verlängerung – zu beantragen haben. Grund sei, dass unser Antrag auf Verlängerung zwei Wochen zu spät eingereicht worden ist. Wenn schon die Beantragung der

Verlängerung der Stiftung jeweils eine bürokratische Zumutung ist, nämlich jährlich mit einem großen Dokumentenaufwand, so ist die von Ihnen verlangte Neubeantragung – als ob die Stiftung nie bestanden hätte – bürokratisch geradezu eine Kriegserklärung. Sind wir eigentlich mit den in Schwierigkeit geratenen Kindern beschäftigt oder mit einer Papierschlacht für den rumänischen Staat?

Wir sind überrascht, weil die Zusammenarbeit mit dem Kreis Sibiu bisher – nach unserer Meinung – außerordentlich gut war. Es kommt uns so vor, dass Sie auf die Gelegenheit gewartet haben, ein Gesetz zu finden, um doch endlich diese unbequeme Stiftung zu eliminieren. Wir haben berechtigten Grund, so zu denken, weil die Anordnungen der Ministerin Coman (Nationale Agentur für Kinderschutz und Adoption), die Stiftung wieder einmal gründlich zu kontrollieren – und zwar jeweils nur in Abwesenheit des Präsidenten –, eindeutig sind. Nachdem wir 11 Jahre lang von allen nur möglichen Staatsautoritäten mindest einmal jährlich kontrolliert und auf den Kopf gestellt wurden (oft unter peinlichen Bedingungen), hat dies überhaupt nichts mehr mit deren Freundlichkeit und deren Hilfszusage zu tun, die sie bei einem persönlichen Gespräch mit uns an den Tag legte. Aber auch das kennen wir in 11 Jahren Leben in Rumänien nach der »Revolution«. Nichts hat sich geändert an der Mentalität. Man versichert einem Hilfesuchenden Hilfe, um ihn dann in den Abgrund zu stürzen.

Aber konnten Sie auch bei diesen Kontrollen nichts über den moralischen Anspruch und die Professionalität der Stiftung und des Präsidenten erfahren? Welche Qualifikation haben denn eigentlich diese Kontrolleure?

Ihr Beschluss ist eine ungeheuerliche Beleidigung und

Der Polefka-Brief

entspricht wieder einmal der perfiden, nun hinreichend bekannten kommunistischen Dialektik mit dem Ziel, Menschen fertig zu machen. Besonders Menschen, die Gutes tun und dies 11 Jahre lang unter Beweis gestellt haben als ihren »moralischen Anspruch, ihre Rechtschaffenheit und ihre Professionalität«. Sie berufen sich auf ein Gesetz aus dem Jahre 1997. Die Frage ist deshalb, warum Sie nicht bereits früher, wenn die Stiftung nicht Ihrem Bürokratismus entsprach, dieses Gesetz angewandt haben?

Darum erklären wir: Wir weisen Ihren Beschluss absolut zurück und werden alle Rechtswege ausschöpfen und außerdem die europäische Öffentlichkeit im Interesse der wieder einmal benachteiligten Kinder informieren.

Wir werden nicht darum betteln, in Rumänien Gutes zu tun und dafür gestraft zu werden. Nach den entsprechenden Gerichtsbeschlüssen – auch beim Europäischen Gerichtshof in Straßburg und nach der Antwort der Europabeauftragten, Baronin Nicholson – werden wir Sie bitten, uns mitzuteilen, wem wir die 47 Kinder des Casa Don Bosco und in wessen Anwesenheit übergeben werden.

Nur weil uns das Schicksal dieser Kinder tief bewegt und sie teilweise seit den Babyjahren in unserem Haus bei uns glücklich sind, werden wir alle Rechtsmittel ausschöpfen, auch international. Der Gründer und Leiter der Stiftung hat 11 Jahre seines Lebens in Rumänien verbracht. 11 Jahre musste er halbjährlich unter Schikanen sein Aufenthaltsrecht beantragen. Allein der Bürokratismus hierfür (endlose Behördengänge in Cincu, Iacobeni, Sibiu, Bukarest und wieder Sibiu) ist menschenverachtend, natürlich auch die Behandlung bei diesen Anträgen. 11 Jahre hat er sich falschen Verdächtigungen aussetzen lassen müssen. Zum Schluss hat er seine Gesundheit elementar durch diese Angriffe seitens der rumänischen Behörden eingebüßt. Auch dies werden wir dem »Europäischen Gericht für Menschenrechte« vorlegen und durch ihn Schadensersatzansprüche gegen den Rumänischen Staat geltend machen.

Haben Sie schon einmal davon gehört, wie viel Moral und Rechtschaffenheit ein Mensch braucht, um das durchzustehen, was Sie Pater Demidoff angetan haben? Wir kennen die Schilderungen der Menschen hinreichend, die in der Zeit des Diktators dafür gefoltert wurden, weil sie moralisch und rechtschaffen waren und vor allem, weil sie selbständig zu denken wagten. Nein, heute gibt es in Rumänien keine physische Folter mehr, aber dafür eine psychische, die eklatant, nein ekelerregend ist. Wir werden dieserhalb auch »Amnesty International« in London um Hilfe bitten.

Auch gegen Ihren Beschluss, den Sie auf Weisung der Ministerin erteilt haben, dass die Stiftung rumänische Kinder nicht mehr fotografieren darf, weisen wir zurück. Die Begründung, wir würden die Würde des Kindes missachten, ist höhnisch, denn genau das Gegenteil ist der Fall. Immer hat die Stiftung die Kinder nur im Zusammenhang mit ihrer Entwicklung von der Straße ins Heim dargestellt. Also positiv gezeigt, wie die Kinder nach kurzer Zeit aussehen, wenn sie menschliche Zuwendung und Geborgenheit erfahren, ein Beweis unserer pädagogischen Professionalität und ein Beweis dafür, welchen moralischen Anspruch wir uns selbst stellen. Nie sahen wir in einem Staatsheim glückliche Kinder. Aber unsere Kinder lachen, sind weltoffen, leben in einem Haus, in dem Türen und Fenster weit geöffnet sind.

Wir protestieren in aller Schärfe gegen die Zensur, die Kinder des Casa Don Bosco zu fotografieren. Mehr noch protestieren wir gegen Ihre perfide Begründung, es »gehe um die Würde des

Der Polefka-Brief

Kindes«. Klopfen Sie sich mal an die eigene Brust und an die Gitter, Türen und Zäune Ihrer Staatsheime. Kennt die Rumänienberichterstatterin Baronin Nicholson die wirklich? Eine Zensur findet nicht statt? In Rumänien doch. Denn Sie haben gar nicht die Würde des Kindes im Auge, sondern Ihre Zensuren bei den europäischen Kommissionen, wenn solche Bilder im Westen wieder auftauchen.

Nun werden Sie uns bitte erklären, warum die Stiftung Casa Don Bosco und deren Präsident nach 11 Jahren der humanitären Aktivitäten demonstrieren muss, »ob sie moralisch rechtschaffen ist und ob die berufliche Erfahrung zur Erfüllung der Aufgabe denn ausreicht«. Wir versichern Ihnen, dies ist die letzte Beleidigung, mit der Sie den Präsidenten der Stiftung überziehen.

- Der Präsident der Stiftung Casa Don Bosco wurde mit der Ehrenbürgerschaft der Gemeinde Cincu bedacht, aufgrund der Leistungen seiner humanitären Arbeit.
- Der Präsident der Stiftung wurde vom Direktor der Generalschule Cincu gebeten, mit Erlaubnis des Schulinspektorates Brașov Religionsunterricht dort zu erteilen.
- Pater Don Demidoff hat bereits vor seiner Tätigkeit mit und für niederländische Straßenkinder (zwerfjeugd) hinreichend Erfahrung und spezialisierte Professionalität auf diesem pädagogischen Feld erreicht.

Nach einem Beschluss der Heiligen Synode des orthodoxen Patriarchates Bukarest haben orthodoxe Nonnen in der Stiftung gearbeitet. Im Übrigen dürfen wir auf die gute Zusammenarbeit mit der orthodoxen Kirche verweisen, nicht zuletzt deshalb, weil die Stiftung die Konfession jedes Kindes akzeptiert. So leben im Casa Don Bosco orthodoxe, katholische und evangelische Kinder nebeneinander.

Der Polefka-Brief

Aufgrund dubioser, falscher Anzeigen gegen den Präsidenten seitens Securitate und Mafia-Kreise (wir meinen damit durchaus auch »seriöse« rumänische Personen) wurde Interpol zweimal in den vergangenen 11 Jahren veranlasst, gegen Pater Don Demidoff international zu ermitteln. Die Ergebnisse waren klar und deutlich und wir sind sicher, dass sie Ihnen bekannt sind. Nicht bekannt ist, welche Nachteile und gesundheitliche Beeinträchtigungen der Priester hierfür hinnehmen musste.

Aufgrund eben dieser dubiosen Machenschaften (auch seitens des *römisch*-katholischen Erzbischofs von Bukarest; siehe Einstellungsverfügung des Untersuchungsgerichtes St. Gallen) wurde von Rumänien aus eine Schmutzkampagne in der gesamten westeuropäischen Presse initiiert. Wir haben über 30 Prozesse im In- und Ausland geführt, die alle gewonnen wurden. Die Urteile sind deutlich und klar, aber auch hier sind wir der Meinung, dass Ihnen diese sicherlich bekannt sind (siehe vor allem die Verurteilung der Schweizer Zeitung »Blick«, die sich auf den Erzbischof von Bukarest berief).

In seriösen europäischen Fernseh- und Radiosendungen (beispielsweise »n-tv« und »Deutsche Welle« europaweit) wurde dann die Wahrheit berichtet und aufgezeigt, wie der kommunistisch gelenkte Mechanismus wirkt: »Man sende Verleumdungen ins Ausland und empfange sie von dort als Wahrheit aufgenommen wieder in Rumänien zurück und führe dann damit falsche Beweise«.

In seinen Memoranden »5 Jahre Straßenpriester in Rumänien« und »Das 7. Jahr« hat der Gründer der Stiftung berichtet, mit welchen Mitteln der rumänische Staat Pater Don Demidoff loswerden wollte: Beleidigung, Intrigen, Verleumdungen, Schikanen, Anschläge auf Leib und Leben, falsche Arrestierung, Verweigerung von existenziellen Genehmigungen usw.

Der »SRI«, die Nachfolgeorganisation der berüchtigten Securitate, fertigte falsche Dossiers gegen den Priester an, die im niederländischen Fernsehen gezeigt wurden. Doch seine Vorwürfe der Spionage, Terrorismus, Menschenhandel oder Kinderhandel mit Organen konnte er bei aller Professionalität nicht belegen.

Professionalität der rumänischen Organe? Das ist die Moral der rumänischen Machthaber? Die Wahrheit ist, dass Ihnen die moralische und professionelle Qualität des Leiters der Stiftung seit langem bekannt ist und auch in Ihren Dokumenten belegt ist. Aber es ist gerade die Professionalität, die Sie herausfordert und zu Verzweiflungstaten hinreißen lässt, selbst wenn es um das Leben von 50 verlassenen Kindern geht.

Pater Don Demidoff hat in den 11 Jahren seiner Arbeit gegen Korruption, Lüge und Diebstahl gekämpft und dies ist Ihnen sicher bekannt, denn es war Ihnen stets ein Ärgernis. Sicher hat er sich das Leben damit schwer gemacht, aber im Interesse der geschundenen Kinder und deren Wahrheit hatte er keine andere Möglichkeit. Wenn dies allerdings keine moralische Qualifikation ist, dann können wir jede Diskussion einstellen. Es hängt uns zum Halse heraus, dass man in keiner rumänischen Institution – vor allem auch in Krankenhäusern – keine Leistung erhält, wenn man nicht »schmiert«. Wie vielen Kindern in Rumänien konnten wir mit einer Operation helfen, weil wir für sie bezahlt haben, übrigens auch Kindern, die nicht im Heim leben. Selbst in der Kinderschutzdirektion werden wir um »spaga« (Bestechungsgeld) angehalten, damit wir freundlich behandelt und als Präsident der Stiftung nicht Stunden auf zu engen Fluren ohne Sitzgelegenheiten mit Hunderten von hilfesuchenden Müttern und Kindern in der Warteschlange verbleiben müssen.

Der Polefka-Brief

Allein das Drama auf den Fluren der »Kinderschutzkommissionen« sollte einmal die internationale Medienlandschaft interessieren. Was tut man allein diesen Kinder dort wieder an? Manchmal müssen Mütter mit ihren Kindern, nachdem sie stundenlang gewartet haben, wieder unverrichteter Dinge nach Hause gehen, weil man sie nicht benachrichtigen wollte, dass sie an einem anderen Termin wiederkommen sollten. Wie oft ist es dem Präsidenten der Stiftung so ergangen. Aber wie war das doch in der Zeit des Diktators? »Wir sind doch viel zu klein«. Man muckte nicht auf und schluckte und schluckte. Was ist das für eine Moralität oder Rechtschaffenheit?

Im Vorstand der Stiftung sind unter anderem Persönlichkeiten, deren Integrität und Professionalität Sie hiermit auch in Frage stellen, nämlich der Schuldirektor der Generalschule Cincu, der im Rahmen seiner Möglichkeiten seine Schule professionell und mit großem Einsatz leitet und sich ständig im Sponsorenbereich bemüht, die Mittel, die er vom Staat nicht erhält, privat aufzutreiben, sowie der Schweizer Mediziner, Buchautor, Fernsehjournalist und Psychologe Bruno Vonarburg, der sich rastlos für die Stiftung einsetzt und wesentlich dazu beiträgt, dass die Stiftung überleben kann. Er wird seinerseits in der Schweiz auf Ihre Unverschämtheit aufmerksam machen. Außerdem lassen wir es nicht zu, dass Sie die Leistungen eines jungen Menschen, nämlich des Direktors der Stiftung, Viorel Poani, in Zweifel ziehen, der seit 11 Jahren seine Lebenshaltung und seinen Einsatz in den Dienst der Stiftung stellt, sich ständig beruflich weiterentwickelt hat, seinen Horizont nach Europa ausgerichtet und professionelle Schulung im Westen erhalten hat.

Sie sollten sich schämen, all das in Frage zu stellen. Aber gerade das Schamgefühl fehlt ja vielen Rumänen, besonders denen, die schon immer in der Nomenklatur waren. Dieser Tatbestand allerdings hat unsere Arbeit in Rumänien besonders erschwert. Ein deutscher Journalist der »Thüringer Allgemeinen Zeitung« schrieb diesbezüglich von »Tautropfen in der Hölle«, und in einer großen holländischen Tageszeitung hieß es: »Rumänien, draußen ist es dunkel, drinnen bei den Kindern in der Stiftung ist Licht.«

Wir wissen, warum wir Ihnen unbequem sind, denn wir haben die Entwicklung der »Kinder in Schwierigkeiten« beziehungsweise der Straßenkinder seit 1991 in Rumänien – 11 Jahre an der Front – beobachtet und waren damit als Stiftung konfrontiert. Wir haben also eine große Übersicht und Kenntnis der Bemühungen des rumänischen Staates und auch der Fakten, die bis heute falsch laufen. Wir haben diese Politik gegenüber den Straßenkindern in Rumänien bis heute nicht begriffen. Vielleicht möchten Sie deshalb unsere berufliche Erfahrung disqualifizieren oder unsere moralische Rechtschaffenheit?

Aber wir haben in Wahrheit eine große Professionalität im Bereich der außerordentlichen Pädagogik und Kenntnis der rumänischen Situation. Hätte man uns in die nationale Arbeit eingebunden, statt uns zu bekämpfen, hätte man unsere positiven Vorschläge gehört, hätten wir sicher manchen Beitrag leisten können. Aber so war es immer: Nicht die Intellektuellen wurden gerufen, sondern die der Doktrin Linientreuen, meistens die Dümmsten. Was hat sich eigentlich geändert? Welche pädagogischen Fähigkeiten hat eigentlich die Ministerin? Sie ist Ingenieurin. Welche die Direktorin des Kinderschutzes in Sibiu und andere? Als wir bereits 1991 ein Heim im Familiencharakter führten, hieß es: Um Gottes willen, Jungen und Mädchen zusammen, und dann auch noch alle Altersstufen? Wie wurden wir deshalb verdächtigt.

Bis heute ging es dem rumänischen Staat nämlich nicht um das Wohl dieser Kinder, sondern einzig und ausschließlich um politische Aspekte. Immer war die Stiftung dem Staat dubios, weil wir den Einsichten in Rumänien weit voraus waren, mehr Erfahrung und Professionalität und vor allem die moralische Legitimation hatten. Vor allem aber waren wir dubios, weil wir mit und bei den Kindern Erfolg hatten. Wir können besonders gut einschätzen, warum jetzt auf Grund der Anmerkungen der europäischen Kommissionen gehandelt wird, beispielsweise das »Gesetz der Re-Integration«.

Warum kommen die Kinder zurück, die von Ihnen in die Familien »re-integriert« wurden? Warum landen die Kinder, die aus den Staatsheimen (jetzt nennt man sie Platzierungszentren) kommen, wieder auf der Straße? Ein neues Etikett ist kein Ersatz für eine neue Pädagogik. Warum lässt man nicht wenigstens die Kinder in Ruhe, die in privaten Heimen eine gute Zukunft haben und damit in familienähnlichen Zuständen aufwachsen? Warum ist ein Kind jedes Jahr wieder neu Opfer der Platzierung, warum gerät ein Kind jedes Jahr wieder neu in Unsicherheit und manche von Ihnen werden durch abermalige und abermalige Befragung vor den Kommissionen erneut stigmatisiert? Wir werden weiter für diese Kinder kämpfen, damit sie endlich in Ruhe gelassen werden, damit sie endlich einen geborgenen Platz haben, damit sie lernen, was Zukunft ist.

Die Briefe der Ministerin der »Nationalen Agentur für Kinderschutz«, in dem ein katholischer Priester belehrt wird, dass ein Kind »in eine Familie« gehört, oder die neueren Werbespots im Fernsehen, »dass ein Heim kein Zuhause ist«: Das wussten wir als katholische Seelsorger lange vor der Zeit des unseligen Kommunismus. Aber das ist ja nur die halbe Wahrheit. Dort, wo eine

Der Polefka-Brief

Familie ihren Anspruch verloren hat, Familie zu sein, dort wo Kinder zuhause vergewaltigt werden oder unter Schlägen zum Betteln auf die Straße gejagt werden (übrigens auch nach der gesetzlichen »Re-Integration«), muss ein Ersatz her.

Die Professionalität und moralische Rechtschaffenheit des Staates besteht nämlich ausschließlich darin, die Kinder in einen Polizei- und Verwaltungsapparat zu binden, sie zu verwalten, damit immer mehr Beamte ihr Brot damit verdienen, während immer mehr Kinder ihr Brot dadurch verlieren. Hoch lebe die Bürokratie, die Herrschafts-Bürokratie! Wir wollen hier gar nicht über die unzähligen alten Menschen sprechen, die sich nicht einmal ihre notwendigen Medikamente kaufen können.

Vor allen Dingen ist die Stiftung deshalb unangenehm, weil wir permanent darauf pochen, den Kindern eine adäquate Pädagogik zu bieten, die nicht damit erfunden ist, dass man ihnen die Kanaldeckel verschweißt, sie wie Straßenhunde einsammelt und danach wieder einmal »platziert«, wo sie in den staatlichen Auffangzentren von privaten Sicherheitsdiensten und Polizisten »geschützt werden«. Sie werden wieder weglaufen, trotz drei Meter hoher Zäune, auch die Älteren, denen man jetzt beim Stadtsäuberungsdienst in Bukarest einen Job anbietet. Wie sollen denn Jugendliche, die nie zu arbeiten gelernt haben, jetzt plötzlich tun, wozu nicht einmal der rumänische Durchschnittsbürger in der Lage ist, weil er ja für nichts verantwortlich sein durfte und seinen Mund zu halten hatte?

Es gibt eine adäquate Pädagogik, nämlich die, die wir als Fachleute »Erlebnispädagogik« nennen. Oftmals haben wir unsere moralische und professionelle Möglichkeit angeboten, dem Staat zu helfen. Natürlich wurden wir abgewiesen und schikaniert, weil man mit Personen nach der kommunistischen Doktrin aus drei

Der Polefka-Brief

Kreisen besonders vorsichtig sein musste:
1. Vorsicht vor Ausländern.
2. Vorsicht vor Priestern, vor allem katholischen Priestern.
3. Vorsicht vor Menschen, die vorgeben, philanthropisch tätig zu sein.

Selbstlosigkeit gab es weder in der Doktrin, noch in den Gesetzen. Der Präsident der Stiftung gehört für die rumänischen Autoritäten ausgerechnet heute zu allen drei Bereichen.

Im Jahr 2000 nahm der Vorsitzende der Stiftung an einer Radiodiskussion von »Radio Romania International« teil, in der er vehement gegen die damalige Praxis der »internationalen Adoption« (sprich: Verkauf von Kindern) Stellung nahm, nämlich aufgrund seiner Professionalität und seines moralischen Anspruches. Seltsam, dass alsbald eine Bewegung in Gang kam, die sehr kritisch über internationale Adoptionen nachdachte. Doch als wir uns vorher gegen eine unsaubere Praxis wehrten und uns nicht an Adoptionen beteiligten, waren wir wieder die Angeklagten und Dubiosen. Es bleibt bei unserem pädagogischen Ansatz: Hier geboren, hier zuhause.

Wie sehr die aktuelle Nomenklatur in Rumänien immer noch dem »Einheitsdenken« verbunden ist, sehen wir an der Tatsache, dass ein differenziertes Denken nicht stattfindet, das heißt wenn eine Stiftung falsch und betrügerisch ist, sind es alle, wenn eine Stiftung an Adoptionen Geld verdient, tun es alle, wenn eine kriminelle Stiftung Kinder verkauft, machen es alle. Das Kuriose dabei ist nur, dass dann nicht die schwarzen Schafe verfolgt werden, sondern die, die über ein Jahrzehnt mit Wahrheit und Klarheit gearbeitet haben. So geht es übrigens auch bei Anzeigen. Es werden nicht die untersucht, die sich eines Vergehens schuldig gemacht haben, sondern die, die Anzeige erstatten. 11 Jahre geht das so.

Der Polefka-Brief

Die Stiftung hat einen neuen Weg gefunden, das Leben der Kinder pädagogisch zu bereichern und zu erweitern. Durch Patenschaften ins Ausland – und zwar reale Patenschaften – werden unsere Kinder weder »verkauft noch adoptiert«, sondern erhalten Zuwendung von philanthropischen Menschen. Die stigmatisierten Kinder erlernen Zuneigung und persönliche Beziehungen. Nicht zuletzt wird dadurch auch die wirtschaftliche Existenz der Stiftung abgesichert: Die ausländischen Paten bezahlen einen Monatsbeitrag für ihre Patenkinder. Wir sehen an den Kindern im Casa Don Bosco, die mit einem Paten im Ausland Korrespondenz pflegen oder von einem Paten persönlich besucht werden, dass sie besonders fröhlich und umgänglich sind und ihr soziales Verhalten ändern. Gegenbesuche dieser Kinder allerdings fallen ins Wasser, weil dieses System den Immer-Noch-Kommunisten natürlich suspekt ist und man darum den Vorsitzenden der Stiftung, Pater Don Demidoff, beim Grenzaustritt mit Kindern hindert, ihn sieben Stunden an der Grenze mit diesen Kindern trotz gültiger Pässe festhält, die Kinder zwingt, sich zu entkleiden, sie auffordert, den Priester falsch zu belasten und die Stellen am Körper zu zeigen, »wo sie vom Priester geschlagen wurden« oder »an welchen Stellen die Narben sind, wo man ihnen Organe entnommen hat«. Als wir daraufhin Anzeige wegen Amtsmissbrauchs erstatteten, wurden wiederum nicht die Angezeigten untersucht, sondern wir, die angezeigt hatten. Kontrollen bis zum Erbrechen, Kontrollen, bis der Nichttolerierte aufgibt. Aber Rumänien will nach Europa. Kinder und Zigeuner sollen etwa zurückbleiben?

Ein System, das vom Kommunismus zum Herrschafts-Bürokratismus wechselt, erstickt allerdings jegliche berufliche Professionalität, Kreativität und moralische Rechtschaffenheit. Wir haben uns an Korruption nie beteiligt, weder bei den Grenzkontrollen noch bei der Polizei, weder bei der A.R.T.R.I. noch beim Zoll, auch nicht bei anderen rumänischen Autoritäten. Darum wurden wir »geschlagen«. Das allerdings, was an bürokratischen Hemmnissen aufgebaut wird, um eine humanitäre Stiftung in Rumänien am Leben zu erhalten, ist mehr als abenteuerlich und menschenverachtend. Wenn wir unseren Antrag dieses Mal zwei Wochen zu spät eingereicht haben, so hat das auch damit zu tun, dass unsere Sozialassistentin nicht mehr in der Lage ist, die Papierüberschwemmungen zu bewältigen, die nötig sind, um zu helfen. Wir möchten doch bei dieser Gelegenheit gerne einmal artikulieren, dass die Stiftung in keiner Weise verpflichtet ist, dem rumänischen Staat zu helfen, so wie es 11 Jahre lang selbstlos erfolgte.

Vielleicht ist es ja auch unprofessionell und unehrenhaft, gegen Willkür der Finanzbehörden vorzugehen, und weil sie nicht »geschmiert« wurden, abenteuerliche und willkürliche Prüfungsergebnisse ausstellen (»der Stift ist in unserer Hand«). Drei Mal hat die Stiftung diese Prüfungsergebnisse den Gerichten vorgelegt, drei Mal wurden vom Obersten Gerichtshof diese Prüfungsergebnisse zurückgewiesen. Bis heute weigert sich der rumänische Finanzminister, der Stiftung die vom Gericht festgelegte lächerliche Summe von 60.000.000 LEI (etwa 2.000 €) zurückzuerstatten. Auch der Gerichtsvollzieher, den wir dem Finanzminister schicken, kam ohne Ergebnis zurück, weil ja wohl Rechtsstaatlichkeit zumindest in diesem Ministerium ein Fremdwort ist. Sicher ist es ein Zufall, dass die vergebliche Vollstreckung dieses Gerichtsurteils beim Finanzministerium und der Beschluss der Kreisbehörde zum gleichen Zeitpunkt erfolgten.

Der Polefka-Brief

Wir erinnern auch daran, dass die Stiftung sich ihr Recht schon öfter bei den Gerichten suchen musste. Sie verfügt daher über verschiedene letztinstanzliche Urteile zu ihren Gunsten: gegen die Willkür der Behörden, das Anbauten am Casa Don Bosco, die den Bedingungen der Straßenkinder dienten, wieder abgerissen werden sollten; gegen die Willkür, das Casa Don Bosco nicht an das Gasnetz anzuschließen; gegen die Willkür der Kreissekretäre in Brașov, die Stiftung zu löschen. Die Moral und Rechtschaffenheit der Stiftung und seines Gründers und Leiters sind auch darin begründet, dass in einer staatlichen Expertise des Kontrollorgans des »Corps der staatlichen Experten« der Stiftung absolute Gemeinnützigkeit (Non-Profit) bescheinigt wurde.

Die Stiftung hat in 11 Jahren neben der Arbeit mit den Kindern auch humanitäre Leistungen erbracht in Bereichen, für die sie keine Reklame gemacht hat: Ein Dorf im Kreis Sibiu unterhalb jeglichen Lebensniveaus und ohne Infrastruktur wurde jahrelang wöchentlich mit Brot versorgt, ebenso Straßenkinder in Făgăraș, was wir nach Ihrer Beschlussfassung sofort eingestellt haben. Wieder einmal werden unschuldige Menschen abgestraft, aber wir lassen unsere humanitäre Aktionen doch vom Staat nicht als Beweis fehlender Moral titeln! Viele Menschen in Schwierigkeiten wurden mit Medikamenten, Lebensmitteln und Unterkünften versorgt, vor allem aber mit Geld.

Trotz der Barrieren und überhöhten Steuern für humanitäre Arbeit wurde einfach Arbeit kreiert mit dem Vertrauen auf unsere Spender in Europa. Schenkungen an die orthodoxe Kirche und Klöster, Schulen, Krankenhäuser, Kindergärten, Transport für Schulkinder und Ausflüge für Kinder, die noch nie ihr Dorf verlassen konnten. Kinder von Cincu (nicht nur des Heimes) haben durch uns erstmals die Hauptstadt des Landes, Bukarest, kennen gelernt und damit ihren Horizont erweitert.

Der Polefka-Brief

Kinder, die niemals über den Kirchturm hinausschauen dürfen, verbleiben in geistiger Armut, Fantasielosigkeit. Wünscht das der rumänische Staat? Haben wir denn nicht die Hoffnung, dass wenigstens diese Generation einst die Mentalität ändert? Aber wie denn? Warum wollen nach einer offiziellen Umfrage immer mehr Jugendliche Rumänien verlassen? Weil die ewig Gestrigen ihnen hier keine Chance zur Mentalitätsveränderung geben, weil immer noch jeder suspekt ist, der eine andere Meinung hat.

Die Stiftung wird zweimal jährlich von einem Zahnarztteam aus Deutschland besucht, das nicht nur die Kinder des Heimes, sondern auch die Schulkinder und dringende Probleme bei Erwachsenen in Cincu behandelt – in der stiftungseigenen Zahnarztpraxis. Durch die Arztpraxis im Haus der Stiftung werden durch die stiftungseigene Ärztin viele Menschen, die von nah und fern kommen, kostenlos behandelt. Warum ist der offizielle Dorfarzt so selten präsent? Hat nicht die Gemeinde mit Europamitteln ein Gebäude renoviert? Warum wird dieses Gebäude seit Jahren nicht genutzt? Als Polizistenkinder in Chisinau im Krieg zwischen zwei rumänischen Völkern ihre Väter verloren, haben wir auf Bitten der Polizei in Făgăraș einen Hilfstransport ins russische Moldova organisiert. Und nicht zuletzt haben durch die Stiftung mehr als 30 Menschen aus Cincu seit 11 Jahren einen sicheren Arbeitsplatz und können ihre Familien (mehr als 150 Personen) ernähren. Denn die Stiftung hilft gerade den eigenen Mitarbeitern in fast allen Bereichen des täglichen Lebens: Krankheit, Schule, Reisen.

Alle Aktivitäten an dieser Stelle aufzuführen, würde mehrere Seiten füllen und widerstrebt uns. Wer ist rechtschaffener und moralischer, wenn die Kinder in der Stiftung lernen, dass sie nicht stehlen, lügen und schlagen dürfen, dann von indoktrinierten

Der Polefka-Brief

Erziehern umgedreht erzogen und verleitet werden und diese Delikte von den Staatsanwaltschaften nicht verfolgt werden, weil »diese Taten kein soziales Risiko darstellen«? Dasselbe gilt für Erzieher, die wir deshalb entlassen und anzeigen mussten, weil sie Kinder vehement schlugen: Strafe der Autoritäten gleich null. Abschreckung für andere null. Wollen Sie uns etwas über Moral und Rechtschaffenheit erzählen?

Wer ist rechtschaffender oder moralischer? Der, der mit Opfergeldern ein Haus in Bukarest für Notfälle errichtet für Alte und für vagabundierende Kinder oder der, der in betrügerischer Absicht als Nichteigentümer dieses Haus fünfmal illegal verkauft und von der Polizei nicht verfolgt wird, aus beschriebenem »guten Grund«? Wer ist rechtschaffen? Der, der Menschen in verzweifelter Not aufnimmt oder der, der von Amts wegen erklärt, das Haus in Bukarest »sei illegal«? Das wurde uns von Anfang an jahrelang erzählt. Illegal, weil anderer Meinung, illegal, weil moralische Ansprüche. Schämen Sie sich!

Wer ist es, der von uns Rechtschaffenheit, Moral und Professionalität fordert? Wo sind die Rechenschaft, die Moral und die Professionalität derer, die sich hier auf Gesetze berufen, die ihnen von europäischen Kommissionen aufdiktiert wurden und die sie selber nicht erfüllen können? Wissen Sie denn wirklich nicht, was heute noch in Ihren Staatsheim geschieht? Noch einmal: Ein neues Etikett verändert nichts.

Es ergibt sich seit langem die Frage, wem ist mit der Integration Rumäniens in Europa mehr gedient: dem rumänischen Volk oder dem Großkapitalismus in Europa, dem es hier um Ausbeutung des Bodens geht und um den Missbrauch billiger Arbeitskräfte dieses so geschundenen Volkes. Wenn beispielsweise Firmen hier schon seit der Zeit Ceaușescus Kleidung produzieren, die sich ein

Durchschnittsrumäne noch nie leisten konnte, dann fragen wir Sie: Haben Sie von jenen auch schon Zeugnisse der Moralität und Rechtschaffenheit eingefordert? Warum nicht? Der Durchschnittslohn eines Rumänen beträgt aktuell 2.500.000 Lei, etwa 80 €. Eine Hose kostet in Bukarest 2.000.000 Lei, etwa 70 €. Satte Gewinne für die ausländische Industrie.

Natürlich wünschen wir den Rumänen eine gesunde Integration in Europa. Ja, es gibt sehr reiche Menschen in diesem Land, wobei auch die inländische Presse immer wieder die Frage stellt, woher dieser neue Reichtum eigentlich kommt, leben doch 2/3 aller Rumänen unterhalb des Armutsniveaus – 15 Jahre nach der »Revolution«. Wenn Europa an dieses Land Forderungen stellt, dann müssen diese Forderungen auch den rumänischen Menschen dienen, vor allem den Kindern. Dieses Land sollte nach 40 Jahren der Unterdrückung Zeit haben, um die durch eine menschen-verachtende Indoktrination geprägte Mentalität abzustreifen. Es sind die Europäer, denen es nicht schnell genug geht, um endlich ungehindert an die Ressourcen zu gelangen. Und obendrein: Ein Franzose bleibt in Europa ein Franzose, ein Deutscher ein Deutscher, und auch ein Rumäne darf ein Rumäne bleiben, oder nicht? Die Entwicklung in den letzten Jahren zwingt die Rumänen wieder einmal in eine andere, ihnen fremde Kultur und verletzt wieder einmal die Tradition ihrer eigenen Geschichte.

Im Mai 2001 hat die Stiftung die Autoritäten des Dorfes Cincu zu einer Kontaktreise durch sieben europäische Länder eingeladen. Der Bürgermeister, der Direktor der Generalschule, der Gemeindesekretär und der für Cincu zuständige Polizei-kommandant. Alle waren das erste Mal in westlichen Ländern. Die Stiftung hat ihnen dokumentiert, dass es keine Geheimnisse oder dubiose Hintergründe gibt, hat ihnen Spender, Freunde und Förderer vorgestellt und offizielle Begegnungen mit westeuropäischen Autoritäten organisiert, bei Bürgermeistern, Schulen und

Polizeiorganen. Wenn auch auf lokaler Ebene eine leichte Besserung in den Beziehungen eintrat, so verschärfte sich danach das Klima mit den mittleren und hohen Staatsautoritäten und Behörden. Die Stiftung weiß, warum.

Wir weisen Ihren bürokratischen Herrschafts-Beschluss als infam und perfide zurück. Sie haben die Macht des Gesetzes, wir haben die Macht der Moral, nicht Sie, und die Macht des Wortes, gegen Ihre Scheinheiligkeit zu protestieren.

Der Vorsitzende der Stiftung Casa Don Bosco, Pater Don Demidoff, gibt hiermit die »Ehrenbürgerschaft« der Gemeinde Cincu zurück, weil er nicht Ehrenbürger eines Landes sein will, das Menschen verfolgt, die ihren humanitären Auftrag erfüllen und ohne Scheu die Wahrheit sagen.

Zu gegebener Zeit werden wir Sie auffordern, uns Ort und Zeit zu nennen, wo wir in Begleitung europäischer Politiker die 47 Kinder des Casa Don Bosco dem Staat Rumänien übergeben können, so wie wir schon einmal 20 Kinder den Kreisbehörden Brașov zurückgeben mussten, die danach in verheerenden Situationen landeten. Der damalige Kreisratspräsident Taropa: »Lassen Sie sie nur hier, wir brauchen Sie nicht.« Re-Integration!

Wir werden nicht aufhören zu verfolgen, was mit diesen gequälten Kindern geschehen wird und was geschehen ist mit den 7.000 Kindern, die in den letzten eineinhalb Jahren nach Auskunft der Nationalen Agentur für Kinderschutz und Adoption »re-integriert« wurden und wie viele von ihnen wieder in Schwierigkeiten beziehungsweise auf der Straße gelandet sind. Auch diese Frage wurde uns bis heute nicht beantwortet, obwohl wir die Ministerin um Auskunft baten. Schikanen erhielten wir aufs Neue, als wir wagten, diese Frage zu stellen. Warum wird das von keinem internationalen Institut untersucht? Geht es nur darum, die Straßen von »Menschenmaterial« zu reinigen? Nach einem mutigen Anfangsversuch der Europa-Berichterstatterin Nicholson, die Wahrheit dieser Kinder zu sagen, wurde sie sehr schnell wieder »zurückgepfiffen« und hat, dem Druck nicht widerstehend, Ihre wahre Aussage zurückgezogen. Liebe Baronin, kommen Sie doch einmal zu uns aufs Land, dann zeigen wir Ihnen die ganze Wahrheit. In Bukarest ist Fassadenreinigung: Alle Straßenkinder und erwachsenen Bettler werden rasch »zusammengekehrt«, wenn sich Staatsbesuch ansagt, wie in den Tagen des November 2002 bei Präsident Bush. Moral? Professionalität? Rechtschaffenheit?

Wir bieten Ihnen trotzdem und erneut unsere Hand der Zusammenarbeit an, aber nur auf demokratischer und partnerschaftlicher Basis. Die Stiftung ist nicht Lakai des Staates, aber ein Baustein für den Staat Rumänien. Darauf gerade ist die Pädagogik des Casa Don Bosco ausgerichtet: aus rumänischen Kindern gute rumänische Staatsbürger zu machen. Denn nur die Kinder werden einen neuen rumänischen Staat ermöglichen. Und wenn Rumänien Teil Europas sein wird, wird es diesen Kindern sehr dienlich sein, wenn sie jetzt schon nach Europa reisen dürfen. Die weiter herrschende Indoktrination, die einen Priester wie Pater Don Demidoff deshalb verdächtigt, weil er anderer Meinung ist, gibt einer Mentalitätsveränderung keine Chance. Die aber oft beschworene Menta-litätsveränderung muss erst einmal bei denen beginnen, die sie auf politischer Ebene einfordern. Schauen Sie in die rumänischen Tageszeitungen, mit welchen Skandalen wir täglich überrascht werden.

Ich weise den Präsidenten der Kinderschutzkommission darauf hin, dass Sie alle Handlungen gegen die Stiftung zu unterlassen haben in der Zeit, in der die nun angestrengten Gerichtsverfahren gegen die Kreisbehörde anhängig sind und nicht letztinstanzlich abgeschlossen sind. Wir sagen auch dies aus Erfahrung.

Der Polefka-Brief

Damit kein Zweifel entsteht: Selbstverständlich werden wir Führungszeugnis und Beweise und Referenzen der Professionalität – zumal in der Pädagogik von und mit Straßenkindern – von Pater Don Demidoff vorlegen. Diese Beweise hinterlegen wir bei der öffentlichen Notarin Marianna Sabadus in Făgăraş und werden sie auch den zuständigen Gerichten aushändigen. Vor der Rücknahme Ihrer Beleidigungen und Schikanen vertrauen wir sie Ihnen nicht an, denn Sie unterschlagen ja auch Referenzen und Beweise unserer Integrität, die bereits in Ihren Unterlagen vorliegen, beispielsweise eine Grußadresse Seiner Heiligkeit des Papstes der *römisch*-katholischen Kirche, Johannes Paul II. an die Kinder von Cincu und den Gründer der Stiftung, sowie ein Zertifikat des israelischen Staates, der zu Ehren von Pater Don Demidoff anlässlich seines 50. Geburtstages einen Baum gepflanzt hat.

In unserem Antrag Nr. CI 544 vom 17. September 2002 sagten wir wörtlich bezüglich Ihres Mistrauens, dass Kontrollen nur in die Stiftung kommen, wenn der Vorsitzende im Ausland ist: »Dann genehmigen Sie die Stiftung doch bitte nicht mehr, wenn Sie meinen, dass wir nicht im Interesse der verlassenen Kinder handeln.« Und am Schluss des gleichen Schreibens »erklären wir letztmalig, dass wir auch den Europäischen Gerichtshof in Straßburg informieren werden, und sollte die Stiftung weiterhin mit der Methode stalinistischer Kontrollen belegt sein, wird dies der letzte Antrag auf Genehmigung sein.«

Ihre Antwort mit dem Inhalt der Nicht-Genehmigung ist eindeutig und bestätigt, dass Sie Ihr »Mentalitätsgebäude« und Ihre Struktur nicht geändert haben.

Pater Don Demidoff
Vorsitzender der Stiftung

Reaktionen

Ein Brief

Wolfgang Gerts, Pastor
Evangelische Landeskirche Hannover
2. Vorsitzender des Bundesverbandes
für Eltern ausländischer
Adoptivkinder e.V.

An
- Europäischer Rat, Herrn Günther Verheugen, Brüssel
- Emma Baronin Nicholson of Winterbourn, Brüssel
- Herrn Direktor Pasquarelli, Brüssel

Blüten der Jugendhilfe in Rumänien; Schilderung enttäuschender Entwicklungen

...

Ich arbeite seit 12 Jahren in Rumänien. Wir machen uns nichts vor, das Kinderelend ist nicht zurückgegangen. Wir sind in großer Sorge um den gutgemeinten Einsatz der EU hinsichtlich der Situation der Kinder in Rumänien.

Vieles, was geschieht, erklärt sich aus den überkommenen, alten Strukturen und den Versuchen, sie in jeweils neue Rahmenbedingungen zu übertragen. Aber in vielen Fällen hat die EU sorglos gehandelt und ihr Geld ist eher in Autos und Beamtenposten geflossen, als dass es Kindern zugute gekommen

Reaktionen

wäre. Dies ist natürlich eine schwerwiegende Behauptung, zu der ich unter Einsatz meiner Existenz stehen werde. Ich spreche dabei aus eigenen Erfahrungen als auch aus Erfahrungen von langjährigen Partnern.

Es gab gewaltige Umstrukturierungen, als vor fünf Jahren die EU in das Jugendhilfegeschehen eingriff. Das konnte ich im Bezirk Harghita selbst beobachten. Die Komitees zum Schutz der Kinder wurden umstrukturiert. Schlicht und einfach: Die ehrenamtlichen Mitglieder, die meist auch persönlich sehr engagiert waren, flogen raus. Die Posten wurden von Beamten und »Freunden« ersetzt. So wurde das erste Geld für die Honorierung der Mitglieder dieser Komitees verwendet und Dienstwagen und andere Vergünstigungen mit Hilfe der EU bezogen. Wie schrecklich die Verhältnisse auch damals gewesen sein mögen: Der Verlust an Ehrenamt und Engagement war ein Eigentor und keine Verbesserung. Mittlerweile sammeln sie wieder die verlassenen Kinder in Krankenhäusern, um die Zahl der Kinder in Heimen gering zu halten – für die in Europa erwartete Statistik. Ähnlich wurde vor Jahren eine Geburtsurkunde nur dann ausgestellt, wenn ein Kind als überlebensfähig anerkannt wurde.

Damals waren andere Statistiken gefragt. Heute werden mit vielen Tricks Wege gesucht, die Statistiken zu schönen, was viele Heimkinder in tieferes Elend führt, wie im Fall der Arbeit von Pater Don eindeutig nachweisbar. Man holt sie aus der wenigstens einigermaßen geborgenen Lebenssituation heraus, oft mit behördlicher Gewalt. Pater Don hat mehrfach die EU darauf aufmerksam gemacht. Er erfuhr keine positive Unterstützung. Doch wird es niemandem nutzen, den Kopf in den Sand zu stecken, also einfach auf Reaktionen zu verzichten. Die konkret

Reaktionen

belegten Vorwürfe von Pater Don werden zur Sprache kommen, auch auf europäischer Ebene.

Darum möchten wir Sie herzlich bitten, entschlossen seinen Hinweisen nachzugehen und diesen kranken, aber sehr verdienten Mann das auch wissen zu lassen. Er verzweifelt sonst. Es kann nicht angehen, dass auch nur wenige Kinder ins Elend geraten, nur damit den zweifellos berechtigten Forderungen der EU in statistischen Traumbildern nachgekommen wird. Hier muss eindeutig gehandelt werden. Hier sind gerade von Ihrer Seite klare Konsequenzen zu ziehen.

...

Der Bezirk Harghita erhielt, wie vermutlich viele andere auch, Gelder von der EU. Zunächst unterlagen diese Gelder erst einmal der üblichen »Schwind-Sucht«. Vom verbleibenden Geld wurden Wohnungen in Plattenbauten angekauft. Das sind Wohnungen, die kaum für eine vierköpfige Familie reichen. Doch brachte man jeweils etwa sechs Kinder in diesen Wohnungen unter. Ein familiäres System aber wurde nicht eingeführt. Die Kinder werden im sechsstündigen Schichtwechsel betreut. Keine Familie, keine Zuwendung. Nach meinem Wissen ist die Baronin Nicholson Zeuge dieser Entwicklung gewesen und hatte nichts auszusetzen, obwohl in ihrem Beisein eine Alternative besprochen wurde. Die Herrschaften aus Bukarest wehrten sich aber gegen die Idee, echte Familienhäuser im ländlichen Raum aufzubauen. Man meinte, dass die Kinder keine schmutzigen Füße im Matsch bekommen sollten. Hier wurde eine große Chance vertan: Der ländliche Raum bietet den Kindern mehr Lebensraum als die sterilen Plattenbauten. Wir suchen liebevolle Lösungen, auch wenn sie mit Matsch zu tun haben. Den fabrikmäßigen Schichtbetrieb in der Betreuung von Kindern lehnen wir erschrocken ab. Ich möchte hinzufügen: Die rumänischen Kinder sind gegen Infektionen abgehärtet. Sie trinken ohne Schaden dasselbe Wasser, an dem viele deutsche ehrenamtliche Helfer oft schwer erkranken. Matsch? Den liebt doch beinahe jedes Kind, wenn es nicht in Bukarest aufgewachsen ist.

Ich erwarte zu diesem Punkt eine erläuternde Antwort. Dass ich als rein privat Engagierter darauf keinen Anspruch habe, ist mir bewusst. Aber ich möchte nicht die Antwort erhalten, die Pater Don vom Rumänienbeauftragten Pasquarelli in Brüssel erhielt: »Mischen Sie sich nicht ein!«

....

Eine so genannte »Sozialmutter« hatte ihr leibliches Kind ständig am Bein. Ein wenig fett und faul, aber immer in der Nähe der Mutter. Die anderen drei »Angenommenen« waren in Gitterbettchen, in die sie überhaupt nicht hineingehörten, in einem verdunkelten Raum untergebracht. Der Fernseher lief immer. Die Kinder wimmerten vor sich hin. Meine Frau war so mutig, sie alle hochzunehmen. Die Hintern waren wund, weil die Kinder in ihrem Kot und Urin lagen. Die so genannten neuen »Sozialmütter« werden vom Staat bezahlt. Diese Kinder hätten es sogar in einem traditionellen Heim besser gehabt.

Pater Don ist Straßenpriester in Cincu. Ich denke, dieser Name ist Ihnen nicht neu und seine Erwähnung wird Ihnen keinen Schrecken einjagen. Pater Don gehört zu einer freien katholischen Kirche und ist anerkanntes Mitglied des »International Council of Community Churches« mit Sitz in den USA. Seit 12 Jahren verfolge ich seine Arbeit. In der rumänischen Konsultation der Hannoverschen Landeskirche tauschen wir unsere Erfahrungen aus. Es muss nicht beschrieben werden, wie viele verlorene Kinder Pater Don in sein Haus geholt und ihnen eine wirkliche blühende

Reaktionen

Lebensperspektive geschenkt hat. Es muss auch nicht beschrieben werden, wie zornig und ohnmächtig im Sinne der Fälschung der Statistik für die EU ein Kind nach dem anderen aus dieser friedlichen Insel herausgeholt und ins Elend zurückbefördert wird. Wir wollen und können nicht glauben, dass die intensiven Bitten und Beschreibungen von Pater Don bei Ihnen keine Wirkung zeigen. Wie viele Prozesse um jedes einzelne Kind soll er noch führen müssen, ohne dass er Stärkung von der Seite erfährt, die die Jugendhilfe im Land reformieren will?

Frontalangriffe von katholischer Seite hat er mit sachlichen und leider auch gerichtlichen Argumenten überstanden. Dieser Mensch, der jedes Kind, das er in sein überschaubares Heim hineinnimmt, von Herzen auch liebt, hat an vielen Fronten zu kämpfen. Obwohl er dem rumänischen Staat viele glückliche und arbeitsfähige Menschen wieder zugeführt hat, geht jetzt die Jagd auf jedes Kind los. Gibt es da nicht eine Mutter? Dann raus aus dem Heim. Die Mutter aber kann das Kind nicht halten. Also, es landet wieder auf der Straße.

Der Staat möchte den naiven Anforderungen der EU entsprechen. So wird sogar Polizei eingesetzt, um die Kinder aus der Statistik zu entfernen. Eine Vielzahl von Kindern ist so aus einer hoffnungsvollen Perspektive herausgerissen worden. Die Einzelheiten sind Ihnen von Pater Don beschrieben wurden. Er beklagt, dass die Verantwortlichen in der EU ihm nicht antworten. In der Tat ist Pater Don kein junger Mann und rennt gegen viele Mauern. Aber er hat gerade in Deutschland viele Freunde, die die Situation beobachten. In Deutschland gilt sozialpädagogisch das Prinzip: zum Wohle des Kindes.

Die Anliegen von Pater Don verlangen Gehör, auch von Ihnen, Frau Baronin, und von Ihnen, Herr Verheugen. Seine Briefe sollten

Ihnen eine positive Aufnahme, Antwort und Gespräch wert sein. Wenn Sie es nicht tun, sehe ich kommen, dass Sie mit einem wachsenden Widerstand gegen Ihr Schweigen konfrontiert sein werden. Dies muss ja nicht sein.

Sehr geehrter Herr Verheugen, ich bin überzeugt, wir verfolgen die gleichen Ziele: Sie, ich und Pater Don.

Sehr geehrte Frau Baronin, Sie reisen ins Land und sind dabei, es kennen zu lernen. Ich biete Ihnen an, dasselbe mit mir zu tun, Sie zu begleiten. Ich würde Ihnen gerne zeigen, was Sie noch nicht gesehen haben.

Sehr geehrter Herr Pasquarelli, Ihre Reaktion auf den guten Pater habe ich nicht verstanden. Er arbeitet länger als Sie und ich unter den verlorenen Kindern Rumäniens. Er ist niemand, der sich »einmischt«. Er hat unschätzbare Arbeit geleistet, die in ganz Europa gesehen und respektiert wird. Verkennen Sie bitte nicht seinen Einfluss und seine guten Ansätze.

Ich fürchte nur, dass sein ehrlicher Einsatz für die Kinder Rumäniens nicht begriffen wird und dass die Abwehr gegen seine Argumente durch die EU, an die er genauso glaubt wie ich, ihn entscheidend schwächen wird. Das kann Rumänien zurückwerfen.

Insgesamt stelle ich fest: Ein Land wie Rumänien, das nicht einmal 60 Jahre ein freies Land war, lebt von dem, was es ererbt hat: sich anzupassen, die Hand aufzuhalten, um zu überleben. Die EU mag für Rumänien ebenso ein neuer Herr wie das tausendjährige osmanische Reich sein. Es hat keine besseren Erfahrungen. Schon gar nicht nach dem Teufel und der Teuflin Ceauşescu.

Rumänien ist das Land der verlorenen Kinder. Die Situation hat sich nicht verbessert. Nur die Methoden haben sich verfeinert. Ein neuer »Okkupator«, damit ist man vertraut. Ob ein Osmane oder

Reaktionen

ein EU-Kommissar. Ich denke, dies wissen Sie auch genau und im Allgemeinen reagieren Sie richtig: Sie verwehren Rumänien den Eintritt, bevor es nicht seine Kindersituation in Ordnung gebracht hat.

Im Einzelnen kann auch die EU Fehler machen. Doch ich verlange mehr Lernbereitschaft. Vor allem mehr Gesprächsbereitschaft – auch mit Pater Don, der die EU vor weiteren gravierenden Fehlern mit seinen großen Kenntnissen bewahren kann.

Ich schlage Ihnen vor: Bemühen Sie sich bitte, Pater Don in seinem Kampf gegen rumänische Windmühlenflügel zu stärken und zu unterstützen. Das sollten Sie nicht blockieren, sondern für Ihre richtigen Interessen nutzen.

Wir wünschen uns sehr, dass Sie mehr Professionalität in Ihre richtigen Ziele investieren. Die EU gibt zwar Geld für die Kinder, aber in den meisten Fällen versacken diese Gelder.

Antworten Sie uns. Bitte würdigen Sie auch unser »seelsorgliches Anliegen« für Pater Don.

Wolfgang Gerts[1] im Sommer 2004

---

[1] Autor des Buches »Unsere kleine Rumänienbande« (ISBN 3-934117-007)

Reaktionen

Cogito © by A. Hentschel
Oh, je, dieser Werteverfall!
Verfolgung der Menschlichkeit in Rumänien.

Don Bosco als Vorbild

»Ich habe meine ganzes Leben den Jugendlichen gewidmet, in der Überzeugung, dass von ihrer gesunden Erziehung das Glück des Volkes abhängt.«

Dieser Satz kennzeichnet das Lebenswerk des katholischen Priesters und Heiligen Don Giovanni Bosco, der zwischen 1815 und 1888 in Turin/Italien lebte. Ihn hatte das Elend der zahllosen, obdachlosen Straßenkinder im industrialisierenden Italien gerührt, so dass er sein Leben ganz dem Wohlergehen und der Erziehung dieser Kinder widmete. Unter Anwendung einer speziell von ihm entwickelten Pädagogik erzog er die Kinder und Jugendlichen zu einer Wertorientierung: »Nicht die Wissenschaft bringt Heilige hervor, sondern die Tugend«. Gleichzeitig bemühte sich Don Bosco um Ausbildungs- und Arbeitsmöglichkeiten. So verhinderte er, dass die Jugendlichen in die Kriminalität abglitten beziehungsweise erreichte bei zahlreichen Straßenkindern eine nachhaltige Besserung ihrer materiellen Lebensumstände wie auch ihres sozialen Verhaltens.

Kinderheim Casa Don Bosco für rumänische Straßenkinder

Einen Don Bosco der Gegenwart könnte man nun Pater Don Demidoff nennen, der in Rumänien in ähnlicher Weise aktiv ist. Dort, nach dem wirtschaftlichen Zusammenbruch des Ostblocks, hatte ihn das unsagbare Elend der zahllosen Straßenkinder Rumäniens betroffen gemacht. Die Vollwaisen und Sozialwaisen

Reaktionen

müssen oftmals in trostlosen Verhältnissen hausen, zum Teil in Tierställen, Lehmverschlägen, Betonblockruinen oder Bahnhöfen. Öffentliche Kinderheime sind überbelegt, staatlicher Geldmangel wie private Armut lassen kaum Hilfe zu. Mehr als 40 Jahre Angst und Schrecken in einem diktatorischen Terrorsystem mit einer bewusst antireligiösen Haltung haben überdies eine Gefühlskälte geschaffen, die weite Teile der Bevölkerung abstumpfen ließ gegenüber der seelischen und materiellen Not ihrer Mitmenschen.

Um hier Abhilfe zu schaffen, gründete Pater Don Demidoff die Stiftung »Casa Don Bosco« als Hilfe und Heim für obdachlose Kinder. In mehreren Gebäuden, die in nahezu abbruchreifem Zustand erworben und dann in Eigenarbeit renoviert wurden, finden gegenwärtig Kinder und Jugendliche ein Zuhause.

Zweck dieses Heimes ist es, obdachlose Kinder, gleich welchen Alters und Herkunft, gleich welchen Geschlechtes und welcher Religion, in ihrer Verlassenheit aufzufangen und ihnen Obdach, Nahrung, Zuwendung, medizinische Hilfe, Schule und den Jugendlichen Arbeit beziehungsweise Ausbildung zu geben und zu vermitteln. Dabei wird versucht, Anleitung zur Selbsthilfe zu leisten (»Gebt nicht Fische, sondern Angeln«).

Behebung der seelischen Notsituation

Die in dem Heim aufgenommenen Kinder hatten oftmals von klein auf kein verständnisvolles Zuhause, keine liebende Mutter. Kennen gelernt haben sie nur die Macht der Staatsorgane, das Gesetz der Straße, die Gewalt des Stärkeren. Betrug, Diebstahl und Raub bildeten die Grundlage, um das Notwendigste zum Leben zu erbeuten. Derartige unmenschliche »asoziale« Lebensumstände führen jedoch zwangsläufig zum Absterben aller Gefühle und menschlichen Emotionen. Eine Änderung dieses erbarmungswürdigen Zustandes ist aber nur möglich, wenn neben der Linderung der rein materiellen Not auch die seelischen Defizite behoben werden können.

Als einzig gangbaren Lösungsweg beschreitet deshalb Pater Don Demidoff die Methodik des heiligen Don Bosco und versucht, durch das Vermitteln von Geborgenheit die bisherige Gefühlsarmut der Kinder abzulösen und Zutrauen zu schaffen. Liebe- und verständnisvoll können und müssen hierbei den Jugendlichen auch klare Leitlinien und Richtwerte vermittelt werden. Denn seelische Geborgenheit und vertrauensvolle Gemeinschaft sind nur möglich durch das Vorleben und Praktizieren von Sitten, Moral, Halt und Anständigkeit.

Allseitige Verfolgung

Die Stiftung Casa Don Bosco ist eine bewundernswerte Einrichtung, die eigentlich die umfassende Zustimmung und Unterstützung von Bevölkerung und Behörden erhalten müsste.

Wenn da nicht – ja, wenn da nicht diese Wertorientierung wäre. Das Eintreten für Ehrlichkeit und Anständigkeit, Wahrhaftigkeit und Glaubwürdigkeit in einem Land, das nahezu aller moralischen Werte beraubt ist und in dem Korruption die politische Tagesordnung bestimmt. In diesem Land ist eine derartige Wertorientierung nicht gern gesehen und gleichzeitig Grund für Verleumdungen und Verfolgungen. Eine Auflistung derartiger Vorfälle ist dementsprechend beispiellos:
- Die Muttergotteskapelle des Heimes wird gestürmt und geschändet, die herbeigerufene Polizei schreitet nicht ein.
- Ökumenische Gottesdienste werden gestört, der Priester mit Eiern beworfen.

Reaktionen

- Hilfsgüter und Spendenlieferungen aus dem Westen werden behindert, unter Zollverschluss gehalten, geplündert und geraubt.
- Medizinische Hilfe für die Kinder wird im nächsten Krankenhaus verweigert, wenn man nicht bereit ist, Bestechungsgelder zu bezahlen.
- Behörden, die keine Bestechungsgelder erhalten, betreiben umfangreiche Schikanen, seien es Verkehrbehörde, Zoll, Finanzbehörde, Gesundheitsamt, die Polizei, der Geheimdienst, Schulbehörde, Kultusministerium...
- Behörden und Medien in Rumänien betreiben eine Hetz- und Verleumdungskampagne.
- Pater Don Demidoff wird in der Öffentlichkeit und in den Medien kriminalisiert. So soll er ein »Betrüger« und »Schwindler« sein, aber auch ein westlicher »Spion« (weil er Weihnachtsgeschenke auch an Soldaten verteilte), »Terrorist mit Pistole unter der Soutane« oder »Kinderhändler« beziehungsweise »Händler für Kinderorgane«.
- Drohungen sind an der Tagesordnung (Pater Don Demidoff soll aus dem Dorf geprügelt und das Heim in Brand gesteckt werden).
- Im Kinderheim finden durch die Polizei Hausdurchsuchungen statt, unter vorgeschobenem Grund oder auch ganz ohne Begründung.
- Pater Don Demidoff wird willkürlich wegen Mordes verhaftet (an einem Kind, das allerdings lebt).
- Es folgen anonyme und offene Morddrohungen gegen Pater Don Demidoff. Ihm wird angedroht, ihn öffentlich zu erschießen, wenn er nicht innerhalb von drei Tagen das Dorf verlässt.

- Pater Don Demidoff wird verprügelt, die Täter nicht bestraft.
- Es folgt eine Einbruchswelle in das Kinderheim. Die Täter werden behördlicherseits weder gesucht noch verfolgt.
- Die Kinder des Heimes werden in der Öffentlichkeit verfolgt und schikaniert.
- Politiker im rumänischen Parlament übernehmen ohne eigene Kenntnis einfach die Verleumdung aus der Presse und halten Verleumdungsreden.
- Ein Gebäude des Kinderheimes wird in Brand gesteckt, weitere Sachbeschädigungen sind an der Tagesordnung.
- Es werden entsprechende Verleumdungsberichte in die ausländischen Medien lanciert, um die Zufuhr von Spendengütern zu unterbinden.
- Die Heimkinder werden von Medien und Behörden befragt und aufgefordert, ausschließlich Negatives über Pater Don Demidoff zu berichten.
- Am Fahrzeug von Pater Don Demidoff wird unbemerkt manipuliert, im darauf folgenden Unfall wird Pater Don Demidoff schwer verletzt. Er überlebt nur mit Mühe und muss mehrere Monate ins Krankenhaus.
- Während der Abwesenheit von Pater Don Demidoff wird das Kinderheim ohne Durchsuchungsbefehl erneut durchsucht. Seine Mitarbeiter werden schikaniert und ebenfalls durchsucht.
- Es folgen tätliche Angriffe und Morddrohungen am Krankenbett.

Die Auflistung der Vorfälle ließe sich seitenlang fortsetzen. Sämtliche Anzeigen und Beschwerden, die Pater Don Demidoff wegen der Angriffe, Schikanen und der ungesetzlichen Willkür erstattet hat, werden nicht bearbeitet und nicht verfolgt. Das gilt insbesondere für die Anzeigen, die sich gegen die Willkür und

Reaktionen

Schikane durch Polizeibeamte und anderer Staatsorgane richten. Die Staatsanwaltschaft wird in keinem dieser Vorfälle zum Schutz von Pater Don Demidoff aktiv. Im Gegenteil: In zahlreichen Fällen entstehen hieraus weitere Repressalien gegen Pater Don Demidoff. (Sollte sich der geneigte Leser an ähnliche Vorfälle mit Medien, Polizei- und Justizbehörden in Deutschland erinnert fühlen, sollten sich ihm Parallelen zu Verfolgungen und Verleumdungen von wertorientierten Gemeinschaften hier aufdrängen, so kann dies doch nur ein Zufall sein, oder?)

Gründe für Hetze und Verfolgung durch den Staat

Wundert es Sie jetzt, dass das Kinderheim Casa Don Bosco von vielen Seiten verfolgt und verleumdet wird, dass der Gründer Pater Don Demidoff angegriffen, verletzt, verhaftet und misshandelt wird?

Einem diktatorischen Staat und seinen Behörden, die einen absoluten Machtanspruch durchsetzen wollen, denen sind Selbständigkeit, Eigenverantwortlichkeit, Charakterstärke und Standfestigkeit ein Dorn im Auge. Denn diese Eigenschaften stehen einer hemmungslosen Manipulation entgegen, die im Orwell'schen Zeitalter immer mehr um sich greift. Dessen Szenario »1984« beschreibt folgerichtig eine unmenschliche, unpersönliche, materialistische Gesellschaft bar jeglicher persönlicher Bindungen, in denen der Einzelne als kleines Rädchen in der Maschine beliebig eingesetzt werden soll. Individuelle Ideen, Persönlichkeiten und allgemeingültige Werte stören da nur, stattdessen sind willenlose Untertanen gefragt, die obrigkeitshörig in vorauseilender Befehlserfüllung beliebig als Helfershelfer und Schergen zur Verfügung stehen

Gründe für Hetze und Verfolgung durch die Bevölkerung

Und warum sind große Teile der ortsansässigen Bevölkerung gegen dieses Werk der praktizierten Nächstenliebe? Nun, zum einen aus Gier und Habsucht. Zeigt doch Pater Don Demidoff, was man an wirtschaftlichem Erfolg schaffen kann, wenn in einer Gemeinschaft alle miteinander anpacken und sich gegenseitig unterstützen. So ist eine eigene Schreinerei entstanden, eine Näherei, eine Bäckerei, eine kleine Arztstation. Bei Menschen, die über 40 Jahre lang geradezu paralysiert wurden, die unfähig sind zur Eigeninitiative und die in einem materiell völlig ausgebluteten Land leben, muten derartige kleine Erfolge schon wie paradiesische Besitztümer an.

Die eingangs erwähnte Gefühlskälte der Bewohner (herangebildet durch Furcht, Terror, Spitzelwesen, materielle Not und vor allem durch die Zerstörung aller wahren menschlichen Werte) schlägt dann um in Neid und Hass, sobald sie sehen, wie jemand ohne große materielle Unterstützung, nur durch Liebe und Verständnis, bei den Kindern den Funken der Menschlichkeit entzündet und es schafft, ihnen Geborgenheit zu geben. Die menschliche Wärme einer solchen Gemeinschaft, das gegenseitige Verständnis und Vertrauen – all dies kann bei diesen eigentlich bedauernswerten Menschen nichts mehr rühren und bewirkt bei den dieser Werte beraubten Menschen nur das Bewusstsein der eigenen Leere und Destabilisierung.

Im Erkennen dieses Defizits sind als einzige Reaktionen nur noch Hass und Neid möglich auf die Mitbürger, die sich menschliche Wärme und zugehörige Werte bewahrt oder wiedergeschaffen haben. Ein Vorgang, dessen Ursache (Nivellierung und Zerstörung aller Werte) und Wirkung (Gefühlskälte, Brutalität,

Reaktionen

Unmenschlichkeit und Hass auf wertorientierte Gemeinschaften) nicht nur in Rumänien zu beobachten ist.

Don Demidoff

Auch bundesdeutsche Medien haben – ausgehend von Amtsblättern der »Deutschen Katholischen Bischofskonferenz« – eine Diffamierungskampagne gegen Pater Don Demidoff veranstaltet, der seinerseits nie verborgen hat, dass er einer freien katholischen Kirche angehört. Auch Don Demidoff musste die Untersuchung der Staatsanwaltschaft über sich ergehen lassen.

Die Stiftung ist nicht Mitglied der *römisch*-katholischen Kirche und nicht Mitglied der Salesianer, sondern freikirchlich katholisch, Biserica Catolica Independenta, Mitglied im International Council of Community Churches, USA. Die Stiftung ist ein reines Glaubenswerk, gestützt auf Gebet, Opfer und Vertrauen, und dies im 14. Jahr des Bestehens. Die Stiftung ist unabhängig von Staat, Kirchen, Organisationen, Parteien und Verbänden. Diese Unabhängigkeit wird oft von außen erschwert, doch dient sie den Interessen der verlassenen Kinder in Rumänien.

Die Stiftung, ein reines Glaubenswerk

Wenn es Gottes Werk ist, wird es weiter halten. Brüderlicher Dank gilt den vielen katholischen Priestern, auch Salesianern, die dem Casa Don Bosco seit Jahren die Treue halten und die Stiftung unterstützen. Die Vertreter der nationalen Bischofskonferenzen sind eingeladen, das »Wunder von Cincu« mit eigenen Augen zu sehen. Die niederländische Zeitung der Salesianer »NU« schrieb: »In Cincu lebt Don Bosco live«. Brüderlichen Dank aber auch den Christen der evangelischen Kirchen, die wiederholt so großherzig halfen und uns nicht im Stich ließen. Dank allen Spendern,

Reaktionen

insbesondere auch den Dauerspendern, vor allem den Paten. Dank. Alles steht im Buch des Lebens.

Als in Rumänien im Jahr 1991 noch das »Heim« die einzige Lösung war, Kinder wegzuschließen, antwortete das Casa Don Bosco bereits mit der Familienpädagogik. Jungen und Mädchen in verschiedenem Alter zusammen, offene Türen und Fenster. Erziehung zur Individualität. Dafür wurde Pater Don Demidoff gescholten, verdächtigt und verfolgt.

Heute ist die Stiftung des Paters dubios, weil sie die Kinder nicht in Familien zurücklassen will, die keine Familien mehr sind und die ihre Kinder abermals auf die Straße schicken werden.

Armes Rumänien!

Eines der vielen Herzen mit nachdenklichen Gedanken im Casa Don Bosco

Reaktionen

Menschen, die in Cincu waren, schreiben:

Mit wenigen materiellen Mitteln, doch mit Hingabe haben Sie in Cincu ein großes Werk geschaffen. Durch einen würdigen Nachkommen Don Boscos haben viele Kinder und Jugendliche, die niemand haben wollte, einen Weg zum Glauben gefunden.

Pr. Alexandru Cobzaru, Präsident der rumänischen katholischen Caritas

... bis der Priester kam, der sich mit dem Abfinden und Abgefundensein nicht abfand und anfing, aufzubauen.

Claas Claassen, Hamburg

Uns ist es vollkommen gleichgültig, welcher Art die Motive des Paters sind. Er rettet rumänischen Kindern das Leben. Er tut es. Er nimmt dieses Leben auf sich. Ein Leben. Ein Über-Leben.

Die Linken, Halle

Ich bin beeindruckt von dem, was dort entstanden ist.

Prinz Franz von Bayern

Wir wünschen Ihnen, dass Ihrer bewundernswerten Arbeit viel Erfolg beschieden sein möge.

Deutsche Bundesbank, Frankfurt/Main

Bravo, Padre. Ein kleines Paradies in der Hölle

Jalienne Diijke, Brüssel

Sie haben in mir einen Traum angezündet.

Ritika Haacht, Belgien

Reaktionen

ROMÂNIA

ÎNALTA CURTE DE CASAȚIE ȘI JUSTIȚIE

SECȚIA DE CONTENCIOS ADMINISTRATIV

Nr. 3241/2003
Data 5 februarie 2004

CERTIFICAT

Se certifică de noi prin prezentul că, prin decizia nr. 412 din 3 februarie 2004, Înalta Curte de Casație și Justiție – Secția de contencios administrativ – a pronunțat următoarea soluție:
" Admite recursul declarat de PATER DON DEMIDOFF împotriva sentinței civile nr. 1o21 din 25 iunie 2oo3 a Curții de Apel București - Secția de contencios administrativ.
Casează sentința atacată în sensul că admite acțiunea în totalitate și obligă pârâtul Ministerul Sănătății la plata sumei de 5oo.ooo.ooo lei cu titlu de daune morale.
Respinge recursul declarat de Ministerul Sănătății –Comisia Interdepartamentală pentru Coordonarea și Sprijinirea Activităților Umanitare declarat împotriva sentinței civile nr. 1o21 din 25 iunie 2oo3 a Curții de Apel București - Secția de contencios administrativ".

Se eliberează prezentul certificat la cererea petentului.
Pater Don Demidoff
..............................anulându-se timbrul judiciar de 1.5oo lei și taxa judiciară de 7,ooo lei.

PRIM GREFIER
Aurelia Costea

*Das unwiderrufbare Urteil des Höchsten Gerichtshofes in Bukarest: der Gesundheitsminister muss 500 Millionen Lei (12.000 €) Schmerzensgeld zugunsten Don Demidoff persönlich zahlen. Eine Wiedergutmachung für erlittene Schikanen und ständiger Bedrohung der Ausweisung.
Das Schmerzensgeld investierte Demidoff in die Renovierung der Wehrkirche von Jakobsdorf, als Dank für Gerechtigkeit.*

Reaktionen

BLICK * Mittwoch, 10. Dezember 1997

BLICK-Journalist
wegen übler Nachrede verurteilt

Urteils-Publikation

Am 19. April 1995 erschien im BLICK ein kritischer Artikel von S. H. über Don Demidoff. Darin wurden folgende Behauptungen aufgestellt:
- "Dieser falsche Pater erschwindelt Ihr Spendengeld"
- "Mieses Geschäft mit dem Elend der Kinder: Ein Schwindler treibt bei uns sein Unwesen"
- "Der Pater will Geld um rumänischen Strassenkindern angeblich ein neues Zuhause in seinem Heim zu schenken. Alles nur Schwindel!"
- „...vermeintlicher Gottesmann"
- "unklar ist, wohin die Spendengelder fliessen, die über ein Züricher Postcheckkonto einbezahlt werden"

Das Bezirksgericht und das Obergericht Zürich stellten in einem von Don Demidoff veranlassten Ehrverletzungsprozess fest, dass S. H. aufgrund seiner Recherchen den Verdacht schöpfen konnte, Don Demidoff sei kein richtiger Pater. Im übrigen aber habe der Artikel Don Demidoff durch die erhobenen Vorwürfe ohne ausreichende Anhaltspunkte in seiner Ehre verletzt. S. H. wurde der üblen Nachrede schuldig gesprochen und mit einer Busse von Fr. 3.000 bestraft. Zudem wurde der verpflichtet, Herrn Don Demidoff Fr. 5. 000 Genugtuung zu bezahlen.

S. H. arbeitet heute nicht mehr für den BLICK.
Diese Publikation erfolgt auf Anweisung im Urteil des Züricher Obergerichtes vom 24. September 1994.

Das Werk

> Zufall ist ein Wort ohne Sinn.
> Nichts kann ohne Ursache bestehen.
> *Voltaire*

Die Stiftung heute

Den Zufall gibt es für mich nicht, denn bei Gott gibt es keine Zufälle. Ich glaube, dass alles Vorsehung ist. In unserer Dimension mag uns vieles von dem, was geschieht, unverständlich und unbegreiflich erscheinen.

Ich bin mein bestes Beispiel dafür. All die Jahre, in denen ich herumvagabundiert bin, in denen ich nirgendwo Halt hatte, in denen ich auf der Flucht war von einem Ort zum anderen, von einem Beruf zum anderen, von einem Menschen zum anderen, Jahre, in denen mich niemand halten konnte und auch ich konnte niemanden halten, diese Panik, die in mir hochkam, dieser absolute psychische Zusammenbruch nach zehn Jahren innerer Unruhe – ich habe es damals nicht verstanden. Und dann der Auftrag: Du gehst nach Rumänien!

Da war kein Heroismus, der mich leitete. Da stand kein Vergnügen in Aussicht! Nicht einmal die Eitelkeit, dort könnte ich mich wichtig machen. Es hat mich angeekelt, es hat mich angewidert, dort hinzugehen. Aber plötzlich war ich mittendrin, ich musste bauen, ich musste Geld und Material aufbringen, ich musste Menschen für unsere Idee begeistern, musste die LKW-Konvois organisieren, die im ersten Jahr zu uns kamen. Und welche Verdächtigungen zog ich auf mich: Terrorist, Spion, Organhändler. Nun wusste ich, ich musste aushalten. Sie jagen dich, aber sie können dich nicht meinen, sie können dir nichts

Die Stiftung heute

anhaben. Denn ich war zuvor zehn Jahre lang durch die »Schule des Himmels« gegangen. Der Himmel wusste, was er mit dir anstellen würde, der Himmel wusste, warum du es nirgendwo lange ausgehalten hast. Und der Himmel wusste, warum du in zehn Jahren zehn unterschiedliche Berufe gelernt hast.

Ich habe damals nicht nur »einen Job erledigt«. Als Direktor eines Steigenberger Hotels ging ich nachts oft in die Küche und lernte dort kochen. Ich guckte es mir ab – voller Gier, neue Dinge zu lernen. Heute weiß ich, es war die Schule des Himmels, meine Vorbereitung auf Rumänien. Und letztlich half mir meine eigene Stigmatisation im Leib meiner fliehenden Mutter, dass ich meine rumänischen Kinder erst richtig begriff. Bereits vor meiner Geburt war mein Lebensweg also vorgezeichnet! Aber erst viele Jahre nach meiner Geburt erhielt ich die Aufgabe, die mir vorherbestimmt war. Heute, wo ich auf mein Leben zurückblicke, erkenne ich allmählich, dass ich durch die Vorsehung gelenkt wurde.

Nein, den Zufall gibt es für mich nicht.

Ich bin kein Prophet. Ich wusste nicht, was der Himmel von mir wollte. Ich bin ein wirklicher Mensch mit Tücken und Mängeln. Und ich habe das Bedürfnis, ein Mensch zu sein.

Aber deshalb habe ich auch das Recht als Mensch, Fehler zu machen und Fehlentscheidungen zu treffen. Sogar das Recht, egoistisch zu sein, nehme ich für mich in Anspruch, obwohl ich es nicht dürfte. »Du bist ein Säufer«, sage ich einem bettelnden Menschen direkt ins Gesicht, »lass mich in Ruhe!«, und gleichzeitig gebe ich seinem Kind ein wenig Geld. Ich habe diese Genugtuung in Rumänien wiedergefunden, wo ich helfe, ohne immer gleich eine Mission damit zu verbinden. Wenn ich Hilfsbedürftigen im Ort Geld gebe in dem Wissen, dass sie ihre

Die Stiftung heute

Situation zum Teil selbst verschuldet haben, gebe ich trotzdem. Ich bin ein Mensch und ich will ganz und gar Mensch sein. Wie Luther, der seine Gäste nach dem Essen gefragt haben soll:

»Was rülpset und furzet ihr nicht, hat es euch nicht geschmacket?«

Das gefällt mir. Ebenso wie der Papst in seinen letzten Jahren und in seiner unendlichen Krankheit, der auf die Frage, warum er denn nicht zurücktritt und sich zur Ruhe setzt, geantwortet hat:

»Christus konnte auch nicht vom Kreuz herabsteigen.«

Dahinter steht nicht nur im Sinne der aquinischen Theologie die Auffassung vom Papst als Nachfolger Christi. Für mich steht dahinter die Verpflichtung, den Weg Jesu Christi nachzugehen. Und wenn wir den Weg Jesu wirklich gehen wollen, dann werden wir auf Erden nicht mit Lob und Ehrungen bedacht, sondern mit Verdächtigungen, mit Steinen, mit einem Kreuz, mit Dornen.

▶ »Christus konnte auch nicht vom Kreuz herabsteigen.«

Diese Einstellung und dieses Wissen haben mir sehr geholfen. Nach jeder Attacke, nach jedem Angriff und nach jedem meiner seelischen Tiefpunkte wird mir immer wieder klar: Mensch, beklage dich doch nicht. Du bist doch auf dem richtigen Weg. Das ist doch die Imitation Jesu Christi!

Ein orthodoxer Pope, der von den ganzen Angriffen auf mich wusste, sprach mich an:

»Ich möchte Ihnen etwas sagen. Das alles drückt der Herr Ihnen auf, das alles mutet er Ihnen zu, und Sie tragen das? Was sind Sie für ein begnadeter Mensch!«

Ich glaube fest daran, dass wir in der Vorsehung die Gnaden nach Maß bekommen, jeweils so viel, wie wir in der jeweiligen Situation brauchen. Und zwar die Gnade des Aushaltens, nicht die Gnade, darüber zu stehen.

Trotzdem fällt mir das Aushalten nicht leicht. Mein Abendgebet ist meistens kurz und knapp, aber griffig:

»Lieber Gott, ich bin müde. Ich bin sehr müde, und wenn du mich morgen früh nicht wieder aufwachen lässt, bin ich Dir nicht böse. Ich freue mich auf den Tod. Ich verbinde keine Trauer und keine Angst damit, weil ich handfest – nicht als vage Hoffnung oder aus Verzweiflung – daran glaube, dass ich in die vierte Dimension gehe. Ich möchte noch so viele wiedersehen.

In Deutschland wäre ich längst als arbeitsunfähig eingestuft worden. Aber ich leide nicht nur unter meiner Krankheit. Sie ist auch eine gute Medizin, um sich täglich herauszufordern und wenigstens drei Dinge gleichzeitig zu machen:
- den Computer laufen zu lassen,
- den Kochtopf zu bewegen
- und außerdem Kinder zu erziehen, und zwar nicht zwei, sondern 50.

Über Langeweile kann ich mich nicht beklagen. Was ich mir wünschte, wäre ab und zu ein wenig Muße, um ein Buch zu lesen. Nicht nur einmal habe ich einen Koffer voller Bücher gepackt und ihn mit nach Deutschland genommen, in der Hoffnung, dort etwas Zeit zum Lesen zu finden. Ungeöffnet hat er dann mit mir die Rückreise nach Cincu angetreten, wo ich garantiert keine Zeit finde. Mein Freund Friedrich Preißler, evangelischer Pfarrer im Erzgebirge, schüttelt darüber nur den Kopf: »Workaholic! Wie kann man nur ...«

Aber Zeit zum Nachdenken finde ich immer, und wenn es beim Kochen ist. Außerdem muss ich viele Texte konzipieren, schon dadurch bin ich zum Nachdenken gezwungen. Wenn ich einen neuen Brief an meine Spender verfasse, muss ich mir zuerst überlegen, was ich schon alles in den vergangenen Jahren geschrieben habe. Ich muss mir immer wieder etwas Neues einfallen lassen.

Ich genieße es, auf Reisen zu sein. Dann bin ich ein anderer, bin angenehmer, umgänglicher. Ich muss einfach in gewissen Abständen wieder in die freie Gesellschaft nach Deutschland kommen. Ich laufe nicht vor meinen Kindern weg, aber ich brauche von Zeit zu Zeit Abstand von den Menschen in Rumänien, die indoktriniert sind, die mich auffressen, die nicht verstehen und nicht begreifen wollen, um was es geht. Abends im Bett, kurz vor dem Einschlafen, denke ich dann oft: Nimm dich doch nicht so wichtig. Diese Menschen können doch nichts dafür. Warum schimpfst du denn ständig? Was hätte man denn aus dir gemacht, wenn du vierzig Jahre lang in Rumänien gelebt hättest? Sie hätten dich eingesperrt und umgebracht oder du hättest Karriere an der Seite von Ceauşescu gemacht und deinen Charakter verraten. Diese beiden Möglichkeiten gab es. Und du weißt nicht, ob du der Folter widerstanden hättest.

Aber es gab natürlich einen handfesten Grund, von Rumänien aus eine Brücke in den Westen nach Kaufbeuren zu schlagen. Die Altkleider-»Industrie«, denn anders kann ich die Geschäftemacherei der großen Hilfsorganisationen mit Spendenkleidung nicht bezeichnen, hatte unsere Läden kaputtgemacht. Während rumänische Händler die Altkleider von den karitativen Einrichtungen tonnenweise kauften und kiloweise wieder verkauften, kam bei uns keine Spendenkleidung mehr an. Ich wollte deshalb wieder dichter an meine Spender heranrücken. Daraus entstand die Idee, in Deutschland eine »Niederlassung« unserer Stiftung aufzubauen. Wir gingen nach Kaufbeuren mit einem Büro für unsere Stiftung.Dieser Schritt hat sich als richtig erwiesen.

Unser Vorstand steht auf einer guten Grundlage.

Ich selbst bleibe bewusst arm. Wenn meine Arbeit es erfordert, setzte ich mich morgen in ein Flugzeug. Wenn ich etwas benötige, leihe oder kaufe ich es. Aber mir gehört nichts. Wenn ich in Rumänien abtrete, besitze ich weder ein Haus noch ein Auto noch irgend etwas anderes. Ich habe nicht einmal eine Krankenversicherung. Jeder Euro, jeder Franken, jegliche Spende geht direkt an die Stiftung Casa Don Bosco. Unsere Stiftung ist unabhängig vom Staat, von der Kirche, von Parteien, Verbänden oder anderen Organisationen[1]. Zweck der Stiftung ist es, obdachlosen Kindern, gleich welchen Alters, welcher Herkunft, welchen Geschlechts und welcher Religion, Obdach, Nahrung, Zuwendung, medizinische Hilfe, Schule, Ausbildung und Arbeit zu geben. Dabei gilt der Grundsatz der Hilfe zur Selbsthilfe: »Gebt nicht Fische, sondern Angeln.«

Unser Vorstand steht auf einer breiten Grundlage:
- Bruno Vonarburg ist Naturarzt und Schriftsteller. Er lebt in der Schweiz.
- Prof. Constantin Sodolescu ist der Schuldirektor in Cincu.
- Viorel Poani, Rumäne, ist mein designierter Nachfolger. Er ist von Anfang an dabei und leitet heute die Häuser in Cincu.

---

[1] Die Stiftung Casa Don Bosco wurde 1991 von dem katholischen Priester Don Demidoff gegründet. Der Sitz der Stiftung befindet sich im Kreis Sibiu und seine Tätigkeitszentren sind in Braşov, Sibiu und Bukarest. Das Ziel der Stiftung ist die Unterstützung von Waisenkindern und anderen, die sich in Schwierigkeiten befinden, aber auch die Unterstützung von armen Familien. Die Kinder haben Wohnung, Ernährung, Bekleidung und verfügen über eine ärztliche Praxis, Zahnmedizinpraxis und ärztliche und psychologische Asssistenz. Die Stiftung gewährt aktuell 27 Mädchen und 26 Jungen zwischen 3 und 18 Jahren ein Zuhause. Die Kinder sind Rumänen, Sachsen und Roma. Sie sind orthodoxen, katholischen und evangelischen Glaubens. Der monatliche Unterhalt eines Kindes im Casa Don Bosco kostet 403 Euro. Der Staat zahlt ungefähr 13 Euro pro Kind.

Die Stiftung heute

- Ich bin ebenfalls im Vorstand unserer Stiftung. Als Präsident bin ich vor Ort und gegenüber den Spendern der Stiftung voll verantwortlich.

Aneta Vovca, unsere Anwältin, ist der Rechtsbeistand der Stiftung. Sie kennt und begleitet unsere Arbeit seit zehn Jahren. Die Ärztin unserer Stiftung ist Cecilia Roman, unsere Vertrauens-Notarin ist Mariana Sabadus. Daneben gibt es viele, viele Helfer und »Helfer-Engel«, die uns unsere tägliche Arbeit sehr erleichtern oder überhaupt erst ermöglichen. Zum Beispiel »unsere« Zahnärzte. Frau Dr. Hannelore Schmidt und Herr Dr. Holger Bach kommen nach Cincu und behandeln unsere Kinder kostenlos. Der evangelische Pfarrer, Friedrich Preissler und viele Freiwillige seiner Gemeinde und des „Oecumenischen Dienstes Casa Don Bosco" in Crottendorf opfern ihre Freizeit und kommen mehrmals im Jahr uneigennützig zu uns, um zu renovieren, zu helfen. Es ist gut zu wissen: Ich bin nicht allein.

Und es gibt viele, die uns in ihre Gebete einschließen. Wenn ich für die Kinder und die Stiftung bete, bitte ich den Himmel nicht um Beistand: Ich fordere!

Ich benutze das Wort »Himmel« weit häufiger als das Wort »Gott«. Das hat mit meiner Auffassung von der vierten Dimension zu tun. Außerdem versuche ich, unseren Kindern einen wunderschönen, kindlichen und märchenhaften Glauben zu vermitteln. Viele Decken in unseren Häusern sind mit einem Himmel bemalt. Ich möchte die Fantasie der Kindern anregen, denn Glauben hat viel mit Fantasie zu tun. Wenn ich keine Fantasie habe, kann ich nicht glauben. Und wenn ich keinen Glauben habe, habe ich auch keine Fantasie.

Ich selbst erlebe es jeden Tag neu, wenn ich mich allein in einen unserer stillen Räume zurückziehe und bete. Ich sitze dort und lasse mich einfach umfangen von dem Moment, lasse mich hineinfallen in die Stimmung. Ich öffne mich, und in diesen Augenblicken empfange ich meine Eingebungen durch die vierte Dimension. Dann fasse ich Mut, weil ich daran glaube, und sage:

»Herr, wenn es dich gibt und du bist diese vierte Dimension, dann weißt du, dass ich nichts für mich erbitte. Und ich will dir noch etwas sagen, Herr: Vielleicht können wir etwas aufrechnen? Zum Beispiel aufrechnen gegen meine Schmerzen, etwas von dem, was ich hier an Opfer und Qualen erbringe, weil ich diese Sache auf mich genommen habe. Kannst du mir ein wenig anrechnen?«

Nichts erbitte ich für mich, aber alles für andere.

Und nie habe ich in meiner Kapelle gesessen, ohne dass eine Antwort gekommen wäre. Oftmals ging am gleichen Abend das Telefon und ein Mitarbeiter von mir rief an:

»Kennst du den Jugoslawen Soundso?«

»Nein, nie gehört.«

»Er hat gerade 10.000 Euro überwiesen.«

So wie es bei mir der Kaplan war, der den Anstoß zu meiner Laufbahn als Priester gegeben hat, so möchte ich für meine Kinder der Anstoß für ein anständiges Leben sein. Denn es wird für einige meiner Schützlinge der Zeitpunkt kommen, an dem sie vor der Frage stehen, ob sie jetzt einen Einbruch begehen oder diese Frau vergewaltigen sollten. Aber ich bin ganz sicher: Das, was diesen Kindern durch die Erziehung in unserer Stiftung gegeben wird – auch das Gefühl der Zuwendung –, wird sie im weiteren Leben vor mancher Fehlentscheidung schützen. Mit einigen Kindern muss ich Klartext reden, wie auch Don Bosco mit seinen Kindern Klartext reden musste und wie auch Jesus Christus auf eine damals revolutionäre Weise Klartext redete. Einigen muss man sagen: Ich bin

Die Stiftung heute

nicht verpflichtet, dich aufzunehmen, zu ernähren und auf ein würdiges Leben vorzubereiten.

Das sind meine Früchte. In dieser Welt werde ich wohl keine Lorbeeren mehr ernten. Bisher bin ich dreihundert Kindern begegnet, und wenn ich – vielleicht nur in Spuren – in diesen Kindern weiterlebe, brauche ich keine weiteren Ehrungen. Natürlich habe ich mich trotzdem gefreut, als ich Ehrenbürger von Cincu wurde. Ein wenig eitel bin ich wohl doch. Eitelkeit ist schließlich menschlich, und obwohl ich mich schon einiger menschlicher Dinge entledigt habe, von allen menschlichen Regungen werde ich mich nicht frei machen können. Sonst wäre ich ein übernatürlicher Mensch oder schon ein Heiliger auf Erden. Das bin ich ganz sicher nicht.

Obwohl: Ich möchte ein Heiliger werden. Nicht in dem Sinne, dass ich angebetet[1] werde. Vielmehr wünsche ich mir, dass meine Kinder hier und da an mich denken werden als ein natürliches und menschliches Vorbild. Sicherlich werde ich in Rumänien sterben und einen Platz für meine Ruhestätte habe ich auch schon gefunden. Ich wünsche mir, dass man mich auf dem Gelände des Casa Don Bosco in Cincu begräbt. Denn ich möchte inmitten meiner Kinder bleiben.

▶ **Wenn es Gottes Werk ist, wird es halten.**

Damit ist auch eines klar: Ich bin fest davon überzeugt, dass die Stiftung fortbestehen wird. In den letzten 13 Jahren gab es oft Situationen, in denen wir finanziell nicht weiter wussten. Aber immer wieder habe ich gesagt: Wenn es Gottes Werk ist, wird es

---

[1] Im Übrigen behaupten viele Nicht-Katholiken, dass wir Katholiken Heilige oder die Mutter Gottes anbeten würden. Das ist Unsinn. Wir verehren sie. Und wir sehen in ihnen die Vermittler am Thron Gottes.

Die Stiftung heute

halten! Und dass es 13 Jahre lang gehalten hat gegen ungeheure Widerstände, ist für mich der Beweis, dass es Gottes Werk ist. Allein wenn ich sehe, wie Viorel, mein künftiger Nachfolger, sich in den vergangenen Jahren entwickelt hat – von einem Kind, das auch nach mehreren Jahren Schule nicht lesen konnte, zu einem Menschen mit pädagogischem Verstand und Führungskompetenz –, dann fürchte ich ein Ende unserer Stiftung nicht.

Ich werde oft gefragt, wie ich mir den Fortbestand der Stiftung vorstelle, wenn ich einmal nicht mehr lebe. Dann antworte ich: Überlasst das doch dem Himmel. Was macht ihr euch für Sorgen? Wenn ich mir damals diese Frage gestellt hätte, hätte ich das Werk sicher nicht begonnen. Ich wäre allein an der finanziellen Verantwortung verzweifelt. Heute bin ich Spendenbettler, Pädagoge, Unterhalter, Koch, medizinischer Assistent, Seelsorger, Vorstand und was weiß ich noch alles. Die Dinge bekamen eine Dynamik, die ich nicht vorhersehen konnte.

Und vielleicht bin ich demnächst auch noch Politiker? Was vor einigen Monaten als Provokation begann, hat eine eigene Entwicklung genommen. Damals kam unser Bürgermeister zu mir und fragte mich, wie es denn dem Ehrenbürger von Cincu ginge.

»Sie wissen ja, Pater, bald sind Wahlen.« Er zwinkerte mir zu. »Ich kann doch sicher wieder mit Ihrer Unterstützung rechnen?«

Ich hatte mich in der Tat im letzten Wahlkampf für ihn eingesetzt. Aber das war mir doch jetzt zu plump. Ich stellte mich dumm: »Oh, wissen Sie, ich muss Ihnen was sagen: Ich wollte dieses Mal vielleicht selber kandidieren.«

Vor kurzer Zeit sind nämlich die Wahlgesetze dahingehend geändert worden, dass nun auch Ausländern eine Kandidatur möglich ist. Ich wollte unseren selbstsicheren Bürgermeister damit nur ein wenig ärgern. Aber er reagierte schnell und antwortete ganz orientalisch:

»Wunderbar! Und ich werde Ihr Stellvertreter.«

Dafür mag ich ihn. Aber wenn mich auch manche im Dorf bei dem Gedanken unterstützt haben, einen Pater zum Bürgermeister zu bekommen und mit Zahlenspielen über künftige Mehrheitsverhältnisse meine Eitelkeit weckten: Ich müsste ich ja verrückt sein! Ich würde mich in politischen Kleinkriegen aufreiben, anstatt den Kindern zu helfen. Ich denke, dieses Feld überlasse ich doch lieber anderen.

Über eine rumänische Staatsbürgerschaft habe ich mir keine weiteren Gedanken gemacht. Ich bin deutscher Staatsbürger und ich möchte es bleiben. Ein rumänischer Ausweis würde mich in vielerlei Hinsicht einschränken. Ich kann mir als Deutscher in Rumänien Dinge erlauben, die sich ein Rumäne nicht erlauben dürfte. Als Rumäne müsste ich immer eine Einladung und einen gewissen Geldbetrag nachweisen, um nach Deutschland reisen zu dürfen. Ein Rumäne ist noch kein freier Bürger. Meine deutsche Staatsangehörigkeit dient auch meinem Ziel, den Kindern und der Stiftung zu helfen. Deshalb werde ich sie behalten.

▶ **Macht euch um die Stiftung keine Sorgen.**

Wie schon festgestellt: Für mich ist die Frage der Nachfolge nicht von zentraler Bedeutung. Wenn es Gottes Werk ist, wird es fortbestehen. Aber viele andere Menschen sorgen sich um die Stiftung. Ich sage ihnen: Sie müssen sich keine Sorgen machen.

Ich habe – wie ein guter Fabrikant, der seinen Sohn in den Geschäftsbetrieb hineinwachsen lässt – meine persönliche Nachfolge geregelt, und zwar heute schon, obwohl ich noch nicht vertrottelt bin. Ich habe die große Freude, dass mein geistiger Sohn Viorel mit Leib und Seele diese Aufgabe annimmt. Viorel ist sehr religiös, aber auf eine ganz andere, nüchternere Weise als ich. Gegen ihn nehme ich mich theatralisch aus.

Mittlerweile hat er meinen Optimismus und meine Zuversicht übernommen. Wenn zum Beispiel der Einbau eines Fensters notwendig ist, bestellt er es, auch wenn vielleicht das Geld dafür noch gar nicht bei uns ist. Er glaubt fest daran, dass das Geld zur rechten Zeit kommt. Aber Viorel haftet dem Lieferanten auch dafür und erklärt ihm, dass er noch ein wenig auf sein Geld warten muss.

Viorel ist Rumäne, er kennt seine Landsleute besser als ich. Ich bin den Rumänen gegenüber manchmal noch viel zu naiv. Ich habe es hundertfach, ja tausendfach erlebt, dass das, was mir erzählt wurde, überhaupt nicht stimmte. Wie häufig kommen Mütter zu mir und behaupten, ihr Sohn sei vermöbelt worden und liege nun im Krankenhaus, oder sie erzählen, sie hätten ihr Geld verloren und hätten nun für ihre Kinder nichts mehr zu essen. Ich gebe dann etwas Geld, nur um wieder einmal enttäuscht zu werden, wenn ich diese Frauen wenig später Alkohol kaufen sehe. Hinterher frage ich mich immer, wie ich schon wieder auf die Nase fallen konnte. Viorel rät mir in einigen Fällen davon ab, diesen Frauen etwas zu geben.

> **Ein großer Teil der Sorge besteht aus unbegründeter Furcht.**
> Hilty

»Hör doch auf, den Leuten zu glauben, die dich nur missbrauchen«, redet er mir dann ins Gewissen, wenn ich in meiner grenzenlosen Naivität wieder nur helfen möchte. Andererseits weiß ich, dass mir meine Naivität auch hilft, wenn ich mehr auf mein Herz und weniger auf den Verstand höre. Und ich habe eine gute Gabe: Schlimme Dinge kann ich schnell vergessen.

Aber etwas aus meiner Vergangenheit interessiert mich doch: Ich habe das ungeheure Verlangen, nach Russland zu fahren und

Die Stiftung heute

mich auf die Suche nach meinen Wurzeln zu begeben. Im Donez-Gebiet gibt es einen Ort, der Demidoff heißt. Ich würde gern einmal dort hinfahren, um auf Spurensuche zu meiner eigenen Vergangenheit zu gehen.

Das Tagesgeschäft hält mich hingegen davon ab. Noch müssen viele Entscheidungen durch mich getroffen werden. Aber langsam zeichnet sich ab, dass ich einige Aufgaben delegieren kann. Ich versuche ganz bewusst, mich aus immer mehr Entscheidungen herauszuziehen und mich aus dem Täglichen »abzuseilen«. Dazu zähle ich auch meinen Auszug aus dem Haus der Kinder in Cincu und meinen Umzug nach Iacobeni.

Den Beweis, dass sich Vertrauen in den Himmel lohnt, erbringen wir seit über 13 Jahren. Wenn es Gottes Werk ist, wird es halten, und in Viorel habe ich einen Menschen gefunden, der das begriffen hat. An den Fortbestand der Stiftung glaube ich auch deshalb, weil wir künftig nicht mehr mit den Schwierigkeiten leben müssen, die uns unsere Arbeiten in den vergangenen Jahren erschwert haben. Kraft, Zeit und Geld, die wir für Auseinander-setzungen mit Gerichten und Behörden verwenden mussten, gingen den Kindern verloren. Aber wer weiß, welchen Sinn das hat. Ich habe während meiner zehn

Der Mensch ist die Dornenkrone der Schöpftung
St.J. Lec

Jahre »draußen« auch nicht gewusst, warum und wofür ich so viele unterschiedliche Berufe gelernt habe. Heute weiß ich, welchen Sinn es hatte. Und die Dinge, die mich heute belasten und quälen? Soll das, was ich heute durchmache, nicht auch einen Sinn haben?

Bestimmt ist es so, und vermutlich werde ich den Sinn erst später erkennen.

Die Stiftung heute

Die Stiftung heute

1 SERVICIUL ROMAN DE INFORMATII
CABINET DIRECTOR
Nr.S/136.520 din februarie 1995

SECRET DE SERVICIU
Exemplar nr.

Preşedintele Comisiei pentru cercetarea
abuzurilor, corupţiei şi pentru petiţii
Camerei Deputaţilor

La adresa dumneavoastră nr.15323 din 17 ianuarie 1991
vă trimitem alăturat nota nr.S/136.520 cu rezultatul investigaţiilor cu privire la DCN DEMIDOFF preşedintele Fundaţiei "CASA DON BOSCO" cu sediul în comuna CINCU, judetul Brasov.

DIRECTORUL SERVICIULUI ROMAN DE INFORMATII
Profesor-doctor
Virgil Magureanu

[1] Der Staatssicherheits-Dienst Rumäniens, der „SRI", Nachfolgeorganisation der berüchtigten „Securitate" fertigte 1995 eine falsche Geheimakte über Don Demidoff an, unterschrieben vom Direktor des Dienstes Prof.Dr. Virgil Magureanu. Freunde von Demidoff spielten ihm das Geheim-Exemplar Nr. 1 zu. Es beinhaltet auf sechs Seiten Erkenntnisse aufgrund von Verleumdungen, ausgehend von der Deutschen Katholischen Bischofskonferenz. Das Geheimdokument beschuldigt Demidoff u.a., er würde von Interpol gesucht und sei schuldig der Illegalität, Aufwiegelung des rumänischen Volkes, Bedrohung der Lokalbehörden, falsche Versprechungen an Zigeunerfamilien. Er sei korrupt und gewalttätig und begehe Proselytismus, degradiere die Orthodoxie, verfasse Memoranden, in denen er bedrohe und beleidige. Er sei ein gefährlicher Betrüger.

Die Fälschung wurde adressiert an den Präsidenten des Abgeordnetenhauses Victor Babiuc, an den Innenminister und den Staatssekretär für Kult und an das Finanzministeriums und deren Steuerfahndung, die dann ihrerseits die Verfolgungen gegen Demidoff aufnahmen. Nichts hat sich seit der menschenverachtenden „Securitate" geändert.

Die Stiftung heute

acasa magazin Übersetzung aus der Rumänischen Illustrierten

Der Priester und die Justiz versus rumänischer Staat

Die Hilfe für Kinder, die in Schwierigkeiten sind, wird üblicherweise von der Gemeinschaft begrüßt. Offizielle halten pompöse Ansprachen bei Aktionen verschiedener humanitärer Stiftungen. Wenn aber diese Arbeit erleichtert werden soll, hat man es automatisch mit der Gleichgültigkeit der öffentlichen Bediensteten zu tun. Unglücklicherweise macht diese Gleichgültigkeit ein neues Loch von 500.000.000 Lei.

Am 31. März 2003 begibt sich Don Demidoff zum Gesundheitsministerium, um ein Gutachten für die Verlängerung seines Aufenthaltsvisums in Rumänien zu erhalten. Don Demidoff ist deutscher katholischer unabhängiger Priester und hat seit 1991 eine gemeinnützige Stiftung zur Unterstützung der rumänischen Waisenkinder: das Casa Don Bosco. Der »Interparlamentale Ausschuss zur Koordinierung und Unterstützung« weigert sich aber, das Gutachten auszustellen. Die Leitung der Behörde verlangt, ein Formular auszufüllen und Urkunden vorzulegen, aus denen hervorgeht, dass er die Bedingungen des Volontariatgesetzes erfüllt.

Die Tagespresse berichtet über viele Dinge, doch oft sagt sie nichts aus. Das Fernsehen verhöhnt den Verstand seiner Zuschauer. Informationen sind ohne Wert, die Aussagen meistens null. Die Magazine lieben lediglich die bunte Sensation, selten die Wahrheit und nie die Aussage.

»Aber ich bin Gründer und Vorsitzender der Stiftung, keine Freiwilliger«, sagt der Priester. Seit 12 Jahren fällt Don Demidoff unter die Gruppe, welche humanitäre Tätigkeiten entfalten und von den Kreisräten in Sibiu und Braşov, die die Stiftung autorisiert haben, empfohlen werden. »Jedes Jahr muss ich zu verschiedenen Behörden, um das Aufenthaltsvisum zu erhalten. Wir werden dafür bestraft, weil wir karitativ tätig sind«, beklagt sich der Priester. Weil nun das

Die Stiftung heute

Aufenthaltsvisum nicht erteilt wurde, ist Don Demidoff verpflichtet, das Land alle 14 Tage zu verlassen. Don Demidoff fühlt sich in seiner Ehre und seinem Ruf verletzt, weil er Verachtung und Misstrauen der Behörden und der Menschen dulden muss. Don Demidoff verklagt deshalb das Gesundheitsministerium CICSAU. Er beantragt die dringende Ausstellung des notwendigen Gutachtens zur Verlängerung des Aufenthaltvisums in Rumänien und eine moralische Entschädigung[1] von 500 Millionen Lei.

Unser Schaden, die Gleichgültigkeit der Beamten.

Das Berufungsgericht in Bukarest, der Gerichtshof für Verwaltungsrecht, verpflichtet das Gesundheitsministerium, das für Don Demidoff notwendige Gutachten zu erstellen, genehmigt aber nicht die Zahlung der moralischen Entschädigung. Don Demidoff geht in die Berufung. Am 3. Februar 2004 entscheidet der Hohe Kassationsgerichtshof der Justiz, das Gesundheitsministerium ist verpflichtet, 500 Millionen Lei als moralische Entschädigung zu zahlen.

Zwei Monate später, nach dem Gerichtsbeschluss, hat Don Demidoff zwar das zur Verlängerung des Aufenthaltvisums notwendige Gutachten, aber nicht das Geld. Der Priester ist entschlossen, das Ministerium in Straßburg anzuklagen. Trotzdem ist das Ministerium nicht bereit, einfach nachzugeben. »Die Budgets werden vollstreckt, sollten solche Art Ausgaben, wie im Fall Demidoff, vorgesehen sein. Aber der Haushalt sieht so etwas niemals vor.« Wollen wir noch erwähnen, dass der Direktor des Ausschusses des Gesundheitsministeriums, Herr Buraga, uns ausgelacht hat, sagt einer der

---

[1] Nach Artikel 11 des Gesetzes Nr. 29/1990 des Verwaltungsrechtes kann eine juristische oder natürliche Person, deren Rechte durch eine Verwaltungsbehörde verletzt werden, den Gerichtshof anrufen. Wenn die Instanz positiv entscheidet, beschließt sie materielle und moralische Entschädigungen.

Rechtsanwälte Don Demidoffs, Traian Marinescu. Auch wir (die Zeitung) haben mehrmals versucht, Herrn Buraga im Ministerium zu erreichen, das aber war nicht möglich. Mit größter Wahrscheinlichkeit werden die 500 Millionen Lei aus den Taschen der Steuerpflichtigen genommen. Und nur, weil einige Beamte, ebenfalls von den Steuerpflichtigen bezahlt, ihre Arbeit nicht leisten und die Würde von uns allen verletzen.

CONSILIUL JUDEȚEAN SIBIU
COMISIA PENTRU PROTECȚIA COPILULUI SIBIU

HOTĂRÂREA NR. 250
din data de 18.02.2004 cu privire la reautorizarea fundației și schimbarea numelui din "Casa Don Bosco - Un cămin pentru copiii străzii" în "Sf. Don Bosco"

În temeiul art. 36 alin. 2 din Ordonanța de Urgență nr. 26/1997, aprobată prin Legea nr. 108/1998 republicată, privind protecția copilului aflat în dificultate și a art. 3 din Hotărârea Guvernului României nr. 604/1997.

Având în vedere Încheierea Civilă nr. 301/09.07.2003 a Judecătoriei Agnita, jud. Sibiu și actele depuse privind modificarea numelui fundației din "Casa Don Bosco - Un cămin pentru copiii străzii" în "Sf. Don Bosco"

Comisia Pentru Protecția Copilului Sibiu

HOTĂRĂȘTE:

Art. 1 - Se reautorizează FUNDAȚIA "SF. DON BOSCO" cu sediul în comuna Chirpăr, sat Veseud, nr. 10, județul Sibiu, să desfășoare activități în domeniul protecției copilului, în conformitate cu legile în vigoare, pe o perioadă de 1 an.

Art. 2 - Reînnoirea autorizației se va face cu respectarea prevederilor art. 8 din Hotărârea Guvernului României nr. 604/1997.

Art. 3 - Nerespectarea normelor legale aplicabile în domeniul protecției copilului sau angajamentelor asumate, poate atrage suspendarea, retragerea sau limitarea domeniilor de activitate pentru care a fost acordată autorizația.

Aprobată în ședința Comisiei pentru Protecția Copilului Sibiu din data de 18.02.2004.

PREȘEDINTE,
COMISIA PENTRU PROTECȚIA COPILULUI SIBIU
ANDREI POLEFKA

3 ex. CD/AB

Dokument: Die Stiftung ist von der Kinder-Schutzkommission für das gesamte Territorium Rumäniens autorisiert

> Geschenke sind wie Ratschläge: Vergnügen
> bereiten sie vor allem dem, der sie gibt.
> *Emile Henriott*

Unsere Spender

Ich habe stets einen Rosenkranz bei mir und ein paar Engelflügel, ob im Auto, am Schreibtisch oder in der Soutane. Für mich ist es eine sehr schöne Form des Betens und überhaupt nicht monoton, wie man meinen könnte. Überall in meiner Nähe liegen Rosenkränze, so dass ich, immer wenn mir danach ist, einen greifen kann.

Als ich einmal wieder in der Fußgängerzone in Bad Wörishofen bettelte, kam eine alte Frau auf mich zu und sagte:

»Sie sind sicherlich noch so ein richtiger, alter Pater. Ein Traditionalist, nicht wahr?«

»Ja, das dürfen Sie sagen«, gab ich zurück.

»Aber einen Rosenkranz haben Sie sicherlich nicht in der Tasche?«

Ich zog meinen Rosenkranz aus der Soutane hervor, und die alte Dame fing fast an zu weinen. Dass das noch möglich war! Sie ging an ihrem Laufgestell die Einkaufsstraße hinunter und sprach alle möglichen Leute an: »Da steht ein Pater, der hat noch einen Rosenkranz.«

Nach einer Weile kam sie wieder zurück. »Ich habe hier zehn Euro, Pater. Ich bin in Wirklichkeit ganz arm. Aber die gebe ich Ihnen aus ganzem Herzen.«

Einer meiner treuesten Spender überweist mehrere Male im Jahr zwischen 1.000 und 1.500 Euro. Ich ging immer davon aus, dass er

Unsere Spender

ein wohlhabender Mann sein müsse. Aber das Gegenteil ist der Fall. Dieser Mann ist bei einem städtischen Bauhof in Ostdeutschland beschäftigt. Dort ist er Saisonarbeiter. Im Winter hat er keine Arbeit, sondern bezieht Arbeitslosengeld. Jeden Monat zwackt er 500 Euro von seinem kärglichen Einkommen für die Kinder von Cincu ab.

▶ »**Mir han et nit vom Ausgeben, mir han et vom Zusammenhalten.**«

Das sind nur zwei Beispiele von vielen. Spender wie diese beiden beschämen mich zutiefst. Aber man muss nicht arm sein, um den Armen zu helfen. Einige meiner Spender sind steinreiche Leute. Sie helfen den Armen, aber sie müssen deshalb nicht in einer Hütte leben und sie haben das Recht dazu.

Aber reichen Leuten in die Tasche zu fassen, ist sehr schwer. »Mir han et nit vom Ausgeben, mir han et vom Zusammenhalten«, wurde mir von einem Industriellen im Rheinland gesagt. Dahinter steckt oft mehr eine Philosophie als Geiz. Aber dennoch habe ich unter den Reichen sehr großzügige Spender gefunden. Bewundernswert ist ein großer Spender, ein Industrieller in der Schweiz. Er hat ein großes Herz für Kinder und ist immer dann mit einem massiven Betrag zur Stelle, wenn es uns besonders schlecht geht. Er ist bescheiden, will seinen Namen nicht genannt wissen, nicht einmal seinen Geburtstag gibt er uns preis. Einem der Häuser unserer Kinder haben wir seinen Namen gegeben. Das meiste Geld erreicht uns aber durch die vielen Menschen, die wenig Geld zur Verfügung haben, uns aber Monat für Monat zum Beispiel mit fünf Euro unterstützen.

Die Bereitschaft, für unsere Stiftung Geld zu Spenden, ist bei den Deutschen und mehr noch bei den Schweizern am höchsten. Dennoch hat uns die ökonomische Krise in Deutschland voll erwischt. Aber es ist selten, wenn ein Schweizer nicht spendet.

Unsere Spender

Das scheint mir im Volksbewusstsein verankert zu sein. Aber ich bemühe mich auch stets um eine wahrhafte Formulierung meiner Briefe. Ich erhielt sogar einmal ein Angebot, als Werbetexter tätig zu werden. Als ob es mir gelänge, Kernseife zu verkaufen? Ich schreibe authentisch, darin liegt meine Stärke. Meine Briefe sind nicht genormt, nicht gestelzt, nicht synthetisch. Sie sind persönlich, erlebt und dadurch glaubhaft. Dennoch, vor allem in Zeiten wirtschaftlicher Rezession oder gar ökonomischer Umwälzung wie in Deutschland ist das Betteln eine sehr mühsame Angelegenheit. Viele Spender in Deutschland schreiben mir Klagebriefe. Wie soll ich denen sagen, dass sie trotzdem genug Gründe haben, zufrieden zu sein? Wie soll ich denen sagen, dass es ihnen im Vergleich zum Lebensniveau der Rumänen mehr als gut geht? Sie leben in Frieden, Freiheit und Wohlstand. Aber es ist immer noch nicht genug, es könnte noch besser sein. Sind deshalb so viele Deutsche unzufrieden, unfreundlich, mürrisch und magenkrank?, fragt der Herausgeber der »Welt am Sonntag«, Claus Jacobi. Und er sagt weiter: »Nicht einmal mehr in den Kirchen wird Zufriedenheit gepredigt«.

»Besuche niemals einen Spender, den du nicht kennst«, lautet ein Merksatz karitativer Organisationen. Ich habe mich nicht immer daran gehalten. Auf einer Vortragsreise, die mich auch nach Basel führte, klingelte ich unangemeldet bei einem meiner Spender, einem pensionierten Rechtsanwalt. Er hatte uns regelmäßig 500 Franken geschickt, und nun wollte ich mich einfach einmal bei ihm persönlich bedanken. An der Türsprechanlage meldete sich seine Frau.

Keine Religion hat der, der keine Humanität hat.
aus Arabien

Unsere Spender

»Bitte erschrecken Sie nicht«, stellte ich mich vor. »Ich bin's nur, Pater Don.«

»Oh«, sagte die Dame des Hauses wie aus der Pistole geschossen, »auf Sie habe ich gewartet! Kommen Sie mal rauf.«

Unsere Spender

Als ich die Wohnung betrat, strahlte ihr Mann mich an. Wie sich herausstellte, sollte er sich am nächsten Tag einer schwierigen Operation unterziehen. Er war selig, dass ich ausgerechnet an diesem Tag zu ihm gekommen war.

Als ich mich nach zwei Stunden wieder verabschiedete, sagte seine Frau zu mir: »Ich war immer skeptisch Ihnen gegenüber. Nach dem, was man über Sie lesen konnte, hatte ich viele Vorbehalte gegen Sie. Nun bin ich froh, dass ich Sie kennen gelernt habe.«

Andererseits gibt es reiche Menschen, die uns mit großzügigen Spenden bedenken. Sie erwarten nicht einmal ein »Dankeschön«, aber auf keinen Fall wünschen Sie einen Besuch. Einmal hatte ich einem unserer Großspender angeboten, dass ich mich während einer Reise bei ihm vorstelle. »Möchten Sie mich gern sehen?«, schrieb ich ihm. »Nein, auf keinen Fall«, schrieb er zurück. »Ich bin ein alter Mann. Was wollen Sie von mir?« Aber trotzdem schickt er weiterhin Geld.

Natürlich benötige ich Geld, um die Kinder und die Stiftung am Leben zu erhalten. Ich freue mich über jeden noch so kleinen Betrag. Und selbstverständlich freue ich mich auch über die Anerkennung unserer Arbeit. Aber zufrieden kann ich niemals sein. Das Elend außerhalb der Stiftung ist für ein Zurücklehnen noch viel zu groß. Allen werde ich nicht helfen können, aber noch einige Kinder will ich aus dem Dreck und der Unterdrückung befreien, damit sie nicht stehlen und töten müssen.

▶ **Geld stinkt nicht, wenn es Gutes tun will.**

Woher das Geld kommt, ist mir relativ gleichgültig. Ich muss an die Zukunft meiner Kinder denken. Neulich habe ich fünfzig Euro von einer muslimischen Gemeinde erhalten. Geld stinkt nicht, vor allem, wenn es Gutes tun will. Auch von einem Waffenhändler würde ich Geld nehmen. Schließlich hätte er doppelten Grund, andere Menschen zu unterstützen. »Nun leg mal reichlich auf den Tisch«, würde ich zu ihm sagen und genauso mit ihm reden. »Tausende Kindersoldaten haben wir in der Welt. Hier kannst du ein bisschen Wiedergutmachung leisten.«

Wenn ich meine Kinder damit unterhalten kann, nehme ich alles an. Ich verkaufe mich deshalb nicht. Niemals würde ich einem Spender gegenüber Konzessionen machen oder ihm die Einwirkung auf meine Arbeit erlauben.

Eines Tages hielt ein großer, schneeweißer Sattelschlepper vor unserem Haus. Große Lettern verkündeten: »Jesus lebt!« Er hätte Hilfsgüter für uns, sagte der Fahrer.

»Prima«, ermunterte ich ihn, »dann laden Sie mal ab.«

Aber kaum war er im Kinderheim, fing er an, Unterschriften für seine Sekte bei den Kindern zu sammeln.

»Jetzt aber raus!« Ich wurde energisch. Der Mann verließ unser Haus, ohne seine Sachen wieder mitzunehmen.

Einmal wurde ich von einer Dame aus der Schweiz angeschrieben. Sie hatte Ärger mit ihren Mietern und stellte mir eine größere Spende in Aussicht, wenn ich durch Gebete für ein »kleines Wunder« in ihrem Miethaus sorgen könnte. Ein wenig hatte es von der Versuchung Jesu durch die Pharisäer. Vielleicht hatte sie auch von irgendwelchen Verleumdungen gegen mich gehört. Ich schrieb ihr zurück: »Ich bete dafür, dass Sie Verständnis für Mieter haben, die in Schwierigkeiten kommen.« Das hat sie überzeugt. Seitdem zählt sie zu meine treuesten Spenderinnen. Unsere Stiftung erhält 300 Euro im Monat von ihr – das ist viel Geld.

Ein perfider Versuch der Einflussnahme liegt einige Jahre zurück. Damals bewarb sich eine junge Frau aus Deutschland bei uns. Sie machte einen sehr guten Eindruck, gab sich religiös und war stets tatkräftig bei der Sache. Es dauerte gut eine Woche, dann stellte sich heraus, dass sie von den Zeugen Jehovas kam. Aber nicht nur das: Sie war ganz bewusst auf uns »angesetzt« worden. Das stellte sich in einem Gespräch mit ihr schnell heraus. Sie durfte meine cholerische Seite kennen lernen.

Ich bin für alles offen. Bei uns arbeiten Menschen verschiedener Glaubensrichtungen, sogar eine Adventistin, und unsere Arbeit wird von vielen Menschen unterstützt, deren religiöse Auffassung ich nicht teile. Ich habe nichts dagegen, solange nicht versucht wird, die Kinder zu missionieren. Aber Zeugen Jehovas lehne ich ab, weil sie die Menschen nicht frei machen. Aus vielen Schilderungen wissen wir, dass sich Angehörige der Zeugen Jehovas nur mit größter Mühe und Not vom psychologischen Druck und aus der Abhängigkeit von dieser Organisation befreien konnten. Was haben diese Gruppen mit den Menschen vor? Das Wesentliche des Glaubens liegt für mich darin, dass er mich frei macht, dass ich frei denken und frei handeln kann.

Mein körperlicher Verfall macht mir Sorgen. Aber – wie Gott will – ich bin nicht verzweifelt. Was Gott mit diesem Werk vorhat, würde ich neugierigerweise ja auch gern wissen. Gern hätte ich, wie mein Vorbild Don Bosco, einen Orden gegründet, der unsere Arbeiten weiterführt.

Wir freuen uns über jede Spende. Außerdem sind mir kleinere, aber kontinuierliche Spendenbeträge sehr lieb. Durch eine größere Regelmäßigkeit der Spenden wird die Finanzierung unserer Stiftung planbarer. Aber es hat wenig Sinn, uns Pakete nach Rumänien zu schicken. Meiner Erfahrung nach lohnt es sich nicht, da uns Pakete aus dem Ausland nicht durch die Post zugestellt werden. Wir müssen wegen eines Paketes zum Zoll in eine 80 Kilometer entfernte Stadt fahren. Dort müssen wir das Paket öffnen, und wenn die Zöllner darin irgend etwas besonders interessiert, nehmen sie es heraus. Dann fährt man manchmal nur noch mit dem Packpapier und dem Bindfaden die 80 Kilometer wieder nach Hause. Der Kommunismus wird diesem Land noch viele Jahrzehnte erhalten bleiben.

▶ **Angst zu haben hieße, die Vorsehung nicht zu akzeptieren.**
Ich habe keine Angst, dass unsere Stiftung nicht weiterbesteht. Angst zu haben hieße, ich würde die Vorsehung nicht akzeptieren. Nein, ich habe keine Angst vor der Zukunft. Und wenn Gott noch einmal zu mir sagen würde: »Jetzt nimmst du deine Sandalen und ziehst wieder weiter«, würde ich gehen. Aber Gott ist nicht unvernünftig, Gott wird dem bestehenden Werk nicht zugunsten eines anderen schaden. Und ich bin auch nicht mehr 45 Jahre alt. In diesem Alter kam ich nach Rumänien. Meine Kraft zum Aufbau eines weiteren Werkes wäre sicherlich begrenzt.

Meine Kräfte muss ich mir schon heute einteilen. Ich bin nicht gesund, eine Kur würde mich sicher stärken. Aber dann fehlt diese Zeit meinen Kindern. Meine eigenen Bedürfnisse vergesse ich oft. Dazu zählen beispielsweise auch meine Medikamente. Glücklicherweise habe ich Menschen um mich, die mich daran erinnern.

Was meine eigenen Lebenswünsche und meine Lebensführung angeht, bin ich sehr nachlässig geworden. Das hat zuerst mit meiner Krankheit zu tun. Aber ich gebe auch gern zu, dass es mir schwer fällt, auf bestimmte Dinge zu verzichten. Einige Dinge darf ich nicht mehr essen, zum Beispiel Weißbrot. Ich schätze gutes Essen, manchmal einen schönen Wein und meine Zigarre.

Meine Zigarren kaufe ich mir selber, ich bezahle sie aus den Erlösen meiner Mess-Stipendien. Es ist der gute alte Brauch, dass

Unsere Spender

der Priester gebeten wird, eine Heilige Messe in besonderer Intention zu lesen. Früher lebten die Priester nur von solchen Stipendien und nicht wie in Deutschland von satten Gehältern. Mancher Spender sagt zu mir: »Pater, ich möchte, dass Sie sich persönlich davon etwas gönnen«. Dann nehme ich das an. Meine Vortragsreisen, die der Organisation neuer Spendengelder dienen, werden aus Spendengeldern finanziert. Aber es gibt keinen Euro, den ich den Kindern wegnehme für meine persönlichen Belange.

Je nachdem, wie häufig ich eingeladen werde, unternehme ich ein- bis zweimal im Jahr eine Predigtreise, die mich durch die Schweiz, Holland, Belgien, Deutschland und andere Länder führt. Früher waren die Einladungen dazu sehr viel zahlreicher. Während die Menschen mich hören wollen, haben die örtlichen Pfarrer eine andere Meinung dazu. Die radikale Ausdrucksweise, die ich verwende, ist nicht konform zur gegenwärtigen theologischen Sprache und gefällt den meisten Pfarrern nicht. Das ist nicht geliebt.

»Ich lasse das nicht zu«, sagte mir mein guter Freund unter den Pfarrern, »wie du mit Emotionen arbeitest und damit das Geld in den Beutel springt. Die Leute leeren alle ihre Geldbörsen, weil du Mittel anwendest, die ich nicht zulasse. Du kommst mir manchmal vor wie einer dieser amerikanischen Fernsehpfarrer. Du heizt die Leute auf, und am nächsten Tag haben sie keine Mark mehr im Portemonnaie, um sich Brot zu kaufen.«

Meine Kirchen sind voll, wenn ich komme. Aber die Pfarrer möchten das nicht mehr, natürlich auch deshalb, weil ich einige von ihnen bloßstelle – durch meine Art, das Evangelium zu leben und zu verkünden.

In den katholischen Kirchen darf ich schon lange nicht mehr predigen. Es kommt nicht selten vor, dass in den Orten, in denen ich predige, von der Kanzel der katholischen Kirche herab vor mir gewarnt wird. Ich sei ein falscher Priester, ein Betrüger. Auf keinen Fall solle man zu meinen Veranstaltungen gehen. Wenn ich weiß, dass es eine Warnung dieser Art gegeben hat, frage ich in meiner Predigt: »Können unsere katholischen Glaubensbrüder und -schwestern einmal die Hand heben?« Es melden sich immer einige. Die katholische Kirche treibt durch solche Äußerungen die Menschen erst recht zu mir. Denn es ist doch spannend und interessant, einen Betrüger im Priestergewand zu erleben.

Dabei weiß ich sehr wohl, dass es unter meinen geistigen Glaubensbrüdern doch manche gibt, die im tiefsten Inneren ihres Herzens meine Haltung verstehen können und sie insgeheim vielleicht auch bewundern, weil ich selbständig bin und eine Aufgabe habe, die direkten Dienst am Menschen tut. Die Modernisten in der *römisch*-katholischen Kirche spotten über mich: »Mein Gott, steckt denn dort so ein Zurückgebliebener immer noch sein Köpfchen heraus?« Sie tragen ihre Mischung aus

»Kein theologischer Weichspüler«: Was ich auf meinen Predigtreisen sage, ist nicht immer und für alle bequem.

Arroganz, Überheblichkeit und Mitleid offen vor sich her. Schade. Denn umso weniger Platz für Religiosität bleibt in ihrem Herzen.

▶ »Gib mir Seelen, alles Übrige nimm mir!«

Natürlich müssen wir unsere Erzieher und die anderen Angestellten bezahlen, denn sie leben von ihrer Arbeit. Ganze Familien leben von einem Gehalt von durchschnittlich 100 Euro. Nicht selten ziehe ich dann Verdächtigungen auf mich. Gleichwohl könnte es mir niemand verbieten, wenn ich mir als Präsident meiner Stiftung ein monatliches Gehalt zahlen würde. Das wäre völlig legal und in Deutschland würde man das fast erwarten, aber ich mache das nicht. Ich beziehe kein Gehalt, ich habe auch keine Krankenversicherung und keine Rentenansprüche. Ich besitze nicht ein einziges Haus von denen, die der Stiftung mittlerweile gehören. Ich will nichts für mich, ich will es für die Kinder. »Da mihi animas, cetera tolle! – Gib mir Seelen, alles Übrige nimm mir!«, lautete das Lebensmotto von Don Bosco. Denn ich weiß sehr gut um die große Verantwortung gegenüber meinen Spendern.

Jeder Spender möchte natürlich wissen, ob sein Geld in unserer Stiftung gut angelegt ist. Wenn man es kaufmännisch sehen wollte, könnte man formulieren: Eure Investitionen lohnen sich. Es gibt viele Beispiele, Camelia ist eines davon. Wenn sie bei uns bleibt – was ich mir sehr wünsche –, wird sie sicher eine hervorragende Erzieherin. Sie verrichtet ihre Aufgaben auf eine sehr bescheidene und zurückhaltende Weise. Ohne weitere Aufforderung setzt sie sich an unseren Tisch und macht ihre Hausaufgaben. Sie beobachtet mich und andere sehr genau und kümmert sich umsichtig und einfühlsam um Kinder, die neu zu uns gekommen sind. Das sind die eigentlichen Wunder von Cincu: die Metamorphosen dieser Kinder.

Unsere Spender

Die Spendengelder, die bei uns eingehen, werden sofort wieder eingesetzt. Reserven können wir leider nicht anlegen. Beispielsweise haben wir im Sommer 2003 umfangreiche Renovierungsarbeiten an mehreren unserer Häuser durchgeführt. Das war uns nur möglich, weil wir größere Geldbeträge erhielten, die hierfür sofort Verwendung fanden. Zum einen haben wir immer an irgendeiner Stelle sofortigen Bedarf, zum anderen widerspräche es meiner religiösen Auffassung und meinem Vertrauen in den Himmel. »Behalte nichts für dich«, hieß es in einer meiner Eingebungen, »je mehr du weggibst, desto besser wird es dir gehen.« Und dies ist bis heute so gewesen.

Dennoch, jeden Monat wieder neu alles zusammenbetteln, jeden Monat wieder neu sich selbst ganz und gar in die Waagschale zu werfen, ist sehr schwer. Bis heute hat unsere Stiftung keinen Träger, sondern lebt nur von Einzelspenden. Aber jeden Monat wieder neu müssen große Beträge bereit sein: für die Kinder, ihr Essen, ihre Kleidung, ihre Schule, für die Angestellten und die Steuern auf die Gehälter, die Sozialabgaben, die Unterhaltung der Häuser, die inflationären Kostensteigerungen für Benzin, Strom und Gas, die vielen bettelnden Kinder täglich vor unserer Tür oder auf meinem Weg und die Kranken und Alten, die nicht verstehen können, dass man die humanitäre Hilfe auf eine Gruppe der Schwächsten beschränken muss.

Es ist das Wunder von Cincu, dass wir seit mehr als 13 Jahren überleben, dank unserer Spender. Sie alle sind namentlich in unserem Gebet. Eine besondere Dankbarkeit aber haben wir für die verstorbenen Spender. Wenn ich oft schreibe, dass alle Wohltaten nach dem Wort des Apostels Paulus im Buch des Lebens verzeichnet sind, so bin ich fest davon überzeugt, dass jeder Spender einen besonderen Lohn erhält.

> ...denn ich werde geopfert und die Zeit meines Aufbruchs steht bevor. Den guten Kampf habe ich gekämpft, den Lauf vollendet, den Glauben bewahrt.
>
> *NT, 2. Timotheus 4, 6 + 7*

A Dieu – für den Fall

Nachdem ich Sonntagnacht mein Memorandum für die Autoritäten schrieb, begleitet mich heute der Generalkonsul auf meinem schweren Gang. Als die Standarte seines Dienstwagens unterwegs umknickt, schießt mir der 2. Timotheus durch den Kopf: Den guten Kampf habe ich gekämpft... Es verließ mich den ganzen Tag nicht mehr. So fühle ich es nach den Jahren im kommunistischen Rumänien, dass mein Lauf vollendet ist. Alles habe ich hingeopfert, aber welcher Aufbruch steht mir jetzt bevor?

Den ganzen Tag musste ich wieder die Lügenparolen des kommunistischen Abschaums anhören. Der Kommandant, der Staatsanwalt, der Präfekt von Iliescus Gnaden.

Sie sind illegal...

Sie beachten unsere Gesetze nicht...

Sie mischen sich in verbotene Dinge ein...

Lassen Sie die Finger von diesen Kindern...

Sind Sie Gott oder Satan? Sie halten Kinder fest...

Auch in Deutschland kann man nicht einfach Kinder von der Straße auflesen...

Dieser Hass in ihren Augen. Wann sah ich je diesen Hass in den Augen von Menschen? Werde ich jetzt schon hingeopfert? Welcher Aufbruch steht bevor?

Meinen Glauben habe ich bewahrt. Auch heute. Diese demütigenden und vernichtenden Beleidigungen. Dieser unwiederholbare Schmutz in ihren Worten. Sicher, in der Dimension Gottes bin ich nur ein hergelaufener Straßenpriester. Aber in der Dimension der Kinder?

Meinen konfiszierten Pass gab man mir heute hämisch zurück. Schließlich begleitete mich ja der Generalkonsul der Bundesrepublik Deutschland. Im Kampf schickt dir Gott Weggefährten. Ralf Breth, der Generalkonsul, war mir ein wirklicher Weggefährte. Er nutzte seine dienstlichen Möglichkeiten voll aus, während mir seine Vorgänger erklärten, dass sie sich nicht einmischen könnten. Mehr noch, mir und der Kinder zuliebe ging er mit mir auf die Rennstrecke. Aber wird er es verhindern können, dass ich jetzt hingeopfert werde?

Nach Vollendung des heutigen Laufes sagte er mir: Ich habe es nicht für möglich gehalten, diese Lügen...Ich bin deprimiert.

Danke, lieber Generalkonsul, dass es sie gab in Rumänien.

Diese unendlichen schamlosen Lügen begleiten mich nun seit Jahren. Wie einer der letzten Zigeuner musste der Generalkonsul mit mir warten, eine halbe Stunde, bis wir beim Kommandanten vorgelassen wurden. Gott, ich danke Dir, dass er sofort die Lügen durchschaut hat.

Hämisch gab man mir meinen Pass zurück. Aber das Land darf ich nicht verlassen. Ich bin jetzt ein Illegaler hier, weil man mir die Aufenthaltserlaubnis nicht verlängert. Ein Füllhorn von Strafanzeigen, Lügen, konstruiert. Auch machte ich mich strafbar, weil in meinem Auto drei meiner Kinder mit mir verunglückten. In einem Auto, das präpariert wurde. Die Unfallursache wurde nicht untersucht. Ich machte mich strafbar, weil ich unser Transportauto auf den Weg schickte, um für die Kinder während der schrecklich heißen Tage Mineralwasser zu holen. Das Auto hatte eine Übergangsnummer, und wie immer wurde mir die Anmeldung des Wagens verweigert. Ich machte mich strafbar, weil ich auf die Spenden und Hilfsgüter für die Kinder keine Steuern bezahlte. Ich machte mich strafbar, weil ich die Beamten nicht bestach. Ich machte mich strafbar, weil ich die Kinder beschützte. Ich machte mich strafbar, weil ich verhungerte Kinder ohne Namen aufnahm. Ich machte mich strafbar, weil ich die Kommunisten als Kommunisten bezeichnete, war das doch vor der »Revolution« ein Ehrentitel.

Habe ich den Lauf vollendet? Ich weiß es nicht. Ich weiß nur, dass ich mich seit heute aus der Rennbahn geworfen fühle, dass ich hingeopfert werden soll, dass Zeit des Aufbruchs ist.

Meinen Pass habe ich zurück. Ohne war ich vogelfrei. Dafür stehe ich jetzt in den Computern der Schergen. Ich darf das Land nicht verlassen. Jetzt bin ich wirklich ein Rumäne, mit den Rumänen, die damals immer ein Visum brauchten, um ins Ausland zu reisen. Ich dachte noch, das ist nicht so schlimm, schlimmer noch wäre es, sie ließen mich ausreisen und eines Tages nicht mehr zurück ins Land, zurück zu meinen Kindern. Aber das steht mir vielleicht auch noch bevor.

▶ **Diese Peitschengesichter. Sie hassen mich.**

Ich sagte »Schergen«. Als sie mich heute mit ihren Peitschengesichtern ansahen, einer wie der andere mit dem gleichen Peitschengesicht, ging mir das Wort »Schergen« nicht mehr aus dem Sinn. Und ich dachte an die Unzähligen, die in der Diktatur, die doch erst gestern war, von diesen gleichen Gesichtern gepeitscht und gequält wurden, vor allem Priester, die wie Bäume des Glaubens in die Gefängnisse gingen und deren Knochenreste man den Angehörigen in einem Schuhkarton übergab. Wie oft fahre ich an der Burg in Făgăraş vorbei, aus der man ihre Schreie kilometerweit in der Stadt hörte... Mein Gott, wie nah waren sie mir plötzlich alle, als ich in diese Peitschengesichter sah. Warum darf man bis heute nicht über diese Morde sprechen? Ich fragte sie immer wieder.

Auch deren Chor hörte ich: Ich habe den Glauben bewahrt. Den Lauf vollendet.

Ich habe an den Glauben erinnert, heute, mitten in ihre Gesichter. Sie hassen mich. Ich war nicht stark. Ich musste aber so handeln. Ich fühlte, es naht die Zeit der Hinopferung. Ich habe sie provoziert. Mein Gott, ich wollte es nicht, aber die Zeit des Aufbruchs steht doch bevor. Ich hörte auch Don Bosco in diesen übelspeienden Minuten: Sorge dich nicht um das, was die Menschen von dir denken, sorge dich nur um das, was Gott jetzt von dir will.

Nein, ich passe nicht in ihr System. Das ist jetzt ganz klar. Sie haben eine andere Rennbahn. Gefährlich aber bin ich für sie, weil meine Kinder angesteckt sind von diesem guten Kampf, weil sie an meiner Seite den Glauben bewahren, ja mehr noch, mich schon lange im Wettkampf des guten Glaubens überholt haben.

Hatten sie hier im Land denn nicht endlich diese Priester, diese Komikgestalten, die den Menschen Religion wie Opium verkaufen, für immer ausgerottet? Wo kommt denn dieser plötzlich her? Und wieso ist er gekommen? Warum lassen Sie die Kinder nicht auf der Straße? Sind Sie Priester oder Krimineller? Oder ist das dasselbe? Ihre Nationalität ist immer noch unklar? Sie sind kein Deutscher! Holländer, Däne? Wohlgemerkt, der deutsche Konsul saß neben mir.

Gott, was soll aus diesen Kindern werden? Mit welcher Hingabe freuen sie sich immer wieder, wenn ich zurückkomme von all

A Dieu – für den Fall

diesen Terminen, Machenschaften, Verhören, Verdächtigungen. Wie sorgen sie sich um mich, wenn ich erschöpft bin, wie einfühlsam sind sie, wenn sie sehen, dass mich auch meine körperliche Gebrechlichkeit immer wieder aus der Bahn wirft.

Diese Kinder sind so stark, diese meine geliebten Kleinen. Mit einem Finger nur berühren sie mich, wenn ich sie scheinbar so distanziert ansehe, ihre kleinen Körper zwängen sich unter meinen rechten Arm, damit ich mich auf ihnen abstützen kann mit meiner Gehbehinderung. Die Soutane heben sie an, damit ich nicht auf der Treppe stolpere, nicht ein Blatt Papier darf ich tragen, weil es für mich zu schwer sein könnte. Wenn ich mit dem Auto wegfahre, drängen sie sich noch schnell an die Autotür, damit ich ihnen ein kleines Kreuzzeichen auf die Stirn zeichne.

Mein Gott, was soll aus diesen Kindern werden?

Manchmal, wenn mich die Traurigkeit überfällt, intoniere ich nach dem Essen den Satz: Kinder, habt ihr ein Lied für mich? Wie in einer Oper antworten sie singend zurück: Pater, ce fel de cintec? Pater, was für ein Lied? Und ich dann wieder im Sington: etwas Fröhliches Kinder, etwas Fröhliches. Dann bricht ihr gewaltiges Liedpotential aus ihnen heraus und man kann es im ganzen Dorf hören: Ein fröhliches Lied haben sie für den Pater.

Und sie enden nicht mehr, wollen gleichsam eine neue fröhliche Revolution entfachen. Singen gegen alle Traurigkeit, alles Unrecht, gegen jede Verbitterung und gegen ihr Leid, keine Eltern zu haben, die sie lieben. Wie im Kampfruf schallt es dann aus vielen Kehlen: Viva Don Bosco, viva Don Bosco.

Wer hier war, konnte es erleben, wirklich erleben.

Oh, meine geliebten Kleinen, was soll denn aus euch werden? Ihr, meine geliebte kleine Herde der Kinder.

Beginne ich jetzt, die Kommunisten zu hassen? Diese Karikaturen des Teufels? Man würde sich selbst betrügen, wenn man es dazu kommen ließe. Schließlich ist doch Gott der Herr über Leben und Tod. Und Gott ist der Herr dieser Kinder. Und was ist mein Leben gegen das Leben dieser Kinder? Wenn ich hier mit ihnen Kind werden durfte, dann bin ich glücklich. Kind mit weißem Haar und einem Buckel. Wenn ich hier oft wieder weglaufen wollte, dann ging das nicht, weil ein Kind nicht einfach wegläuft. Und vielleicht war doch etwas dran an diesen stinkenden Verleumdungen in den europäischen Zeitungen? Irgend etwas muss doch da dran sein? Vielleicht kenne ich mich nur selbst nicht richtig, wusste nichts über mein wertloses Leben vorher?

Als man mich damals im Polizeiauto abholte, kam schon einmal der Gedanke an Vollendung. Doch nur schwach. Denn ich war ja kaum im Land, hatte kaum meine Arbeit begonnen. Aber ich war so ruhig, so stark. Ich holte meinen Rosenkranz aus der Soutane, wollte mich daran festhalten, eine Kette zum Himmel, angeknüpft dort oben oder wo immer in der vierten Dimension.

Dann war später eine größere Todesangst, als ich in das Kriegsgebiet in das russische Moldawien fuhr, zu den Kindern, die ihre Väter verloren hatten, Polizisten, die als Soldaten verheizt wurden für die vermeintliche Sache der Freiheit. Wenn sie mir an jedem Blockadepunkt die Maschinengewehre unter die Nase hielten, hing ich vorne einen Rosenkranz daran und ich gelangte tatsächlich an die Front. Meine Begleiter lachten schallend, was für eine Waffe der Rosenkranz doch war. Ich sammelte die Granat- und Gewehrhülsen, die uns um die Ohren flogen und bewahre sie bis heute. Ich sollte einen Rosenkranz daraus knüpfen...

Den Schoß einer Mutter habe ich als Kind nie spüren dürfen. Ob ich meine Kinder deshalb so liebe? Sind sie mir deshalb so nah?

A Dieu – für den Fall

Und doch bleibt es mir fremd, wenn ein Kind auf meinen Schoß klettert, aber für das Kind ist es doch natürlich. Musste ich deshalb eine leibliche Mutter entbehren, damit ich für die Einsamkeit präpariert bin, für die Stunden der Angst?

Todesangst war, als ich die Gewalt über mein Auto verlor und mit drei Kindern sehenden Auges auf einen Baum zufuhr. Aber hatte ich mir nicht in Wahrheit schon mal ein Ende gewünscht, als die Verfolgung der rumänischen Staatsorgane auf dem Höhepunkt war? Wie oft legte ich mich abends ausgelaugt und aufgezehrt aufs Bett, keines Gebetes mehr fähig, mit der Bitte zum Himmel, mich morgens nicht mehr aufwachen zu lassen. Weglaufen von diesen Kindern konnte ich nicht mehr, aber ich betete: Lieber Gott, ich bin Dir nicht böse, wenn ich morgen nicht mehr aufwache.

Manchmal habe ich keinen Atem mehr auf der Rennbahn. Ich weiß nicht mehr, wie viele Runden ich schon gedreht habe. Das schoss als letztes durch meinen Kopf, als ich gegen den Baum prallte: Du hast es selber gewollt.

Als mich die Ärzte in dem kleinen Rettungsflieger am Himmel so rührend betreuten, suchte ich wieder nach meinem Rosenkranz, meiner Kette, nicht realisierend, dass ich gar nichts mehr am Körper hatte, nur mit einem Laken bedeckt war. Aber ist es ein Unterschied, ein weißes Laken oder eine Soutane am Körper zu haben? Ist es nicht dasselbe Armutskleid? Und in diesem kleinen Flieger war ich meiner geliebten vierten Dimension so nah, so nah…

▶ **Ich bin dankbar, dass ich nicht hassen kann.**

Doch danke ich Gott, dass ich wieder an den Tasten des Computers sitzen darf, dass ich auch heute nicht im Gefängnis gelandet bin. Ich hatte Todesangst und jetzt ist wieder Licht, Licht in meinem Herzen, ich kann den Schergen mit ihren Demütigungen und Beleidigungen verzeihen. Ich bin dankbar, dass ich nicht hassen kann.

Nicht die Drohung, mich mit einer Pistole auf dem Marktplatz öffentlich zu erschießen, nicht die Sense, die über meinen Kopf hinwegschleudert, nicht die Messer, die man vor meinen Bauch hielt, werden mir etwas antun. Ich bin kein Held und ich werde kein Märtyrer sein. Ich bin der Gefahr nie aus dem Wege gegangen und doch habe ich sie nicht gesucht. Manchmal war es ja schon gefährlich genug, ein Kind aus den Händen eines Peinigers zu befreien.

Immer ist Zeit des Aufbruches. Die niederländische Zeitung »Algemeen Dagblad«: Draussen in Rumänien ist es dunkel. Drinnen im Heim ist Licht, alles ist hell.

Meine kleine Herde zündet immer alle Lichter an, auch dann, wenn immer noch dreimal wöchentlich der Strom ausfällt. Mein Draußen erwartet mich mit Knüppeln und mit Pistolen, aber drinnen trägt mich meine kleine Herde auf ihren Händen, auf den Flammen der Lichter ihrer kleinen Herzen.

Die Rennbahn ist der Glaubensweg. Wir wissen nicht, wann das Ziel erreicht ist, wann wir pausieren dürfen, wann die Hürden kommen, wann man uns Fallen stellt. Den Start kannten wir. Ich jedenfalls. Als ich beschloss, mein Leben umzukrempeln, radikal zu ändern, alles in die Waagschale Gottes zu werfen, die Sandalen Jesu anzuziehen und nach Rumänien aufzubrechen, da wusste ich ganz klar: Dies ist der Start. Aber das Ziel? Ich wäre nicht gegangen, hätte ich auch nur geahnt, dass die Rennbahn ohne Ende ist, welcher Leidensweg mich hier erwartet.

Ich hoffe, dass ich meiner kleinen Herde den Glauben vorgelebt habe, mit allen Pannen, Hürden und Atemlosigkeiten auf der Strecke. Ich meine, dass ich übermäßig viel Gnade hatte. Ich meine, dass ich mir keine Sorgen machen sollte, was aus meiner kleinen Herde wird, wenn Gott weiter seine Hand über ihr hält.

Ich werde immer in meiner kleinen Herde weiterleben, in ihren Herzen. Baut mir niemals ein Denkmal. Dafür war die Hälfte meines Lebens viel zu bunt und viel zu unstet. Ein Denkmal kann das nicht widerspiegeln. Ein Denkmal wäre lächerlich. Fragt meine kleine Herde, wie ich weiterleben will, auch nach meinem Tod. Sie werden skandieren: Viva Don Bosco, und sie meinen den geliebten Heiligen – und ein wenig auch mich. Ich weiß nicht, wie ich sterbe, ob ich ums Leben gebracht werde. Es könnte so sein, Todesängste waren immerhin genug. Vorbereitung war genug. Möglicherweise habe ich meinem zukünftigen Mörder schon einmal vorher die Hand gegeben. Jetzt habe ich noch nicht die Kraft, die Größe, ihm heute schon zu verzeihen, bin noch zu schwach, zu ängstlich, zu klein.

> Ist ein Mensch, der in seinem Inneren etwas Wertvolles findet, verpflichtet, es auf dem nächsten Polizeirevier abzugeben?
> St. J. Lec

Als der große heilige Straßenpriester Don Bosco, der ein Leben lang in physischer Gefahr war, von seiner eigenen Kirche gepeinigt und gedemütigt, ausgelaugt und aufgezehrt auf seinem Sterbebett lag, verabschiedete er sich von seinen Kinder und seinen Priestern: Auf Wiedersehen, ich warte auf euch im Himmel. Auf euch alle.

A Dieu – für den Fall

Ein Strassenpriester - ein Dornenweg
1968-2004

A Dieu – für den Fall

Wenn es so weit ist,

*wird alles gut sein.
Ich werde den Kindern
den Weg markieren.
Ich werde Kakaopulver
in die Milchstraße streuen
und den Mond
in Bonbonpapier einwickeln.
Die Sterne werde ich
in ewig brennende Wunderkerzen verwandeln,
und die Vitamine aus dem Spinat
endlich in die Eiscreme zaubern.
Eine Fee von der Venus
wird süßes Konfetti auf Cincu streuen*

*und ich werde
auf meine Kinder im Himmel warten.*

Die Regeln der Casa Don Bosco

Tu ai acum un camin.	1.	Du hast jetzt ein Zuhause
Aceasta nu este o intamplare. Dar nu e nici de la sine inteles.	2.	Das ist kein Zufall, aber auch nicht selbstverständlich.
Tu ai acum o familie.	3.	Du hast jetzt auch wieder eine Familie.
Noi ne ajutam reciproc si avem incredere unul in celalalt.	4.	Wir helfen einander und vertrauen einander.
Noi nu mintim, nu furam si nu ne batem unul cu celalalt.	5.	Wir belügen uns nicht, stehlen nicht und schlagen uns nicht.
Fiecare familie isi are legile ei stabile.	6.	Jede Familie hat feste Regeln.
Atata timp cat tu respecti aceste legi poti ramane la noi cat doresti.	7.	Wenn du diese Regeln befolgst, darfst du bei uns so lange bleiben, wie du möchtest.
Parintele si prienteni sai sunt in acelas timp si prienteni tai.	8.	Der Priester und seine Freunde sind auch deine Freunde.
Daca ai vreun necaz, spune-l lor si ei vor fi intodeauna alaturi te tine.	9.	Wenn du Kummer hast, sag es ihnen, sie sind immer für dich da.
Noi multumim bunului Dumnezeu Ca putem fi copii lui si ca El are grija de noi.	10.	Wir danken dem lieben Gott, dass wir seine Kinder sein dürfen und ER für uns sorgt.

Spirituelles

ER hat seinen Engeln befohlen, dass sie
dich behüten auf all deinen Wegen.
Psalm 91,11

Ich leih dir meine Flügel...

Jeder Mensch wird geboren im Zeichen seines Engels. Es ist der Engel des Tages der Geburt. Manchem offenbart sich dieser Engel bereits in den Kindertagen, anderen erst im fortgeschrittenen Alter, anderen erst am Tage des Todes. Natürlich musst du bereit sein, diesen deinen Engel zu empfangen und ihm zuzuhören.

Der Engel der Mutter Jesu, Maria, war der Engel Gabriel. Ohne Ankündigung stand er vor ihr, und sie war bereit, ihm zuzuhören und seine Botschaft zu befolgen. »Maria, du wirst einen Sohn gebären und es ist der Sohn Gottes.« Maria erschrak, denn sie war ja nicht einmal mit einem Mann befreundet, geschweige denn, dass sie irgendeinen sexuellen Kontakt bisher hatte. »Siehe, ich bin die Dienerin des Herrn, mir geschehe, wie du sagst«, erwiderte sie ohne zu überlegen und bedingungslos. Und das Wort des Engels wurde wahr: die Geburt Jesu.

Der Engel meines Geburtstages, des 28. Novembers, ist der Engel Enned. Erst spät gab er sich mir zu erkennen. Genau gesagt im zwölften Jahr meiner Arbeit mit den Straßenkindern in Rumänien. Er gehört zu den Engeln des neunten Chores des Chores der Heerscharen. Aber Enned ist in Wahrheit ein Kind. Kein Engel ist so Kind wie er. Er fängt mit Vorliebe Bälle auf und: diese Bälle sind Seelen. Die Seele als Spielball des Bösen, der Verwirrung, der Irrwege. Es ist der Engel der letzten Rettung, der Engel, der will, dass niemand verloren geht.

Enned wird von allen Dämonen als lächerlich und bedeutungslos übersehen, eben ein Kind. Doch seine Fähigkeiten entstammen der anderen Dimension, der vierten Dimension, dem Himmel, dort wo wirklich unsere Heimat ist. Er steht vor der Tür zur Verdammnis und rettet, was noch eben zu retten ist. So wie jedes Kind in Gefahr die rettende Hand von Mutter und Vater sucht, findet die verlorene Seele in Ausweglosigkeiten die Hand dieses Engels. Denn er will, dass niemand verloren geht.

Enned, das Kind als Engel, hat auch meinen Lebens-Ball, meine Seele aufgefangen. Schon sehr früh, und ich wusste es nicht.

So saß ich an einem lauen Sommertag in meinem Garten des alten evangelischen Pfarrhauses in Iacobeni, das mir zur Verfügung steht. Die Siebenbürger Sachsen, evangelisch, sind nicht mehr hier. 1991 war ihr Exodus abgeschlossen, sie waren mit Kind und Kegel nach Deutschland ausgewandert, unsicher, ob nicht doch eines Tages nach der vermeintlichen Revolution wieder ein roter Vampir, ein Diktator, zurückkommen würde. Sie ließen Haus und Hof, ehrwürdige Kirchengebäude und die Pfarrhäuser zurück. Neben der fünfhundert Jahre alten Kirchenburg suchte ich Stille und Abgeschiedenheit. Ich wollte mich von allem zurückziehen, aufhören – nachdenken, wie ich die Kinder zurücklassen könnte.

Ich schloss die Augen, die Gedanken sortierend. Vor mir stand ein wunderbarer Engel, gar nicht mächtig, mit einem faszinierenden Kindergesicht, makellos wie aus reinstem Wachs, zierlich die Konturen und hell, zart und klein, die Augen wie zwei Kristallsternchen, aber mit beeindruckenden Flügeln, sein Kleid voller silberweißer Federn. Er war geschmückt mit blendend glitzernden Glasperlen, Ketten, Edelsteinen, Quasten und Seidentüchern in den schillerndsten Regenbogenfarben. Seine ganze

Ich leih dir meine Flügel...

Kindererscheinung strahlte so, dass ich mit meinen Augen blinzelte, um ihn ansehen zu können. Er strahlte weißer als der reinste Gletscherschnee. Er duftete wie alle Meere und Gebirge zusammen und wie alle Mohnwiesen dieser Welt. Das war nicht das Gesicht eines Menschen, nicht eines wirklichen Kindes. Das war nicht der Duft eines Menschen.

War ich wach oder träumte ich? War ich nach all den Jahren der Erniedrigung, der Schikanen, der Intrigen und Beleidigungen, der Verleumdungen, Bedrohungen und Verfolgungen durch die Kirche in Deutschland und die Ewig-Kommunisten in Rumänien am Rande der Unzurechnungsfähigkeit, vor dem Tor zum Abgrund, zur Verdammnis?

Mein großes Ideal, der heilige Don Bosco, hatte in seinem Leben seltsame Träume, die in Wirklichkeit Visionen waren. Er wurde, vor allem von seinen Kirchenoberen verlacht, gescholten, für verrückt erklärt. Einmal wollte man ihn sogar in eine Irrenanstalt einsperren. Aber seine Träume wurden wahr, wirklich war. Seine Träume waren Visionen.

Nun saß ich im Garten. Die Kinder verzehrten mich, die Armen und Alten, die Kranken ohne ärztliche Hilfe, sie bettelten ohne Ende, sie fraßen mich auf. Es waren Gedanken des Versagens, der Verzweiflung, des Aufgebenwollens, Gedanken der Ohnmacht. Ich fühlte meine Kräfte weichen und körperliche Schmerzen übermannten mich. Ich dachte, jetzt hätte auch ich einmal Hilfe nötig. Vor ein paar Tagen hatte mich ein Journalist gefragt: »Pater, nach 13 Jahren Rumänien, wollen Sie denn nicht wieder zurück in Ihre Heimat Deutschland?« Spontan hatte ich geantwortet: »Wollen? Oh ja, wollen schon, aber nicht können!« Und nun stand mein Engel Enned vor mir, mit einem Ball in der Hand.

Ich leih dir meine Flügel...

»Schau«, sagte er, »wie du geantwortet hast. Du kannst nicht, weil du so gut weißt, wie sehr du von deinen Kindern geliebt wirst und wie sehr du hier gebraucht wirst.«

»Aber weißt du, mächtiger Engel, ich weiß gar nicht, wie ich das alles überstanden habe, die Gefahren, die Angriffe in 13 Jahren, die tägliche Sorge, dass nur ja keinem Kind etwas passiert, die manchmal unüberwindlichen Hindernisse, die Durststrecken, die Felsbrocken, die auf dem Weg lagen, die reißenden Ströme ohne Brücken und die steilen Aufstiege zu den Höhen der Selbstverleugnung. Wie habe ich das bewältigt? Und das soll ich in Zukunft noch einmal schaffen?«

»Ich habe dich behütet auf all deinen Wegen«, sagte Enned mit einer Stimme, die wahrhaft aus einer anderen Dimension war.

Halte den Engel fest, bis dass er dich segnet.
Nathaniel Cotton

»Priester, ich habe dich behütet auf all deinen Wegen, zweifle nicht. Schau mich an, vor Gott bist auch du ein Kind und so strahlend, wie ich dir erscheine. Ich bin dein Engel Enned und der deiner Kinder und der aller deiner treuen Freunde und Helfer, die so reich für euch sorgen und dir ihre Opfer und Gebete schicken«.

Und er warf mir den Ball, den er in den Händen hielt, zu und lachte: »Nimm den Ball deiner Seele zurück. Es ist noch nicht Zeit, bleib noch vor der Tür des Abgrundes und rette weiter Kinder, die verloren scheinen. Sie brauchen dich noch. Und wenn du dich nicht erinnern kannst, wie du alles bewältigt hast, dann sollst du es wissen: Ich, dein Engel, lieh dir meine Flügel. So überwandest du die Hindernisse, die Durststrecken, die Felsbrocken auf dem Weg, die reißenden Ströme ohne Brücke und die steilen Höhen ohne Seile, und so wurden du und alle deine Kinder bewahrt, durch die Schwingen meiner Flügel. Und ich verspreche dir, ich leihe dir auch in Zukunft meine Flügel bei allen Gelegenheiten, wenn dir Ungemach und Böses widerfährt. Ich verspreche es dir, ich, dein Engel Enned.«

Ich öffnete meine Augen, der Engel war verschwunden.

Ich eilte zu meinen Kindern und ich berichtete ihnen: »Kinder, wir haben Flügel! Alles was wir geschafft haben, haben wir geschafft, weil wir Flügel hatten. Lasst uns ein Fest feiern, das Fest der Flügel.« Und meine Kinder klatschten vor Vergnügen in ihre Hände.

Viele Geschichten hatte ich ihnen schon erzählt, aber diese ist besonders in ihre Herzen eingedrungen. Seitdem malen sie unentwegt Engel und Flügel. Und wenn es wieder mal nicht weitergeht, wenn sie die Erinnerung an das schreckliche Geschehen einst auf der Straße einholt, wenn ihre dicken Tränen über ihr Gesicht kullern, dann sage ich ihnen: Hier hast du die Flügel meines Engels. Ich leih sie dir bis morgen, aber dann brauche ich sie selber zurück. Manchmal fragen sie dann: Darfst du das denn? Ja, ich darf, er hat es mir erlaubt. Auch du sollst bewahrt sein vor allem, was dich belastet und was dir Angst macht. Mit den Flügeln meines Engels schwebst du über alles hinweg. Und eines Tages wird dein eigener Engel sich dir offenbaren, dann brauchst du meine Flügel nicht mehr.

Enned ist der Engel mit dem Ball. Seit meiner Begegnung in meinem Garten mit meinem Engel grüße ich ihn immer, wenn ich Kinder mit einem Ball spielen sehe.

> Der Weltraum ist heute weniger gefährlich,
> als die Straßen von Berlin.
> *Wernher von Braun*

Der Rosarote Elefant. Ein pädagogisches Märchen.

Kinder, schaut zum Himmel, schaut abends zu den Sternen. Jeder leuchtende Stern ist ein Engel. Sagte ich das nicht zu euch? Habt Ihr euch einen Stern ausgesucht? Geht mit Viorel hinaus heute Abend und schaut und sucht euch einen Stern aus und gebt eurem Stern, eurem Engel einen Namen. Und schreibt mir, wie euer Engel heißt.

Also, was soll ich noch sagen? Ich habe gestern auch zum Himmel hinaufgeschaut. Und ich sah nicht nur die Sterne über Belgien, wo ich zur Zeit weile, ich sah auch die Sterne über Cincu. Und ich sah, wie ich euch schon schrieb, eine ganze Armee von Engeln, Flügel an Flügel, sie waren die Sterne. Und sie wachen über Cincu. Cincu in der Mitte Rumäniens, im Tal der Karpaten.

Aber plötzlich sah ich doch auch einen sonderbaren Stern. Er funkelte eigentlich nicht so klar und war irgendwie so groß, so fett. Nein, wirklich, er funkelte nicht, denn er war rosarot. Und dann sah ich plötzlich: Das war kein Stern und auch kein Engel. Das war ein Elefant mit Flügeln! Ein rosaroter Elefant mit Flügeln. Auch die Ohren von diesem Elefanten waren rosarot und genauso groß wie seine Flügel. Ich nannte ihn spontan Hotzule, Diebelein.

Und ich rief zu ihm hinauf: Hotzule, was machst du denn mit deinen großen Ohren zwischen all den vielen Engeln mit den goldenen Flügeln? Das gehört sich doch nicht! Warum hast du überhaupt Flügel und warum bist du überhaupt rosarot?

Und der rosarote Elefant posaunte durch seinen ebenso rosaroten Rüssel zurück: Wer ruft mich denn da? Wer stört mich denn da?

Hier ist der Vater von Cincu, brüllte ich hinauf, was willst du zwischen den Engeln?

Und der rosarote Elefant mit den Flügeln, die so groß wie seine Ohren waren, trötete voller Vergnügen zu mir auf die belgische Erde: Eine Kompanie von Engeln ist zu dir unterwegs nach Belgien, um dich zu holen. Auf ihren Flügeln werden sie dich tragen und heimbringen. Aber irgendwie war da plötzlich ein großes Loch zwischen der Kompanie der Engel, und weißt du, ich war doch schon so oft in Don Boscos Träumen erschienen, und ich wollte doch immer ein Engel sein, und weißt du: Da war plötzlich *meine* Gelegenheit. Als die Engel zu dir abgereist waren, um dich nach Hause zu holen, lief Don Bosco ganz aufgeregt hin und her und suchte die Engel und wusste nicht, wie er so schnell Ersatz organisieren sollte, damit zwischen der Armee der Engel nicht ein Loch bliebe.

Zeichnung: Ully Schultze

Und dann, trötete Hotzule weiter, hab ich Don Bosco gesagt: Ich brauch nur ein paar Flügel, und ich allein fülle das ganze Loch der fehlenden Engel aus. Auf einmal wurde ich ganz leicht, ganz rosarot, und hinter meinen großen Megaohren wuchsen plötzlich ebensolche Megaflügel. Ich klappte, sagte Hotzule weiter, einfach meine Megaohren nach hinten, richtete die Flügel auf, und mit meinem Rüssel steuerte ich direkt hinauf in das große Loch am Himmel ohne Engel. Gott, war das cool.

Und nun, liebe Kinder, hörte ich am Himmel die Engel kichern und sie klatschten mit den Flügeln aneinander und machten Bemerkungen, weil der Elefant so große Ohren hatte und Flügel und so rosarot war.

Und die Engel, rief ich von Belgien hinauf, die Engel akzeptieren dich, rosaroter Hotzule mit Flügeln? Und warum bist du überhaupt rosarot? Nie sah ich einen rosaroten Elefanten!

Ja, warum denn nicht, prustete Hotzule zurück, warum sollen mich die Engel denn nicht akzeptieren? Und rosarot bin ich, weil, weil ich...

Und nun prustete er so stark durch seinen rosaroten Rüssel, dass ich fast umfiel, hier auf der belgischen Erde.

Ich habe nichts verstanden, rief ich zurück. Hotzule, warum bist du rosarot?

Das wissen nur die Engel, Don Bosco und die Kinder von Cincu, posaunte Hotzule weiter. Frag die Kinder von Cincu.

Und die Engel fächerten mit ihren Flügeln und stimmten alle mit ein, mit ihren hellen, klaren Stimmen: Frag die Kinder von Cincu, frag die Kinder von Cincu. Und die Engel kicherten zusammen mit dem Tuten des Elefanten. Der klatschte seine riesengroßen, rosaroten Ohren und Flügel so heftig aneinander, dass ich fast wieder auf der Erde umgefallen wäre, so wie damals mitten unter euch in Cincu. So viel Wind machte er bis zur Erde, so viel Wind wie ein Sturm.

Nun hakten die Engel ihre Flügel ineinander, damit sie sich über Cincu halten konnten, solch einen Sturm machte Hotzule. Und Hotzule quiekte vor Vergnügen, dass er die vielen Engel in Bewegung gebracht hatte, er, der falsche rosarote Elefanten-Engel.

Der Rosarote Elefant. Ein pädagogisches Märchen.

Hör auf, schrie ich zu ihm hinauf, lass die Engel bloß über Cincu, hör auf, mit deinen rosaroten Ohren und Flügeln aneinander zu klatschen. Du wirst mir noch alle Engel vertreiben.

Hotzule ließ die Ohren fallen, streckte seine Elefantenflügel nach hinten und trötete: Es wird Zeit, Tata Don, dass du wieder gesund wirst. Hast du denn vergessen, dass du selber so viele Streiche in deiner Kindheit angestellt hast?

Hotzule richtete noch einmal seine Ohren auf, die Engel klammerten sich noch einmal aneinander und er posaunte mir noch einmal so gewaltig seinen Wind entgegen, dass ich in Belgien rücklings auf den Hosenboden fiel. Dabei flogen meine Krücken weg, und nach dem ersten Schreck lachte ich furchtbar. Ja, ich lachte so furchtbar, dass ich keine Luft mehr bekam, eben vor Lachen.

Siehst du, sagte Elefant Hotzule, siehst du, was ich meine?

Und ich stand auf, und ich brauchte meine Krücken nicht mehr zum Laufen. Der rosarote Elefant hatte mir meine Krücken einfach weggeblasen.

Ja, ja, sagte ich, ich weiß schon, was du meinst. Hotzule, bleib nur zusammen mit den Engeln über dem Himmel von Cincu. Bist du denn jetzt etwa der Chef der Engel, fragte ich weiter?

Chef?, kicherte Hotzule durch seinen rosaroten Rüssel, Chef von Engeln? Ein rosaroter Elefant Chef von Engeln?

Da begann Hotzule zu lachen, furchtbar zu lachen, er wirbelte vor Vergnügen seinen Rüssel zwischen Ohren und Flügel, schlang ihn um die Ohren, die Flügel und die Beine, blies damit gegen seine Megaflügel, blies unentwegt starke Luftströme unter die Flügel der ganzen Armee von Engeln und konnte sich nicht mehr beruhigen.

Nein, sagte ich, Hotzule, du komischer, dicker, rosaroter Engel mit Elefantenohren, so führt sich wahrhaft kein Chef auf, nicht auf der Erde und nicht im Himmel, nicht in Rumänien und nicht in Belgien.

In diesem Augenblick nun begannen die Engel zu singen, wunderbar zu singen und zu klingen. Ihre Gesänge erklangen im Takt mit ihren Flügelschlägen. Und eine Gestalt, mit einem hellen, freundlichen, liebevollen Gesicht erschien in einer goldenen Soutane, wie die schwarze, aber eben ganz in Gold mit unzähligen goldenen Knöpfen darauf, und machte mit einer Handbewegung ein Zeichen für Ruhe. Die Engel schämten sich ein wenig und bedeckten mit ihren Flügeln ihre himmlischen Augen, und der rosarote Elefant schämte sich auch, und er wurde auf einmal so rot wie eine reife Tomate. So wie die Engel ihre Flügel vor die Augen streckten, klappte Hotzule seine großen rosaroten Ohren vor seine großen Augen, warf mit dem viel zu langen Rüssel die Flügel in Stellung und kniete sich auf seine dicken, stämmigen Vorderbeine.

Der gütige Mann in der goldenen Soutane mit den vielen goldenen Knöpfen war der heilige Don Bosco, der oben am Himmel zwischen den Engeln und dem Elefanten für Ruhe sorgte.

Schluss jetzt, sagte er ganz leise, mit sanfter Stimme, Schluss jetzt, ihr heilige Bande. Lasst doch endlich den Pater in Belgien in Ruhe und wacht hier über Cincu, sonst nehme ich dir, Hotzule, die Flügel wieder ab und dein rosarotes Kleid.

Da wurde Hotzule ganz traurig. Dicke, große, rosarote Tränen kullerten aus seinen viel zu großen Elefantenaugen, rosarote Tränen, die fast so groß wie seine Ohren waren. In Cincu und in Belgien begann es zu regnen, Tropfen so groß wie die rosaroten Ohren von Hotzule. Und selbst die Tränen waren rosarot und die Menschen in Belgien und in Rumänien wunderten sich ganz

Der Rosarote Elefant. Ein pädagogisches Märchen.

erschrocken, warum der Regen plötzlich so große Pfützen machte und die Pfützen rosarot waren.

Aber das gefiel dem heiligen Don Bosco schon gar nicht. Ist schon gut, ist ja gut, sagte er, ich lass dir doch die Flügel.

Ja, rief auch ich von unten in Belgien, ja, Don Bosco, bitte lass Hotzule die Flügel. Ein Elefant mit Flügeln ist doch wunderbar, und wie viele Engel kann man damit einsparen. Auch meine Kinder in Cincu wollen, dass er seine Flügel behält.

Ja, himmelten auch die Engel den Heiligen der Straßenkinder an, lass ihm die Flügel, alleluja, lass ihm die Flügel.

Don Bosco lachte herzlich, wandte sich den Engeln zu und sagte: Aber wenn ein Elefant die Flügel von Engeln hat, müssen Engel die Ohren von Elefanten bekommen.

Hotzule kniff sein rechtes, großes, rosarotes Auge zu und wiederholte trötend: Müssen Engel die Ohren von Elefanten bekommen.

Don Bosco schnipste mit den Fingern, und eine schneeweiße Wolkendecke schob sich vor die Engel und den Elefanten. Der Pater in Belgien hörte nur noch wie von einem Echo: Ohren haben... Ohren haben...

Sofort hörte es auf zu regnen. Die schneeweißen Wolken bekamen goldene Ränder, Wolke für Wolke. Einige Wolken aber schimmerten ein wenig rosarot, andere Wolken nahmen schemen-haft die Form von megagroßen Elefantenohren an. Die Kinder von Cincu aber standen und schauten zum Himmel, wie ihr Vater, der in Belgien krank war und auf die Armee der Flügel wartete, die ihn zurückholen sollte. Als die Wolken goldene Ränder bekamen, knieten sie plötzlich alle nieder, falteten ihre Kinderhände, die ganz schwarze Ränder unter den Nägeln hatten. Sie knieten nieder und begannen zu summen und zu singen:

Der Rosarote Elefant. Ein pädagogisches Märchen.

Die Kinder von Cincu,
die rufen dir zu,
das Ave Don Bosco,
und das ohne Ruh!
Ave, ave, ave Don Bosco!

Da wurden auch die schwarzen Ränder der Fingernägel der Kinder von Cincu zu goldenen Rändern, wie bei den Wolken, genau wie bei den Wolken. Und die sanfte Stimme des Heiligen hörten die Kinder und der Pater durch die Wolken:

Bleibt fröhlich, so hilft euch der liebe Gott. Denn der Teufel hat Angst vor fröhlichen Kindern. Die Armee der Engel und Hotzule, der rosarote Elefant mit Flügeln, bleiben über euch, über dem Himmel von Cincu.

Während der Pater in Belgien auf die Abordnung der Engel wartete, die ihn nach Hause, nach Rumänien begleiten sollte, gingen die Kinder in Cincu in ihre Betten. In ihren Köpfen aber summten sie weiter, unablässig weiter:

Die Kinder von Cincu... hmmm...
Das Ave Don Bosco... hmmm...
Die Ohren von Engeln... hmmmmm...
Die Flügel von Elefanten... hmmm... hmmm...
Ave... hmmm... hmmm... hmmm...
Rosarot.... hmmm...
Tata Don, komm nach Hause... hmmm... hmmm...
nach Hause... hmm... hmm...

Gute Nacht, sagte die sanfte Stimme des heiligen Don Bosco.
Gute Nacht, trötete Hotzule, der rosarote Elefant.

Der Rosarote Elefant. Ein pädagogisches Märchen.

Gute Nacht, kicherten viele rosarote Regentropfen, die sich in den Himmel zurückgezogen hatten.
Gute Nacht, sangen die Engel über Cincu.
Gute Nacht, ja, gute Nacht, riefen die Kinder zum Himmel.
Gute Nacht, sagte der Pater in Belgien,
Gute Nacht, sagten seine Freunde
und Ave! Und schlaft gut!
Schlaft gut, ihr meine kleine Herde, rief der Pater abermals.
Und Ave, und rosarote Elefanten, die fliegen und zu Engeln werden. Gute Nacht!
Gute Nacht in Cincu. Gute Nacht, ihr Kinder überall. Gute Nacht, alle Kinder, die auf der Straße leben müssen und nicht wissen, womit sie sich zudecken sollen. Wenn ihr Don Bosco ruft, wird er euch auch so viele Engel schicken und vielleicht einen rosaroten Elefanten. Er wird mit den Fingern schnipsen, und eine Wolkendecke mit goldenen Rändern wird euch zudecken.
Gute Nacht! Euer Pater »Tata« Don.

Nun, liebe Kinder, nun müsst ihr mir erklären, warum der Elefant rosarot ist. Ich weiß es nicht. Kinder wissen das. Ihr müsst es mir verraten.

Eingebungen des heiligen Don Bosco – ein Draht zum Himmel?

Manchmal lasse ich alles fallen und breche selbst einfach ein Gespräch ab, wenn mich das Gefühl bedrängt, dass ich in Alltäglichkeiten ersticke, dass mich alles erwürgt. Dann ziehe ich mich in meine Kapelle zurück und streife alles ab. Gedanken befallen mich, manchmal auch ist absolute Leere.

Wenn mich wieder Gelassenheit umfasst hat, stehe ich auf, setze mich an die Tastatur des Computers und schreibe. Vieles davon ist mir zunächst undeutlich. Es sind keine fertigen Sätze, die ich zu Papier bringe, der Kontext ist unklar. Ich stelle immer wieder fest, dass ich Worte aufgeschrieben habe, die ich selber nie verwende. Aber etwas gibt es doch, das diese Eingebungen immer wieder auszeichnet: Sie enthalten sehr viel Selbstkritik.

Ich halte nicht alle Eingebungen schriftlich fest. Nur das Wenigste schreibe ich auf. Vieles ist allzu persönlich. Die Eingebungen bewahren sich in meinem Kopf und in meinem Herzen, und wenn es wieder an der Zeit ist, schreibe ich sie auf.

Ich sage: Alle Worte werden mir vom heiligen Don Bosco diktiert. Er ist mein »Medium« in der vierten Dimension.

Empfangen Allerheiligen/Allerseelen

Es war keine Eiszeit. Ich versuchte, zu dir durchzudringen. Heute, nach dem Heiligen Messopfer, nun darf ich dir sagen: Deine Gebete und die deiner Kinder haben uns, die Schar aller Heiligen, erreicht. Kein Gebet, keine Silbe, kein Lied und kein Ton ging

Eingebungen des heiligen Don Bosco – ein Draht zum Himmel?

verloren. Mit dem Rauch des Weihrauches schwebten sie zu uns, höher und höher. Dein Opfer ist uns willkommen. Dein Opfer bereitet dich vor auf die Schar der Heiligen. Euer Weihrauch gleicht nicht einem Tiefnebel, der nicht von der Erde loskommt und sich nie empor in die Lüfte erhebt. Mit eurem Weihrauch empfangen wir alle eure Gebete, eure Sorgen und Freuden, eure Tränen des Kummers und des Lachens. Ach, ich möchte dir sagen, du Priester der Straßen in Rumänien, bereite dich vor auf die Schar aller Heiligen. Bereite dich vor auf das AUGE, das alles sieht, und das OHR, das alles hört. Durch unseren Allerhöchsten wissen wir um jeden Hilferuf. Aber lass all deine Tränen, verharr nicht in deiner Gebrechlichkeit und deinen Schmerzen. Der Weihrauch der Freude ist der Weihrauch des Herzens, der Liebe. Die Gebete in diesem Weihrauch sind einer frohen Antwort sicher.

Ich sandte dich nach Rumänien. Ich gab dir so viele Zeichen im Namen unseres Allerhöchsten. Ich rufe dich zur Heiligkeit. Sagte ich nicht meinen Kindern in Turin: Ich warte auf euch im Himmel? Wenn du nur Tränen schickst, werden sie den Weihrauch ersticken, und es bleibt nur Bodennebel.

Warum bist du unglücklich? Hast du je in einer der entweihten Kirchen gesehen, dass Kinder an den Lippen eines Priesters hingen? Dass sie ihm ihre kleinen Gebete und Sorgen anvertrauten? Über hundert Kinder stehen und knien hinter dir und warten gebannt darauf, dass auch ihre Gebete vom Altar des Opfers zu uns in den Himmel empor getragen werden. Sahst du je so viele kleine Kinder miteinander, die so atemlos still dem Messdiener folgen? Siehst du nicht, wie sie vertrauensvoll ihre Händchen und Hände falten? Als sie noch auf der Straße waren, waren diese Hände Fäuste, die schlugen, die stahlen und die drohten. Ihre Fäuste hast du zu Händen, die beten, gefaltet. Du

465

hast sie auf den Weg zur Heiligkeit gebracht. Lass deine Tränen. Du bist wie jeder zur Heiligkeit berufen. Die meisten wissen es nicht. Du musst es wissen.

Empfangen Samstag vor einem Heiligen Pfingstfest

Suche doch öfter eine Gelegenheit der Gemeinsamkeit mit mir. Du kannst mich alles fragen. Ich werde dir antworten. Durch meine Antworten wirst du dein ungestümes Wesen näher zu IHM bringen. Der Weg zur Vereinigung.

Erwarte nicht, dass du jemals in »die« Kirche zurückfindest. Erwarte nicht einmal, dass du jemals irgendeine Anerkennung findest für die Qualen, die du auf dich nimmst. Die Kirche ist nur noch eine hohle Hülle und die »Anerkennung« bringt dich nicht näher zu IHM. In Gegenteil. Nimm diese Wahrheit, sie allein ist dein Brot des Lebens. Die Geschichte vom Samenkorn ist die wahre Kirche.

Deine Leiden sind also die Leiden des Samenkorns. Sie haben einen Sinn. Lass dich mehr leiten durch Seinen Geist. Damit du ein Samenkorn bist mit der Fülle aller Gaben, so sollst du in die Erde meiner Kinder fallen und sterben. Das ist die vollkommene Vereinigung mit Jesus. Denk mehr noch darüber nach, warum du nur Samenkorn sein sollst.

Gebe ich dir nicht mehrmals täglich die Beweise meines Vertrauens? Du weißt doch, was es bedeutet, diese meine Kinder zu beschützen und zu umsorgen. Vertrau dich genauso in deiner eigenen Hilflosigkeit dem Herzen Jesu an. Klammere dich noch mehr an Jesu und Gottes Heiligen Geist. Verlang noch mehr nach Seiner Liebe und nach Seinem Schutz. Mit all deiner Einsamkeit, deiner Verzweiflung, ja mit all deinen Schwächen hast du meine Kinder doch nie im Stich gelassen. Ja, du warst oft versucht, du hast gezweifelt, du hast dich nicht mehr sicher gefühlt. Du hast deine Hand nicht zutraulich in die Hand Jesu gelegt. Hat ER dich je im Stich gelassen? Du weißt, dass dies niemals möglich ist.

Ich will dir heute vor dem Heiligen Pfingstfest sagen: Du darfst nicht zweifeln. Du musst dich noch sicherer fühlen. Es gibt kein Wunder, das der Heilige Geist nicht wirken kann. Es gibt also gar nichts, was der Atem Gottes nicht zustande bringen kann.

Meine Straßenkinder machen es dir ständig vor, lerne von ihrem Zutrauen. Auch wenn du meinst, es geht nicht mehr, wenn du meinst, es ist zu spät, in letzter Sekunde kann ER noch alles verwirklichen, wenn du Zutrauen hast.

Empfangen Entzünde dich am göttlichen Feuer.

Ich rufe dich zur Heiligkeit. Schäme dich nicht deiner Fehler und Gebrechen. Es gibt nur eine Sünde, die dich an der Heiligkeit hindert: die Sünde der Lieblosigkeit. Ermahne, ja strafe kein Kind ohne Liebe. Wenn du zum Härtesten greifen und ein Kind wegschicken musst, tue es immer so, dass es dich in guter Erinnerung behält und du es jederzeit wieder aufnehmen kannst.

Ich rufe dich zur Heiligkeit. Wie verärgert warst du am Beginn deines Straßenlebens in Rumänien, als die Thüringer Zeitung von dir schrieb: »Ganz sicher träumt auch er in den Zeiten der Verlassenheit davon, einmal ein Heiliger zu sein«. Wie schroff hast du die Straßenkinder behandelt, als sie dich »Don Bosco« riefen. Was hast du gefürchtet? So viele Zeichen gab ich dir. Denkst du wirklich, es ist ein Zufall, dass einer meiner belgischen Salesianer schrieb: »In Cincu lebt Don Bosco live«? Ja, wie du schlucktest, als dir in diesen Tagen deine Mitstreiterin Erika aus einem Brief einer Schriftstellerin vorlas, du seiest für sie »ein Heiliger«. Mehr noch, du wehrtest schroff ab. Aber ich rufe dich in unsere Gemeinschaft.

Eingebungen des heiligen Don Bosco – ein Draht zum Himmel?

Mehr noch: Ich habe dir in der Gemeinschaft der Heiligen Freunde gemacht. Du kennst sie: Katherina von Siena, Philipp Neri, Hieronymus Aemilianus, die Kleine Theresa, Edith Stein, der Pfarrer von Ars, Mutter Theresa, der du in Kevelaer begegnet bist. Sie ist die Jüngste der Heiligen, strahlend und schön. Alle kennst du. Lange schon verehrst du sie. Sie alle stehen hinter deinem Opfer, dem deiner Kinder und dem deiner Freunde. Auch sie, die Kinder und deine Freunde, sie alle rufen wir gemeinsam zur Heiligkeit.

Es war keine Eiszeit. Als du mich nicht vernahmst, habe ich deine Lager mit Lebensmitteln für den langen Winter gefüllt und deine Keller mit Brennmaterial. Ich rufe dich zur Heiligkeit, weil noch schwerere Zeiten auf dich zukommen. Das kannst du menschlicherweise nicht »erledigen«. Dazu brauchst du die Gemeinschaft der Heiligen, die für dich sprechen und die Tore zum göttlichen Thron für deinen Weihrauch öffnen.

Ich sagte immer: gib, verschenke, alles, alles. Behalte nichts für dich, gar nichts. Ich sagte dir auch: Gerade deshalb wird man dich verdächtigen, verleumden, erniedrigen, ja körperlich ruinieren. Ich sagte dir immer: Halte dich nicht im Bodennebel auf, sondern zünde deinen Weihrauch an, der sich in die Lüfte, in den Himmel erhebt. Du brauchst keine irdischen Versicherungen, nicht für deine Krankheiten, nicht für dein Leben. Alles Bodennebel. Für die Ankunft des Weihrauches deiner Opfer und deiner Gebete gibt es keine Art Versicherung. Schau sie an, die Menschen, wie unsicher sie mit all ihren Versicherungen sind. Vertrau du einzig und allein auf das AUGE, das alles sieht, und das OHR, das alles hört. Das ist deine Sicherheit. Die Gemeinschaft der Heiligen hat es dir vorgelebt. Wer von uns hatte eine Kranken- oder Lebensversicherung? Nicht einmal Mutter Theresa.

Ich rufe dich zur Heiligkeit. Wenn du alles, aber auch alles weitergegeben hast, was ich dir zukommen ließ, dann hast du die Sicherheit zur Heiligkeit. Sei selbst wie ein Gefäß, ein leeres Gefäß, das gefüllt werden kann, aber sei auch bereit, dass Gott es immer wieder füllen kann. Wie viel könntest du noch mehr erreichen, wenn du immer dieses leere Gefäß wärest. Gebrauche alles, was du jetzt gebrauchen darfst, nur für den EINEN, werde niemals abhängig von Gütern oder Ehrungen oder Menschen. Nimm nicht alles an, was man dir glauben macht, es sei wichtig für dich und die Kinder und die Stiftung. Lass dein Gefäß leer für die wichtigen Dinge. Nur sie kannst du auch wirklich weitergeben. Gebrauche auch in der Zukunft alles für mich und gib alles weg, was du und deine Kinder nicht selber benutzen könnt.

Sei auf der Reise zur Heiligkeit. Wie viele Reiche hast du allein erlebt, die ihren Besitz schal- und wertlos zurücklassen mussten, als sie starben? Gib alles aus, im Namen Gottes. Mach das Schritt für Schritt. Schau nicht zurück dabei. Du weißt doch, dass ich selbst immer so gebetet habe: HERR, alles nimm mir, aber Seelen gib mir!

Komm zur Heiligkeit! Das Basisgesetz des göttlichen Herzens ist und bleibt die Liebe. Wann wirst du nicht mehr daran zweifeln, dass Gottes Macht wirklich grenzenlos ist? Dass ER das Werk in Cincu niemals fallen lassen wird. Wenn du dein Gefäß nicht wirklich frei hältst, wie sollst du dann überreich beschenkt werden für deine Kinder? Wenn du im Geringen, im Armseligen, im Primitiven verharrst, dann verhinderst du den göttlichen Spender. Wie Gott Seine Versprechen erfüllt, ist nur Seine Sache, nicht deine. Deine Kinder haben, wie meine es hatten, einen Vertrag mit dem Himmel. Gott erfüllt diesen Vertrag. Wir, die Gemeinschaft der Heiligen, sind Seine Zeugen.

Verstehe die Heiligkeit! Verachte deine Gebrechlichkeit. Bleib stark im Glauben und in der Gemeinschaft mit mir und den Heiligen. Wenn du im Bodennebel bleibst, kannst du keine großen Dinge erwarten. Aber du sollst sie erwarten! Und du wirst große Dinge empfangen: die Heiligkeit.

Heilige auch du und segne! Du kannst deine Kinder nicht genug segnen. Bezeichne sie so oft mit dem Zeichen des Kreuzes, wie sie selber dies wünschen. Es darf dir niemals lästig sein. Der Segen ist der Anfang der Heiligkeit. Mehr noch: Lade sie ein, sich so oft wie möglich von dir segnen zu lassen. Du machst so auch deine Kinder zu leeren Gefäßen für die Gnadenfülle Gottes. Verstopfe nicht ihre Gefäße mit den »Verlockungen« und »Reizen« von all dem, was man dir ins Haus bringt. Fordere auch du von ihnen, dass sie ihre Gefäße freihalten. Erinnere sie daran, dass sie einen Vertrag mit dem Himmel haben. Der Segen erinnert sie ständig daran. Wie willst du ihnen deine Liebe anders kundtun, als durch das Zeichen des Segens? Durch das Zeichen des Kreuzes gibst du ihnen das freudige Gefühl der Nähe zu dir, das tiefe Gefühl der Verbundenheit zu Jesus, zu uns, den Heiligen, und zu dir.

Wir bereiten dir ein Fest, wenn du zu uns kommst in die Gemeinschaft der Heiligen. Wir warten auf dich im Himmel.

Empfangen am Fest Christus König

Ihr müsst bedingungslos glauben. Der Sieg über die Mafia in Bukarest ist nur ein Scheinsieg, wenn ihr nicht bedingungslos glaubt. Wenn ihr das Haus betretet, werdet ihr Feindschaft spüren, in jeder Ecke, in jedem Zimmer. Das Haus ist umstellt von Feinden und Niedertracht. Tretet ein und betet, auch das Gebet zum heiligen Michael. Und segnet. Segnet jedes Zimmer, jede Tür, jede Ecke. Sorgt als erstes dort für einen ruhigen Platz, wo jedwede

Seele still sein kann. Baut ein Haus der Harmonie und der Stille. Ich werde die Engel anhalten, euch gute Mitarbeiter zu schicken, aber ihr müsst sie auch erkennen. Baut ein geistiges Haus. Haltet die Mutter Gottes präsent, immer in diesem Haus. Die Wartezeit war wichtig. Ihr werdet noch erkennen, warum die Wartezeit wichtig war.

Nicht das, was die Feinde unserem HERRN antun, schmerzt, sondern wenn ihr zweifelt, das schmerzt! Ihr, die ihr den Weg zum Himmel geht, dürft nicht daran zweifeln, dass ER alles vollbringt. Ihr müsst bedingungslos glauben.

Ich sehe auf dein liebevolles Bemühen, den Brüdern in der Schweiz beizustehen. Du hast ihren Kampf zu deinem gemacht. Du hast getan, was ich dir aufgab. Deine Anstrengungen, die in der Schweiz niemals ganz erfasst werden können, sind im Himmel angekommen und angenommen. Wir registrieren nicht deine Fehler und deine Unvollkommenheiten. Wir verzeichnen deinen Kampf – für andere. Das ist ein Sieg, ein glücklicher Sieg. Es ist der Anfang des großen übernatürlichen Streites aller meiner heiligen Freunde im Himmel.

Ja, feiert diesen Sieg, wenn ihr gesegnet habt. Alle Engel jauchzen, die das Haus umstellen werden, wenn auch der Feind vor der Tür besiegt sein wird. Und auch der Himmel soll jubeln ob dieses Sieges. Schaut nicht auf das zurück, was schwer und böse war, nicht auf die Mühen eurer Reisen – auch aus der Schweiz. Beschaut die Tage der Anstrengung als besonders gesegnete Tage. Ich gebe euch auf, jeden Raum einem Engel namentlich zu widmen.

Du bist sehr beschäftigt. Du denkst oft an mich, aber ich erreiche dich nicht. Verschiedene Male klopfte ich in deiner Seele an. Aber du warst sehr beschäftigt. Jetzt bist du wieder im Haus der Stille und ich habe auf dich gewartet. Was ich dir zu sagen habe, kann ich dir nur in der Stille, in der Ruhe sagen. Ja, du bist müde und du hast Schmerzen, aber hat dir unser HERR anderes versprochen? Warum haderst du so oft mit unserem HERRN? Das tut mir weh. Das tut IHM weh. Wie viele Beweise willst du noch haben, dass in Seiner Hand alles absolut sicher ist? Deine Ärztin gab dir schriftlich den dringenden Rat, sofort deine Arbeit einzustellen. In Holland, während deiner Reise, wollte dich ein Arzt sofort ins Krankenhaus einweisen. Du wusstest sehr gut, dass du in Seiner Hand bist und jegliches Risiko auf dich nehmen kannst. Die Menschen wundern sich, dass du alle guten Ratschläge abweist, aber du kannst das, weil du in Wirklichkeit sehr gut weißt, dass du in Seiner Hand bist und alle Engel, die du benötigst, mit dir sind. Du jammerst über deine 400 Blutzucker! Was ist bei IHM 400? Wenn ER will, lässt ER dich mit 4.000 Blutzucker durch Europa fahren.

Wenn du still wirst, wenn du zur Ruhe kommst, wird dein Vertrauen wieder grenzenlos. Aber wenn du ununterbrochen beschäftigt bist, deine Geschäftigkeit überhand nimmt, dann ist das Misstrauen. Der HERR hat sowieso schon alles geregelt. Kannte ER dich nicht, bevor du überhaupt warst? Sei glücklich über dieses Wissen.

Ja, es ist wahr, dein Leben ist voller Stürme und Unwetter. Aber es ist nicht das ganze Leben. Wie viele Wunder hat Gott dir geschenkt. Wie viele Stürme und Unwetter hast du unbeschadet überstanden, wie haben dich unsere Engel geleitet und getragen.

Haushohe Wellen schlagen oft über dir zusammen. Das wird auch in Zukunft so sein. Bleib im Vertrauen und du wirst nicht ertrinken. Muss ich dir die Beweise wirklich noch einmal aufzählen? Du hast dich entschieden, nicht mehr deine eigenen

Wege zu suchen, sondern alle Zukunftspläne unserem HERRN allein zu überlassen.

Du wirst siegen! Dein kämpferischer Geist kann niemals gänzlich erdrückt werden. Bewahre dein tapferes Herz. Bleib im Vertrauen. Löse alle Schwierigkeiten im Geist der Überwindung. Denn du bist noch nicht auf dem Gipfel. Eine Ahnung hattest du in Appenzell. Aber es ist nur eine Ahnung. Du weißt, dass du nicht alleine kommen kannst. Du weißt, wie viele an deinem Seil hängen. Du musst sie alle mitbringen, deine Kinder und die vielen guten Seelen, die ich dir mit auf den Weg gebe. Du musst mit ihnen allen zu Höhen gelangen, die du dir jetzt noch nicht vorstellen kannst. Der Gipfel ist dort, wo unser HERR ist, und wir, die Engel und die Heiligen. Der Sieg ist dort, wo unser HERR ist, und wir, die Engel und die Heiligen, die auf dich und die Deinigen warten.

Je höher du kommst, desto mehr verlassen dich die Mächte des

Bösen, die gefallenen Engel, denn sie fliehen die Gegenwart des HERRN. Also: Setz auf Sieg. Dann ist alles gewonnen, alles.

Vertrau mir all deine Sorgen an. Du kannst Seine und meine Gegenwart besonders spüren, wenn du alle Last zu uns bringst.

Ich bin ja in Seiner Nähe. Ich lebe ja in Seiner Dimension. Durch den Nebel deiner Sorgen kann ich dich nicht erreichen, wenn du alles für dich behältst. Schick diese Eingebung auch an Reiner. Ich erinnere dich auch wiederum daran: Du sollst gehorsam sein, gehorsam und nochmals gehorsam. Ich sorge dafür, dass du unabhängig bist von Kirchen und Interessengruppen. Gerade deshalb musst du gehorsam sein. Der Weg der Unabhängigkeit ist nicht breit, sondern besonders schmal. Deine Unabhängigkeit ist nämlich Abhängigkeit von IHM. Niemals soll dich der Vorwurf treffen: Was nennst du mich HERR, HERR, und tust doch nicht, was ich dir sage...

Bleib im Gehorsam, auch in den größten Tumulten deines Lebens für die verlassenen Kinder. Bleib ruhig und still und geduldig. Das Haus der Stille wurde dir geschenkt, damit du Seine Stille erfährst. Der HERR hat dir nie falsche Versprechungen gemacht.

Und dieses will ich dir noch sagen: Beklage dich nicht, dass nur so wenige Menschen deinen Kummer, deine Mühen, deine Schmerzen, deine Einsamkeit, deine Schwierigkeiten, deine gewonnenen und deine verlorenen Schlachten bemerken, wahrnehmen. Ich nehme sie wahr und ich begleite dich, und ganz sicher weiß unser HERR *alles*. Er kennt *jede* Krise von dir, jede Anstrengung, jeden Schmerz.

Deshalb führt ER dir Seelen zu. Wie oft habe ich selbst in meinen irdischen Gebeten darum gefleht, dass Gott mir alles nehmen, aber Seelen geben möge. Betest du nicht oft mit diesen meinen Worten? Gut so. Aber dann nimm auch die Seelen, die dir zugeführt werden. Sie sollen durch dich Hilfe empfangen. Du musst allen helfen. Du denkst, du hilfst schon genug? Es ist noch nicht genug. Du selbst wirst nur so viel Gnade erhalten, wie du selbst hilfst. Denk an die Wunder unseres HERRN. Denkst du, dass es ausschließlich der göttliche Segen war, der diese Wunder machte? Immer waren da auch Menschen, die Werkzeuge waren, vorbereiteten – die Hochzeit von Kanaa, die Brotvermehrung –, *austeilten*, weitergaben. So kamen die Wunder zustande, durch Menschen, die Kanäle waren.

Auch das sagte ich dir schon früher: Gib alles weiter und es wird genug übrig bleiben.

Für heute: Vertrauen! Stille! Sei gehorsam! Und gib alles weiter!

Empfangen Quinquagesima

Zweifle nicht und bleibe bei deiner Bereitschaft. Ich gebe dir die Stärke, Helfer zu sein. Ich halte dich und ich führe dich. Zusammen werdet ihr Sieger sein. Ihr sollt die Veränderungen nicht fürchten. Denn in Wahrheit sind es keine Veränderungen, weil wir Heiligen uns im Himmel auch nicht mehr verändern.

Und es ist derselbe Jesus Christus gestern und heute und immer. Ich, Giovanni Bosco, bin mit euch im Bunde und die Engel dienen uns. An erster Stelle Michael, unser Fürst aller Heerscharen. Er ermahnt euch mit mir zur Treue, den Willen Gottes und nichts anderes zu erfüllen. Ihr sollt so stark und stetig und unveränderlich werden wie ich und Michael, der Siegesengel. Ihr sollt an unserer Seite bleiben, in uns erfahrt ihr Ruhe und Gelassenheit. So wie ihr atmet, ohne dass es euch bewusst ist, so sollt ihr euch selbstverständlich ausruhen in uns. Benutzt uns. Greift immer auf Michael und mich und die Tagesengel zurück, wenn ihr Unruhe verspürt, wenn euch die Zeichen nicht klar sind. Ohne Ruhe und Harmonie werdet ihr den falschen Weg gehen, sag das den Brüdern! Shasel steht Michael wiederum als Diener zur Seite. Sie machen eure Seelen stark. Es gibt kein Wanken mehr.

Eingebungen des heiligen Don Bosco – ein Draht zum Himmel?

Ihr seid aus der großen Masse der Menschen ausgewählt, durch Gottes Gnade und den Schutz des Engelfürsten und Don Boscos Güte und Unterricht. Erfahrt eure Niederlagen nicht als barsche Demütigung, sondern als Auserwählung. Niemand kann euch etwas anhaben, wenn ihr in unserer Gemeinschaft bleibt. Unterwerft euch in blindem Gehorsam der göttlichen Leitung. Alles, was ihr benötigt, habt ihr bekommen und wird euch immer wieder zufließen. Noch wisst ihr nicht sicher, warum ich euch zusammenführte. Noch kennt ihr nicht die Bedingungen, wie ihr zusammenarbeiten sollt.

Es gibt nur *Seine* Bedingungen. Macht keinen Schritt, ohne uns, Michael und mich, Giovanni, einzuschalten. Wir sind eure Medien zu Gott. Direkt zu Gott. Aber seid auch nicht furchtsam. Geht vorwärts, aber in Ruhe. Freude muss in euch sein, unbegrenzte Freude, auch wenn euch zum Weinen ist. Ihr bekamt so viel Humor, die göttliche Essenz im Tal des Jammers und der Tränen. Macht was draus und setzt ihn ein.

Die erste Bedingung teile ich euch heute mit: Verwandelt jede Enttäuschung in Freude, verwandelt jede Klage in Lachen, ich meine auch die gerichtlichen Klagen. Ich gehe mit euch in die Gerichtssäle, so wie ich es bisher tat. Ich lehrte dich doch, unsere Kinder Lachen zu machen. Also an die Arbeit in Ruhe, Liebe und Freude.

Empfangen an einem Geburtstag

Wie viel Freude wurde dir heute zuteil. Freude und Trost. Und wie viel Liebe. Hast du meine Liebe gespürt, mit der dich alle am Altar trugen? Keiner deiner Mitarbeiter fehlte. Sie waren ganz dicht neben dir. Und deine Kinder! Meine Kinder, die ich dir anvertraute. Ihre Lieder trugen dich zu mir im Heiligen Messopfer.

Und Viorel, der, seitdem du ihn vom Altar verbannt hast, in der Kapelle immer zwischen unseren Kindern ist und sich nicht wie die Erwachsenen nach hinten verdrückt: Sei milde mit ihm, ich verlange von dir keine Opfer ohne Inhalt. Schütze ihn, behüte ihn, wie deine Kinder. Ich habe dir auch durch ihn so viele Zeichen gegeben. Weißt du das eigentlich?

Gestern in der Heiligen Messe warst du ganz nah bei mir. Was sind deine körperlichen Schmerzen gegen diese Freude der Nähe. Ich will mehr Nähe zu dir. Sie soll dein Leben erfüllen. So will ich es. Hör auf, traurig zu sein, zu klagen, weil ich dein Leben in all den Jahren so eingeengt habe, dass du so vereinsamt wurdest. Das muss so sein. Ich muss noch so vieles an dir wegschneiden.

So viel, bis du dich noch mehr auf mich konzentrierst. Ich will, dass sich dein Lebenskreis ganz auf mich allein konzentriert, ja beschränkt. Später, wenn sich unsere Verbindung so vertieft hat, dass wir untereinander fest verbunden sind, wird sich der Kreis deines Lebens wieder ausweiten.

Sage nicht, das ist nur ein halbes Leben. Ich habe meine Absichten mit dir. Meine liebevollen Absichten, wenn ich dir jetzt das alles aufbürde.

Es war mein Wille, dass du nicht aus der Mitte einer großen Kirche oder Organisation heraus aufsehenerregende Taten vollbringst. Schon gar nicht von weltweiten Bewegungen aus auf mich hinarbeitest. Das ist nicht mein Weg. Die Nähe zu mir hast du ausschließlich damit begonnen, dass du einsam und allein meinen Ruf mit Ja beantwortet hast, dass du dich von all den großen Vereinigungen getrennt hast. Aus diesen Organisationen heraus gibt es keine Nähe zu mir. Die Verbindung mit den äußeren Kreisen habe ich dir durchschnitten. Du sollst in den inneren Kreis eintreten. Und erst, wenn deine Seele einmal stark ist, erst wenn du den inneren Kreis der Nähe zu mir erlernt hast, wird dein Lebensbereich wieder erweitert. Aber dann arbeitest du von innen heraus. Also mit mir und in mir. So, nur so wirst du in jede neue Berührung mit Menschen, in jede neue Freundschaft, in jedem Menschen, den ich dir zuführe, die Freude und den Einfluss des inneren Kreises bringen. Dies ist der einzig gangbare Weg zu mir. Es ist der Weg des Geistes, den die Menschen des äußeren Kreises nicht begreifen.

Jedes meiner Versprechen, das ich dir gab, wird erfüllt. Wenn du wirklich im inneren Kreis sein willst, darfst du nicht mehr zweifeln. Nur ich bin die Wahrheit, jedes meiner Worte ist wahr. Es ist wahr, dass es unsere Kinder sind, die verlassenen, die geschändeten Kinder. Es ist wahr, dass ich dir einen geistigen Sohn gab, es ist wahr, dass ich in eurer Mitte bin. Und ich will, dass du sie alle dahin bringst, dass sie das Verlangen haben, nur und ausschließlich meinen Willen zu tun. Wenn das erreicht ist, durch den Weg des inneren Kreises, dann bin ich wirklich und wahrhaftig anwesend, mitten unter euch, völlig vereint mit euch.

Anfang August waren meine Kräfte wieder mal am Ende. Meine Diabetes[1] zusammen mit einem Nierenversagen beförderten mich in ein fast fünftägiges Koma. Viorel und meine großen Kinder dachten, es sei nun gekommen, was ich immer angekündigt hatte: das Ende. Sie standen um mein Bett herum – fünf Tage lang – und weinten. Auch die großen Jungen weinten. Alle Kinder beteten unablässig in der Kapelle. Niemand zwang sie dazu. Und sie setzten ihren »Vertrag mit dem Himmel« ein.

---

[1] 1995 wurde mein Auto von den rumänischen »Diensten« so präpariert, dass ein Überleben nach einem Unfall eigentlich unmöglich hätte sein müssen. Aber ich überlebte nach diesem schrecklichen Unfall und bekam als »Prämie« eine Schock-Diabetes, mit der ich seitdem leben muss.

Am fünften Tag stand ich auf, als wäre nichts gewesen. Natürlich, ich hatte einen Bart und »Bonifatius«, der neue, kleine Hund in Iacobeni, war plötzlich gewachsen und so groß geworden. Der Garten war voller Unkraut und ich schrieb dann dies:

Habt keine Angst. Kommt zu *mir*. Ich will euch ganz bei *mir* wissen. Das ist euer einziges Ziel. Sucht keine anderen Ziele. Gebt euch ganz auf für *mich* allein. Kommt ohne alles zu mir, so wie ich *euch* in die Welt gesandt habe. Aber bringt Menschen mit. Vor allem die verlorenen, vor allem die geschundenen. Ich verspreche euch *meine* ewige Erholung. Ich liebe euch. Ich liebe euch über alles. Ich liebe euch, wie ihr es jetzt nicht einmal erahnen könnt. Die Zeit läuft ab. Verirrt euch nicht mehr. Keinen Fußbreit. Verschenkt keine Zeit. Keine Minute. Bald ist alles vollbracht. Die Gebete deiner Kinder haben hier alles bereitet. Deine wunderbaren Kinder. Die Engel deiner Kinder stehen bereit. In prächtigem Licht, in den prächtigsten Farben, so wie deine Kinder es sahen. Mach Ordnung in deinem »Laden«. Richte alles gut. So wie ich es will. Legt die buntesten Kleider an und gebt den Engeln in Cincu ihre Farben zurück.

> Schwimmer gegen den Strom dürfen nicht erwarten, dass der seine Richtung ändert.
> St.J.Lec

Zuhören

Wenn wir über den ewigen Gott,
wenn wir über dieses große Geheimnis nachdenken,
dann brauchen wir in Wahrheit
nicht mehr Verstand als ein Kind.

Jedes Mehr an geistlichem Gepäck,
bringt uns Gott nicht näher,
nicht einen einzigen Schritt,
sondern macht die Verwirrung
nur größer.

Du musst einmal die Reinheit
der Sprache der Kinder hören,
wirklich zuhören:

Kinder weisen uns den Weg ins Paradies.

Aber sie sagen auch Gott sehr deutlich,
was Sache ist.

Anhang

Mein Lebenslauf

Ein Dornenlauf

- Geboren 1944
- Volksschule, Handelsschule: Mittlere Reife
- Lehre zum Textil-Einzelhandelskaufmann
- Spätberufenen-Seminar Bad Driburg
- Klosternoviziat bei den Passionisten in den Niederlanden
- Studien der Theologie in Echt (NL), Frankfurt und Regensburg
- Praktiken in der Jugendseelsorge, Gefängnisseelsorge
- Kath. Verbandsarbeit Kolping
- Priesterweihe durch einen römisch-katholischen Missionsbischof
- Austritt aus dem Kloster
- Dornenjahre der Suche und Selbstfindung: als Paketpacker, Verkaufstrainer, Privatschullehrer, Journalist, Kneipenbesitzer, Theatermacher, Gastronomiemanager, Hotelmanager, Trödelmarktverkäufer
- Austritt aus der *römisch*-katholischen Kirche
- Inkardination in die Onafhankelijk Katholieke Kerk der Niederlande
- Streetworker-Priester bei der Zwerfjeugd (Straßenkinder) in Amsterdam
- Aufbruch nach Rumänien
- Gründung der Stiftung »Sf. Don Bosco für Straßenkinder« in Cincu, Iacobeni, Veseud und Bukarest
- Ehrenbürgerwürde in Cincu (Großschenk)

Mein Lebenslauf

- Gründung der Independent Catholic Church in Rumänien: Biserica Catolica Independenta
- Übernahme der Kirchenburg aus dem XIV. Jahrhundert in Iacobeni (Jakobsdorf)
- Community Church
- Gründung der Liga für moralische Erneuerung in Rumänien

Ich leih Dir meine Flügel....

Mein Lebenslauf

Der Dornenpriester

Mein Weg ein Dornenweg,
in einer Welt der Dornen.
Risse in der Seele.
Dornige Erfahrungen,
Dornen im Fleisch,
Verletzungen, Wunden.
Blutige Kratzer und Schrammen
Blutige Seele:
Dornen ernte ich ohne Unterlass,
Dornen teile ich aus.
Dornen-Krone
Dornen ehren?
Dornen geben dich nicht mehr frei,
du bist umschlossen, gefangen…
Doch Dornen tragen Rosen,
duftende farbenprächtige wilde Rosen.
So wird der Weg blühen und duften.
Wunden schmerzen
Blut duftet nicht.
Rosen duften
und Dornen sind Schutz.

Dornen weisen auf Rosen-Zeiten.

Urlaub mal ganz anders – ein Reisebericht

Zu Gast beim Straßenpriester Don Demidoff in Rumänien.
Von Claus Schless und Klaus Hart

Im winzigen rumänischen Flecken Iacobeni (Jakobsdorf) lädt Don Demidoff gerne interessante Gäste ins »Haus der Stille« ein, direkt an einer Wehrkirche – seine Waisenkinder betreut er ein paar Dörfer weiter.

Durch einen gemeinsamen Freund lerne ich Don Demidoff kennen. Und bin sofort gefesselt. Nicht schwer bei Don Demidoff: Einen solchen Mann, angefeindet und verfolgt als Spion, Terrorist und sogar Organhändler, gezeichnet von Mordanschlägen, trifft man schließlich nicht alle Tage.

Ein unermüdlicher Geist, in seinem Siebenbürger Umfeld eine bizarre Figur. Er raucht gern und oft Dannemann-Zigarren, läuft, wenn er seine schwarze Soutane nicht trägt, auch in Shorts, T-Shirt und Sandalen herum, ist richtig schön dick, wirklich kein Asket, mag einen guten Wein am Abend. Den trinkt er am liebsten draußen im gerade fertiggestellten Pavillon, am kleinen Springbrunnen, mit seinen Gästen. Daneben ragt die mittelalterlich Wehrkirche auf, tags segeln dort bestimmt an die 20 Störche, nachts ruft der Kauz. Wölfe und Füchse schleichen manchmal ums Gebäude, weiter entfernt machen sich Karpatenbären winters an Mülltonnen zu schaffen.

Bisher besuchten die »Casa do Silencio«, das »Casa Linistii«, fast nur Unterstützer der Stiftung. Spender aus Westeuropa, zumeist Deutsche, die die Idylle weiterempfahlen. Höchstens ein Dutzend konnten passabel im Haupthaus nächtigen, bevor jetzt die alte Scheune umgebaut wurde. Zehn Zimmer, ein geräumiger Frühstücksraum entstanden. »Sanfter Tourismus«, sagt Don Demidoff. »Für Menschen, die Stille suchen, ist das hier ein Paradies.« Und nicht mal teuer: Etwa 15 Euro umgerechnet die Nacht, nebst Morgenkaffee. Was an Gewinn übrig bleibt, fließt in die »Fundatia Casa Don Bosco«, rund dreißig Kilometer weiter entfernt in dem Dorf Cincu (Großschenk). Manchmal bringt der Don von dort für ein paar Tage einen Schwarm Kinder mit. Dann wird es lebendig, aber zu meiner Überraschung gar nicht laut, die Ruhe bleibt. In den warmen Monaten, zu denen sogar noch der November gehören kann, schlafen alle in großen Zelten, im offenen Gartenpavillon wird an langen Holzbänken zusammen gegessen.

Das Essen läuft harmonisch und absolut ruhig ab. Die dafür eingeteilten Kinder bringen die Speisen an den Tisch, die größeren kümmern sich um die Kleinsten. Nach dem Essen folgt der wohl wichtigste Teil des Tages. Der Pater ruft die Namen der Kinder auf, welche in der Woche positiv oder negativ aufgefallen sind. Dafür gibt es Punkte, die an der Wand an der Tafel gezählt werden. Rote Tafel: negativ, grüne Tafel: positiv. Beim Erreichen einer gewissen Punktzahl gibt es eine Belohnung, genauso eine Bestrafung, im schlimmsten Fall sogar droht der Ausschluss vom Heim. »Ich kann mir nicht von einem Quertreiber die ganze Gruppe kaputtmachen lassen«, so Pater Demidoff.

Eines der freundlichen gelben Häuser in Cincu ist im Erdgeschoss umgebaut als Kirche. Hier dürfen wir einen

Urlaub mal ganz anders – ein Reisebericht

Gottesdienst der besonderen Art erleben. Als wir den kleinen gewölbten Raum betreten, sitzt der Pater ruhig und in sich gekehrt in der letzten Bank. Musik ertönt – und ich höre nicht richtig? »Brothers in arms« von Dire Straits. Natürlich nicht im Original, ein Chor vom Band singt fast schöner als die Rocker selbst im Stil der Gregorianischen Musik.

Nicht die Menschen haben die Kirche verlassen, sondern die Kirche hat die Menschen vergrault, so der Pater beim anschließenden Gespräch über den Gottesdienst. Dann kommen die Messdiener herein, alles Waisenkinder aus dem Heim, die mit Herzblut dabei sind.

Manche der Kinder, besonders die Mädchen, sind in Kleidchen gesteckt, die nicht aus Rumänien stammen können. Sie sind ein paar Nummern zu groß, eben Spenderware, meist aus Österreich und Deutschland. Einen Tag verbringen wir im Kinderheim in Cincu. Was gleich zu Anfang auffällt: Alle Häuser im Dorf sind grau und ungepflegt, bis auf die Häuser, die zum Heim gehören. Die Fassaden sind in freundlichem Gelb gestrichen. Alles, auch die Erzieher, werden durch Spenden finanziert.

So ist er im Dorf, wo die Arbeitslosenquote bei 90 Prozent liegt, der einzige Arbeitgeber. Dreißig Angestellte gehören zu seiner Mannschaft. Mauern gibt es keine um die Kinderhäuser. Die Kinder, die Don Demidoff aus den Kanälen in Bukarest herausholte, können den Umständen entsprechend kein besseres Zuhause finden. Jetzt sorgt die Regierung in Rumänien dafür, dass die Kanaldeckel verschlossen werden. Auch die Zahl der Kinder in den Heimen soll reduziert werden, um den EU-Beitritt 2007 nicht zu gefährden. Aber wohin mit den Kindern? Mit dem Beitritt zur Europäischen Union strömen Tausende Sinti und Roma nach

Urlaub mal ganz anders – ein Reisebericht

Deutschland. Wäre es nicht besser, den Menschen in ihrer Heimat ein würdiges Zuhause zu bieten?

Und welche Freude jetzt aus den Augen der gebrannten Kinder leuchtet, ja, das sollte sich wirklich jeder mal selbst anschauen. Klar: An körperlicher Zuwendung fehlt es ihnen. So hängen plötzlich an jeder meiner Hände fünf Kinder, die mich begleiten wollen beim Gang durch das Dorf.

An Auslauf fehlt es den Kindern nicht, wie auch nicht den Gästen. Wälder ringsum. Vorbei an der Wehrkirche, die dringend restauriert werden müsste, und der öffentlichen Schule gehts über einen Erdweg hinunter ins Dorf. Mittendurch fließt ein Bach, an dem sich Gänsescharen, Hühner, Enten, Schafe, Ziegen und sogar freilaufende Schweine tummeln. Ähnlich wie in Bayern: ein gekreuzigter Jesus, beinahe lebensgroß, gemalt auf Blech, an einer Holzbrücke. Zwei Männer mit langen Sensen über der Schulter kehren fröhlich pfeifend von den Weiden zurück, der eine pflückte dort einen Riesenstrauß gelber und roter Feldblumen.

Johann Häner, in Arbeitskluft, plaudert vor seinem Haus am Dorfanger mit einem Roma-Mädchen, lädt mich sogleich zu Kaffee

und Kuchen herein. Strenggenommen ist er mit seiner Frau nur zu Besuch in Jakobsdorf. »Als Genscher nach unserer Wende in Hermannstadt sagte, alle Deutschen können kommen, sind hier alle weg, wir auch.« Nur neun alte Leutchen blieben da. Häner ver-schlugs nach Büttelborn bei Darmstadt, er verdingte sich bei einem Bauern, doch die Sehnsucht nach der alten Heimat treibt ihn jedes Jahr für ein, zwei Monate zurück, wie so viele Ex-Siebenbürger. Mehrere der Jakobsdorfer, die in Deutschland untereinander engen Kontakt halten, regelmäßig ihre Treffen haben, machen es wie er. Ein rumänischer Nachbar passt auf, dass das schöne, uralte Bauernhaus seiner Altvorderen intakt, von Dieben verschont bleibt, gut über den strengen, schneereichen Winter mit zwanzig, dreißig Grad Minus kommt.

Manche Jakobsdorfer kommen aus Deutschland mit Reisebussen, täglich fahren drei hin und zurück, hintendran große Anhänger für das viele Gepäck, die Mitbringsel, Waren. Andere haben es in der neuen Heimat bereits zu großen Autos gebracht, nehmen die Enkel mit gen Süden. »Die finden das toll«, lacht eine Neu-Bayerin, »alles so urig hier, so viele Tiere überall zum Anfassen. Hier können sie spielen, wie es in Deutschland nicht mehr geht, wie es dort ganz früher mal war.«

Im Winter werden die Pferdeschlitten angespannt, gehts im Galopp durch den Wald und über die Hügel – oder per Ski. Wem nach Stadt ist: Ins nahe mittelalterliche Sibiu (Hermannstadt), fahren täglich Busse, ausgemustert in Ostdeutschland nach der Wende, oft noch mit den Originalaufschriften, Werbesprüchen, Linienplänen von Halle, Potsdam oder Ost-Berlin.

Doch manche kehren wohl nie wieder zurück. In ihre Gehöfte zogen Țigani, Zigeuner. »Die lassen alles verkommen, bis alles zusammenfällt«, beklagt Häners Frau. »Einigen wurde der Strom abgestellt, wegen nicht bezahlter Rechnung.«

Schwer zu übersehen, die Țigani, ihrer über drei Millionen in ganz Rumänien, sind sie jetzt die Mehrheit in Iacobeni, stellen auch den Bürgermeister.

Urlaub mal ganz anders – ein Reisebericht

Ein Panjewagen voller bunt gekleideter Frauen – eine hat ihr Baby an der Brust – biegt in den Weg zum »Casa Linistii« ein. Die Peitsche knallt, alle winken und lachen mir zu, neben dem Zugpferd läuft ein Fohlen frei nebenher. Am Dorfeingang sind Ställe neben Ruinen, rosten Landmaschinen vor sich hin. Das war die Agrarkooperative. Sie brach zusammen, als die Deutschen weggingen. Jetzt scheint Subsistenzlandwirtschaft[1] zu überwiegen.

Einmal am Tag kommt der Molkerei-Tanklaster, steuert zum Holzstand mit den Milchkannen. Der Fahrer ist nett, nimmt gerne Tramper wie mich mit, wir klappern die pittoresken Dörfer der ganzen Gegend ab. Die Freundlichkeit Fremden gegenüber ist nichts neues. Schon zu Ceauşescus Zeiten hielten auf mein Handzeichen sogar Krankenwagen, drinnen auf den Tragen saßen bereits dichtgedrängt Bauersfrauen mit Früchtekörben, die älteren wie heute mit schwarzem Kopftuch. Rumänien ist auch Tramperland, man wartet nie zu lange.

Don Demidoff war zuvor Straßenpriester in Amsterdam. Seine Biografie ist so bizarr wie die der Fundatia-Kinder, aufgelesen von der Straße, entdeckt mit Krätze, Läusen und Flöhen. Da wird man neugierig, wie es allen heute geht, im gelb gestrichenen Heim mit der Arztpraxis, in der Schule gleich neben der alten Dorfkirche, wo sie nachmittags am liebsten Fußball spielen, herumtoben, auch mit den Pferden des Projekts. Wohlbehütet, wie auf einer Insel. Don Demidoff sei Dank!

Und, wie schon gesagt: Wem ein Tagesausflug nach Cincu nicht reicht, der kann auch dort übernachten, wie in Jakobsdorf, mit Don Demidoff über Bauernmärkte der Region schlendern und

---

[1] Diese Form der Landwirtschaft durch Kleinstbetriebe ermöglicht wenigstens die Grundversorgung mit Nahrungsmitteln in den ländlichen Räumen mit hoher Arbeitslosigkeit.

Obst und Gemüse gleich kistenweise ordern. Und sich im Herbst an diesen spottbilligen, herrlich saftigen, rumänischen Pfirsichen satt essen, die es trotz ihrer einmaligen Qualität aus unerfindlichen Gründen in Deutschland nicht zu kaufen gibt.

Beste Reisezeit: Jakobsdorf, ganz Siebenbürgen, sind für Alternativtouristen eigentlich fast zu jeder Jahreszeit interessant. Die Winter können allerdings sehr schneereich und kalt werden: bis zu dreißig Grad unter Null, manchmal sogar noch mehr.

Einreise: Gepäckkontrollen gibt es kaum. Reist man mit dem Fernbus über Ungarn ein, dauert die Abfertigung etwa eine halbe Stunde. Man steigt in Sibiu aus, nimmt von dort einen Linienbus nach Iacobeni oder organisiert die Abholung.

Flugticket: 400 Euro ab Stuttgart über Timisoara nach Sibiu oder direkt von München nach Sibiu.

Geld: Wechselstuben gibt es in den Städten fast an jeder Ecke, um die Landeswährung LEU zu einem fantastisch guten Kurs einzutauschen, der einen billigen Urlaub ermöglicht. Ein Liter Benzin Premium kostet etwa 30.000 LEI, etwa 75 Cent. Restliche Lei sollte man vorher, nicht erst an der Grenze, umtauschen. Zum Umtausch wird der Reisepass verlangt.

Für eine Aus-Zeit: Haus der Stille in Iacobeni/Jakobsdorf

Wer Gott allein in der Natur sucht, sollte sich auch vom Oberförster beerdigen lassen.
Sprichwort

Wenn Sie helfen möchten

Nach über 13 Jahren sind viele Dinge erneuerungsbedürftig. Außerdem sind Helfer bei uns immer gern gesehen. Ob für eine Woche oder ein Jahr, ob mit Freunden oder allein: Sie sind herzlich willkommen, uns im schönen Siebenbürgen bei einer sinnvollen und befriedigenden Arbeit zu unterstützen.

Wenn Sie spenden wollen:

in Deutschland:	Postbank Essen BLZ 360 100 43
	Konto Casa Don Bosco Nr.328930-439
	Volksbank Erzgebirge, BLZ 870 960 34
	»Oecumenischer Dienst Casa Don Bosco e.V.«
	Konto-Nr. 2 12 12 12
in der Schweiz:	Postfinance Bern
	»Stiftung Pater Don«
	Konto-Nr. 8 07 62 11
in Österreich:	Bank Austria Wien, BLZ 12 000
	»Casa Don Bosco«
	Konto-Nr. 1 38 10 02 51 01

Wenn Sie helfen möchten

in Luxemburg:	Caisse Rurale »Casa Don Bosco« Konto-Nr. 18 94 76
in Belgien:	Postcheque Brüssel »Stichting Pater Don« Konto-Nr. 00 01 30 01 50 59
in Holland:	Postbank Amsterdam »Stichting Pater Don« Konto-Nr. 4 88 86 68

Spenden-Hotline in Deutschland: Telefon 0900 111 00 90 pro Anruf 5 € Spende - nur vom deutschen Festnetz

Wenn Sie Kontakt mit Pater Don aufnehmen möchten:

Bitte schreiben oder faxen Sie an:

Fundatia Sf. Don Bosco	Tel. 0040-268-244 250
RO – 507045 Cincu jud. Braşov	Fax 0040-268-244 222

Die Stiftung Casa Don Bosco im Internet:

www.klick-kinder.de
www.clic-copiii.ro
www.strassenpriester.org
www.dondemidoff.com
www.ligarenasteriiromaniei.ro
www.icccusa.com

Außerdem bieten wir Zimmer für Erholungssuchende im »Haus der Stille« in Iacobeni (Jakobsdorf) inmitten der unberührten herrlichen Landschaft Siebenbürgens an. Ihre Anfrage nehmen wir gerne entgegen. Der Erlös ist für unsere Kinder.

Wenn Sie helfen möchten

Hör-CD's
von Pater Don Demidoff

CD 1 *Interview*

Deutsche Welle Redaktion Umschau
Dr. Ernst Meinhardt interviewt Don Demidoff

CD 2 *Vortrag*

Quantitativer Irrtum
Nie hatten wir so viele Kinder wie heute,
nie waren wir so kinderlos, so kinderverachtend wie heute

CD 3 *Lied*

Schrei eines ungeborenen Kindes
O, Mutter bitte tu es nicht

CD 4 *Gebete und Gedanken*

eines Strassenpriesters: Herr, verzeih mir

CD 5 *Hörfunk mdr Mitteldeutscher Rundfunk*

Advent Pfarrer Bernd Richter berichtet über
das Casa Don Bosco

CD 6 *Predigt*

Die Frucht des Geistes aber ist die Liebe

CD 7 *Meditationen*

Empfangen Doppel-CD

CD 8 *Hörfunk*

Radio Romania International:
Adoptionen, Rumänische Kinder ins Ausland?

CD 9 *Musik & Text*

Meditation Entspannung Spiritualität
„Öffne meineSeele."

(in Vorbereitung)

Wenn Sie helfen möchten

Kurz vor Drucklegung dieses Buches kamen noch diese sieben Geschwister auf einen Schlag aus einer Beton-Wohn-Ruine in Fagaras zu uns ins Casa Don Bosco

Robert Iulian, 9 J.

Eduard, 11 J.

Ilie, 6 J.

Rafael Ionut, 12 J.

Elena Camelia

Lavinia, 14 J.

Maria Alexandra, 4 J.